La Cuisine POUR LES NULS

La Cuisine POUR LES NULS

Bryan Miller
Restaurateur et Critique gastronomique

Alain Le Courtois
Maître Cuisinier de France
École Supérieure de Cuisine Française

First Editions

La Cuisine pour les Nuls
Titre de l'édition américaine : Cooking for Dummies

Publié par
IDG Books Worldwide, Inc.
Une société de International Data Group
919E. Hillsdale Blvd., Suite 400

Traduction : Anne-Carole Grillot.

ISBN 2-87691-683-5
Dépôt légal : 2e trimestre 2002
Nous nous efforçons de publier des ouvrages qui correspondent à vos attentes et votre satisfaction est pour nous une priorité. Alors, n'hésitez pas à nous faire part de vos commentaires :

Éditions Générales First
33, avenue de la République
75011 Paris – France
e-mail : firstinfo@efirst.com

Sommaire

Introduction

Que vous soyez un véritable chef ou que vous ne soyez pas capable de faire cuire un œuf, *La Cuisine pour les Nuls* peut vous aider. Contrairement aux livres de recettes traditionnels, cet ouvrage a une approche didactique destinée à expliquer les raisons de certains choix culinaires. Ainsi, lorsque vous aurez acquis suffisamment d'assurance, vous pourrez créer vous-même des plats uniques.

De nombreuses recettes sont proposées dans ce livre. Mais celui-ci n'est pas une simple compilation de recettes. Il décrit également les différents modes de cuisson : griller, cuire à la vapeur, braiser ou rôtir, par exemple. Lorsque vous maîtriserez ces techniques, vous ne serez plus esclave des recettes. Vous pourrez laisser libre cours à votre imagination et à votre créativité – comme le font les grands cuisiniers.

En apprenant à mieux cuisiner, non seulement vous développerez votre savoir-faire, mais vous aurez toujours quelque chose de bon à déguster, ce qui n'est pas la moindre des motivations.

De plus, ce livre est structuré en fonction de vos priorités et des circonstances du moment. Ainsi, vous pourrez recevoir dignement des invités même si vous n'avez qu'une heure devant vous, cuisiner pour pas cher, ou préparer un excellent repas alors que vous n'avez même pas eu le temps de faire un véritable marché.

Mais surtout, vous prendrez du plaisir à explorer l'infinité de saveurs que révèlent des ingrédients bien cuisinés. Et c'est bien le but de la cuisine.

Bonne nouvelle

Au cours des dix dernières années, la révolution culinaire nous a donné accès à des produits rares hors des cuisines des grands restaurants : légumes oubliés (topinambour, rutabaga, etc.) truffes, vinaigre aromatisé, fruits de mer exotiques, soupes glacées et toutes sortes d'huiles d'olive, pour n'en citer que quelques-uns. Dans le même temps, l'équipement des particuliers est devenu de plus en plus proche de celui des professionnels.

Gardons les pieds sur terre

Bien sûr, la technologie et les nouveaux produits ne font pas tout. Les qualités indispensables pour bien cuisiner n'ont pas changé depuis le XVIIe siècle. Il faut avant tout un fin palais, une bonne connaissance des modes de cuisson et des produits, une certaine dextérité dans le maniement des ustensiles, de la patience et de la passion – autant de vertus que ce livre va vous aider à acquérir.

Comment utiliser ce livre

Ce livre commence par le tout début, c'est-à-dire la cuisine et l'équipement. À ce stade, il répond aux questions suivantes : Quels sont les ustensiles à votre disposition ? Comment les utiliser ? Il décrit ensuite les différents modes de cuisson pour que vous puissiez vous lancer dans l'élaboration de mets le plus tôt possible. Vous verrez, réussir dès le départ des plats simples apporte une véritable satisfaction personnelle.

L'utilisation que vous ferez de ce livre dépendra de vos besoins et de votre savoir-faire. Vous pouvez le lire de façon linéaire ou aller directement aux chapitres qui vous intéressent.

Aperçu des différentes parties de ce livre

Ce livre s'organise autour des modes de cuisson et des situations de la vie quotidienne. Il se compose de différentes parties, divisées en plusieurs chapitres traitant chacun d'un sujet précis. Voici un résumé de chaque partie.

Première partie : Entrez, ce n'est que la cuisine

La cuisine est la pièce la plus vivante de la maison, où les amis entrent sans se gêner, où les invités donnent un coup de main, et où les couples ont leurs plus belles disputes. Cette partie a pour but de vous aider à cuisiner en vous familiarisant avec l'environnement de la cuisine. Elle passe en revue l'organisation des éléments de celle-ci, le rangement des ustensiles, et l'utilisation optimale des placards et des plans de travail. Elle décrit aussi en détail la vaisselle et les couverts nécessaires pour cuisiner, comme les casseroles, les poêles, les couteaux, etc. Vous ferez vos premiers plats dès cette première partie en découvrant des recettes simples mais délicieuses qui vous donneront envie d'aller de l'avant.

Deuxième partie : Développez votre savoir-faire

Dans la deuxième partie, les choses se précisent. Chaque chapitre comprend des recettes illustrant un mode de cuisson : braiser, sauter, rôtir, griller, etc. Certaines recettes donnent lieu à des variantes qui vous montreront comment improviser avec aisance et maîtrise.

Troisième partie : Élargissez votre répertoire

La troisième partie présente un ensemble de recettes classées par catégorie : soupes, salades, pâtes, œufs, ragoûts et desserts. Vous apprendrez notamment à faire l'omelette parfaite, à bien doser une vinaigrette et à faire de belles garnitures pour vos soupes. Plusieurs illustrations et tableaux (les différents types de pâtes, par exemple) accompagnent ces délicieuses recettes.

Quatrième partie : Recettes adaptées à la vie d'aujourd'hui

La quatrième partie inscrit l'expérience culinaire au cœur de la vie de tous les jours. La plupart des livres de recettes partent du principe que vous avez du temps devant vous pour faire la cuisine. Par ailleurs, certains ne prennent pas en considération le coût des ingrédients – « ajoutez quelques truffes noires à votre longe de veau ». En réalité, dans le meilleur des cas, vous avez quarante-cinq minutes pour préparer le dîner pendant que votre bébé est accroché à votre pantalon et que votre chat vous file entre les jambes. De plus, le supermarché risque de fermer dans cinq minutes. Voilà les conditions dans lesquelles nous cuisinons aujourd'hui et cette partie en tient compte.

Cinquième partie : Repas de fête

La cinquième partie propose d'excellents menus pour les repas de fête. Vous y trouverez toutes les réponses à vos questions pour que votre repas de Noël soit une réussite. Si vous recevez des amis prochainement et ne savez pas quoi leur servir, reportez-vous directement à cette partie pour leur préparer un menu complet ou un buffet accueillant.

Sixième partie : La Partie des Dix

Vous pensiez que vous n'aviez plus rien à apprendre ? La Partie des Dix va encore plus loin avec diverses observations sur la cuisine et quelques rappels importants.

Septième partie : Annexes

La septième partie comporte quelques listes et tableaux utiles ainsi qu'un glossaire, qui fournit la définition de cent termes culinaires courants. Elle indique également des ingrédients équivalant à ceux que vous n'auriez pas en stock pour réussir vos plats même si vous n'avez pas fait votre marché avant de vous lancer en cuisine.

Les icônes utilisées dans ce livre

Les icônes jalonnant ce livre ont pour but d'attirer votre attention sur certains passages pour différentes raisons. Voici leur signification :

Conseils destinés à vous faciliter la vie, vous permettre de faire des économies ou accélérer le processus pour passer à table sans tarder…

Mésaventures potentiellement dangereuses. N'oubliez pas que la cuisine comporte des risques.

Informations à retenir absolument. Si votre mémoire ne peut contenir qu'un nombre limité d'informations, stockez-y d'abord celles-là.

Techniques essentielles que vous devez pratiquer. Certaines sont faciles, comme presser une orange ; d'autres, comme découper un jambon, demandent davantage de concentration.

Conseils et secrets des grands chefs illustrés par une toque, le symbole de l'excellence culinaire.

Solutions à apporter aux problèmes pouvant être posés par une recette – votre soufflé n'a pas gonflé, par exemple.

Variantes d'une recette utilisant des sauces ou des ingrédients différents.

Avertissement

Avant de vous lancer dans les recettes de ce livre, vous devez savoir quels types d'ingrédients nous avons choisi d'utiliser. En voici la liste :

- **Lait entier** : Vous pouvez utiliser du lait écrémé ou demi-écrémé, mais le lait entier donne aux soupes et aux sauces une consistance plus crémeuse et plus épaisse.
- **Beurre doux** : N'utilisez pas de beurre salé pour savoir exactement quelle quantité de sel comporte votre plat. Nous ne recommandons pas la margarine, moins parfumée que le beurre et tout aussi calorique.
- **Œufs de gros calibre** : Sauf indication contraire.
- **Sel de table et poivre fraîchement moulu** : Nous indiquons rarement les quantités de sel et de poivre parce que chacun doit assaisonner à son goût. Goûtez votre préparation plusieurs fois puis salez et poivrez à votre convenance.

- **Mesure après mise à niveau des ingrédients** : Le sucre brun doit être bien tassé pour être mesuré.

Enfin, prenez les précautions suivantes :

- Lisez entièrement chaque recette pour vous assurer d'avoir tous les ingrédients et ustensiles nécessaires, de bien comprendre chaque étape et d'avoir suffisamment de temps pour la préparation (au début de chaque recette, sont indiqués la liste des ustensiles nécessaires, le temps de préparation et le temps de cuisson).
- Utilisez des casseroles et des poêles de la bonne taille lorsque celle-ci est précisée.
- Préchauffez votre four (ou votre gril) au moins 10 minutes avant de commencer la cuisson. Placez votre plat sur la grille du milieu, sauf indication contraire.
- La plupart des recettes sont prévues pour quatre personnes. Vous pouvez diviser ou multiplier les ingrédients par deux si vous êtes deux ou huit.
- Si vous cherchez des recettes végétariennes, vous en trouverez facilement dans la liste située au début de chaque chapitre, où elles sont repérées par une petite icône en forme de tomate.

Première partie

Entrez, ce n'est que la cuisine

« ... parce que je suis plus à l'aise avec mes propres outils. Bon, combien de temps dois-je encore travailler la pâte ? »

Dans cette partie...

Une chose est sûre : si vous voulez apprendre à cuisiner, vous devez mettre les pieds dans la cuisine. Si cette idée vous fait peur, commencez par regarder des photos de votre cuisine pendant quelques semaines. Gardez vos distances jusqu'à ce que votre angoisse s'estompe et prenez votre courage à deux mains, lancez-vous !

Une fois à l'intérieur, nous vous aiderons à apprécier cet environnement dans lequel vous préparerez des mets plus délicieux les uns que les autres. Dans cette partie, vous allez découvrir l'aménagement d'une cuisine, les ustensiles, l'éclairage des plans de travail et le meilleur endroit où asseoir vos invités lorsqu'ils insistent pour vous regarder cuisiner. Vous vous ferez même la main avec quelques recettes qui plairont sans aucun doute à votre famille et à vos amis.

Chapitre 1

À la découverte de votre cuisine

Dans ce chapitre :

- Reconnaître dans la cuisine l'âme de la maison
- Faire en sorte que la cuisine ne soit plus l'antre de la terreur mais le tunnel de l'amour et de la convivialité
- Organiser votre espace de travail
- Faire de votre cuisine un endroit sûr et convivial

Que vous ayez une cuisine étroite avec un plan de travail de la taille d'une boîte de céréales ou une cuisine immense avec îlot central, ce chapitre peut vous aider à devenir plus efficace. Bien sûr, l'idéal est d'avoir beaucoup d'espace mais vous devez surtout savoir rentabiliser celui dont vous disposez. La cuisine de certains restaurants est minuscule. Pourtant, les cuisiniers sont efficaces car tout est en ordre et facilement accessible. Vous est-il déjà arrivé de ricocher sur les placards de votre cuisine à la recherche d'une spatule alors que votre omelette était en train de brûler ? Grâce à *La Cuisine pour les Nuls*, vous ne renouvellerez jamais cette expérience.

Outre l'aménagement de la cuisine, ce chapitre présente les différents appareils électroménagers – réfrigérateur, cuisinière, four à micro-ondes, etc. – afin que vous disposiez de toutes les informations nécessaires si vous devez en acheter ou remplacer les vôtres.

Pardonnez-nous si nous devenons un peu fleur bleue en répétant que la cuisine est l'âme de la maison, où les bons souvenirs se préparent en même temps que les poulets rôtis et les tartes aux pommes. Il se trouve que c'est vrai…

Pour commencer, voici six bonnes raisons d'apprendre à cuisiner :

- Lorsque vous dînez au restaurant, vous pouvez dire en toute bonne foi que certains plats ne sont pas aussi bien préparés que les vôtres.
- Vous apprenez à utiliser toutes sortes d'ustensiles rigolos – dont vous saurez quoi faire.

- Vous pouvez contrôler votre régime alimentaire au lieu de dépendre des victuailles douteuses produites à la chaîne.
- À la maison, vous avez la possibilité de faire plusieurs essais.
- Inviter des amis et des proches à domicile est beaucoup plus intime que d'aller au restaurant.
- Connaître les ingrédients qui composent un plat permet de distinguer les aliments de bonne qualité des autres. Qui sait ? Peut-être cultiverez-vous votre propre jardin potager le printemps prochain.

L'évolution de la cuisine moderne

Dans les années 1950, l'architecture des maisons avait tendance à cacher la cuisine. Cette pièce utilitaire où l'on allait uniquement lorsqu'on en avait besoin n'avait pas plus d'allure que le garage.

Aujourd'hui, la cuisine est la pièce la plus « design » de la maison : carrelage italien coloré aux murs, table ancienne, sol en terre cuite, îlot central et cuisinière high-tech composent cette pièce qui, loin d'être isolée du reste de la maison, donne directement sur le séjour. La cuisine devient un véritable théâtre !

Le mode de vie plus personnel et plus décontracté d'aujourd'hui autorise ce qui aurait été fruste autrefois : assister à la préparation d'un plat. De plus, l'engouement pour une alimentation saine a fait de la cuisine la pièce la plus intéressante, voire la plus agréable, de la maison.

TRUC

Les invités qui offriront leur aide seront les bienvenus. Ne les découragez pas, ils vous dévoileront peut-être leurs secrets !

Qui a besoin d'une grande cuisine ?

Vous n'avez pas besoin d'une merveilleuse cuisine pour faire un merveilleux repas. Cela dit, un espace de travail bien conçu rend la préparation plus aisée et plus plaisante. Les grandes cuisines de la fin du XIXe siècle obligeaient les cuisiniers à courir d'un endroit à un autre, ce qui était non seulement fatigant mais inefficace. En réalité, à cette époque, les cuisines les plus fonctionnelles étaient celles des wagons restaurants des trains.

Au début du XXe siècle, les architectes ont commencé à concevoir des espaces demandant un minimum de déplacements. Idéalement, en quelques pas, on avait accès à la glacière, à la huche à pain et aux paniers à légumes.

Dans les années 1980, la tendance s'est inversée et on a découvert des cuisines vastes, élégantes, lumineuses et plus étincelantes qu'une voiture de collection. Certaines étaient très fonctionnelles mais d'autres n'offraient la perspective que d'une pure perte de temps.

Les cuisines du nouveau millénaire se caractérisent par la satisfaction du besoin d'aisance et d'efficacité, les architectes se détachant de plus en plus du style « stade » du passé.

Du chaos à l'assurance : organiser votre espace de travail

Si vous voulez courir, inscrivez-vous dans un club de sport. Si la grande cuisine dans laquelle on peut manger en famille est tout à fait appropriée, il n'en reste pas moins que l'espace de travail doit être fonctionnel.

Vous devez pouvoir aller du plan de travail à la cuisinière et au réfrigérateur sans rencontrer la moindre gêne. Cet espace porte un nom : *le triangle de travail* (voir Figure 1-1). Si une table ou une plante est en travers de votre chemin, déplacez-la.

Le plan de travail

TRUC

Le plan de travail est l'élément le plus négligé de la cuisine. C'est l'endroit où vous préparez vos plats (généralement sur une planche à découper), empilez vos assiettes, posez vos ustensiles et autres robots et laissez traîner vos clés. Essayez de garder votre plan de travail propre et en ordre. Si vous l'encombrez, vous ne pourrez plus vous en servir. N'y mettez que ce que vous utilisez fréquemment – la cafetière, le grille-pain et le mixeur, par exemple. Retirez tout ce qui occupe l'espace inutilement. Un plan de travail ne sert pas à poser des magazines, des bouteilles de vin, une plante ni l'annuaire téléphonique.

ATTENTION !

Vous pouvez poser des casseroles ou des poêles chaudes sur une plaque de granit ou un plan de travail carrelé. Cela dit, la plupart des plans de travail, y compris ceux en Corian (matière synthétique solide), ne résistent pas à la chaleur. En règle générale, posez vos casseroles et vos poêles chaudes sur la cuisinière ou sur un dessous-de-plat en céramique ou en métal.

TRUC

Les différents matériaux du plan de travail

Si vous envisagez de changer votre plan de travail, sachez que vous avez le choix entre les matériaux suivants :

- **Le bois** est certes élégant, mais nous ne vous le conseillons pas. Le vernis a tendance à se craqueler et ses fissures emprisonnent les petites particules d'aliments. Il est donc important de laver régulièrement les plans de travail en bois avec de l'eau et du savon (et occasionnellement de l'ammoniaque et de l'eau de Javel).
- **Le marbre** est froid et donc idéal pour étaler une pâte car il ne colle pas. Ce matériau est très beau mais il est cher et se tache facilement.
- **L'inox**, bien qu'un peu criard et austère, est pratique sous de nombreux aspects. Il ne casse pas, ne rouille pas et ne ternit pas. C'est pourquoi il est souvent utilisé pour les éviers.
- **Le carrelage** est à la fois beau et fonctionnel à condition qu'il soit posé correctement. Cela dit, il a tendance à s'ébrécher et à s'user, surtout sous l'effet de la chaleur.
- **Les surfaces synthétiques** de toutes sortes sont extrêmement fonctionnelles. Le Corian est un matériau synthétique opalescent qui peut être taillé dans tous les sens, d'un seul bloc et donc sans jointure. Très solide et durable, il n'est toutefois pas résistant à la chaleur et coûte très cher.
- **Le stratifié**, comme le formica, n'est plus guère utilisé. Il est durable, relativement bon marché et se décline en plusieurs coloris. Néanmoins, il n'est pas résistant à la chaleur ni aux coupures.

L'éclairage

Il va sans dire qu'une cuisine doit être bien éclairée – surtout la cuisinière et le plan de travail. Si votre cuisine et votre salle à manger ne font qu'une seule pièce, optez pour un variateur de lumière. Ainsi, vous pourrez avoir une lumière vive à la cuisine et tamisée à la salle.

Vous pouvez aussi mettre des spots au-dessus de votre espace de travail. Il n'y a rien de pire que de faire la cuisine dans un environnement mal éclairé. Si nécessaire, ajoutez un néon au mur.

Figure 1-1 : Un triangle de travail bien agencé.

L'entreposage

Vous n'aurez jamais trop de rangements. Pour le moment, vous devez faire avec ce que vous avez quitte à être particulièrement créatif.

L'entreposage à sec

L'*entreposage à sec* concerne tout ce qui n'est ni réfrigéré ni congelé. Il existe de nombreux placards fonctionnels, ainsi que des casiers, des dessertes et autres meubles à roulettes pouvant être glissés sous le plan de travail.

Vous pouvez ranger les haricots secs, les pâtes, la farine, le thé et le café dans de gros bocaux en verre que vous disposerez sur une étagère. Les produits que vous utilisez tous les jours devront être le plus près possible de votre cuisinière ou de votre plan de travail. Ne négligez pas l'espace vertical de votre cuisine : fixez des étagères sur les murs disponibles. Enfin, pensez à mettre les produits ou le matériel dont vous ne vous servez pas fréquemment dans les placards.

Rangez les couteaux dans un billot ou sur un porte-couteaux magnétique fixé au mur, hors de portée des enfants. Dans un tiroir, les couteaux prennent trop de place et s'émoussent rapidement.

TRUC

L'îlot central est une option très efficace car il contient beaucoup d'espace de stockage. De plus, il peut être utilisé comme table. Si vous n'avez pas d'îlot (et si vous avez suffisamment de place), envisagez d'investir dans un billot avec étagères.

L'entreposage en milieu humide

L'*entreposage en milieu humide* ne vous laisse pas beaucoup le choix. Le réfrigérateur avec compartiment congélation doit se situer à proximité de votre plan de travail. Si vous avez un congélateur indépendant, vous pouvez le mettre dans une autre pièce ou même au sous-sol.

L'évacuation

Une bonne évacuation est essentielle au confort de la cuisine. De nombreux systèmes d'évacuation sont inappropriés pour les personnes qui cuisinent beaucoup, que ce soit à la poêle ou au four. Il est conseillé d'investir dans une hotte équipée d'un filtre et d'un conduit qui expulse la fumée au dehors. Certaines sont rétractables lorsqu'elles ne sont pas activées. Mais il existe aussi des systèmes à tirage vers le bas, qui aspirent l'air sous les tables de cuisson. Si ces systèmes permettent de gagner de l'espace, leur efficacité est limitée par la tendance de l'air chaud à s'élever.

Les appareils électroménagers

Les appareils ménagers sont de plus en plus perfectionnés. Bien sûr, à moins que vous n'envisagiez d'en changer, vous allez devoir utiliser ceux dont vous disposez. Cependant, pour utiliser de façon optimale votre matériel, vous devez en connaître les points forts et les points faibles.

Les fours et les cuisinières

La technologie a fait son entrée dans les cuisines. Nous disposons aujourd'hui d'appareils électroménagers high-tech tels que les plaques à induction basées sur la présence d'un champ magnétique, les fours à induction ou les fours vapeur, pour n'en nommer que quelques-uns. Toutes ces inventions déjà utilisées par les professionnels arrivent peu à peu dans les foyers.

La technologie du micro-ondes

Le four à micro-ondes est équipé d'un tube électronique appelé magnétron, qui produit des micro-ondes à partir de l'électricité. Ces micro-ondes traversent les matériaux tels que le verre, le papier, la porcelaine et le plastique et se transforment en chaleur lorsqu'elles entrent en contact avec les molécules du produit. Elles provoquent une rotation si rapide des molécules d'eau contenues dans les aliments que celles-ci vibrent, créent une friction et de la chaleur.

Les micro-ondes ne cuisent pas complètement les aliments. Elles pénètrent la surface et se diffusent sur cinq centimètres maximum. La chaleur est communiquée au reste des aliments par conduction.

Voici un descriptif des principaux types de fours et de cuisinières :

La cuisson au gaz

La cuisson au gaz est très répandue. Elle permet d'augmenter ou de réduire la flamme très rapidement, ce qui est important pour sauter et faire des sauces. Les cuisinières à gaz utilisées par les professionnels sont extrêmement puissantes et peuvent réduire le temps de cuisson de 25 % mais les cuisinières classiques conviennent parfaitement.

ATTENTION !

Si votre cuisinière à gaz a plus de dix ans, assurez-vous que les brûleurs ne sentent pas le gaz. Les nouveaux modèles sont équipés d'un système d'allumage électronique. Il n'y a donc pas de flux de gaz dans l'appareil tant que celui-ci n'est pas allumé. Si vous repérez une odeur de gaz, c'est qu'il y a une fuite. Cette défaillance est dangereuse. Contactez immédiatement votre compagnie du gaz. N'utilisez pas votre gazinière ni aucun appareil électrique, pas même les lampes de la cuisine, car la moindre étincelle peut provoquer une explosion.

La chaleur électrique

Les appareils électriques sont devenus très populaires après la deuxième guerre mondiale. Ils semblaient à la fois propres, faciles à utiliser et modernes. Cela dit, ils ont un temps de réponse relativement lent. La réduction de la chaleur pour passer de feu vif à feu doux peut prendre une minute alors qu'elle est presque instantanée dans la cuisson au gaz. Cependant, de nombreux professionnels apprécient la précision et l'homogénéité des fours électriques, notamment pour la pâtisserie.

L'induction

L'induction est une nouvelle forme de transmission de la chaleur. Certains professionnels sont si impressionnés par ce système qu'ils sont convaincus qu'il remplacera les autres dans les dix prochaines années.

La cuisson par induction est un phénomène spécifique, qui fonctionne selon un principe de transfert magnétique – la chaleur passe du brûleur à la poêle via une force magnétique. Si vous placez une serviette en papier entre le brûleur et la poêle, elle ne chauffe pas. Grâce à ce système, vous pouvez faire bouillir deux litres d'eau en une minute. Toutefois, les plaques à induction requièrent l'utilisation d'une batterie conçue dans un métal susceptible d'attirer un aimant, comme l'inox. Le cuivre et le verre, par exemple, sont inappropriés. Détail non négligeable, les plaques à induction sont chères.

Les fours à air pulsé

Les chefs cuisiniers utilisent les fours à air pulsé depuis des années. Si vous souhaitez investir dans l'électroménager, nous vous recommandons ce type de four. Un petit ventilateur situé à l'arrière du four fait circuler l'air autour des aliments pour les cuire de façon rapide et régulière. Le temps de cuisson et la température nécessaires sont réduits d'environ 25 %, si bien que la plupart des fabricants conseillent de diminuer la température de cuisson indiquée dans les recettes d'environ 25 degrés. Certains fours sont équipés d'une fonction de cuisson à air pulsé pouvant être activée manuellement.

Si le four à air pulsé encastrable dépasse votre budget, optez pour le four-grilloir à air pulsé, plus petit et moins cher, notamment si vous cuisinez pour une ou deux personnes. Ce type de four peut cuire, rôtir et griller, et nécessite un temps de cuisson plus court que les fours traditionnels.

Les fours à micro-ondes

La cuisson aux micro-ondes se différencie de tous les autres types de cuisson conventionnelle et fonctionne selon ses propres règles. Bien que la plupart des foyers aient un four à micro-ondes, ils sont essentiellement utilisés pour réchauffer ou décongeler. Si c'est l'usage que vous souhaitez en faire, un modèle avec seulement deux niveaux de puissance vous suffira. Si vous n'avez pas beaucoup d'espace, optez pour la combinaison four traditionnel/four à micro-ondes, qui réunit les deux types de cuisson en un seul appareil.

Les micro-ondes ne traversent pas le métal. Vous ne pouvez donc pas utiliser votre batterie de métal traditionnelle. Utilisez uniquement des récipients en pyrex, en plastique (adaptés au micro-ondes), en porcelaine ou en céramique. Dans certains fours à micro-ondes, il est possible de couvrir les plats d'une feuille de papier d'aluminium à condition que celle-ci ne touche pas les parois du four ni la sonde de température. Consultez le mode d'emploi de votre appareil pour voir s'il permet l'utilisation de papier d'aluminium. Les récipients placés dans un four à micro-ondes ne doivent pas chauffer. S'ils chauffent, ils ne sont probablement pas adaptés à ce type de cuisson.

Le four à micro-ondes ne convient pas à la cuisson de viandes grillées, de gâteaux ni de tout autre aliment devant être doré – à moins qu'il ne soit équipé d'un système de brunissage. Utilisez-le pour ce qu'il fait le mieux, en complément des autres appareils électroménagers. Par exemple, vous pouvez précuire un poulet en quelques minutes au micro-ondes et en terminer la cuisson au grilloir ou sur le gril. Voici quelques conseils concernant l'utilisation du four à micro-ondes :

- Les recettes qui requièrent beaucoup d'eau, comme les pâtes, ne sont pas très adaptées au micro-ondes et cuisent probablement plus vite sur une cuisinière.
- Les aliments doivent être disposés correctement pour cuire de façon régulière. Placez les parties épaisses, comme les brocolis, sur le pourtour du récipient, près des parois du four. Disposez les aliments de taille et de forme similaire, comme les pommes de terre, en cercle ou en carré en laissant le centre vide.
- Couvrez vos plats. Non seulement vous éviterez les éclaboussures mais cette technique réduira le temps de cuisson. Remuez fréquemment les aliments pour une bonne distribution de la chaleur.
- Comme dans la cuisson traditionnelle, couper les aliments en petits morceaux réduit le temps de cuisson.
- Avant la cuisson, percez avec une fourchette les aliments qui ont une peau, comme les pommes de terre et les saucisses. Cette technique permet à la vapeur de s'échapper au lieu de provoquer éclatements et éclaboussures.
- Certaines variables, dont le type de micro-ondes utilisé, peuvent influencer le temps de cuisson indiqué dans les recettes. Optez pour un temps de cuisson réduit et évaluez la progression de la cuisson régulièrement. En outre, laissez reposer quelques minutes si la recette l'exige car la cuisson continue après que vous avez retiré le plat du four.
- Utilisez la fonction décongélation (30 à 40 % de la puissance maximale) lorsque vous décongelez des aliments pour obtenir un résultat homogène. Sinon, l'extérieur risque de commencer à cuire avant que l'intérieur ne soit complètement décongelé.

Lisez le mode d'emploi de votre four à micro-ondes attentivement avant d'utiliser celui-ci. Une de nos connaissances a détérioré son four en l'utilisant comme simple minuteur. Elle ne savait pas qu'un micro-ondes ne doit jamais tourner à vide, ce qui est pourtant précisé dans tous les modes d'emploi.

Le réfrigérateur

Les réfrigérateurs sont les trous noirs de la cuisine – les objets tombent dedans et ne réapparaissent jamais, du moins jusqu'au prochain grand nettoyage. À ce moment-là, les restes refont surface à l'état de compost ! Et qu'y a-t-il dans cette petite boule d'aluminium ? *N'ouvrez surtout pas !*

Il existe des réfrigérateurs de toutes les tailles. Une famille de quatre personnes nécessite une capacité d'au minimum 200 litres pouvant aller jusqu'à 500 litres (si vous avez un adolescent à la maison, il vous faut carrément un deuxième réfrigérateur !). Si vous utilisez souvent le congélateur, mieux vaut que le compartiment soit placé en haut plutôt qu'en bas. Assurez-vous que l'ouverture de la porte est compatible avec l'aménagement de votre cuisine. Vérifiez également que les balconnets de la contre-porte sont suffisamment espacés pour contenir une bouteille debout. Les balconnets trop rapprochés ou trop compartimentés occasionnent la perte beaucoup d'espace.

Essayez de ne pas trop remplir votre réfrigérateur afin que l'air froid ait suffisamment d'espace pour circuler autour des aliments. Rangez toujours vos aliments à la même place pour ne pas avoir à chercher votre petit pot de moutarde ou de confiture à chaque fois que vous en avez besoin.

Le haut du réfrigérateur est l'endroit le plus froid. Stockez-y la viande, la volaille et le poisson et les plats cuisinés. Stockez dans la zone intermédiaire les fromages et autres produits laitiers. Utilisez le bac à légumes pour les fruits et légumes frais. Les salades vertes et les herbes feuillues peuvent être lavées, soigneusement séchées et enveloppées dans du papier absorbant pour en allonger la durée de conservation. Les autres légumes, comme les brocolis et les choux-fleurs, doivent être lavés juste avant d'être consommés. Tout excès d'eau dans un légume réfrigéré peut accélérer sa putréfaction.

Jetez les vieux restes de nourriture environ toutes les deux semaines et nettoyez votre réfrigérateur à l'eau savonneuse tous les mois. Pour absorber les odeurs, placez au fond d'une clayette une boîte ouverte de bicarbonate de soude que vous remplacerez tous les deux à trois mois.

Comment éviter les accidents domestiques

Votre pire cauchemar est peut-être de servir un plat qui fait hurler de rire vos invités dès qu'ils ont tourné les talons. C'est humiliant, sans doute, mais dites-vous qu'il y a plus grave.

Faites attention lorsque vous utilisez des couteaux tranchants comme une lame de rasoir. Regardez ce que vous faites car, si vous glissez, vous pouvez vous blesser sérieusement. Les couteaux dont la lame est émoussée peuvent aussi être dangereux car ils vous obligent à appuyer davantage. Voici quelques règles de sécurité incontournables :

- Rangez les couteaux dans un porte-couteaux en bois ou sur une barre magnétique et non dans un tiroir.
- Ne cuisinez jamais avec des vêtements amples qui risquent de prendre feu.
- Ne cuisinez jamais avec des pendentifs qui risquent de s'accrocher aux poignées des poêles et des casseroles.
- Les professionnels ont les mains en amiante à force de manipuler des plats chauds mais pas vous. Ayez toujours des maniques à portée de main et utilisez-les systématiquement.
- Tournez les poignées des casseroles et des poêles sur les côtés de la cuisinière afin que les enfants ne puissent pas les saisir et que les adultes ne s'y accrochent pas.
- Ne laissez pas trop longtemps les produits frais à température ambiante, surtout lorsqu'il fait chaud. La viande ou le poisson cru et les produits laitiers peuvent s'abîmer rapidement. Mettez-les sans attendre au réfrigérateur ou au congélateur.
- Essuyez ce que vous renversez immédiatement pour éviter que quelqu'un glisse et tombe au milieu de la cuisine.
- Ne cuisinez pas l'esprit ailleurs car vos doigts pourraient se retrouver ailleurs eux aussi.
- Séparez la viande crue, notamment la volaille, des autres produits dans votre réfrigérateur pour éviter que les bactéries passent d'un aliment à un autre.
- Lavez-vous les mains avant de manipuler de la nourriture. Vos mains sont le siège privilégié de bactéries en plus ou moins grand nombre selon ce que vous avez fait dans la journée. Lavez-les aussi après avoir manipulé de la viande ou de la volaille.
- Pour éviter de chercher dans l'urgence, remettez toujours les ustensiles à leur place.

- Nettoyez au fur et à mesure. Certains n'hésitent pas à se faire un sandwich au thon et à laisser le plan de travail en l'état. Lavez la vaisselle sale, passez un coup d'éponge sur votre plan de travail et rangez les ingrédients au fur et à mesure que vous n'en n'avez plus besoin. Ainsi, vous saurez où vous en êtes et votre chat ne viendra pas laper les bols vides. De plus, votre spatule ou votre fouet sera propre lorsque vous en aurez besoin pour la prochaine étape de votre recette.
- Pensez à mettre un extincteur dans votre cuisine. Cette précaution ne vous coûtera pas cher et peut vous prémunir de la catastrophe.
- L'huile et l'eau ne font pas bon ménage. Si de la graisse prend feu, ne jetez pas de l'eau dans la poêle sinon le feu se répandra tout autour. Si le feu se déclare dans une cocotte ou une casserole, étouffez-le avec un couvercle. Enfin, s'il se déclare dans votre four, quelques poignées de bicarbonate de soude ou de sel devraient réduire sa teneur en oxygène et vous laisser le temps d'attraper l'extincteur.

Chapitre 2

Les ustensiles de cuisine

Dans ce chapitre :

- Identifier les ustensiles dont vous avez besoin
- Bien connaître sa batterie de cuisine, du cuivre à l'inox
- Choisir ses couteaux et les utiliser correctement
- Utiliser les différents appareils électriques et moules à gâteaux
- Prendre soin de vos ustensiles
- Commencer à cuisiner avec deux recettes faciles

Les recettes de ce chapitre

- Œufs brouillés
- Salade toscane au pain

Les ustensiles de cuisine s'apparentent aux voitures. Lorsque vous venez d'avoir votre permis de conduire, n'importe quelle voiture d'occasion vous contente. Mais au fur et à mesure que vous devenez un conducteur expérimenté, vous rêvez d'avoir le tout dernier modèle. De même, lorsque vous découvrez la cuisine, les ustensiles et appareils de base vous suffisent mais vous avez rapidement besoin de matériel plus sophistiqué.

Apprendre à utiliser les ustensiles de cuisine correctement, un couteau de chef, par exemple, n'est pas du temps perdu. Et c'est précisément l'objet de ce chapitre.

Si vous débutez ou si vous avez un budget limité, commencez par investir dans les ustensiles de base suivants (vous en trouverez une description détaillée plus loin dans ce chapitre) :

- **Le couteau de chef de 25 cm** : vous pouvez couper et trancher plus de 80 % des aliments avec ce couteau.
- **Le couteau à éplucher ou économe** : pour peler et évider les fruits et légumes.
- **La poêle à frire antiadhésive de 25 cm** : cette poêle convient à de nombreux modes de cuisson. Vous l'utiliserez notamment pour sauter, faire frire des œufs ou braiser de petites quantités d'aliments.
- **La casserole de 3 litres** : pour faire cuire les légumes, le riz, les soupes, les sauces et une petite quantité de pâtes.
- **Le cuiseur à vapeur combinable (adapté à la casserole de 3 litres)** : pour cuire à la vapeur légumes, poisson et fruits de mer.
- **La marmite à bouillon de 10 litres avec couvercle** : pour faire des bouillons ou de grandes quantités de soupe, de pâtes et de légumes. Vous utiliserez sans doute cette marmite plus souvent que vous ne le pensez.
- **Le mixeur électrique** : cet appareil ne hache pas les aliments aussi bien qu'un robot mais permet de préparer rapidement sauces (chapitre 7), soupes, purées et cocktails.
- **Le plat à rôtir** : pour rôtir toutes sortes d'aliments.
- **Le verre doseur** : pour ne pas rater vos recettes en négligeant les proportions.
- **La passoire** : pour passer certaines sauces et soupes mais aussi les pâtes et les salades.
- **Le thermomètre à viande** : comme son nom l'indique…
- **L'épluche-légumes, le moulin à poivre, la râpe à fromage, la spatule en plastique et les cuillères en bois** : n'achetez pas de gadgets inutiles ; ces ustensiles vous suffiront amplement si vous faites vos débuts en cuisine.

Ce chapitre fournit une description détaillée des principaux ustensiles mais aussi des conseils concernant les matériaux – inox, cuivre, aluminium, etc. –, la taille des ustensiles et la qualité des appareils. Retenez bien le nom de chaque article, surtout si vous envisagez de faire des achats par correspondance. Quelques bonnes marques sont suggérées.

Prenez le temps de comparer les prix

Aucun prix n'est indiqué dans la liste qui suit car la marge des détaillants varie énormément d'un magasin à un autre et peut aller de 50 à 100 % du prix de gros. Par exemple, une sauteuse en inox avec fond en aluminium ou en cuivre de 25 cm peut coûter jusqu'à 100 € dans une quincaillerie et 20 à 30 % de moins dans un supermarché. Par conséquent, nous vous recommandons de comparer les prix dans plusieurs points de vente, y compris sur Internet.

Poêle ou marmite ? La batterie de cuisine

Un récipient composé de deux poignées et d'un couvercle fait partie de la catégorie des *marmites*. Les *poêles* ont une longue queue et peuvent avoir un couvercle ou non. Cette section décrit les différents types de marmites et de poêles et l'utilisation que vous pouvez en faire.

Parmi les principales marques, citons All-Clad, Berndes, Borgeat, Calphalon Chantal, Cuisinart, Demeyere, Farberware, Le Creuset, Mauviel, Paderno, Revereware, Sitram et Téfal. La plupart des sociétés offrent une garantie de durée de vie limitée et ne remplacent pas les articles lorsque le problème est dû à une usure normale.

Voici quelques conseils pour ceux qui souhaitent se constituer une bonne batterie de cuisine :

- **Tenez compte de la façon dont vous cuisinez**. Par exemple, si vous cuisinez avec peu ou pas de matière grasse, investissez dans des modèles antiadhésifs.
- **Méfiez-vous des séries complètes, sauf si vous avez la certitude d'en utiliser tous les éléments**. Les séries sont limitées à un type et à un style de matériel alors que vous aurez sans doute besoin de différents récipients.
- **Avant d'acheter une poêle, tenez-la par la queue**. Vous devez avoir la queue bien en main. Demandez-vous si vous avez besoin d'une queue isolante ou si vous avez l'habitude d'utiliser une manique.
- **Pensez à l'aspect extérieur de votre batterie**. L'apparence a son importance si vous souhaitez présenter vos repas dans les plats de cuisson. L'inox et le cuivre font toujours bonne impression.
- **Offrez-vous la meilleure qualité que vous pouvez vous permettre d'acheter**. Mieux vaut investir dans la qualité que de devoir remplacer régulièrement des casseroles et des poêles qui s'usent au bout de quelques années.

Les poignées des casseroles et des poêles n'offrent pas toutes la même résistance à la chaleur. De nombreuses poignées en métal sont conçues pour résister à des températures extrêmes. Mais n'oubliez pas que la cuisson d'un plat peut commencer sur la cuisinière et se terminer au four ou au gril. Ne prenez pas de risque. Partez du principe qu'une poignée peut être brûlante même si elle est de bonne qualité. Utilisez toujours une véritable manique. Ne vous contentez pas d'un torchon en coton, qui peut prendre feu et ne constitue pas une protection satisfaisante.

Sauteuse en fonte

La sauteuse en fonte, illustrée à la figure 2-1, a fait son entrée dans les cuisines européennes il y a plusieurs siècles et surpasse encore la batterie contemporaine sous de nombreux aspects (pour dorer, par exemple). De plus, sa durée de vie est supérieure à celle de la plupart des autres sauteuses et son prix, moins élevé.

Figure 2-1 : Utilisez une sauteuse en fonte pour faire dorer les aliments que vous faites revenir dans de la matière grasse.

Avant la première utilisation, enduisez votre sauteuse en fonte d'huile végétale et faites-la chauffer à feu doux sur votre cuisinière pendant environ deux minutes. Ne la récurez pas avec une éponge métallique et, après chaque lavage, essuyez-la soigneusement pour éviter qu'elle rouille. Optez de préférence pour une sauteuse avec un bec pour déverser la graisse.

Crêpière

Si vous avez des enfants, investissez dans une crêpière, poêle très plate et antiadhésive idéale pour les crêpes mais aussi pour le bacon et autres aliments de ce genre.

Poêle à frire

La poêle à frire de 25 cm à bords arrondis, illustrée à la figure 2-2, est idéale pour les omelettes et les œufs en général. Si vous la conservez en bon état (qu'elle soit antiadhésive ou non) et si vous la graissez bien avant la cuisson, elle vous permettra de réussir vos omelettes à la perfection. Vous pouvez aussi l'utiliser pour faire sauter des pommes de terre ou des légumes (voir chapitre 4).

Si vous mourez d'envie d'essayer votre matériel, vous pouvez préparer des œufs brouillés. Cette recette à la fois facile et rapide est à la portée de tous et fera sûrement plaisir à votre famille et à vos amis.

TRUC

Un conseil pour réussir vos œufs brouillés : ne battez pas trop les œufs avant de les cuire.

Poêle à frire de 25 cm

Figure 2- 2 : La poêle à frire convient tout à fait à la cuisson d'œufs brouillés, d'omelettes, d'œufs au plat et de frittatas.

Certaines recettes d'œufs brouillés contiennent de la crème, ce qui ajoute de l'onctuosité à la préparation. D'autres contiennent de l'eau, qui augmente le volume en faisant mousser les blancs. Vous pouvez utiliser l'un de ces deux ingrédients pour la recette suivante – faites des essais pour voir ce que vous préférez.

Œufs brouillés

Ustensiles : Petit saladier, fourchette, poêle à frire de 25 cm (de préférence antiadhésive), spatule en métal ou cuillère en bois et un petit fouet

Temps de préparation : Environ 5 minutes

Temps de cuisson : Environ 1 à 2 minutes

Quantité : 3 personnes

6 œufs

2 cuillerées à soupe de crème allégée, de lait allégé ou d'eau

2 cuillerées à soupe de ciboulette hachée (facultatif)

Sel et poivre noir à votre convenance

2 cuillerées à soupe de beurre

1. Cassez les œufs dans un saladier. Avec une fourchette, battez-les jusqu'à ce qu'ils se mélangent mais sans plus. Ajoutez la crème (le lait ou l'eau, si vous préférez), la ciboulette hachée (facultatif), le sel et le poivre puis battez pendant quelques secondes pour bien mélanger.
2. Faites fondre le beurre dans une poêle de 25 cm à feu moyen (veillez à ne pas le laisser noircir). Versez le mélange dans la poêle et, lorsqu'il commence à prendre, faites de petites mottes onctueuses en remuant avec une spatule en métal ou une cuillère en bois. Fouettez en fin de cuisson pendant 10 secondes. La cuisson est terminée lorsque le mélange n'est plus du tout liquide.

IMPROVISEZ

Vous pouvez assaisonner vos œufs brouillés en ajoutant au mélange liquide une larme de Tabasco, une pointe de moutarde à l'ancienne, une pincée de parmesan râpé, 2 cuillerées à soupe de persil ou de basilic haché ou environ 1 cuillerée à café de zeste de citron fraîchement râpé.

Sautoir

Il vous faut aussi un sautoir en inox à bords droits (voir figure 2-3) d'au moins 25 ou 30 cm de diamètre et 5 cm de profondeur pour sauter, braiser, frire et faire des sauces. Le sautoir est muni d'un couvercle afin que les aliments puissent cuire couverts dans une petite quantité de liquide frémissant.

Figure 2-3 : Vous pouvez utiliser un sautoir anti-adhésif pour faire sauter les aliments dans une petite quantité de matière grasse.

Les revêtements antiadhésifs sont très appréciés par les personnes qui font leurs premiers essais culinaires ou souhaitent cuisiner avec un minimum de matière grasse. Ils permettent de faire sauter des pommes de terre, des légumes, du poisson, de la volaille et de la viande dans une très petite quantité d'huile ou de beurre. Les poêles antiadhésives ne font pas dorer les aliments aussi bien que les autres mais sont plus faciles à nettoyer, ce qui n'est pas négligeable.

Au cours de ces dernières années, les revêtements antiadhésifs ont été considérablement améliorés et durent plus longtemps qu'auparavant (au moins dix ans) – à condition de ne pas les détériorer avec des ustensiles en métal. Choisissez une marque de qualité !

Ne vous contentez pas d'un sautoir bon marché (qu'il soit antiadhésif ou non), trop fin et trop léger. Il se voilerait avec le temps. Faites appel à un grand fabricant attentif à la qualité de ses produits, qui remplace ou répare rapidement les articles endommagés.

Rondeau

Il est toujours utile d'avoir un rondeau lorsque l'on reçoit des invités – et vous en recevrez, bien sûr ! Le rondeau est un récipient profond à bords droits composé de deux poignées et d'un couvercle, comme le montre la figure 2-4. Le modèle de 30 cm convient à la préparation d'un plat pour huit personnes minimum. Si vous souhaitez le déposer sur la table au milieu de vos convives, optez pour un rondeau en cuivre, cher mais de belle présentation. L'inox est également approprié mais le fond doit être en cuivre ou en aluminium pour assurer une bonne conduction de la chaleur. L'inox seul n'est pas un excellent conducteur (voir encadré « Avantages et inconvénients des différents matériaux », plus loin dans ce chapitre).

Figure 2-4 : Le rondeau peut être présenté sur la table.

Vous pouvez utiliser un rondeau pour braiser, cuire à l'étouffée et faire dorer de grandes quantités de viande, de volaille ou de poisson.

Casseroles

Certaines casseroles sont en inox avec un fond en cuivre ou en aluminium, d'autres sont en aluminium épais et d'autres encore se composent d'une combinaison de métaux. Vous pouvez vous en servir pour faire cuire des légumes, des soupes, du riz et des sauces pour pâtes ou autres plats (voir figure 2-5). Vous aurez besoin de toute une série de casseroles de différentes tailles. Le modèle de 1 litre ou 1,5 litre est parfait pour faire fondre de petites quantités de beurre ou de chocolat, ou faire chauffer du lait. Les modèles de 2 à 3 litres sont indispensables pour faire des sauces. Enfin, les casseroles de 4 litres ou plus sont idéales pour faire des soupes, cuire des légumes à la vapeur ou faire bouillir une quantité moyenne de pâtes ou de riz.

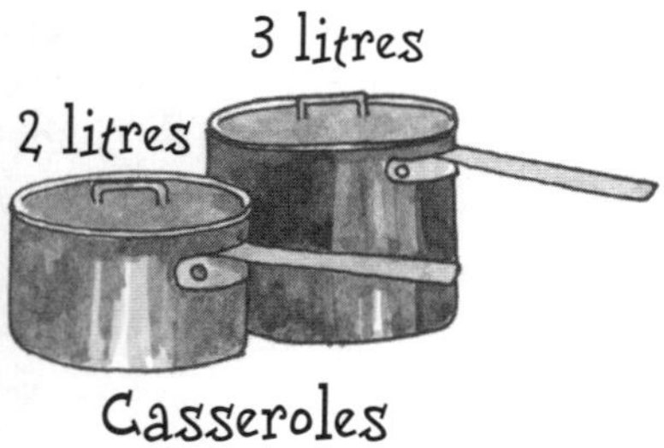

Figure 2-5 : Utilisez une casserole pour faire bouillir des aliments et faire des sauces.

Sauteuse évasée

Si vous devez craquer pour un récipient de cuisson en cuivre, choisissez la sauteuse évasée, de 20 à 22,5 cm de diamètre et d'une capacité d'environ 3 litres (voir figure 2-6). La sauteuse évasée s'utilise quasiment comme une casserole. Ses bords inclinés permettent de remuer plus facilement.

Figure 2-6 : La sauteuse évasée s'utilise essentiellement comme une casserole.

Le cuivre (revêtu d'inox ou d'étain) est le métal qui permet le meilleur contrôle de la chaleur. Ce contrôle est le secret des sauces de belle texture. Les sauteuses en inox dont seul le fond comporte une couche de cuivre ou d'aluminium donnent également de bons résultats et sont moins chères que les modèles tout en cuivre.

Cocotte en fonte émaillée

Cette belle cocotte est idéale pour les plats qui demandent une cuisson lente, comme les ragoûts, les soupes et toutes sortes de plats d'hiver consistants (voir figure 2-7). Cela dit, l'émail ne dore pas les aliments aussi bien que la fonte ou l'inox. Vous préférerez peut-être dorer la viande dans une poêle avant de l'ajouter à la cocotte.

Figure 2-7 : Utilisez une cocotte en fonte émaillée pour faire cuire ragoûts et soupes.

Marmite à bouillon

La marmite à bouillon est un élément indispensable de la batterie de cuisine. Elle a de nombreuses fonctions : braiser, cuire à la vapeur, pocher ou faire des soupes, par exemple. Choisissez une marmite haute et étroite en métal épais de 10 à 14 litres, avec couvercle étanche, pouvant contenir un panier vapeur (voir figure 2-8). Il existe des paniers circulaires bon marché qui s'ouvrent et se ferment aussi facilement qu'un éventail. Vous en trouverez de toutes les tailles. L'aluminium épais est un matériau adapté aux marmites à bouillon ; l'inox coûte deux fois plus cher.

Figure 2-8 : La marmite à bouillon est idéale pour les soupes. Si vous y ajoutez un panier vapeur, vous pouvez l'utiliser pour la cuisson à la vapeur.

Marmite à pâtes

Pour faire cuire 250 g à 1 kg de pâtes, utilisez une grande marmite en inox de 8 litres avec couvercle (vous pouvez également utiliser votre marmite à bouillon).

Plats à rôtir

Votre batterie doit inclure un plat à rôtir ovale d'une longueur d'environ 30 cm et un autre, rectangulaire, d'environ 35 x 27,5 cm. Le plat ovale convient à la volaille et aux petits rôtis ; le plat rectangulaire de 35 cm peut contenir deux poulets ou un grand rôti. Si vous choisissez un plat ovale en fonte émaillée, vous pourrez également l'utiliser comme plat à gratin (voir section suivante). Le modèle rectangulaire peut être en aluminium épais ou en inox.

Plat à gratin

Les personnes qui font leurs premiers pas en cuisine ont tendance à faire beaucoup de plats uniques. Si c'est votre cas, donnez à vos mets une touche finale en les faisant gratiner dans un plat à gratin (voir figure 2-9).

Le plat à gratin est peu profond, mesure au moins 25 cm de long et ne comporte pas de couvercle. Le modèle de 30 cm peut contenir un gratin pour six personnes minimum. Ce plat est idéal pour les macaronis au fromage, le gratin dauphinois mais aussi pour la dinde au four et bien d'autres recettes faciles. Certains modèles de belle qualité peuvent être présentés sur la table.

Figure 2-9 : Le plat à gratin est parfait pour gratiner les plats uniques.

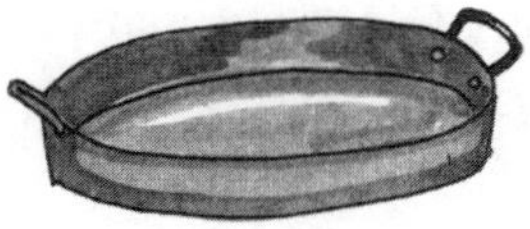

Plat allant au four de 22,5 x 32,5 cm

Ce plat de base, en verre ou en céramique, est incontournable. Vous pourrez y faire cuire des ragoûts, des potées et diverses viandes à rôtir.

Trancher, émincer, éplucher : des couteaux pour tous les usages

N'importe quel supermarché vend des couteaux de cuisine, dont certains font bonne impression, mais ne vous laissez pas abuser par les apparences.

Pour bien choisir un couteau, prenez-le et regardez si vous l'avez bien en main. Le manche doit être confortable. L'ensemble du couteau doit surtout être *bien équilibré*. Autrement dit, le manche ne doit pas être plus lourd que la lame et vice versa.

Les incontournables

Les couteaux sont souvent vendus par série de six ou huit. C'est une affaire, à première vue, mais avez-vous vraiment besoin d'un couteau à désosser ou d'un couteau à filet pour le moment ? Il est peut-être plus sage d'acheter uniquement ce dont vous avez besoin au fur et à mesure que vous progressez.

Les couteaux dont vous devez absolument disposer sont les suivants : un couteau de chef de 25 à 30 cm, un couteau à dents de scie (ou couteau à pain) de 22,5 à 30 cm et un petit couteau à éplucher. Investissez dans la qualité et dans la durée.

Préférez les couteaux avec lame en inox à haute teneur en carbone et marche en bois rivetée. Ces couteaux durent longtemps et ne rouillent pas comme les simples couteaux en acier au carbone.

Les meilleurs couteaux ont une lame effilée qui va de la pointe du couteau à la base du manche. Ce sont des couteaux *forgés*. Les marques les plus réputées sont les suivantes :

- Henckels
- Wüsthof
- Sabatier
- Hoffritz
- International Cutlery
- Chef's Choice

Le *couteau de chef* (illustré à la figure 2-10) a généralement une longueur de 25 à 30 cm et s'utilise pour hacher, trancher, émincer et couper en dés. Il s'agit du couteau de cuisine le plus utile et vous ne regretterez pas d'investir dans la qualité.

Figure 2-10 : Utilisez un couteau de chef pour couper toutes sortes d'aliments.

Vous trouverez ci-après une recette dans laquelle le couteau de chef s'avère très utile pour couper, hacher et trancher.

Cette merveilleuse salade, typique de la Toscane, est idéale lorsque vous recevez des amis. Servez-la avec un poulet ou un poisson grillé ou en plat unique, pour un repas léger. Si vous avez des restes, vous pouvez les conserver une nuit au réfrigérateur. Au-delà, votre salade sera détrempée.

Salade toscane au pain

Ustensiles : Couteau de chef, couteau à pain, torchon en coton, deux saladiers

Temps de préparation : 15 minutes

Temps de cuisson : Pas de cuisson (laisser mariner 30 minutes)

Quantité : 4 à 6 personnes

1 pain de campagne (ou ½ baguette) acheté la veille finement tranché

½ tasse de vinaigre de vin rouge

4 oignons hachés (y compris la partie verte)

1 concombre pelé et tranché en travers (3 mm d'épaisseur)

1 poivron rouge ou jaune évidé, épépiné et tranché en bandelettes

3 tomates coupées en morceaux

20 feuilles de basilic frais finement hachées

8 à 12 filets d'anchois rincés et hachés (facultatif)

170 g de thon à l'huile égoutté et effrité

6 cuillerées à soupe d'huile d'olive

1½ cuillerée à café de sel

1 cuillerée à café de marjolaine fraîche hachée (ou 1½ cuillerée à café de marjolaine lyophilisée)

1. Réduisez le pain en morceaux et trempez-le dans ¼ de tasse de vinaigre mélangé à une quantité suffisante d'eau pour le submerger. Au bout de 2 minutes, placez les morceaux dans un torchon et essorez-les pour en extraire le plus de liquide possible. Mélangez dans un saladier le pain, les oignons, le concombre, le poivron, les tomates, le basilic, les anchois (facultatif) et le thon.
2. Dans un autre saladier, mélangez l'huile d'olive, le reste de vinaigre, le sel et le poivre. Remuez et ajoutez cet assaisonnement au mélange à base de pain et de légumes. Tournez votre salade et laissez reposer pendant 30 minutes à température ambiante. Goûtez et ajustez l'assaisonnement si nécessaire – peut-être devrez-vous ajouter du sel ou du poivre. Saupoudrez le tout de marjolaine et servez.

TRUC

Rien n'évoque autant les saveurs fraîches de l'été que le basilic. Cela dit, cette plante est très fragile. Dès que vous la hachez, les morceaux commencent à noircir. Le goût reste le même mais l'apparence est rebutante. Par conséquent, il est recommandé de hacher le basilic frais au dernier moment.

Avez-vous déjà essayé de couper une baguette avec un couteau classique ? C'est non seulement difficile mais aussi dangereux. Il vous faut donc un couteau à dents de scie.

Le *couteau à dents de scie* (illustré à la figure 2-11), dont la lame mesure généralement 20 à 25 cm, est indispensable pour couper le pain. La croûte du pain émousse rapidement la lame d'un couteau de chef. Optez pour un couteau à large dents.

Figure 2-11 : Utilisez un couteau à dents de scie pour couper le pain.

Le *couteau à éplucher* (illustré à la figure 2-12), dont la lame mesure 5 à 10 cm, s'utilise pour peler les pommes et autres fruits, couper la queue des oignons et des ails, retirer la tige des fraises, évider les tomates ou faire des décorations à base de fruits ou de légumes.

Figure 2-12 : Utilisez un couteau à éplucher pour peler les fruits et les légumes.

La *mandoline* coupe les légumes en forme de frites, de disques plats ou dentelés et en bien d'autres formes encore. Les nouveaux modèles en fibre de verre et en inox sont chers mais il existe des mandolines en plastique très bon marché. Reportez-vous au chapitre 18 pour une illustration de l'utilisation de cet ustensile.

Utiliser les couteaux en toute sécurité

Tous les ans, des centaines de milliers de personnes arrivent aux urgences des hôpitaux en raison d'un accident domestique lié à l'usage d'un couteau. De nombreuses blessures sont dues à la précipitation ou à la colère face à un aliment qui refuse de se laisser couper. Faites attention ! Tenez vos doigts loin de la lame et n'utilisez pas la paume de votre main comme planche à découper.

Utiliser un couteau correctement est aussi important que de choisir le bon couteau. Voici comment les professionnels hachent l'ail et les herbes fraîches :

Hacher de l'ail

Le chef, auteur et professeur de cuisine Jacques Pépin a une méthode originale pour hacher l'ail, qui fonctionne aussi bien pour les professionnels que pour les débutants. Cette méthode est la suivante :

1. **Épluchez l'ail en retirant progressivement toutes les épaisseurs de peau.**
2. **Posez la gousse d'ail sur une planche à découper et tenez-la avec les articulations de votre index et de votre majeur contre la lame du couteau.**

   Gardez les doigts pliés vers l'intérieur pour éviter de vous couper (cette technique fonctionne avec la plupart des légumes).
3. **Actionnez le couteau de chef de haut en bas en poussant l'ail sous la lame avec vos articulations au fur et à mesure que vous hachez (ce mouvement requiert un peu de pratique).**

Pour couper la gousse d'ail dans l'autre sens, Pépin aplatit les morceaux avec le plat de son couteau pour qu'ils adhèrent à la planche à découper. Ainsi, l'ail ne bouge pas et la deuxième phase est plus facile.

Hacher du persil ou d'autres herbes fraîches

Le défunt chef et auteur Pierre Franey proposait la technique suivante : « Lorsque vous hachez des légumes, votre poignet ne doit pas fatiguer. Avec le persil, par exemple, je commence par hacher grossièrement puis je poursuis le travail avec mon couteau de chef en posant la lame à intervalles réguliers dans un mouvement d'avant en arrière ». (Voir figure 2-13).

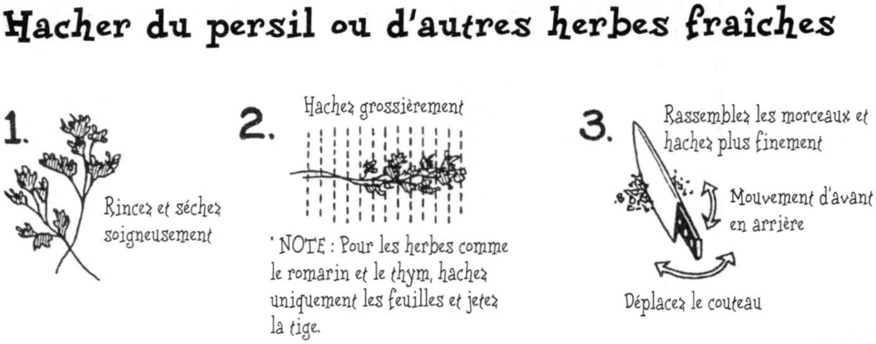

Figure 2-13 : La bonne façon de hacher du persil ou d'autres herbes fraîches.

Robots, mixeurs et batteurs

Robot : Le robot, illustré à la figure 2-14, est un appareil multifonctions. Le commerce propose des modèles de bonne qualité accompagnés de toute une gamme d'accessoires pour mélanger, hacher, réduire en purée, pétrir, etc. Les robots existent en différentes tailles et leur prix a considérablement diminué.

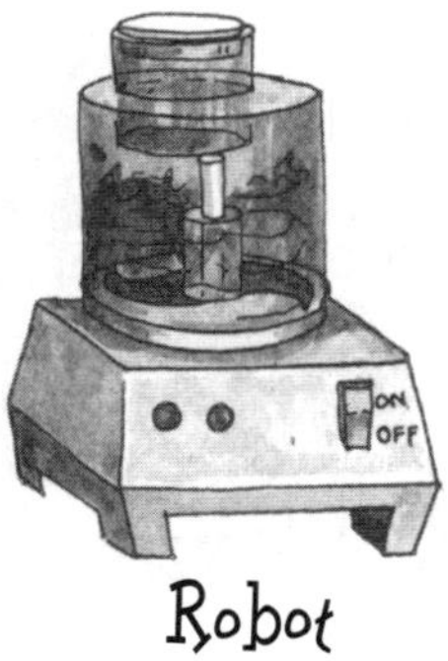

Figure 2-14 : Le robot effectue toutes sortes de tâches.

Mixeur : Le mixeur fait partie des appareils les plus utilisés dans une cuisine et, en tant que tel, trône généralement à côté de la cafetière. Ses lames ultra-rapides peuvent réduire en compote des fruits frais comme les fraises, piler de la glace ou battre une sauce (des recettes avec sauce au mixeur sont données au chapitre 7). Certains mixeurs ont douze vitesses voire plus, ce qui équivaut à prendre un jet pour aller au supermarché du coin de la rue. Préférez les modèles de base.

Batteur électrique : Il existe deux types de batteur électrique, à main et sur pied. Ils conviennent tous les deux pour toutes sortes de pâtes et de sauces et pour la mayonnaise maison (bien meilleure que celle des supermarchés). Cela dit, le batteur à main est recommandé uniquement pour les ingrédients légers, comme la crème ou les blancs d'œufs. Le batteur sur pied sera plus efficace pour les mélanges épais.

La plupart des batteurs sur pied se composent d'une cuve en inox de 5 litres et de multiples accessoires amovibles qui mélangent, battent et pétrissent. Vous laissant les mains libres, ils vous permettent d'effectuer d'autres tâches pendant leur fonctionnement.

TRUC

Pourquoi le mixeur est-il l'appareil le plus utilisé ?

Bien que rien ne vaille un robot pour hacher, couper et râper, le mixeur a un avantage certain pour ce qui est de liquéfier et de faire une sauce. Cet appareil vous permettra par exemple d'agrémenter vos blancs de poulet sautés d'une délicieuse sauce à base de vin rouge, de bouillon de poulet, de poireaux et d'herbes aromatiques. Pour faire cette sauce, vous pourriez faire cuire les poireaux, le bouillon et les autres ingrédients, ajouter un peu de beurre pour l'onctuosité et passer le tout dans une passoire. Mais, avec un mixeur, il vous suffit de tout jeter dans la cuve et wizzzz – votre sauce est prête. De plus, celle-ci est encore plus savoureuse parce que les poireaux et les herbes se dissolvent dans le mélange. Dans un robot, en revanche, les lames passent au travers des liquides sans les mélanger.

Saladiers et autres ustensiles pour mélanger

Saladiers en céramique, en verre ou en inox : Les saladiers sont très souvent utilisés pour la préparation de mets. Achetez des saladiers à fond plat pour un équilibre maximal. Il existe plusieurs tailles. Vous aurez vraisemblablement besoin des modèles de 8 litres, 5 litres, 3 litres et 1,5 litre. Achetez une série de saladiers qui s'empilent les uns dans les autres et se rangent facilement. Vous pourrez utiliser ces récipients pour mélanger les salades et les sauces, stocker les restes et laisser reposer la pâte.

Fouets : Les fouets doivent être en inox. Utilisez un fouet à sauce rigide, d'une longueur d'environ 20 à 25 cm, pour mélanger les sauces comme la béchamel et certaines sauces à la crème. Préférez un fouet souple et rond, parfois appelé fouet ballon, d'une longueur de 30 à 35 cm, pour battre les œufs et la crème fraîche.

Cuillères, spatules, louches et pinces : Achetez plusieurs types de cuillères. Il vous faut une cuillère en inox solide d'environ 30 à 37 cm, des cuillères en bois de différentes tailles pour gratter les morceaux d'aliments qui attachent au fond des poêles, et une écumoire en inox pour retirer les aliments solides qui cuisent dans un liquide chaud, comme les raviolis.

Vous pouvez utiliser une louche en inox à manche long avec un cuilleron de 120 à 180 g pour servir les soupes ou verser la pâte à crêpes sur la crêpière. Achetez au moins deux spatules en plastique et un tourneur en plastique rigide à embout carré pour retourner les steaks hachés ou autres aliments. Enfin, investissez dans une pince en métal pour retourner les viandes tendres et le poisson. Les pinces en plastique bon marché conviennent uniquement pour servir les spaghettis.

Ustensiles de pâtisserie

Plaque à pâtisserie : Pour faire des petits gâteaux et des biscuits, il est indispensable d'avoir une plaque à pâtisserie en acier antiadhésive avec bords évasés de 1 cm (pour éviter que le beurre et les liquides coulent dans le four). Il en existe de différentes tailles. Achetez-en deux grandes qui tiennent dans votre four mais laissent une marge de 5 cm de chaque côté pour permettre à la chaleur de bien circuler pendant la cuisson.

Moule à gâteau roulé : Ce moule rectangulaire peu profond de 37,5 x 25 cm sert à faire cuire les pâtes destinées à être roulées. Dans un gâteau roulé, le biscuit cuit à plat dans ce moule avant d'être recouvert de confiture et roulé. Optez pour un modèle un aluminium épais.

Moule à manqué : La plupart des gâteaux classiques sont cuits dans un moule rond de 22 cm de diamètre à bords hauts de 5 cm. Choisissez un modèle en aluminium anodisé ou antiadhésif.

Moule carré : Pour faire du pain d'épice ou des brownies, il vous faut un moule carré de 20 ou 22 cm de côté et d'une capacité de 2 litres. Pour que la pâte ne colle pas, achetez un modèle en aluminium anodisé ou antiadhésif.

Moule à muffins : Faites cuire les petits pains et les muffins dans un moule à muffins antiadhésif de 12 godets. Achetez une boîte de godets en papier pour ne pas avoir à graisser et à fariner le moule.

Moule à tarte : Vous pouvez utiliser un moule à tarte en verre ou en aluminium de 22 cm de diamètre pour la plupart de vos tartes.

Rouleau à pâtisserie : Inutile d'acheter tout un arsenal de rouleaux à pâtisserie comme les pâtissiers professionnels. Un modèle en bois de 37 cm avec deux poignées vous suffira.

Grille de refroidissement : Après avoir retiré un gâteau du four, vous devez le laisser refroidir. Les grilles permettent à l'air de circuler et à la vapeur de s'échapper facilement. Il en existe de toutes les formes et de toutes les tailles. Achetez deux grilles en acier chromé de 30 à 35 cm.

Moule à cake : Pour faire des cakes, des terrines et des pains de viande, de légumes ou de poisson, utilisez un moule à cake de 1,5 litre (voir figure 2-15).

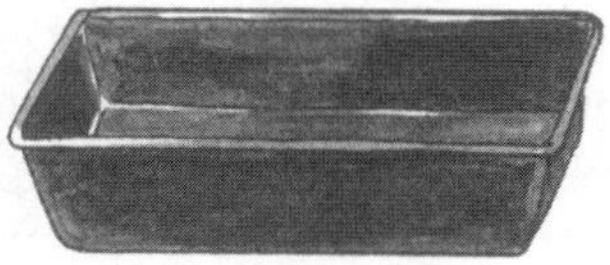

Figure 2-15 : Vous pouvez faire toutes sortes de cakes et de pains dans un moule à cake.

Moule à ressort : Avec son fond détachable, le moule à ressort permet de démouler facilement les tartes et les gâteaux fragiles, comme le crumble. Procurez-vous un modèle de 22 à 25 cm en aluminium épais (voir figure 2-16).

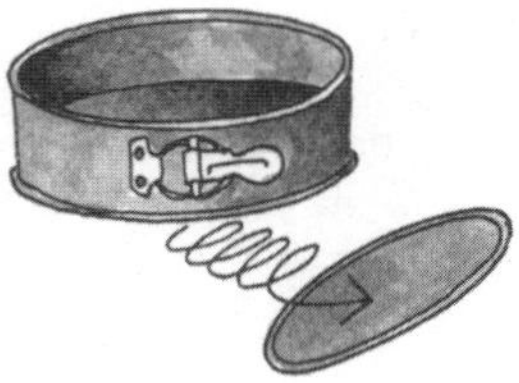

Figure 2-16 : Utilisez un moule à ressort pour démouler facilement de délicieux desserts.

Tamis à farine : La farine ne doit pas nécessairement être tamisée mais, si la recette l'exige, utilisez un tamis pour l'aérer et en éliminer les grumeaux. Utilisez un tamis à farine en inox de 350 g.

Si vous n'avez pas de tamis, vous pouvez tamiser votre farine à l'aide d'une passoire (voir instructions à la figure 2-17).

Figure 2-17 : À défaut de tamis, vous pouvez tamiser la farine avec une passoire.

Pinceau à pâtisserie : Pour napper les gâteaux, il vous faut un petit pinceau à pâtisserie à poils naturels. Vous pourrez également utiliser cet ustensile pour enduire les viandes de jus de cuisson ou de sauce. Les pinceaux s'usent rapidement et il est recommandé d'en acheter plusieurs à la fois. Nettoyez-les avec du liquide vaisselle et rincez abondamment.

Testeur de cuisson : Cet ustensile permet d'évaluer la cuisson des gâteaux. Enfoncez l'aiguille dans votre gâteau. Si elle ressort sans le moindre dépôt de pâte, la cuisson est terminée. Si vous n'avez pas de testeur, utilisez un cure-dent, la lame d'un couteau ou une aiguille à tricoter métallique.

TRUC

À moitié plein ou à moitié vide : les mesures

Les mesures ont leur importance, surtout lorsque l'on fait ses débuts en cuisine. Trop sel et le ragoût est immangeable. Pas assez de levure et le gâteau ne gonfle pas.

Cela dit, le plus efficace reste de goûter. Et plus vous cuisinerez, moins vous aurez besoin de mesurer les ingrédients. Les chefs expérimentés savent à quoi correspond une cuillerée à soupe de sel ou ½ cuillerée à café de zeste de citron. Tout est dans la pratique. En attendant, voici quelques conseils :

- **Sachez mesurer les ingrédients secs et les ingrédients liquides**. Mesurez les ingrédients secs dans une mesure en métal ou en plastique avec poignée. Pour mesurer de la farine ou du riz, plongez la mesure dans la boîte ou dans le sac et remplissez-la au maximum. Supprimez l'excédent avec le plat d'un couteau en restant au-dessus de la boîte ou du sac.

  Mesurez les ingrédients liquides dans un verre gradué en verre ou en plastique avec bec verseur. Ne remplissez pas le verre à hauteur d'yeux. Posez-le pour que le niveau puisse être évalué avec exactitude et baissez-vous pour lire les graduations.

- **Faites preuve de précision lorsque vous faites de la pâtisserie**. En pâtisserie, les proportions doivent être respectées scrupuleusement.

- **Utilisez une balance de cuisine pour mesurer les ingrédients secs lorsque les proportions sont indiquées en grammes.**

- **Utilisez une cuillère-mesure pour les petites proportions indiquées en cuillères, comme une cuillerée à café d'extrait de vanille ou ½ cuillerée à café de bicarbonate de soude**. N'utilisez pas une cuillère de vos couverts habituels – la capacité n'est pas la même.

- **Ne mesurez pas les ingrédients au-dessus de votre récipient, surtout si celui-ci contient déjà d'autres ingrédients**. Un excédent pourrait tomber dans le mélange.

- **Mesurez les graisses solides et le sucre brun avec une tasse**. Pour le beurre, utilisez les graduations indiquées sur le papier d'emballage pour couper la quantité nécessaire.

- **Pour retirer facilement les aliments collants, comme le miel ou la mélasse, de la tasse utilisée pour mesurer, enduisez celle-ci d'huile végétale.**

- **Si la farine doit être tamisée, utilisez un tamis. En tamisant, vous incorporez de l'air dans la farine**. Par conséquent, une tasse de farine tamisée est inférieure en proportion à une tasse de farine non tamisée. Prenez une mesure de farine et versez-en le contenu dans le tamis. Tamisez la farine au-dessus d'un gros récipient ou d'une feuille de papier sulfurisé. Immédiatement après, avant que la farine ne perde sa nouvelle légèreté, remplissez la mesure au maximum à la cuillère et nivelez avec le plat d'un couteau.

Mesure en métal ou en plastique pour ingrédients secs : Si vous voulez respecter scrupuleusement les proportions des recettes, vous devez avoir une mesure, dont la capacité correspond à ce que l'on appelle communément une tasse. Le métal a une durée de vie plus longue que le plastique.

Verre doseur en verre ou en plastique pour ingrédients liquides : Utilisez un verre doseur de 500 ml avec bec verseur pour mesurer les ingrédients liquides. Le verre doseur de 1 litre peut s'avérer utile également.

Cuillères-mesures en métal : Indispensables pour de nombreuses recettes, notamment en pâtisserie, les cuillères-mesures n'ont pas la même capacité que les cuillères classiques.

Ustensiles divers

Minuteur : Ne restez pas devant votre four en fixant l'horloge comme un moine dans le temple de Bouddha. Utilisez un minuteur et allez vous détendre jusqu'à ce que vous entendiez la sonnerie.

Essoreuse à salade : Cet ustensile en plastique bon marché (illustré à la figure 2-18) permet d'essorer la salade verte très rapidement. Lorsque celle-ci n'est pas complètement sèche, elle n'absorbe pas l'assaisonnement.

Figure 2-18 : L'essoreuse à salade permet d'essorer la salade verte correctement afin que l'assaisonnement adhère aux feuilles.

Égouttoir : Utilisez un égouttoir en inox ou en plastique pour égoutter les pâtes et rincer les salades vertes, les légumes et les baies.

Chinois : Cette passoire conique, en forme de chapeau chinois, est idéale pour passer les sauces, les bouillons et autres liquides (voir figure 2-19). Vous pouvez aussi mettre le *chinois* sur votre tête pour faire rire les enfants en les poursuivant avec un rouleau à pâtisserie !

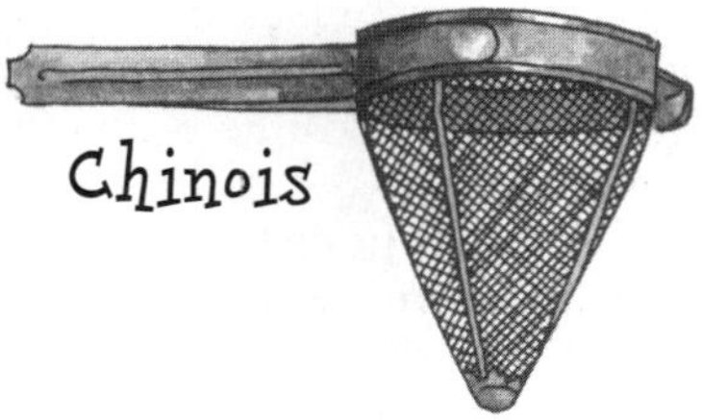

Figure 2-19 : Utilisez un chinois pour passer les ingrédients liquides.

Planches à découper : Utilisez des planches à découper pour protéger votre plan de travail de la lame des couteaux de cuisine. Les planches en plastique ou en matériaux composites sont plus faciles à nettoyer que les modèles en bois et passent au lave-vaisselle. Les chefs nettoient leurs planches en bois avec de l'eau de Javel diluée ou du jus de citron. Elles ne doivent pas tremper trop longtemps ni passer au lave-vaisselle sinon elles se fendent ou se gondolent.

Thermomètre à viande : Il est difficile de savoir si la cuisson d'un rôti est terminée. Pour vous en assurer, vous avez le choix entre deux types de thermomètres à viande : le thermomètre à lecture instantanée, que nous vous recommandons, est doté d'une petite tige à piquer périodiquement dans le rôti pour en évaluer la cuisson. Le thermomètre allant au four reste à l'intérieur de la viande ou de la volaille du début à la fin de la cuisson (illustration de ces deux types de thermomètres à viande à la figure 2-20).

Figure 2-20 : Les thermomètres à viande sont très pratiques pour évaluer la cuisson d'un rôti.

Poire d'arrosage : Utilisez cet ustensile pour arroser un rôti ou un poulet avec le jus de cuisson. Une grande cuillère pourrait faire l'affaire mais la poire d'arrosage permet de prélever rapidement et sans danger la graisse chaude accumulée au fond du plat.

Voici une liste de dix autres ustensiles indispensables dans une cuisine :

- Épluche-légumes
- Râpe à fromage
- Presse-agrumes
- Moulin à poivre
- Presse-purée
- Déveineur
- Ciseaux de cuisine
- Thermomètre à four
- Pelle à tarte

L'entretien de vos ustensiles de cuisine

Si vous avez acheté des articles de qualité, suivant nos conseils, vous ne le regretterez pas car vous les garderez toute votre vie – à condition que vous en preniez soin. Voici quelques recommandations :

Récipients de cuisson

Si vous avez de place, vous pouvez pendre vos casseroles le long d'un mur. Ainsi, elles seront facilement accessibles, ne s'entrechoqueront pas et ne s'abîmeront pas.

TRUC

Pour retirer des aliments qui ont attaché au fond d'une casserole, faites-les tremper dans de l'eau bouillante jusqu'à ce qu'ils se décollent. Vous pouvez également mettre du liquide vaisselle avec un peu d'eau, laisser tremper et frotter avec une éponge. Si les aliments ont brûlé et noirci, répétez le processus plusieurs fois. Une autre solution consiste à mettre le récipient au four quelques minutes. Une fois qu'il est chaud, retirez-le et posez-le sur du papier journal. Enfilez des gants en caoutchouc et vaporisez du détergent à four sur les zones brûlées. Laissez agir pendant 15 minutes et lavez avec de l'eau chaude et du liquide vaisselle. Toutefois, n'utilisez pas de détergent à four si votre casserole ou votre poêle est antiadhésive. Contentez-vous de frotter avec une éponge. Dans tous les cas, évitez les éponges métalliques, qui rayent le revêtement des récipients de cuisson.

Tous les récipients de cuisson ne vont pas au lave-vaisselle. Ne prenez pas de risques avec le cuivre, l'aluminium anodisé et les revêtements antiadhésifs, qui peuvent être décolorés par le détergent. Lisez les précautions d'emploi indiquées sur votre matériel lorsque vous l'achetez.

Couteaux

Nous avons tous un tiroir de cuisine rempli d'objets dont nous ne savons pas quoi faire – calendriers, clés non identifiées, tubes de colle desséchée, etc. Certaines personnes trouvent opportun d'y stocker également leurs couteaux. *Mauvaise idée !* Rangez les vôtres dans un porte-couteaux en bois pour en protéger la lame ou alignez-les sur une barre magnétique fixée au mur. Dans un porte-couteaux en bois, seuls les manches sont visibles et il est parfois difficile de reconnaître le bon couteau, ce qui n'est pas le cas avec une barre magnétique. Choisissez ce qui vous convient le mieux mais veillez à ce que vos couteaux soient hors de portée des enfants.

Aiguiser un couteau avec un aiguisoir

Tenez l'aiguisoir, également appelé fusil, assez loin de vous et légèrement en biais, comme illustré ci-dessous.

Tenez le couteau fermement de l'autre main et frottez-le le long de l'aiguisoir en le présentant à un angle d'environ 30 degrés. Positionnez le côté proche du manche au bout de l'aiguisoir et faites glisser la lame jusqu'à la pointe.

Recommencez de l'autre côté de la lame. Alternez jusqu'à ce que vous ayez aiguisé chaque côté une dizaine de fois.

Comment utiliser un aiguisoir

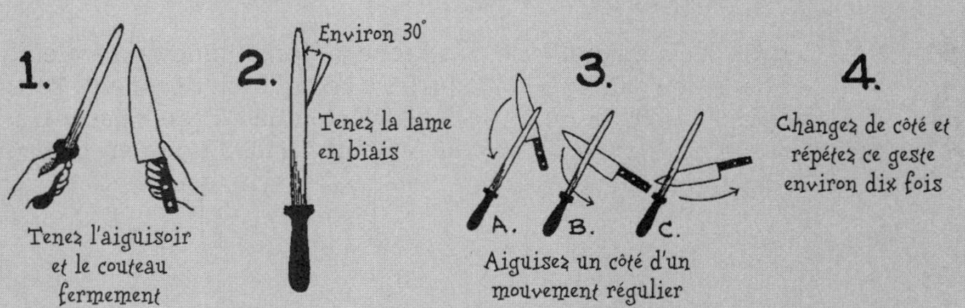

Il est recommandé d'aiguiser les couteaux deux fois par an (pas plus sinon vous useriez les lames), surtout les modèles en inox à haute teneur en carbone. Peut-être pourrez-vous le faire faire gratuitement dans votre boucherie habituelle ou dans une épicerie fine. Les meules électriques donnent de bons résultats mais rien ne vaut la meule de pierre des professionnels.

Pour aiguiser vous-même vos couteaux, utilisez un *aiguisoir* (tige d'acier de 30 cm avec manche). Cet outil rend à la lame tout son tranchant. Pour des instructions illustrées concernant son utilisation, reportez-vous à l'encadré « Aiguiser un couteau avec un aiguisoir ».

Deuxième partie

Développez votre savoir-faire

« N'éteins pas le séche-linge... j'essore la salade. »

Dans cette partie...

Ce livre est axé autour des modes de cuisson – sauter, braiser, pocher, rôtir, etc. C'est vrai, vous allez devoir engranger beaucoup d'informations à la fois mais vous avez déjà fait preuve de courage en achetant ce livre. Ne vous laissez pas impressionner.

Cette partie expose tous les principes fondamentaux que vous devez connaître pour cuisiner à partir d'une recette. Chaque mode de cuisson est décrit en détail et illustré par plusieurs recettes. Lorsque vous aurez acquis de l'assurance, vous pourrez improviser et faire preuve de créativité.

Chapitre 3

Bouillir, pocher et cuire à la vapeur

Dans ce chapitre :

- Jeux d'eau : frémir, bouillir et cuire à la vapeur
- Uncle Ben's et Cie : tout sur le riz
- Plongée sous-marine : pocher

Les recettes de ce chapitre

- Riz étuvé
- Riz pilaf aux raisins, aux tomates et aux pignes
- Risotto
- Riz sauvage classique
- Riz brun assaisonné
- Kasha à la courge musquée et aux épinards
- Polenta aux herbes
- Ragoût de saucisse et de légumes sur un lit de polenta aux herbes
- Purée de pommes de terre
- Purée de pommes de terre et de rutabagas
- Purée de pommes de terre et de brocolis
- Purée de carottes et de pommes de terre
- Bouillon de poulet
- Bouillon de légumes
- Darnes de saumon pochées à la vinaigrette
- Filet de bœuf poché aux légumes sauce raifort
- Pommes de terre rouges vapeur à l'aneth
- Brocolis vapeur
- Asperges vapeur à l'aneth
- Homards vapeur à l'orange et au citron

« Je ne sais même pas faire bouillir de l'eau », se lamentent certaines personnes qui ne cuisinent jamais. Eh bien, prenez une casserole, lancez-vous dans cette expérience frémissante et suivez le guide.

Ce chapitre décrit trois modes de cuisson de base : bouillir, pocher et cuire à la vapeur. Ceux-ci concernent en priorité les légumes, mais aussi le riz, denrée incroyablement capricieuse et, bien sûr, les pommes de terre. Après la cuisson, vient l'assaisonnement, qui n'aura également plus de secrets pour vous. Pour finir, vous apprendrez à préparer deux bouillons, mélanges savoureux qui relèvent de nombreux plats.

Mettez-vous dans le bain : définition des modes de cuisson

Détendez-vous, ces modes de cuisson sont à la portée de toutes et tous. Faire *bouillir* de l'eau consiste à en faire monter la température jusqu'à 100 degrés Celsius. Inutile d'avoir un thermomètre.

Lorsque de grosses bulles se forment à la surface, c'est que l'eau bout. Vous pouvez accélérer le processus en couvrant la casserole pour emprisonner la chaleur. En revanche, bien que personne ne sache pourquoi, regarder fixement la surface de l'eau ralentit l'ébullition !

Y a-t-il des amateurs de viande bouillie ?

Réjouissez-vous de ne pas être née au Moyen-Âge. À cette époque, on faisait bouillir tous les aliments. C'était l'unique mode de cuisson. La viande était bouillie pour tuer les germes qui s'y installaient alors qu'elle était stockée à température ambiante pendant des jours. Cette méthode permettait aussi de laver la viande du sel dont on la recouvrait pour la conserver.

Faire *frémir* l'eau consiste à la chauffer jusqu'à ce que de minuscules bulles apparaissent à la surface – comme lorsqu'une fine pluie d'été tombe sur un lac immobile. À ce stade, la température est inférieure à la température d'ébullition et idéale pour cuire lentement ou braiser (pour en savoir plus sur ce mode de cuisson, reportez-vous au chapitre 5).

Lors de la préparation d'une soupe ou d'un bouillon, l'eau doit souvent être amenée à ébullition dans un premier temps puis frémir pendant un long moment ensuite. Pour faire une sauce, il faut réduire le bouillon, ce qui revient à le faire bouillir à nouveau pour intensifier la saveur du liquide en le faisant diminuer de volume et épaissir.

Pocher consiste à plonger un aliment dans un liquide frémissant. Enfin, la *cuisson à la vapeur* présente de nombreux avantages. Ce mode de cuisson très doux est celui qui préserve le mieux la couleur, la saveur, la texture, la forme et les substances nutritives des aliments. Pour cuire à la vapeur, placez les aliments dans un récipient couvert et dans un panier situé au-dessus d'une eau frémissante.

Cuisiner le riz

Avant de vous lancer dans des recettes où vous allez devoir faire bouillir ou frémir, pocher ou cuire à la vapeur, découvrez toute la versatilité d'un aliment généralement cuit dans de l'eau bouillante puis frémissante : le riz. Le riz accompagne beaucoup de plats bouillis ou cuits à la vapeur et peut être assaisonné de nombreuses façons.

Il existe des milliers de sortes de riz. L'Inde en compte à elle seule plus de mille cent, ce qui ne doit pas aider les autochtones à faire leur choix dans les rayons. Heureusement, en Occident, nous ne consommons essentiellement que cinq types de riz :

- **Le riz étuvé :** riz blanc classique dit incollable à grains moyens ou longs.
- **Le riz à grains longs :** famille du riz Basmati.
- **Le riz à grains ronds :** famille du riz italien Arborio ; utilisé dans les sushis.
- **Le riz sauvage :** lointain cousin du riz blanc.
- **Le riz brun :** riz complet, très bon à la santé, dont le goût rappelle celui de la noisette.

Chaque type de riz a une texture et une saveur qui lui sont propres.

Riz étuvé

Vous trouverez du riz étuvé dans n'importe quel supermarché. Le terme étuvé signifie que les grains de riz ont été trempés dans de l'eau, précuits à la vapeur et séchés. Cette technique permet de décortiquer les grains plus facilement tout en préservant leurs substances nutritives. La vapeur retire également une partie de la fécule contenue dans le riz et donne aux grains une texture plus lisse semblable à la peau luisante de cher Uncle Ben's !

TRUC

Le riz absorbe l'eau de cuisson pendant qu'elle frémit. Il est donc important de respecter les proportions. Si vous mettez trop d'eau, le riz sera pâteux et, si vous n'en mettez pas assez, il sera sec. Pour vous entraîner, essayez la recette suivante.

Riz étuvé

Ustensiles : Casserole moyenne (3 litres) avec couvercle

Temps de préparation : Environ 5 minutes

Temps de cuisson : Environ 25 minutes

Quantité : 3 à 4 personnes

2¼ tasses d'eau

1 tasse de riz étuvé

1 cuillerée à soupe de beurre

½ cuillerée à café de sel (ou salez à votre convenance)

1. Faites bouillir l'eau dans une casserole moyenne. Ajoutez le riz, le beurre et le sel. Remuez et couvrez.

2. Réduisez la chaleur et laissez frémir à feu doux pendant 20 minutes.
3. Retirez du feu et laissez reposer, couvert, jusqu'à ce que toute l'eau soit absorbée (environ 5 minutes). S'il reste trop d'eau, utilisez une passoire ; si le riz est trop sec, ajoutez un peu d'eau bouillante, remuez et laissez reposer 3 à 5 minutes. Séparez bien les grains de riz avec une fourchette, vérifiez l'assaisonnement, ajoutez du sel et du poivre si nécessaire, et servez.

Le riz peut accompagner de nombreux plats, notamment le stir-fry de porc (voir chapitre 17) et les darnes de saumon avec sauce aux poivrons rouges (voir chapitre 4).

Plus vous parfumez le liquide de cuisson, plus le riz est savoureux. L'assaisonnement pénètre dans les grains et en fait un excellent accompagnement pour les légumes à la vapeur et les viandes sautées. Vous pouvez utiliser un bouillon de poulet ou de légumes, des herbes lyophilisées, du safran, un zeste ou un jus de citron, ou des épices pour parfumer le liquide. Si vous voulez ajouter des herbes fraîches, faites-le au cours des dix dernières minutes de cuisson.

Riz à grains longs ou à grains ronds

Le riz va avec tout ou presque. Il est donc important de bien savoir le préparer. Voici quelques conseils pour la cuisson du riz à grains longs :

- Lisez toujours les conseils d'utilisation indiqués sur le paquet.
- Mesurez avec précision les quantités de riz et de liquide.
- Respectez scrupuleusement le temps de cuisson.
- Utilisez un couvercle pour empêcher la vapeur de s'échapper.
- Au terme du temps de cuisson, goûtez. Si nécessaire, poursuivez la cuisson 2 à 4 minutes.
- Séparez les grains de riz cuits avec une fourchette.

Dans la cuisson pilaf, les grains de riz sont légèrement dorés dans du beurre ou de l'huile puis cuits dans un liquide parfumé, comme un bouillon de poulet ou de bœuf. Lorsque vous maîtriserez cette technique, vous pourrez ajouter tout ce que vous voudrez au bouillon.

Dans la recette suivante, le riz pilaf est agrémenté de safran des Indes, de cannelle, d'ail et de raisins, ce qui lui donne une saveur moyen-orientale.

Riz pilaf aux raisins, aux tomates et aux pignes

Ustensiles : Couteau de chef, casserole moyenne, grosse marmite ou casserole, petite poêle à frire

Temps de préparation : 10 minutes

Temps de cuisson : Environ 30 minutes

Quantité : 4 personnes

2 tasses de bouillon de poulet
1 cuillerée à soupe de beurre
1 cuillerée à soupe d'huile d'olive
½ tasse d'oignon haché
1 gousse d'ail épluchée et émincée
1 tasse de riz blanc à grains longs
1 cuillerée à café de safran des Indes ou de curry
1 rondelle de citron épépinée d'une épaisseur d'environ 5 mm
¼ tasse de raisins secs (facultatif)
¼ cuillerée à café de sel
¼ tasse de pignes
1 grosse tomate hachée
¼ tasse de persil haché
¼ cuillerée à café de cannelle
Poivre noir à votre convenance

1. Dans une casserole moyenne, faites frémir le bouillon de poulet. Dans une grosse marmite ou casserole, mélangez le beurre et l'huile d'olive et faites chauffer à feu moyen. Ajoutez l'oignon et l'ail et faites-les revenir environ 3 minutes en remuant de temps à autre.
2. Ajoutez le riz et le safran des Indes ou le curry au contenu de la grosse marmite. Faites cuire 2 à 3 minutes à feu moyen en remuant souvent jusqu'à ce que le riz soit légèrement doré et complètement enrobé de beurre fondu et d'huile. Ajoutez le bouillon chaud, les raisins secs (facultatif), la rondelle de citron et le sel. Faites bouillir à feu vif, remuez avec une fourchette, réduisez la chaleur et laissez frémir couvert 15 à 20 minutes ou jusqu'à ce que le liquide s'évapore.
3. Pendant ce temps, faites chauffer une petite poêle à frire à feu moyen. Versez-y les pignes et grillez-les 2 à 3 minutes en les remuant avec une fourchette et en secouant la poêle pour éviter qu'elles ne dorent trop rapidement. Lorsque les pignes sont grillées, retirez-les immédiatement de la poêle.
4. Lorsque le riz est cuit, retirez la rondelle de citron. Ajoutez les pignes, la tomate, le persil et la cannelle et remuez le tout. Ajustez l'assaisonnement en ajoutant du sel et du poivre à votre convenance.

Ce plat raffiné légèrement sucré est délicieux avec un flanchet grillé cajun (voir chapitre 16) ou des cuisses de poulet braisées au vin rouge (voir chapitre 5).

Le riz est accommodé différemment selon les pays :

- **Inde** : curry et épices ; poulet ou légumes
- **Espagne** : safran, noix, poivrons et autres légumes ; également poulet, saucisse, fruits de mer
- **Moyen-Orient** : oignons, raisins secs, cannelle, quatre-épices, safran des Indes, cardamome
- **Mexique** : ail, piments, oignons (parfois haricots secs)
- **Louisiane** : saucisse de porc, oignons, ail, poivre de Cayenne ; également fruits de mer.

Le riz à grains longs et le riz à grains ronds se cuisent quasiment de la même façon, excepté le riz Arborio (disponible dans les épiceries fines) utilisé pour faire le *risotto*, spécialité du nord de l'Italie.

TRUC

Pour faire un risotto, il faut que le riz absorbe lentement assez de bouillon chaud pour former un mélange crémeux de grains tendres mais encore fermes. Il est difficile d'indiquer avec précision la quantité de liquide nécessaire. La meilleure façon de procéder consiste à faire cuire à feu doux en remuant continuellement et en ajoutant de temps à autre juste assez de liquide (par petites quantités) pour que le riz soit entouré mais pas submergé de bouillon.

Vous devrez peut-être vous entraîner pour acquérir le savoir-faire nécessaire. Suivez d'abord la recette proposée ci-après. Ensuite, vous pourrez vous inspirer des suggestions qui suivent ou improviser librement.

Risotto

Ustensiles : couteau de chef, sauteuse, petite casserole avec couvercle, cuillère en bois

Temps de préparation : Environ 15 minutes

Temps de cuisson : Environ 35 minutes

Quantité : 4 personnes

1 cuillerée à café d'huile d'olive

3 tranches de bacon coupées en morceaux de 2 cm

½ tasse d'échalotes (ou d'oignons jaunes) hachées

1½ tasse de riz Arborio

Sel et poivre noir à votre convenance

Environ 5 tasses de bouillon de poulet ou de légumes

1. Mettez l'huile d'olive et le bacon dans une grande sauteuse et faites cuire à feu moyen 2 à 3 minutes en remuant de temps à autre jusqu'à ce que le bacon dore. Ajoutez les échalotes

(ou les oignons) hachées et réduisez la chaleur. Faites-les revenir à feu moyen-doux en remuant jusqu'à ce qu'elles dorent.

2. Pendant que les échalotes cuisent, faites bouillir le bouillon dans une petite casserole couverte. Réduisez la chaleur et laissez frémir.
3. Lorsque les échalotes sont dorées, ajoutez le riz à la sauteuse. Faites cuire 1 à 2 minutes à feu moyen en remuant constamment jusqu'à ce que le riz soit imbibé d'huile.
4. Ajoutez ½ tasse de bouillon chaud au riz et remuez avec une cuillère en bois. Lorsque la majeure partie du liquide est absorbée (ce qui arrive assez rapidement), ajoutez encore ½ tasse de bouillon au riz en remuant constamment. Le riz doit être entouré mais pas submergé de liquide. Faites attention à ce qu'il ne colle pas au fond ou sur les parois de la casserole.
5. Continuez à remuer en ajoutant le bouillon par demi-tasse (peut-être n'aurez-vous pas besoin de tout le bouillon). Le risotto doit être crémeux et tendre mais encore ferme au bout de 25 à 30 minutes. Au cours des 10 dernières minutes, n'ajoutez le bouillon que par quart de tasse afin que la majeure partie du liquide de cuisson soit absorbée lorsque le riz est cuit.
6. Retirez du feu. Goûtez et ajoutez du sel et du poivre à votre convenance. Servez immédiatement.

Le risotto peut être servi seul ou en accompagnement avec un filet de porc rôti (voir chapitre 6) ou un poulet rôti (voir chapitre 6).

ASTUCE DU CHEF

La saveur du risotto dépend essentiellement de la qualité du bouillon qu'absorbe le riz. Faites le bouillon vous-même ou achetez une bonne marque.

IMPROVISEZ

Vous pouvez ajouter toute une variété d'ingrédients à votre risotto. Quelques minutes avant la fin de la cuisson, ajoutez par exemple 1 tasse de petits pois frais ou en conserve ou bien ½ tasse de persil haché. Vous pouvez également ajouter, au début de la cuisson, du chou frisé haché, des épinards, des champignons émincés ou des brocolis une fois que les échalotes sont dorées.

Riz sauvage

Le riz sauvage est issu d'une plante herbacée qui n'a qu'une simple ressemblance avec le riz. Il pousse (et se cultive désormais) presque exclusivement dans la région des Grands Lacs, aux États-Unis. En raison de sa rareté, il est devenu assez cher. Pour réduire vos dépenses, associez-le à du riz brun. Le riz sauvage est très apprécié avec le gibier et le poisson fumé.

Préparatifs

Avant de vous lancer dans une recette, vous devez avoir tous les ingrédients nécessaires à portée de main. Hachez à l'avance les oignons et les herbes, nettoyez les légumes, mesurez les proportions, etc. Tout doit être prêt pour que vous puissiez vous consacrer entièrement à la cuisson, sans interruption.

Riz sauvage classique

Ustensiles : Égouttoir, casserole moyenne avec couvercle

Temps de préparation : Environ 15 minutes

Temps de cuisson : Environ 50 minutes

Quantité : 4 à 6 personnes

1 tasse de riz sauvage

2½ tasses d'eau

2 cuillerées à soupe de beurre

Sel et poivre noir à votre convenance

1. Lavez soigneusement le riz sauvage avant de le cuisiner : mettez-le dans un récipient rempli d'eau froide et laissez-le tremper quelques minutes. Retirez les débris qui flottent à la surface et égouttez le riz sauvage dans un égouttoir.
2. Versez 2½ tasses d'eau dans une casserole moyenne, couvrez et chauffez à feu vif jusqu'à ébullition. Ajoutez le riz sauvage rincé, le beurre, le sel et le poivre. Remuez le tout. Réduisez la chaleur et laissez frémir couvert 45 à 55 minutes ou jusqu'à ce que le riz sauvage soit tendre.
3. Séparez les grains avec une fourchette et rajoutez du sel et du poivre si nécessaire avant de servir.

Si le liquide de cuisson n'est pas complètement absorbé lorsque le riz est cuit, égouttez celui-ci dans un égouttoir. Si le liquide est complètement absorbé avant que le riz ne soit cuit, ajoutez de l'eau ou du bouillon par petites quantités et poursuivez la cuisson jusqu'à ce que les grains soient tendres.

Riz brun

Le riz brun peut être à la fois simple et raffiné. Ce type de riz n'a pas été « poli ». Autrement dit, toutes ses enveloppes n'ont pas été retirées. Par conséquent, il a davantage de qualités nutritives que le riz poli et coûte moins cher. Le riz brun, qui a un léger goût de noisette, a une durée de conservation inférieure à celle du riz blanc. Il est recommandé de le consommer dans les 6 mois qui suivent l'achat alors que le riz blanc peut être conservé quasiment indéfiniment.

Riz brun assaisonné

Ustensiles : Couteau de chef, cuillère en bois, sautoir ou casserole avec couvercle

Temps de préparation : Environ 15 minutes

Temps de cuisson : Environ 45 minutes

Quantité : 4 personnes

2 cuillerées à soupe d'huile d'olive

½ tasse d'oignon finement haché

2 cuillerées à café d'ail émincé soit environ 2 gousses (facultatif)

1 tasse de riz brun

2½ tasses de bouillon de poulet ou de légumes ou bien d'eau

Sel et poivre noir à votre convenance

1. Faites chauffer l'huile dans un sautoir ou une casserole de taille moyenne. Ajoutez l'oignon et l'ail (facultatif). Faites revenir à feu doux en remuant souvent pour faire dorer (attention à ne pas faire brûler l'ail). Ajoutez le riz brun et faites cuire 1 à 2 minutes en remuant souvent.
2. Ajoutez le bouillon ou l'eau. Faites bouillir à feu vif et laissez cuire 2 minutes sans couvercle. Réduisez la chaleur, ajoutez du sel et du poivre à votre convenance, couvrez et laissez frémir environ 45 minutes ou jusqu'à ce que le liquide soit absorbé et le riz, cuit mais encore ferme.
3. Retirez du feu et laissez couvert pendant 5 minutes pour que les saveurs se mélangent. Si nécessaire, rajoutez du sel et du poivre avant de servir.

Le riz brun a un goût de noisette qui se marie très bien avec les rôtis et les légumes épicés. Vous pouvez le servir avec un flanchet grillé cajun (voir chapitre 16) ou un poulet rôti (voir chapitre 6).

Vous pouvez remplacer l'oignon par un poireau haché (utilisez uniquement le blanc) et ajouter une feuille de laurier au liquide de cuisson. Pensez à retirer la feuille de laurier avant de servir. Vous pouvez également mélanger au riz cuit ½ à 1 tasse de carottes en rondelles ou autres légumes.

Cuisiner avec d'autres céréales

La plupart des céréales, comme le riz, cuisent rapidement dans de l'eau bouillante ou dans un liquide parfumé également porté à ébullition, comme un bouillon de bœuf ou de poulet. Il est généralement inutile de les faire tremper avant de les cuire mais elles doivent cependant être rincées et débarrassées d'éventuels débris. Voici les principales céréales cuisinées en dehors du riz :

- **Orge** : Substitut du riz dans beaucoup de soupes et de plats d'accompagnement, l'orge est généralement vendu émondé. Il s'agit donc d'orge « perlé ». Il cuit relativement rapidement – en 25 minutes environ dans de l'eau ou dans un bouillon en ébullition. Vous pouvez l'assaisonner avec du beurre, du sel et du poivre.
- **Boulghour** : Le boulghour est issu de grains de blé étuvé à la vapeur, décortiqués, séchés et concassés. Il cuit très rapidement. Dans certaines recettes, comme le taboulé, il est même inutile de le faire cuire. Il suffit de le faire tremper dans de l'eau pour le ramollir.
- **Quinoa** : Petite graine pleine de substances nutritives, le quinoa est disponible dans les boutiques de produits diététiques, les épiceries moyen-orientales et les supermarchés de qualité. Il doit être rincé plusieurs fois avant la cuisson, qui dure environ 15 minutes. Comme pour le riz, comptez 2 mesures de liquide pour 1 mesure de quinoa.
- **Sarrasin** : Le sarrasin ne fait pas partie des graminées mais des polygonacées, comme la rhubarbe. Il a un goût terreux proche de la noisette et rappelle davantage le riz brun que les autres céréales. On appelle le sarrasin rôti la kasha.

Dans la recette suivante, la kasha est d'abord sautée lors d'une cuisson de style pilaf et agrémentée de courge musquée, de bouillon de poulet, d'épinards et de gingembre pour constituer un plat d'accompagnement à la fois savoureux et énergétique.

Kasha à la courge musquée et aux épinards

Ustensiles : Grosse casserole, couteau de chef, égouttoir, casserole moyenne

Temps de préparation : 10 à 15 minutes

Temps de cuisson : Environ 25 minutes

Quantité : 4 à 6 personnes

2 cuillerées à soupe d'huile d'olive

1 cuillerée à soupe de beurre

1 petite courge musquée d'environ 1,5 livre pelée et coupée en cubes de 2 cm

1 grosse gousse d'ail émincée (facultatif)

1 tasse de kasha rincée et égouttée

2 tasses d'épinards (sans les tiges) rincés et hachés grossièrement

1 piment Jalapeño épépiné et émincé

1 oignon moyen émincé

3 tasses de bouillon de poulet (ou d'eau) chauffé à la limite de l'ébullition

Sel et poivre noir à votre convenance

1 cuillerée à soupe de gingembre frais émincé

1. Dans une grosse casserole, faites chauffer l'huile et le beurre à feu doux. Ajoutez l'oignon et l'ail (facultatif). Faites-les revenir 2 à 3 minutes en remuant souvent jusqu'à ce que l'oignon ramollisse.
2. Ajoutez la kasha et remuez pour imbiber les grains. Ajoutez ensuite le gingembre et le piment Jalapeño, puis la courge, le bouillon de poulet ou l'eau, le sel et le poivre. Couvrez et laissez frémir 12 à 15 minutes jusqu'à ce que la courge et la kasha soient tout juste tendres.
3. Une fois la cuisson terminée, retirez du feu et ajoutez les épinards. Couvrez et laissez reposer quelques minutes. Ajustez l'assaisonnement avec du sel et du poivre avant de servir.

IMPROVISEZ

Pour donner à la kasha une saveur différente, ajoutez un poivron rouge (épépiné et haché) après avoir fait revenir l'oignon. Suivez le reste de la recette en supprimant les épinards.

La recette suivante, à base de polenta (terme italien qui désigne la farine de maïs), est très simple et change du riz et des pâtes. Agrémentée d'une bonne sauce tomate à la viande, elle constitue à elle seule un repas léger, à la fois rapide et savoureux. Pour préparer ce plat, vous pouvez utiliser du bouillon de poulet ou de l'eau – bien sûr, le bouillon parfume davantage. Pour une petite touche légèrement aillée, ajoutez une gousse d'ail émincée au liquide de cuisson.

Polenta aux herbes

Ustensiles : Casserole avec fond en métal épais de 2 ou 3 litres, cuillère en bois, couteau de chef

Temps de préparation : 5 minutes

Temps de cuisson : 3 à 5 minutes pour la polenta précuite ou à grains fins

Quantité : 4 personnes

3¼ tasses de bouillon de poulet ou d'eau

1 tasse de polenta précuite

1 cuillerée à soupe d'estragon frais (ou marjolaine ou thym) haché, ou 1 cuillerée à café d'estragon lyophilisé

1 cuillerée à soupe de beurre

⅓ tasse de parmesan fraîchement râpé (facultatif)

Sel et poivre noir à votre convenance

1. Dans une grosse casserole, portez le bouillon ou l'eau à ébullition.
2. Versez lentement la polenta en remuant. Réduisez la chaleur et faites cuire à feu doux 3 à 5 minutes en remuant jusqu'à ce que le mélange épaississe. Ajoutez le parmesan (facultatif) puis le beurre, l'estragon (ou la marjolaine ou le thym), le sel et le poivre (si votre bouillon de poulet est salé, goûtez avant d'ajouter du sel).

Ce plat accompagne à la perfection les ragoûts de poulet, de porc ou de veau. Vous pouvez aussi l'utiliser comme base pour les légumes grillés ou le servir seul avec une sauce tomate à la viande.

ASTUCE DU CHEF

Ajoutez la polenta au liquide de cuisson bouillant *lentement* et remuez constamment pour éviter les grumeaux. Si toutefois des grumeaux se forment, remuez avec un fouet pour les désagréger. La polenta durcit très rapidement après être retirée du feu. Servez-la encore fumante et arrosée de sauce pour l'empêcher de s'agglomérer. Préparez d'abord la sauce ou le ragoût et faites la polenta à la dernière minute.

TRUC

La plupart des supermarchés vendent de la farine de maïs, constituée de fragments de maïs finement moulus, que l'on appelle polenta en Italie. Celle-ci cuit plus rapidement que le gruau de maïs, composé de fragments de maïs de plus gros calibre. Essayez les deux pour voir ce que vous préférez.

IMPROVISEZ

Utilisez d'autres herbes (thym ou marjolaine) ou ajoutez de l'oignon ou de l'ail doré en même temps que le beurre et les herbes. Vous pouvez également agrémenter le tout de carottes, de céleri, de navets, de brocolis ou de saucisses italiennes que vous aurez fait cuire au préalable.

Dans la recette suivante, la polenta sert de base à un ragoût de saucisse aux tomates, aux poivrons rouges et aux oignons. Cette recette est idéale pour un repas en famille et change des éternels plats à base de pâtes.

Ragoût de saucisse et de légumes sur un lit de polenta aux herbes

Ustensiles : Couteau de chef, grosse cocotte, cuillère en bois

Temps de préparation : 10 à 15 minutes

Temps de cuisson : 25 à 30 minutes

Quantité : 4 personnes

1 livre de saucisse italienne douce coupée en morceaux de 5 cm

1 cuillerée à soupe d'huile d'olive

1 gros oignon haché

1 grosse gousse d'ail émincée

2 courgettes moyennes non pelées en rondelles de 1 cm

1 feuille de laurier

400 g de tomates coupées en dés avec leur liquide

½ livre de saucisse italienne forte coupée en morceaux de 5 cm

⅓ tasse de vin rouge ou d'eau

¼ tasse de concentré de tomate

½ cuillerée à café de sucre

1 gros poivron rouge évidé et coupé en carrés de 2 cm

Sel et poivre noir à votre convenance

Polenta aux herbes (voir recette précédente)

1. Faites dorer la saucisse douce et la saucisse forte dans une grosse cocotte à feu moyen-vif en tournant fréquemment. Au bout de 10 minutes, retirez la saucisse et posez-la sur une assiette.
2. Réduisez la chaleur. Ajoutez l'huile d'olive, l'oignon et l'ail et faites revenir 1 à 2 minutes à feu moyen en remuant souvent. Ajoutez les courgettes, le poivron rouge et les tomates en remuant pour bien mélanger.
3. Ajoutez le vin ou l'eau, le concentré de tomate, le sucre et la feuille de laurier. Remettez la saucisse dans la cocotte et faites bouillir le tout. Réduisez la chaleur et laissez frémir à feu doux, couvert, environ 10 minutes ou jusqu'à ce que la saucisse ne soit plus rose au milieu (coupez-la avec un couteau tranchant pour évaluer la cuisson). Ajustez l'assaisonnement avec du sel et du poivre si nécessaire.
4. Pendant que la saucisse et les légumes cuisent à feu doux, préparez la polenta aux herbes (voir recette précédente).
5. Pour servir, répartissez la polenta sur quatre assiettes et déposez le mélange saucisse-légumes au-dessus à la cuillère.

Vous pouvez remplacer la saucisse italienne par n'importe quelle saucisse, notamment de la saucisse turque.

Une fois la polenta cuite, vous pouvez l'étendre sur un moule à gâteau graissé, l'enduire de beurre fondu ou d'huile d'olive et la faire dorer au gril. Ensuite, vous pourrez la couper en carrés et la servir comme pain.

Bouillir, étuver et blanchir les légumes

Certains légumes denses, comme les carottes, les pommes de terre et les navets doivent parfois être étuvés, c'est-à-dire cuits dans un récipient fermé selon la méthode dite à l'étuvée. Cette technique permet de ramollir ces légumes avant de les cuire comme l'indique la recette. Ainsi, tous les ingrédients peuvent ensuite cuire en même temps. Par exemple, vous pouvez étuver les poivrons verts avant de les farcir et de les passer au four ou les brocolis, les carottes et les choux-fleurs avant de les ajouter à un stir-fry de nouilles et de crevettes.

Blanchir les légumes ou les fruits consiste à les plonger brièvement dans de l'eau bouillante puis dans de l'eau froide pour stopper le processus de cuisson. Vous pouvez blanchir les tomates, les nectarines et les pêches pour en retirer facilement la peau (pour apprendre à peler les tomates, reportez-vous au chapitre 11). Certains légumes, comme les haricots verts, sont blanchis avant d'être congelés ou mis en conserve dans le but de préserver leur couleur et leur saveur.

La recette préférée des enfants

Paradoxalement, les grosses pommes de terre utilisées pour la cuisson au four, dites pommes de terre Idaho, font une purée plus légère et plus aérée que les petites pommes de terre, qui deviennent denses et collantes une fois écrasées et conviennent davantage pour les recettes où elles gardent leur forme d'origine – la salade de pommes de terre, par exemple.

Il est fortement recommandé d'utiliser un presse-purée. Les mixers et les robots sont trop rapides et réduiraient vos pommes de terre en colle pour papier peint ! Même lorsque vous utilisez un presse-purée, n'écrasez pas trop les pommes de terre. Contentez-vous de désagréger les grosses mottes.

Purée de pommes de terre

Ustensiles : Couteau de chef, casserole moyenne avec couvercle, presse-purée, égouttoir

Temps de préparation : Environ 5 minutes

Temps de cuisson : Environ 20 minutes

Quantité : 4 personnes

4 pommes de terre Idaho (soit environ 2 livres)

½ cuillerée à café de sel (ou à votre convenance)

½ tasse de lait

3 cuillerées à soupe de beurre

Poivre noir à votre convenance

1. Épluchez les pommes de terre et coupez-les en quartiers.
2. Mettez-les dans une casserole moyenne. Ajoutez juste ce qu'il faut d'eau froide pour les recouvrir. Salez à votre convenance (½ cuillère à café environ).
3. Couvrez et faites bouillir à feu vif. Réduisez la chaleur et faites cuire à feu moyen, couvert, environ 15 minutes ou jusqu'à ce que vous puissiez facilement percer les pommes de terre avec une fourchette.
4. Égouttez les pommes de terre dans un égouttoir et remettez-les dans la casserole. Si nécessaire, faites chauffer à feu doux 10 à 15 secondes en secouant la casserole pour que l'excès d'humidité s'évapore.
5. Retirez du feu. Écrasez les pommes de terre avec un presse-purée ou une fourchette (vous pouvez utiliser un batteur à main si vous n'avez pas de presse-purée mais faites attention à ne pas obtenir une pâte trop molle). Ajoutez le lait, le beurre et le poivre et remuez le tout jusqu'à ce que la purée soit homogène et crémeuse.

Les amateurs de purée de pommes de terre pensent que ce mets va avec tout. Nous vous le recommandons avec un flanchet grillé cajun (voir chapitre 16) ou un filet de porc braisé au lait et aux oignons (voir chapitre 16).

IMPROVISEZ

Pour une saveur aillée, enveloppez une tête d'ail (toute la tête, pas seulement une gousse) dans une feuille de papier d'aluminium et faites-la rôtir au four à 175°C pendant 1 heure. Retirez le papier d'aluminium, laissez refroidir un peu puis pressez les gousses ramollies pour en extraire la pulpe. Écrasez la pulpe dans les pommes de terre lorsque vous ajoutez le beurre et le lait. Vous pouvez aussi faire de la purée avec d'autres légumes cuits, comme les brocolis, les carottes, les navets ou les ignames, et la mélanger aux pommes de terre.

Surveillez les aliments plongés dans de l'eau bouillante ou frémissante, cuits à la vapeur ou pochés. L'eau ou tout autre liquide ne doit pas s'évaporer complètement sinon vous retrouverez votre casserole en piteux état. Si nécessaire, ajoutez du liquide pour empêcher les aliments de brûler.

Il n'y a pas que les pommes de terre : autres purées

La purée de légumes est un mets très simple. Il ne s'agit que de légumes cuits (généralement bouillis ou cuits à la vapeur mais parfois rôtis) écrasés ou mixés. Les féculents, comme les pommes de terre, les ignames, les rutabagas, les panais et les carottes font généralement les meilleures purées, mais les brocolis, les choux-fleurs et les poivrons rouges rôtis sont également délicieux, notamment lorsqu'ils sont mélangés à un féculent. Voici quelques purées originales :

Purée de pommes de terre et de rutabagas

Ustensiles : Couteau de chef, presse-agrumes, casserole moyenne, petite sauteuse, robot

Temps de préparation : 10 à 15 minutes

Temps de cuisson : Environ 20 minutes

Quantité : 4 personnes

1 rutabaga moyen (environ 1 livre) épluché et coupé en cubes de 2 cm

2 cuillerées à soupe de beurre

¼ tasse d'oignon coupé en dés

Jus de ½ citron

1 pomme de terre Idaho épluchée et coupée en cubes de 2 cm

Sel et poivre noir à votre convenance

½ tasse de lait ou de crème allégée

1. Mettez les morceaux de rutabagas et de pommes de terre dans une casserole moyenne. Recouvrez-les d'eau et salez légèrement. Faites bouillir, couvrez puis laissez frémir 15 à 20 minutes ou jusqu'à ce que les deux légumes soient très tendres (vérifiez avec une fourchette).
2. Pendant ce temps, faites fondre le beurre à feu moyen dans une petite sauteuse. Ajoutez l'oignon et faites-le revenir dans le beurre.
3. Égouttez les morceaux de rutabagas et de pommes de terre et mettez-les dans votre robot. Ajoutez l'oignon doré, le jus de citron, le sel et le poivre. Réduisez le tout en purée en ajoutant progressivement le lait ou la crème.

Cette purée se marie à la perfection avec les grillades de viande ou de volaille. Nous vous la recommandons avec un gigot d'agneau dans son jus nappé d'un glaçage à la groseille (voir chapitre 6), un filet de porc rôti (voir chapitre 6) ou un poulet rôti (voir chapitre 6).

Dans la recette suivante, les légumes sont écrasés avec un presse-purée et non dans un robot. La texture qui en résulte est totalement différente (plus épaisse qu'une bouillie pour bébé). Le parmesan apporte une saveur supplémentaire. Ce plat est généralement apprécié des enfants et vous permettra de leur faire manger deux légumes à la fois.

Purée de pommes de terre et de brocolis

Ustensiles : Épluche-légumes, couteau de chef, presse-purée, casserole moyenne, petite casserole

Temps de préparation : Environ 5 minutes

Temps de cuisson : 15 à 20 minutes

Quantité : 4 personnes

2 pommes de terre épluchées et finement tranchées

2 tasses bien remplies de fleurs de brocolis

2 cuillerées à soupe de beurre

¼ tasse d'oignon haché

¼ tasse de lait ou de crème allégée

¼ tasse de parmesan râpé (facultatif)

Sel et poivre noir à votre convenance

1. Mettez les tranches de pommes de terre dans une casserole moyenne. Recouvrez-les avec de l'eau et salez légèrement. Portez à ébullition, couvrez et faites cuire environ 5 minutes à feu moyen. Ajoutez les fleurs de brocolis et faites cuire encore 10 minutes ou jusqu'à ce que les deux légumes soient très tendres.
2. Pendant ce temps, faites fondre le beurre dans une petite casserole. Ajoutez l'oignon et faites-le revenir à feu moyen 1 à 2 minutes.
3. Égouttez les pommes de terre et les brocolis et remettez-les dans la même casserole. Ajoutez l'oignon doré, le lait ou la crème, et le parmesan râpé (facultatif). Écrasez le tout avec un presse-purée jusqu'à ce que le mélange soit homogène. Ajustez l'assaisonnement avec du sel et du poivre.

TRUC

Utilisez uniquement les fleurs des brocolis. Jetez les tiges.

Vous pouvez associer plusieurs légumes. Voici quelques idées : pommes de terre et carottes ; panais et pommes de terre ; ignames et pommes ; pommes de terre et ail rôti ; pommes de terre et navets.

Vous pouvez aussi ajouter des herbes fraîches ou lyophilisées, comme de l'estragon, du thym ou de la sauge.

Enfin, ces purées peuvent être transformées facilement en soupes. Il vous suffit d'ajouter 2 ou 3 tasses de bouillon de poulet ou de légumes pour environ 750 g de purée jusqu'à ce que le mélange soit suffisamment délayé pour avoir la consistance d'une soupe.

Purée de carottes et de pommes de terre

Ustensiles : Couteau de chef, épluche-légumes, grosse casserole ou marmite, presse-purée

Temps de préparation : 5 minutes

Temps de cuisson : 25 à 30 minutes

Quantité : 4 personnes

3 carottes coupées en morceaux de 2 cm

¼ tasse de lait ou de crème

1,5 livre de pommes de terre épluchées et coupées en cubes de 5 cm

2 ou 3 cuillerées à soupe de beurre

Sel et poivre noir à votre convenance

1. Dans une grosse casserole couverte, faites cuire les carottes dans de l'eau bouillante légèrement salée pendant 5 minutes. Ajoutez les pommes de terre et suffisamment d'eau pour recouvrir les deux légumes. Faites bouillir, réduisez la chaleur et laissez frémir couvert pendant encore 20 minutes ou jusqu'à ce que les deux légumes soient tendres. Égouttez et remettez les légumes dans la casserole.
2. Ajoutez le lait ou la crème et 2 ou 3 cuillerées à soupe de beurre. Écrasez le tout avec un presse-purée jusqu'à ce que le mélange soit homogène. Ajustez l'assaisonnement avec du sel et du poivre.

Conseils pour faire bouillir ou cuire à la vapeur douze légumes frais

Tous les légumes se cuisent aussi facilement que les pommes de terre. Voici quelques recommandations pour faire bouillir ou cuire à la vapeur les légumes les plus courants.

- **Artichauts** : Posez les artichauts sur le côté sur une planche à découper. Avec un couteau de chef tranchant, coupez environ 1 cm à l'extrémité. Utilisez des ciseaux pour couper les bords abîmés des feuilles. Retirez les feuilles épaisses et dures situées à la base (pas plus de 3 ou 4). Mettez les artichauts dans une marmite profonde (juste assez grosse pour qu'ils tiennent sans bouger) et recouvrez-les d'eau. Ajoutez du sel, du poivre et un jus de citron puis faites bouillir 30 à 40 minutes, selon la taille des artichauts. Une fois la cuisson terminée, vous devez pouvoir percer les fonds avec une fourchette ou retirer facilement une feuille. Retirez les artichauts avec une pince et égouttez-les en les retournant sur une assiette ou dans un égouttoir. Servez-les chauds avec une sauce à base de jus de citron et de beurre fondu ou faites-les mariner pendant plusieurs heures dans une vinaigrette (voir chapitre 10) et servez-les à température ambiante.

- **Asperges** : Coupez les tiges rigides à l'endroit où elles se cassent naturellement (si nécessaire, retirez une partie de l'enveloppe verte située à l'extrémité épaisse de chaque pointe avec un épluche-légumes). Rincez les pointes sous l'eau froide ou faites-les tremper pendant 5 minutes si elles semblent particulièrement sablonneuses. Disposez-les en une seule couche (deux au maximum) dans une large poêle. Recouvrez-les d'eau bouillante et salez. Couvrez et faites bouillir jusqu'à ce qu'elles ramollissent un peu, environ 8 minutes pour des pointes de taille moyenne. Le temps de cuisson varie selon l'épaisseur. Égouttez et servez immédiatement avec un assaisonnement à base de beurre, de jus de citron, de sel, de poivre et, si vous le souhaitez, de parmesan râpé.

- **Carottes et panais** : Retirez les fanes et épluchez avec un épluche-légumes. Placez les légumes coupés en rondelles dans une casserole et recouvrez-les d'eau légèrement salée. Couvrez et faites bouillir 12 à 15 minutes (environ 20 minutes si vous n'avez pas coupé les légumes en rondelles). Pour une cuisson à la vapeur, mettez les légumes dans un panier vapeur et faites-les cuire dans une cocotte couverte au-dessus de 2 ou 3 cm d'eau bouillante environ 5 minutes (12 minutes si les légumes sont entiers). Servez avec une sauce au beurre relevée avec un jus de citron et un zeste râpé de citron ou d'orange ou bien une sauce à base de beurre fondu et d'aneth frais émincé.

- **Chou** : Coupez le chou en quartiers et retirez le cœur. Mettez les quartiers dans une grosse marmite d'eau bouillante légèrement salée, couvrez et laissez bouillir environ 12 minutes. Le chou doit rester assez croustillant.

  Pour une cuisson à la vapeur, mettez les quartiers de chou dans une grosse casserole. Ajoutez environ 1 cm d'eau et faites cuire couvert à feu doux. Le chou braisé est également délicieux (recette de chou braisé aux pommes et au cumin au chapitre 15).

- **Choux de Bruxelles** : Avec un couteau à éplucher, retirez les premières feuilles et coupez l'extrémité de la tige. Faites une entaille en forme de X dans la tige pour que celle-ci cuise aussi rapidement que les feuilles. Faites bouillir dans 2 ou 3 cm d'eau environ 8 à 10 minutes ou jusqu'à ce que les choux soient entre tendres et croustillants. Goûtez pour évaluer la cuisson. Égouttez et servez avec une sauce au beurre et au citron.

  Pour cuire les choux de Bruxelles à la vapeur, placez-les dans un panier vapeur au-dessus de 2 ou 3 cm d'eau bouillante. Couvrez la cocotte et faites cuire environ 8 minutes selon la taille des choux.

- **Chou-fleur** : Coupez une tête entière et recouvrez d'eau légèrement salée. Faites bouillir 8 à 10 minutes ou jusqu'à ce que le chou-fleur soit entre tendre et croquant. Ajoutez le jus d'un demi-citron à l'eau de cuisson pour conserver la blancheur du légume.

  Pour une cuisson à la vapeur, mettez le chou-fleur dans un panier vapeur au-dessus de 2 ou 3 cm d'eau bouillante. Couvrez la cocotte et faites cuire environ 5 minutes. Agrémentez d'une sauce à base de beurre fondu, de jus de citron et de persil frais haché.

- **Courge jaune et courgettes** : Nettoyez et coupez les extrémités. Tranchez en rondelles d'environ 1 cm d'épaisseur. Mettez les légumes dans un panier vapeur au-dessus de 2 ou 3 cm d'eau bouillante et faites cuire dans une cocotte fermée environ 4 minutes ou jusqu'à ce que les légumes soient entre tendres et croquants. Vous pouvez aussi faire sauter la courge jaune et les courgettes.

- **Haricots verts** : Éboutez les haricots, recouvrez-les d'eau bouillante légèrement salée et faites-les cuire 8 à 10 minutes ou jusqu'à ce qu'ils soient entre tendres et croquants. Ils doivent conserver leur couleur d'origine.

  Pour une cuisson à la vapeur, mettez les haricots dans un panier vapeur au-dessus de 2 ou 3 cm d'eau bouillante. Fermez la cocotte hermétiquement et faites cuire environ 5 minutes. Servez les haricots chauds avec une simple sauce au beurre ou froids avec une vinaigrette.

- **Ignames** : Nettoyez les ignames, coupez les extrémités et retirez les parties abîmées (si elles sont grosses, coupez-les en deux ou en quatre). Mettez-les dans une grosse marmite, recouvrez-les d'eau froide et faites frémir couvert 35 à 40 minutes (ou 20 à 25 minutes si les ignames sont coupées en deux ou en quatre). La cuisson est terminée lorsque vous pouvez percer les ignames facilement avec une fourchette. Surveillez la cuisson pour qu'elles ne se désagrègent pas dans l'eau. Égouttez et laissez refroidir un peu avant d'éplucher. Réduisez en purée ou servez en gros morceaux avec du beurre, du sel, du poivre et éventuellement du gingembre ou de la muscade.
- **Maïs** : Retirez les épis du réfrigérateur et décortiquez-les au dernier moment (ils s'abîmeraient rapidement à température ambiante ; gardez-les au frais et cuisinez-les le jour même). Mettez le maïs dans une grosse marmite, ajoutez juste assez d'eau pour le recouvrir, couvrez la marmite et faites bouillir environ 5 minutes. Retirez les épis avec une pince et servez immédiatement avec du beurre.
- **Oignons perlés** : Épluchez les oignons, mettez-les dans une casserole et recouvrez-les d'eau légèrement salée. Couvrez et faites bouillir environ 15 minutes ou jusqu'à ce que les oignons soient tendres mais encore fermes. Surveillez la cuisson : les oignons ne doivent pas se désagréger. Servez avec une sauce ou un jus de viande ou bien mélangés à d'autres légumes.
- **Pois mangetout** : Rincez les pois, éboutez-les et effilez-les. Mettez-les dans une casserole et recouvrez-les d'eau bouillante. Faites-les cuire 2 minutes. Égouttez-les dans un égouttoir et passez-les sous l'eau froide pour stopper la cuisson et conserver leur couleur d'origine (recette de salade de pois mangetout et de poivrons rôtis au chapitre 10).

SAVOIR-FAIRE

Que signifie « assaisonner à votre convenance » ? Dans de nombreuses recettes, on vous suggère de saler ou de poivrer à votre convenance. Les proportions sont laissées à votre discrétion, tout simplement, parce qu'avant de servir un plat vous devez l'assaisonner en fonction de votre goût. Pour cela, il vous suffit donc de goûter et d'ajouter du sel ou du poivre, par exemple, dans les quantités qui vous conviennent. N'assaisonnez pas trop au départ car l'assaisonnement peut s'intensifier au cours de la cuisson.

Préparer un bouillon

De nombreuses recettes nécessitent un bouillon de poulet ou de légumes. En apprenant à préparer ce liquide parfumé ou lieu d'utiliser de l'eau, vous rehausserez grandement la saveur de vos plats.

Bouillon de poulet

Ustensiles : Marmite à bouillon ou autre grosse marmite, écumoire, passoire

Temps de préparation : Environ 15 minutes

Temps de cuisson : Environ 2 heures

Quantité : Environ 2 litres

3 ou 4 livres de poulet

Eau pour recouvrir

2 branches de céleri rincées et coupées en deux

2 carottes coupées en deux

4 brins de persil

2 feuilles de laurier

10 grains de poivre noir

1. Mettez tous les ingrédients dans une marmite à bouillon et portez à ébullition. Réduisez la chaleur et laissez frémir 2 heures sans couvrir en écumant la surface avec une écumoire si nécessaire.
2. Passez le bouillon dans une grosse passoire au-dessus d'un gros récipient pour séparer le liquide des morceaux de poulet et de légumes. Laissez refroidir le bouillon passé et mettez-le au réfrigérateur. Une fois le bouillon refroidi, retirez la graisse qui s'est solidifiée à la surface. Si vous le souhaitez, congelez le bouillon dans de petits récipients ou dans des bacs à glaçons pour l'utiliser ultérieurement.

SAVOIR-FAIRE

Lorsque vous faites un bouillon, de l'écume ou des morceaux d'os et de légumes peuvent flotter à la surface. Retirez-les avec une écumoire. Pour extraire la graisse d'un bouillon de viande, il suffit de mettre celui-ci au réfrigérateur. La graisse se solidifiera à la surface et sera ensuite facile à enlever.

TRUC

Vous pouvez utiliser les restes de poulet cuit pour faire une salade de poulet (voir chapitre 10 pour la sauce mayonnaise) ou une tourte au poulet (voir chapitre 12).

Si vous n'avez pas le temps de faire un bouillon de poulet, optez pour un bouillon de légumes, mets traditionnellement utilisé pour pocher les fruits de mer et le poisson (vous trouverez une recette de saumon poché plus loin dans ce chapitre). Le bouillon de légumes peut également servir de base pour toutes sortes de soupes et de sauces.

Bouillon de légumes

Ustensiles : Ficelle de cuisine, étamine, marmite à bouillon ou autre grosse marmite, écumoire, passoire, gros saladier

Temps de préparation : Environ 25 minutes

Temps de cuisson : Environ 1 heure

Quantité : Environ 1,5 litre

1 petit bouquet de persil rincé

10 grains de poivre noir

1 feuille de laurier

5 brins de thym frais ou ½ cuillerée à café de thym lyophilisé

2 branches de céleri rincées et coupées en morceaux de 5 cm

2 poireaux lavés et grossièrement hachés (y compris le vert)

1 bouteille de vin blanc sec (voir note)

10 tasses d'eau

1 pincée de poivre de Cayenne

5 carottes épluchées et coupées en morceaux de 5 cm

2 oignons moyens percés d'un clou de girofle chacun

1. Avec un morceau de ficelle de cuisine, attachez ensemble le persil, les grains de poivre, le thym, la feuille de laurier et le poivre de Cayenne dans une étamine ou un carré de coton blanc de taille identique (vous pouvez même utiliser un morceau de vieux tee-shirt blanc).
2. Mettez tous les autres ingrédients dans une marmite à bouillon et portez à ébullition. Réduisez la chaleur et laissez frémir 1 heure, sans couvrir, en remuant de temps à autre et en écumant la surface si nécessaire.
3. Passez le bouillon dans une passoire au-dessus d'un gros saladier. Laissez refroidir. Jetez les éléments solides.

***Note :** Il existe de nombreux crus de blanc sec. Nous vous recommandons le Chardonnay, le Pinot Gris, le Chenin Blanc et le Sauvignon Blanc. Inutile de mettre beaucoup d'argent dans un vin destiné à être utilisé en cuisine (pour en savoir plus à ce sujet, lisez Le Vin pour les Nuls, Éditions First).*

IMPROVISEZ

Si vous voulez faire un bouillon de poisson pour une soupe ou pour pocher des fruits de mer, ajoutez simplement la tête et les arêtes d'un ou plusieurs poissons frais au bouillon de légumes dès le départ. Demandez des têtes et des arêtes à votre poissonnier. Il en a probablement beaucoup et sera heureux de s'en débarrasser. De nombreuses soupes ont pour base un bouillon de ce genre. Vous en trouverez au chapitre 9.

Pocher des fruits de mer ou du poisson dans un bouillon

Pour préserver la saveur et la texture d'un poisson, pochez-le dans un bouillon. Il vous suffit de laisser frémir le bouillon doucement et de faire attention à ne pas trop cuire le poisson. Si le liquide bout, la chair tendre du poisson se désagrégera.

Le bouillon de légumes classique donne au poisson une saveur herbacée très subtile. Les carottes et les oignons ont un petit goût sucré et le poivre de Cayenne équilibre le tout. Il est recommandé de pocher les poissons à chair ferme, comme le saumon, le thon, le cabillaud et le flétan.

Dans la recette suivante, après avoir fait frémir pendant 3 minutes les darnes de saumon dans le bouillon de légumes, vous devez les retirer du feu. Elles continueront à cuire pendant encore 5 minutes. Il est donc important que vous ayez un minuteur.

Darnes de saumon pochées à la vinaigrette

Ustensiles : Couteau de chef, grande sauteuse ou petite pocheuse à poisson, mixer ou robot

Temps de préparation : Environ 25 minutes

Temps de cuisson : Environ 10 minutes

Quantité : 4 personnes

1,5 litre de bouillon de légumes (voir recette précédente)

4 darnes de saumon de 120 g à 180 g chacune avec la peau

Eau (si nécessaire)

Sauce vinaigrette (recette au chapitre 10)

1. Faites bouillir le bouillon de légumes à feu vif dans une grosse sauteuse ou dans une pocheuse à poisson. Immergez les darnes de saumon dans le bouillon de légumes. Ajoutez de l'eau uniquement si le bouillon ne suffit pas à recouvrir les darnes.
2. Faites bouillir à nouveau puis réduisez la chaleur, laissez frémir et pochez, sans couvrir, pendant environ 5 minutes.
3. Éteignez le feu et laissez les darnes reposer dans le bouillon 3 à 5 minutes ou jusqu'à ce que la cuisson soit terminée. Ne faites pas cuire trop longtemps. Coupez une darne en son milieu pour évaluer la cuisson (voir encadré « Évaluer la cuisson d'un poisson » pour en savoir plus). Retirez les darnes pochées et disposez-les sur un plat.

4. Versez un peu de vinaigrette (recette au chapitre 10) sur chaque darne et servez immédiatement.

Servez ce poisson léger et raffiné avec une salade de riz aux poivrons (voir chapitre 10) ou un couscous à la courge jaune (voir chapitre 15).

Peu de personnes pensent à pocher la viande. Pourtant, c'est un bon moyen de la parfumer et de l'attendrir. Pochez-la dans un bouillon très parfumé, que vous pouvez faire vous-même ou acheter en supermarché (choisissez une bonne marque).

Évaluer la cuisson d'un poisson

Il existe une méthode traditionnelle pour déterminer le temps de cuisson d'un poisson : mesurez la largeur de la darne à l'endroit le plus épais et faites-la cuire 4 minutes par centimètre (que vous souhaitiez pocher, faire bouillir, ou cuire à la vapeur, au four ou au gril). Bien souvent, 3 minutes suffisent. Mieux vaut cuire moins longtemps et évaluer la progression de la cuisson. Par exemple, si la darne mesure 0,75 cm d'épaisseur, faites-la cuire 2 à 3 minutes.

Lorsque le poisson est entier, la cuisson est plus facile à évaluer : si vous pouvez retirer facilement la nageoire dorsale, le poisson est cuit. Sinon, il faut poursuivre la cuisson. Les coquilles Saint-Jacques deviennent opaques lorsqu'elles sont cuites et les crevettes, qui cuisent en 1 minute ou 2, virent au rose. La chair du saumon et du thon est d'un rose sombre lorsqu'elle est à point. Et le poisson blanc n'est plus luisant et humide qu'en son milieu. Sauf indication contraire, retirez immédiatement le poisson cuit du feu ou du bouillon qui a servi à le pocher.

Pour savoir si un poisson est cuit, vous pouvez aussi le percer avec une aiguille très fine (comme celle d'un testeur de pâtisserie) ou un couteau tranchant. Si vous passez au travers, le poisson est cuit.

Lorsqu'elles sont cuites, les moules, les palourdes et les huîtres le montrent clairement : leurs coquilles s'ouvrent, quel que soit le mode de cuisson que vous avez choisi.

Filet de bœuf poché aux légumes sauce raifort

Ustensiles : Couteau de chef, ficelle de cuisine, grosse marmite, saladier, spatule ou cuillère en bois

Temps de préparation : Environ 20 minutes

Temps de cuisson : Environ 10 minutes

Quantité : 4 personnes

1 livre de filet de bœuf divisé en quatre parties égales

2 poireaux, uniquement le blanc (pour savoir comment nettoyer les poireaux, reportez-vous au chapitre 9)

5 tasses de bouillon de bœuf ou de légumes fait maison ou en conserve

1 gros bouquet garni (2 feuilles de laurier, 3 brins de persil et 3 brins de thym – ou 1 cuillerée à café de chaque si ces herbes sont lyophilisées – dans une étamine)

3 branches de céleri finement tranchées dans le sens de la largeur

3 carottes moyennes finement tranchées dans le sens de la largeur

1 oignon blanc moyen émincé

Sel et poivre noir à votre convenance

½ tasse de crème aigre

2 cuillerées à café de raifort râpé et égoutté (plus si vous le souhaitez)

1 cuillerée à café de vinaigre de vin blanc

1. Entourez les morceaux de bœuf de ficelle dans un sens puis dans l'autre (laissez un grand morceau de ficelle qui devra pendre en dehors de la marmite pour retirer facilement la viande du liquide de cuisson).
2. Coupez les poireaux dans le sens de la longueur, de la racine jusqu'aux trois-quarts du pied. Ouvrez les poireaux et rincez-les soigneusement pour en retirer les impuretés (voir instructions illustrées au chapitre 9). Coupez les poireaux dans le sens de la largeur en morceaux de 4 cm.
3. Versez le bouillon dans une marmite suffisamment grosse pour contenir la viande en une seule couche (vous pouvez avoir besoin de davantage de bouillon selon la taille de la marmite). Faites chauffer jusqu'à ce que le bouillon frémisse. Ajoutez le bouquet garni, les poireaux, le céleri, les carottes, l'oignon, le sel et le poivre puis remuez pour mélanger. Couvrez et laissez frémir pendant 5 minutes.
4. Ajoutez les morceaux de bœuf en laissant pendre les ficelles en dehors de la marmite. Laissez frémir pendant 5 minutes. Retirez un des filets et coupez-le en son milieu. S'il est encore rouge, remettez-le dans la marmite. S'il est rosé, mettez-le dans une assiette et coupez la ficelle. Faites de même avec les autres morceaux.

5. Mettez la viande dans un plat légèrement creux et chauffé au préalable. Goûtez le bouillon et ajustez l'assaisonnement si nécessaire. Avec une écumoire, mettez les légumes dans le plat. Ensuite, avec une grosse cuillère ou une louche, versez une partie du bouillon sur le tout. Agrémentez d'une sauce raifort servie à part (voir recette ci-après).

Sauce raifort

1. Mettez la crème aigre dans un saladier.
2. Ajoutez le raifort, le vinaigre, du sel et du poivre. Remuez le tout.
3. Goûtez. Si vous le souhaitez, ajoutez du raifort. Gardez au frais jusqu'au moment de servir.

En entrée, vous pouvez servir une marinade de saumon au gingembre et à la coriandre (voir chapitre 16) ou des tartines de fromage de chèvre aillées (voir chapitre 16).

Cuire à la vapeur

La cuisson à la vapeur est très douce et convient à la fois aux légumes, au poisson, aux fruits de mer, et même aux viandes et à la volaille. Ce mode de cuisson est également sain car les substances nutritives des aliments ne se perdent pas dans le liquide de cuisson. Nous le recommandons en particulier pour les fruits de mer, notamment les coquillages.

Il existe deux façons de cuire à la vapeur : dans un cuiseur à vapeur perforé et couvert, placé sur un récipient d'eau frémissante, ou bien dans une marmite ou une casserole profonde, couverte, contenant 3 à 5 cm d'eau. La seconde méthode fonctionne très bien avec les grands légumes, comme les brocolis et les asperges.

Si vous avez l'intention de beaucoup cuisiner à la vapeur, investissez dans un cuiseur à vapeur. Le modèle de base se compose de deux récipients posés l'un sur l'autre, celui du haut ayant un fond perforé et un couvercle (pour en savoir plus sur les cuiseurs à vapeur, reportez-vous au chapitre 2).

Les pommes de terre rouges vapeur, recette rapide et facile, accompagnent de nombreux plats, du poisson grillé le plus léger au steak le plus épais.

Pommes de terre rouges vapeur à l'aneth

Ustensiles : Cuiseur à vapeur

Temps de préparation : 2 minutes

Temps de cuisson : Environ 20 minutes

Quantité : 6 personnes

8 à 12 petites pommes de terre rouges

2 ou 3 cuillerées à soupe de beurre (ou à votre convenance)

Sel et poivre noir à votre convenance

1 ou 2 cuillerées à soupe d'aneth frais émincé (ou à votre convenance)

1. Mettez les pommes de terre rouges dans la partie supérieure d'un cuiseur à vapeur et versez environ 5 cm d'eau salée dans la partie inférieure.
2. Portez l'eau à ébullition. Réduisez la chaleur, couvrez et laissez frémir 20 minutes ou jusqu'à ce que les pommes de terre rouges soient tendres. Égouttez, coupez les légumes en deux et servez après avoir ajouté le beurre, l'aneth, le sel et le poivre.

Aujourd'hui, les légumes sont disponibles quasiment toute l'année. Mais n'achetez pas n'importe quoi. Si vous ne choisissez pas avec soin vos pommes de terre rouges, celles-ci risquent d'être spongieuses. Les pommes de terre dans leur ensemble ne doivent comporter aucun germe.

Dans la recette suivante, ce sont des brocolis qui sont cuits à la vapeur mais vous pouvez les remplacer par d'autres légumes, comme le chou-fleur, le chou frisé et les asperges. Coupez les légumes en morceaux de taille identique afin que la cuisson soit homogène.

Les légumes frais ont davantage de goût et conservent mieux leurs substances nutritives lorsqu'ils restent croquants. Les vitamines B et C sont solubles dans l'eau et se dissolvent facilement dans le liquide de cuisson. Gardez ce liquide de cuisson rempli de vitamines pour faire une soupe ou un ragoût.

Brocolis vapeur

Ustensiles : Couteau à éplucher, casserole de 3 ou 4 litres avec couvercle, pince, petite casserole

Temps de préparation : 10 minutes

Temps de cuisson : Environ 5 minutes

Quantité : 4 personnes

1 tête de brocoli

Sel et poivre noir à votre convenance

3 cuillerées à soupe de beurre

Jus de ½ citron

1. Lavez la tête de brocoli soigneusement. Coupez uniquement la partie la plus épaisse des tiges et retirez les grosses feuilles. Divisez les grosses fleurs en deux en coupant à partir de la base de la fleur et sur toute la longueur de la tige. Tous les morceaux doivent être de taille plus ou moins identique.
2. Mettez les brocolis dans une casserole de 3 ou 4 litres contenant environ 5 cm d'eau (placez les tiges au fond et les fleurs au-dessus). Salez et poivrez à votre convenance et couvrez.
3. Faites bouillir à feu vif puis réduisez la chaleur. Laissez frémir à feu doux, couvert, pendant environ 8 minutes ou jusqu'à ce que les tiges soient tendres mais pas molles. Lorsqu'elles sont cuites, les tiges doivent être fermes mais faciles à percer avec un couteau tranchant.
4. Pendant que les brocolis cuisent à la vapeur, faites fondre le beurre dans une petite casserole et ajoutez le jus de citron. Remuez pour mélanger.
5. Retirez les brocolis avec une pince et disposez-les sur un plat. Versez la sauce au beurre et au citron sur les brocolis cuits et servez.

Les brocolis frais ajoutent de la couleur et de la saveur à de nombreux plats, notamment le filet de bœuf rôti (voir chapitre 6) et le gigot d'agneau dans son jus nappé d'un glaçage à la groseille (voir chapitre 6).

Les asperges nécessitent un peu plus de beurre, de sel et de poivre car elles sont plus fades. Cela dit, dans la recette suivante, l'aneth frais ajoute une saveur supplémentaire.

Asperges vapeur à l'aneth

Ustensiles : Épluche-légumes, cuiseur à vapeur, couteau de chef

Temps de préparation : 10 minutes

Temps de cuisson : Environ 5 minutes

Quantité : 4 personnes

1,5 livre de pointes d'asperges

Sel à votre convenance

2 cuillerées à soupe de beurre fondu

1 cuillerée à soupe d'aneth ou de persil finement haché

1. Cassez les tiges des asperges. Si les pointes sont grosses, retirez 3 à 5 cm de l'enveloppe verte située à l'extrémité épaisse de chaque pointe à l'aide d'un épluche-légumes.
2. Faites chauffer environ 5 cm d'eau légèrement salée dans la partie inférieure d'un cuiseur à vapeur. Lorsque l'eau bout, mettez les asperges dans la partie supérieure du cuiseur à vapeur, couvrez et faites cuire 3 à 5 minutes selon l'épaisseur des asperges.
3. Disposez les asperges sur un plat chaud et assaisonnez avec du sel, du beurre et de l'aneth ou du persil.

Pour cuisiner un homard, vous pouvez le faire cuire à la vapeur ou dans de l'eau bouillante. La cuisson à la vapeur donne de meilleurs résultats en termes de texture et de saveur. Il est inutile de mettre le homard dans un panier vapeur pour éviter qu'il adhère au fond de la marmite puisqu'il ne se pose pas à plat. Le tableau 3-1 donne quelques indications sur le temps de cuisson du homard.

Tableau 3-1 Temps de cuisson du homard

Poids	*Immersion dans l'eau bouillante*	*Vapeur*
1 livre	8 minutes	10 minutes
2 livres	15 minutes	18 minutes

Il est difficile de rater un homard. La seule erreur que vous puissiez faire consisterait à le faire cuire trop longtemps. Si vous avez la chance de vivre au bord de l'océan, faites-le cuire à la vapeur d'eau de mer. Vous pouvez même ajouter quelques algues dans le liquide de cuisson pour rehausser la saveur.

Dans la recette suivante, le homard est servi avec une sauce au beurre, à l'orange et au citron. Cette sauce peut agrémenter de nombreux poissons cuits au four ou à la vapeur, notamment le thon, le saumon et le tassergal. Le zeste d'orange donne un goût sucré qui se marie très bien avec la chair douce du homard.

Homards vapeur à l'orange et au citron

Ustensiles : Grosse marmite, grand couteau de chef, pince, râpe, petite casserole, cuillère en bois

Temps de préparation : Pas de préparation pour les homards ; 5 minutes pour la sauce

Temps de cuisson : Environ 15 à 18 minutes pour des homards de 1,5 à 2 livres ; environ 2 minutes pour la sauce

Quantité : 4 personnes

4 homards vivants d'environ 1,5 à 2 livres chacun

Sel à votre convenance

½ tasse de beurre à température ambiante

1 cuillerée à soupe de zeste de citron fraîchement râpé

½ cuillerée à café de zeste d'orange fraîchement râpé

1. Versez environ 8 cm d'eau dans une grosse marmite. Salez l'eau généreusement et portez-la à ébullition.
2. Ajoutez les homards et couvrez hermétiquement. Faites cuire à la vapeur 14 à 16 minutes selon le poids des homards (contrairement au poisson, le homard ne donne aucune indication visible de son degré de cuisson. Arrachez une pince et, si la chair n'est pas cuite, poursuivez la cuisson).
3. Retirez les homards avec une pince. Pour savoir comment manger un homard, reportez-vous à la figure 3-1. Servez avec une sauce au beurre, à l'orange et au citron.

Sauce au beurre, à l'orange et au citron

Faites fondre le beurre dans une petite casserole. Retirez du feu, ajoutez les zestes d'orange et de citron et remuez pour mélanger.

SAVOIR-FAIRE

Les sauces au beurre peuvent être aromatisées avec toutes sortes d'ingrédients. Vous en trouverez plusieurs exemples au chapitre 7.

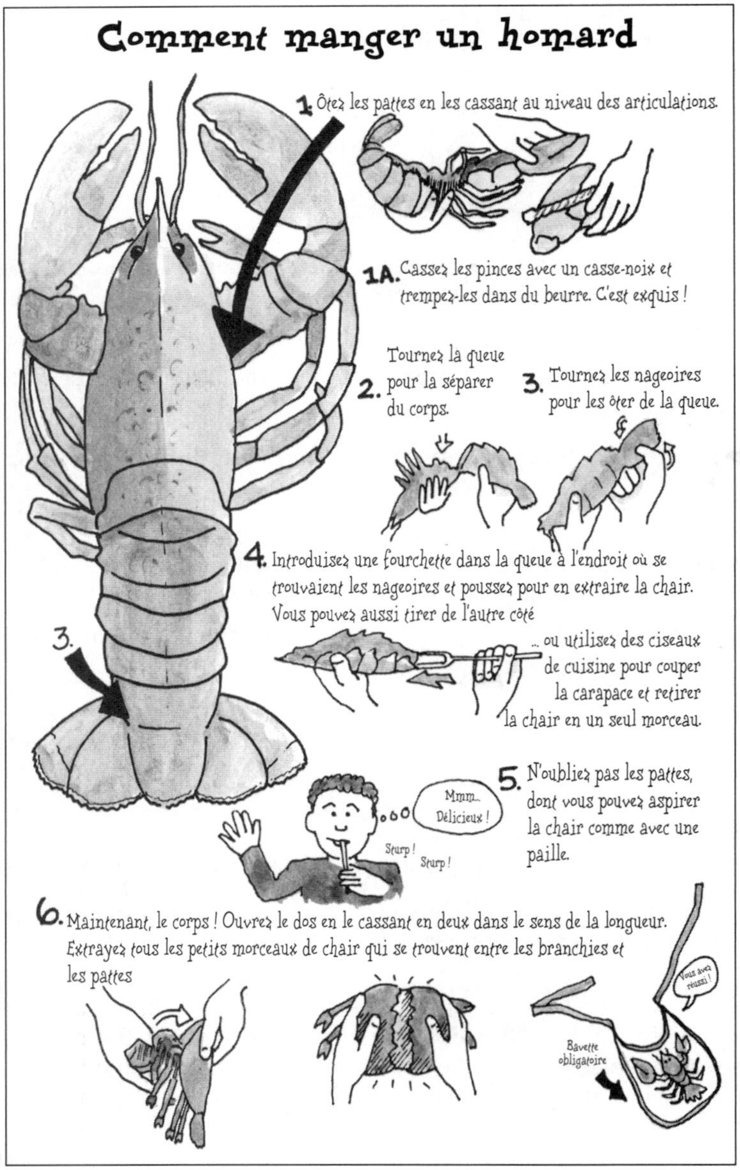

Figure 3-1 : Savoir décortiquer et manger un homard.

Chapitre 4

Sauter

Dans ce chapitre :

- Faire sauter des légumes comme un chef
- Faire sauter des fruits de mer
- Faire sauter des steaks, du poulet et du poisson

Les recettes de ce chapitre

- Pommes de terre sautées en cubes
- Épinards sautés
- Darnes de saumon avec sauce aux poivrons rouges
- Blancs de poulet sautés aux tomates et au thym
- Steaks sautés au poivre

Le mode de cuisson qui consiste à sauter les aliments est très courant. On l'utilise pour saisir les steaks, cuire les filets de poisson, glacer les légumes ou cuire rapidement les fruits de mer.

Pour sauter, il suffit de faire cuire les aliments dans une poêle chaude, généralement avec un peu de matière grasse (du beurre ou de l'huile, par exemple) pour éviter qu'ils attachent. Ce mode de cuisson donne aux aliments une texture croustillante ou craquante et fait ressortir toutes sortes d'arômes, notamment ceux des herbes et des épices.

SAVOIR-FAIRE

Sauter consiste à secouer la poêle d'avant en arrière au-dessus du feu pour remuer les aliments, sans ustensiles, et ainsi les empêcher de brûler tout en les exposant intégralement à une chaleur intense. Entraînez-vous avec une sauteuse froide.

ATTENTION !

Cette technique implique une cuisson à feu moyen-vif. Les aliments ne doivent donc pas rester trop longtemps dans la poêle. Par exemple, si vous mettez un steak dans une poêle grésillante (avec un peu d'huile pour éviter qu'il attache), une croûte brune se forme en quelques minutes. Ainsi, le jus reste à l'intérieur du steak. Mais si vous ne retournez pas celui-ci rapidement pour saisir l'autre côté, il noircira et brûlera.

Après avoir fait dorer les deux côtés du steak, réduisez la chaleur et terminez la cuisson à feu moyen. Ainsi, vous obtiendrez un résultat parfait : croustillant à l'extérieur et juteux à l'intérieur.

Vous pouvez sauter les fruits de mer de la même façon pour leur donner de la saveur et une belle texture. Les légumes sautés, quant à eux, dorent dans le beurre et absorbent l'assaisonnement. Autrement dit, l'assaisonnement se mélange aux légumes et cuit en même temps qu'eux au lieu d'être ajouté juste avant de servir.

Huile ou beurre ?

Le type de matière grasse dans lequel vous sautez les aliments a son importance. Le beurre ajoute davantage de saveur que l'huile mais peut noircir à feu vif. L'huile, en revanche, ne brûle pas facilement mais n'ajoute aucun parfum, à moins qu'elle soit aromatisée.

André Soltner, ancien propriétaire et chef du célèbre Lutèce, à Manhattan, donne les conseils suivants pour sauter à la perfection : « La chaleur est un paramètre important. Si la sauteuse n'est pas suffisamment chaude, les pores de la viande ne se refermeront pas et le jus s'échappera. Le type de matière grasse que vous utilisez est également un facteur déterminant. L'huile est recommandée pour la viande. Elle peut être exposée à une très forte chaleur sans brûler. Le beurre convient pour les légumes et les pâtes. J'aime cuisiner avec de l'huile de canola, dont le point de fumée est très élevé. »

L'huile doit être chaude mais ne pas fumer dans la poêle avant que vous y déposiez les aliments. Le beurre doit écumer sur les bords mais ne pas noircir. Certains chefs utilisent uniquement du beurre clarifié pour sauter.

Pour clarifier le beurre, faites-le fondre pour le dépouiller de ses solides lactés, qui coulent au fond de la casserole. Versez-le dans un bol et laissez-le reposer pendant une minute pour que les solides (l'écume) remontent à la surface. Avec une cuillère, retirez l'écume et jetez-la. Débarrassé de ses solides lactés, le beurre clarifié a un point de fumée plus élevé et risque moins de brûler. Si vous ne voulez pas clarifier le beurre mais bénéficier de sa saveur, mélangez-le avec une quantité équivalente d'huile.

Déglacer

Une sauteuse très chaude commence à cuire la viande, la volaille ou le poisson immédiatement. Des petits morceaux d'aliments attachent au fond de la sauteuse et dorent sur place. Ils sont remplis de saveurs délicieuses et, une fois déglacés (mouillés et raclés), ils constituent une sauce non moins savoureuse.

Pour déglacer, retirez la viande, la volaille ou le poisson de la sauteuse après la cuisson. Ajoutez un liquide – de l'eau, du vin, du bouillon ou un mélange de votre cru. Comptez que le liquide réduira de moitié une fois la sauce terminée et doublez la dose nécessaire. Faites bouillir le liquide à feu vif tout en remuant et en raclant le fond de la poêle jusqu'à ce que les morceaux se détachent et se dissolvent dans la sauce. Faites bouillir la sauce jusqu'à ce qu'elle réduise de moitié. Assaisonnez à votre convenance. Vous pouvez ajouter une cuillerée à café de beurre pour améliorer la texture et le goût. Versez la sauce à la cuillère sur la viande, la volaille ou le poisson et servez (voir figure 4-1).

Figure 4-1 : En déglaçant une poêle, vous pouvez faire une sauce d'une saveur intense.

En règle générale, le vin utilisé pour déglacer dépendra des aliments sautés. Choisissez un vin blanc pour la volaille et le poisson et un vin rouge pour la viande.

Sauter différents types d'aliments

Les recettes suivantes reposent sur la même technique. Seul le type de matière grasse et l'assaisonnement changent.

Légumes

Vous pouvez faire bouillir les légumes ou les cuire à la vapeur jusqu'à ce qu'ils soient cuits à 90 % et les transférer dans une sauteuse pour terminer la cuisson dans du beurre avec éventuellement des herbes aromatiques fraîches. Les pommes de terre finement tranchées peuvent être sautées crues. Dans la recette suivante, elles sont coupées en cubes. Faites-les sauter dans une poêle chaude jusqu'à ce qu'elles soient croustillantes.

Les pommes de terre sautées peuvent accompagner un steak ou une côte de veau. Faites-les cuire d'abord dans de l'huile puis dans du beurre pour leur donner du goût sans risquer de les faire brûler.

Pommes de terre sautées en cubes

Ustensiles : Épluche-légumes, couteau de chef, égouttoir, grosse sauteuse antiadhésive, écumoire

Temps de préparation : Environ 15 minutes

Temps de cuisson : Environ 15 minutes

Quantité : 3 à 4 personnes

2 pommes de terre Idaho, environ 1,5 livre

½ tasse d'huile végétale ou d'huile de maïs

2 cuillerées à soupe de beurre

Sel et poivre noir à votre convenance

1. Épluchez les pommes de terre et coupez-les en petits cubes.
2. Mettez les cubes dans un égouttoir, dans l'évier. Faites couler de l'eau très chaude sur les pommes de terre pendant environ 10 secondes (l'eau chaude élimine la fécule si bien que les pommes de terre ne collent pas les unes aux autres dans la poêle et ne décolorent pas après avoir été épluchées et coupées). Égouttez bien et séchez avec du papier absorbant.
3. Faites chauffer l'huile à feu vif dans une grosse sauteuse antiadhésive. Ajoutez les pommes de terre et faites-les cuire 5 à 6 minutes en les remuant souvent afin qu'elles dorent de façon homogène. Retirez-les de la sauteuse avec une écumoire pour les déposer dans une assiette. Videz toute la graisse de la sauteuse et essuyez celle-ci avec du papier absorbant.
4. Faites fondre le beurre dans la sauteuse à feu moyen-vif. Attention à ne pas le laisser brûler. Ajoutez les pommes de terre, le sel et le poivre. Faites cuire en remuant de temps à autre environ 4 à 5 minutes ou jusqu'à ce que les cubes soient dorés et croustillants. Retirez les pommes de terre avec une écumoire et servez immédiatement.

Les pommes de terre sautées accompagnent délicieusement les omelettes (voir chapitre 8), le filet de bœuf rôti (voir chapitre 6) ou les brochettes de porc grillées au romarin (voir chapitre 6).

ATTENTION !

Faites très attention lorsque vous mettez des légumes (ou autres aliments) rincés dans de la matière grasse chaude. La matière grasse gicle au contact de l'eau et vous risquez de vous brûler.

Le plat suivant, rapide et sain, peut accompagner les darnes de saumon avec sauce aux poivrons rouges, dont la recette est donnée plus loin dans ce chapitre.

Épinards sautés

Ustensiles : Grosse sauteuse avec couvercle

Temps de préparation : Environ 15 minutes

Temps de cuisson : Environ 4 minutes

Quantité : 4 à 6 personnes

1,5 livre d'épinards frais

1 cuillerée à soupe d'huile d'olive

1 cuillerée à soupe de beurre

¼ cuillerée à café de muscade moulue

Sel et poivre noir à votre convenance

1. Coupez et jetez les tiges et les feuilles flétries des épinards. Lavez les épinards soigneusement dans de l'eau froide et égouttez-les bien (pour savoir comment rincer et couper les légumes verts, reportez-vous au chapitre 10).
2. Faites chauffer l'huile et le beurre à feu moyen dans une grosse sauteuse. Ajoutez les épinards, la muscade, le sel et le poivre.
3. Remuez les épinards pour les enrober d'huile (ils réduiront si vite que vous craindrez peut-être de ne pas en avoir assez – ne vous inquiétez pas, vous aurez ce qu'il faut). Couvrez et faites cuire à feu moyen 2 à 3 minutes. Retirez du feu et servez.

Les épinards sautés peuvent accompagner des darnes d'espadon grillées au citron et au thym (voir chapitre 6).

Poisson ferme et riche

Les poissons riches en graisse, comme le saumon, le thon et le tassergal sont délicieux lorsqu'ils sont sautés. Vous pouvez en outre les relever avec de nombreuses sauces rapides et faciles à préparer. En raison de leur forte teneur en graisse, ils peuvent être agrémentés de sauces épicées.

ATTENTION !

En revanche, les poissons délicats, comme la sole, se marient très mal avec les sauces épicées. Réservez les épices aux poissons riches à chair ferme.

Dans la recette suivante, légèrement sucrée en raison des échalotes et des poivrons rouges sautés, le saumon est d'abord saisi pour rester moelleux puis retiré de la poêle. Il termine sa cuisson dans la sauce faite dans la même poêle. Notez qu'il vous faudra ½ tasse de crème fraîche pour lier la sauce, ce qui équivaut à seulement 2 cuillerées à soupe par personne.

SAVOIR-FAIRE

Lier une sauce consiste simplement à en rassembler tous les ingrédients pour lui donner une texture épaisse et homogène. Pour cela, il suffit d'ajouter du beurre, de la crème, de la maïzena ou de la farine. Liez vos sauces à la fin de la préparation, juste avant de servir.

Le plat de saumon suivant peut être accompagné d'épinards sautés à la muscade.

Darnes de saumon avec sauce aux poivrons rouges

Ustensiles : Couteau à éplucher, couteau de chef, grosse sauteuse antiadhésive

Temps de préparation : Environ 15 minutes

Temps de cuisson : Environ 15 minutes

Quantité : 4 personnes

2 poivrons rouges moyens

4 darnes de saumon de 180 g à 200 g et de 2 cm d'épaisseur chacune

Sel et poivre noir à votre convenance

2 cuillerées à soupe de beurre

½ tasse d'échalotes (ou d'oignons) finement hachées

¼ cuillerée à café de poivre de Cayenne

2 cuillerées à soupe d'aneth frais finement haché et quelques brins d'aneth pour la garniture

¼ tasse de vin blanc sec

¼ tasse de crème épaisse

1. Évidez et épépinez les poivrons rouges et coupez-les en carrés de 1 cm (voir figure 4-2).
2. Salez et poivrez chaque côté des darnes de saumon. Faites fondre le beurre à feu moyen-vif dans une sauteuse antiadhésive suffisamment grande pour contenir les darnes en une seule couche.
3. Ajoutez le saumon et faites-le cuire jusqu'à ce qu'il soit légèrement doré des deux côtés, environ 3 à 4 minutes par côté pour une cuisson à point. Le temps de cuisson varie en fonction de l'épaisseur des darnes et du degré de cuisson souhaité.

4. Transférez le saumon sur une assiette chaude et couvrez-le avec une feuille de papier d'aluminium. Laissez le beurre dans la sauteuse et raclez le fond avec une cuillère en bois pour récupérer les morceaux qui ont attaché. Ajoutez les échalotes, le poivre de Cayenne et les poivrons rouges. Faites cuire à feu moyen-vif en remuant de temps à autre pendant 4 à 5 minutes ou jusqu'à ce que les légumes aient ramolli.
5. Ajoutez le vin et faites cuire à feu vif jusqu'à ce que la moitié du liquide se soit évaporée (cette étape a pour but d'intensifier la saveur de la sauce). Réduisez la chaleur, ajoutez la crème et faites cuire à feu moyen-vif en remuant souvent jusqu'à ce que le liquide réduise encore de moitié.
6. Ajoutez les darnes de saumon, l'aneth haché et le jus qui s'est accumulé autour des darnes. Laissez frémir environ 1 minute, le temps de réchauffer le saumon. Ne faites pas cuire trop longtemps. Goûtez et ajustez l'assaisonnement avec du sel et du poivre si nécessaire. Avec une spatule en métal plate, déposez une darne de saumon par assiette. Versez un peu de sauce sur chacune à l'aide d'une cuillère et servez immédiatement avec quelques brins d'aneth pour décorer.

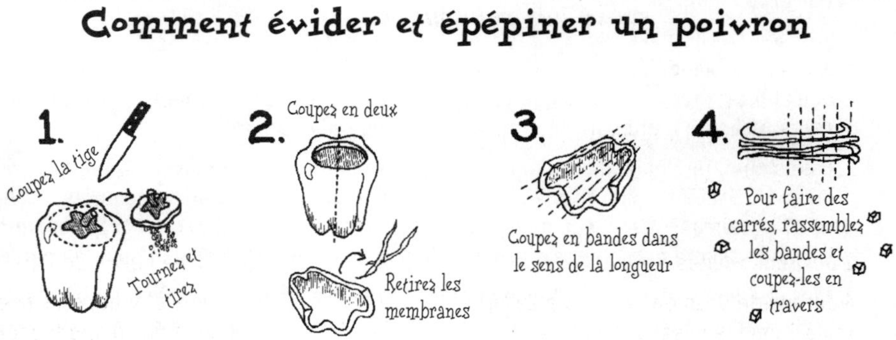

Figure 4-2 : Évider un poivron et en retirer les graines.

Poulet

Pour donner à un poulet le maximum de saveur, sautez-le. Dans la recette suivante, viennent s'ajouter les saveurs sucrées des oignons et des tomates. Vous n'aurez aucun mal à improviser à partir de cette recette très simple.

Blancs de poulet sautés aux tomates et au thym

Ustensiles : Couteau de chef, grosse sauteuse, attendrisseur ou poêle solide, papier sulfurisé, papier d'aluminium

Temps de préparation : Environ 20 minutes

Temps de cuisson : Environ 10 minutes

Quantité : 4 personnes

4 blancs de poulet sans peau

Sel et poivre fraîchement moulu à votre convenance

⅓ tasse de vin blanc ou de bouillon de poulet

2 tomates moyennes pelées, épépinées et hachées (instructions au chapitre 11)

1 cuillerée à café de thym frais haché ou ¼ cuillerée à café de thym lyophilisé

2 cuillerées à soupe d'huile d'olive

1 oignon moyen haché

1 grosse gousse d'ail hachée

2 cuillerées à soupe de basilic frais haché (facultatif)

1. Mettez les blancs de poulet sur une planche à découper, salez et poivrez généreusement des deux côtés, recouvrez de papier sulfurisé et attendrissez légèrement pour égaliser les épaisseurs (utilisez un attendrisseur ou le fond d'une poêle solide).
2. Faites chauffer l'huile d'olive dans une grosse sauteuse à feu moyen. Ajoutez le poulet et faites cuire 4 à 5 minutes de chaque côté (pour évaluer la cuisson, faites une petite incision au milieu de chaque blanc. La viande doit être blanche sans aucune trace de rose). Transférez les blancs sur une assiette et recouvrez-les d'une feuille de papier d'aluminium pour les garder au chaud.
3. Mettez l'oignon dans la sauteuse et faites-le revenir à feu moyen. Remuez pendant 1 minute en raclant le fond de la sauteuse. Ajoutez l'ail et remuez de temps à autre pendant encore 1 minute. Ajoutez les tomates, le thym, le basilic (facultatif), le sel et le poivre. Remuez le tout pendant 1 minute. Ajoutez le vin blanc ou le bouillon et faites cuire à feu vif en remuant de temps à autre pendant 2 à 3 minutes ou jusqu'à ce que la majeure partie du liquide s'évapore (le mélange doit être humide mais pas liquide).
4. Répartissez les blancs de poulet sur 4 assiettes. Versez la sauce à la cuillère sur chaque portion.

Vous pouvez servir le poulet avec une purée de pommes de terre (voir chapitre 3) ou du riz au gingembre et au cilantro (voir chapitre 16).

Vous pouvez modifier cette recette de nombreuses façons. Par exemple, utilisez des blancs de dinde ou des escalopes de veau à la place du poulet ; ajoutez une tasse d'amandes aux tomates hachées ; ajoutez 2 cuillerées à soupe de crème épaisse au vin ou au bouillon ; mettez de l'estragon, de la marjolaine ou une autre herbe aromatique au lieu du thym ; ou râpez un peu de parmesan au-dessus de chaque assiette avant de servir.

Steak

frying pan

Le steak au poivre, bœuf auquel on ajoute des grains de poivre noir concassés avant de le faire cuire dans une poêle chaude, est un plat que l'on trouve dans pratiquement tous les restaurants. La sauce est généralement faite à base de bouillon de bœuf, d'échalotes et de vin rouge avec parfois un soupçon de cognac. L'ensemble est délicieux à condition que le poivre et les éléments sucrés soient bien équilibrés.

Steaks sautés au poivre

Ustensiles : Couteau de chef, grosse sauteuse en fonte ou avec fond en métal épais, mortier et pilon ou poêle solide

Temps de préparation : Environ 20 minutes

Temps de cuisson : Environ 15 minutes

Quantité : 4 personnes

3 à 4 cuillerées à soupe de grains de poivre noir (ou à votre convenance)

4 steaks dans l'aloyau d'environ 1 livre chacun

2 cuillerées à soupe d'huile végétale

3 cuillerées à soupe d'échalote émincée

2 cuillerées à soupe de beurre

¼ tasse de bouillon de bœuf ou de poulet fait maison ou en conserve

2 cuillerées à soupe d'oignon émincé (voir encadré ci-après)

2 cuillerées à soupe de cognac

¾ tasse de vin rouge sec

1 cuillerée à café de concentré de tomate

Sel à votre convenance

1. Concassez les grains de poivre finement avec un mortier et un pilon ou bien sur une surface dure (comme une planche à découper en bois) avec le fond d'une poêle solide, comme illustré à la figure 4-3. Faites-le juste avant la cuisson pour conserver tout l'arôme du poivre.
2. Passez les deux côtés des steaks dans les grains de poivre concassés (3 ou 4 cuillerées à soupe de grains de poivre constituent une délicieuse sauce forte et épicée mais, si vous préférez faire une sauce moins relevée, limitez-vous à 2 ou 3 cuillerées à soupe).

3. Faites chauffer l'huile à feu vif dans une grosse sauteuse en fonte. Lorsque la sauteuse est très chaude, mettez-y les steaks et faites-les cuire 2 à 3 minutes de chaque côté pour les saisir. Réduisez la chaleur et poursuivez la cuisson à feu moyen pendant 6 à 7 minutes en retournant les steaks de temps à autre. Le temps de cuisson varie en fonction de l'épaisseur de la viande. Faites une petite incision au milieu de chaque steak et évaluez le degré de cuisson. Si le steak est légèrement rose au milieu et brun sur le pourtour, il est cuit à point (si vous le voulez bien cuit ou saignant, faites-le cuire 1 ou 2 minutes de plus ou de moins par côté).
4. Retirez les steaks de la sauteuse, déposez-les sur une assiette et recouvrez-les d'une feuille de papier d'aluminium pour les garder au chaud. Laissez la sauteuse refroidir légèrement et retirez les petites particules brûlées mais ne la passez pas sous l'eau !
5. Faites de nouveau chauffer la sauteuse à feu moyen et ajoutez l'échalote, l'oignon et 1 cuillerée à soupe de beurre. Faites cuire environ 1 minute en remuant. Ajoutez le vin rouge et le cognac. Faites bouillir la sauce à feu vif en remuant souvent jusqu'à ce qu'elle réduise de moitié. Ajoutez le bouillon et le concentré de tomate. Faites réduire la sauce à nouveau en remuant jusqu'à ce qu'il en reste environ ½ tasse. Réduisez la chaleur.
6. Ajoutez le reste de beurre et faites-le fondre à feu moyen en remuant bien pour lier la sauce. Versez la sauce sur les steaks à la cuillère. Goûtez et ajoutez du sel et du poivre si nécessaire. Servez immédiatement.

Vous pouvez servir les steaks au poivre avec une purée de pommes de terre (voir chapitre 3) et des épinards sautés (dans ce chapitre).

IMPROVISEZ

Si vous souhaitez flamber les steaks, présentez-les dans la poêle. Arrosez-les de 2 cuillerées à soupe de cognac et enflammez-les avec une allumette. Même si cela ne change pas beaucoup le goût, vos invités seront impressionnés. Une fois la flamme éteinte, répartissez la sauce sur les steaks. Entraînez-vous à flamber avant de le faire devant vos convives.

TRUC

Pour que les grains de poivre ne s'échappent pas de tous les côtés lorsque vous les concassez, enveloppez-les dans une feuille de papier d'aluminium ou un linge.

Figure 4-3 : Concasser des grains de poivre avec une poêle.

?, dinsztel?

Le degré de cuisson s'évalue en fonction de la couleur de la viande. Une viande saignante est rouge vif et juteuse. Une viande à point est rose au milieu et légèrement brune sur le pourtour. Une viande bien cuite, degré de cuisson non recommandé, est brune partout et sèche.

Émincer des oignons et de l'ail

Les oignons émincés apportent beaucoup de saveur à un plat. Vous en trouverez dans de nombreuses recettes. Pour éviter de pleurer, la meilleure solution consiste à utiliser un couteau bien aiguisé qui permet de travailler rapidement. Pour émincer un oignon, procédez de la manière suivante (voir aussi illustration) :

1. Coupez l'oignon en deux dans le sens de la longueur en traversant le bulbe. Épluchez-le et coupez la partie supérieure. Laissez le côté de la racine intact pour qu'il maintienne les tranches ensemble lorsque vous émincerez l'oignon. Mettez le côté plat de chaque moitié sur une planche à découper.
2. Placez la pointe de votre couteau juste en face de l'emplacement de la racine et coupez l'oignon dans le sens de la longueur en faisant des tranches parallèles de 3 à 5 mm.
3. Coupez ensuite à l'horizontal, parallèlement à la planche à découper, en allant du sommet à la racine.
4. Coupez perpendiculairement à la planche à découper pour faire des petits cubes. Enfin, coupez le côté de la racine.

Tout comme l'oignon, l'ail donne du goût aux aliments. Plus vous le hachez, plus il a de saveur. L'ail cru écrasé a beaucoup de piquant tandis que les gousses d'ail entières rôties ont un goût de noisette légèrement sucré (voir la section « Utiliser les couteaux en toute sécurité », chapitre 2).

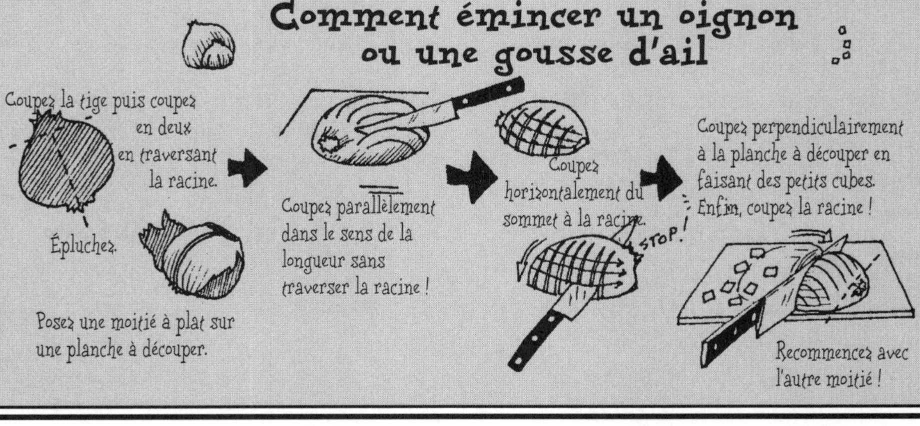

Chapitre 5

Braiser et cuire à l'étouffée

Dans ce chapitre :

- Braiser et cuire à l'étouffée : deux techniques pour attendrir la viande
- Reconnaître les herbes aromatiques
- Découvrir les bonnes recettes de famille

Les recettes de ce chapitre

- Pot-au-feu (recette familiale)
- Rôti braisé et ses légumes
- Cuisses de poulet braisées au vin rouge
- Agneau braisé aux haricots blancs
- Ragoût de fruits de mer méditerranéens

Vous n'avez sans doute pas beaucoup de temps pour cuisiner, surtout en semaine. Au lieu de faire des plats qui requièrent votre présence dans la cuisine, apprenez à braiser et à cuire à l'étouffée. Ces modes de cuisson consistent simplement à mettre tous les ingrédients dans une cocotte et à laisser cuire à feu doux pendant que vous faites les poussières ou donnez un bain à votre bébé.

Le temps de cuisson des plats braisés ou cuits à l'étouffée étant très long, mieux vaut les cuisiner la veille et les réchauffer – de plus, cette méthode rehausse les saveurs. Ces plats conviennent très bien pour les repas de fête car ils sont faciles à faire dans une grosse marmite et peu onéreux (les morceaux de viande sont généralement moins chers).

La plupart des plats de viande proposés dans ce chapitre se composent de morceaux de bœuf bon marché : paleron, poitrine, jarret et flanchet (illustration des différents morceaux de bœuf au chapitre 14). Ces morceaux plus musculaires ne conviennent pas pour un steak mais, lorsqu'ils ont été braisés pendant des heures, leurs fibres se désagrègent et ils deviennent succulents. D'une certaine façon, ces morceaux sont plus savoureux qu'un filet.

Braiser ou cuire à l'étouffée : quelle différence ?

Ces deux techniques impliquent une cuisson lente et longue dans un liquide. La principale différence est la suivante : les aliments braisés cuisent dans quelques centimètres de liquide mais ne sont pas complètement submergés pour qu'ils puissent cuire à la fois à l'étouffée et à la vapeur. En revanche, les aliments cuits à l'étouffée sont complètement immergés dans un liquide frémissant.

Les gros morceaux de viande – ou les moins tendres – sont généralement braisés tandis que les plus fins sont cuits à l'étouffée.

Saveurs exotiques : Herbes aromatiques et épices

Les herbes aromatiques et les épices relèvent presque tous les types de plats. Si vous utilisez une herbe aromatique ou une épice différente de celle qui est indiquée dans une recette, le plat change complètement de goût et d'arôme. Les herbes aromatiques et les épices jouent un grand rôle dans les plats braisés ou cuits à l'étouffée. Ajoutées à la dernière minute, elles peuvent apporter une saveur exquise.

Acheter et stocker des herbes et des épices

Achetez les herbes et les épices en petites quantités, rangez-les dans des récipients fermés hermétiquement à l'abri de la chaleur et de la lumière, et essayez de les utiliser dans les 10 à 12 mois qui suivent. La saveur des herbes séchées diminue avec le temps.

Vous pouvez aussi cultiver des herbes fraîches dans votre jardin ou dans une jardinière. Rincez-les soigneusement, enveloppez-les dans du papier absorbant humide, et stockez-les jusqu'à une semaine dans votre réfrigérateur.

Cuisiner avec des herbes et des épices

Elizabeth Terry, chef américain qui possède un restaurant en Géorgie, attache beaucoup d'importance aux herbes : « Utilisez des herbes fraîches plutôt que des herbes lyophilisées. Pour mieux sentir l'arôme des herbes fraîches ou des épices, ajoutez-les au plat juste avant de servir ».

Qu'est-ce qu'une fricassée ?

La *fricassée* est une variante du ragoût. La fricassée traditionnelle est un plat à base de volaille, généralement de poulet. Cette volaille n'est pas saisie ou dorée avant d'être ajoutée aux autres ingrédients comme c'est le cas dans un ragoût. Par conséquent, la sauce est plus pâle que celle d'un ragoût.

Vous pouvez relever de nombreux plats avec des herbes fraîches et des épices. Voici quelques idées :

- **Mélange de basilic et de menthe** : Délicieux avec les sauces tomate, la salade verte, la salade de pommes de terre et les légumes marinés.
- **Romarin et thym** : Agrémentent les pommes de terre au four et le poulet rôti. Frottez la volaille de romarin avant de la rôtir puis ajoutez le thym frais après la cuisson. Les arômes des herbes rôtie et fraîche se marient à la perfection.
- **Curry et oignons sautés** : Ajoutez du curry aux oignons sautés et vous obtiendrez une succulente garniture pour les légumes froids.
- **Cumin :** À utiliser dans les soupes et les sauces. Particulièrement bon sauté avec du chou rouge, des pommes et un peu de crème.
- **Gingembre frais, poivrons rouges et oignons** : Faites une délicieuse sauce pour le poisson, les crevettes et les légumes grillés en mixant un mélange de gingembre, de poivrons rouges et d'oignons.
- **Cannelle, quatre-épices, poivron rouge finement haché, ail broyé et huile** : Faites mariner les crevettes dans ce mélange avant de les cuire sur le gril.
- **Graines de moutarde** : Frottez le saumon de graines de moutarde et saisissez-le dans une poêle contenant de l'huile chaude jusqu'à ce que les graines forment une croûte croustillante.

Le tableau 5-1 décrit l'utilisation que vous pouvez faire de chaque herbe aromatique (voir aussi figure 5-1). Lorsque vous connaîtrez bien les propriétés de chacune, vous pourrez laisser libre cours à votre imagination.

Tableau 5-1 Les principales herbes aromatiques

Herbe	*Description*
Aneth	Rappelle le carvi. Vendu en bouquets ou en graines séchées. Utilisez les graines dans les marinades et les feuilles fraîches avec le poisson et les fruits de mer, les omelettes, le poulet, la dinde, les sauces et les vinaigrettes, les salades, les mousses de poisson, et les pâtés.
Basilic	Arôme suave mais intense. La plupart des variétés sont vert foncé, excepté le basilic opalin aux feuilles violettes. On le trouve frais en brins ou lyophilisé. Il est très utilisé dans la cuisine méditerranéenne, notamment avec les tomates, les œufs, les pâtes, la volaille, le poisson, les salades vertes et dans les vinaigrettes.
Cerfeuil	Très aromatique, avec un délicat goût de réglisse. Disponible frais en brins (essentiellement en été) ou lyophilisé. Agrémente le poisson et les fruits de mer, les œufs, le poulet, les tomates, les asperges, les courges, les aubergines, le beurre aux fines herbes, les salades vertes, les soupes et les sauces.
Ciboulette	Goût d'oignon doux. Vendue en fines tiges fraîches, hachée ou lyophilisée. Relève les sauces à la crème et les soupes, le poulet, les œufs, les fruits de mer, les salades marinées et sert de garniture.
Cilantro ou persil chinois	Extrêmement relevé et aromatique. Vendu en bouquets frais. Relève les plats mexicains et asiatiques et se marie bien avec le riz, le poisson, le porc, le jambon, l'avocat et la tomate.
Estragon	Goût prononcé qui rappelle celui du réglisse. Vendu en brins frais entiers, moulu et lyophilisé ou en feuilles sèches. L'estragon frais, disponible tout l'été, a une saveur plus subtile. Excellent avec le poulet, le porc, l'agneau, le veau, le poisson, les fruits de mer, les omelettes et autres plats à base d'œufs, les sauces (notamment la mayonnaise), les légumes et les salades, le beurre aux fines herbes, et les pommes de terre chaudes ou froides. Également utilisé pour aromatiser le vinaigre blanc.
Laurier	Goût herbacé prononcé. Vendu en feuilles entières séchées. Excellent dans les plats à cuisson lente comme les soupes et les ragoûts, dans les liquides à pocher, les marinades, les rôtis, la farce et les sauces barbecue. Retirez la feuille avant de servir.
Marjolaine	Goût semblable à l'origan mais beaucoup plus doux. Vendue fraîche ou lyophilisée. Agrémente presque tous les légumes. Particulièrement goûteuse avec les ignames, la courge, les tomates, la farce, les ragoûts, les omelettes, les soupes, le beurre aux fines herbes, le riz, le porc, l'agneau, le bœuf, la volaille et le poisson.
Menthe	Parfum frais et doux, saveur prononcée. La plupart des variétés proviennent de la menthe poivrée et de la menthe verte. Vendue en bouquet frais ou lyophilisée. Succulente dans les salades de riz ou autres céréales, les soupes glacées et les sauces, avec les fruits frais, les salades de concombres ou de tomates, le poulet grillé, le porc, l'agneau, les fruits de mer et les boissons froides comme le thé glacé.

Herbe	***Description***
Origan	Saveur intense. Vendu frais ou lyophilisé. Ingrédient essentiel dans les cuisines italienne et grecque. Se marie bien avec la volaille, les sauces tomate, les œufs, les ragoûts de légumes et les stir-fry.
Persil	Saveur fraîche et légèrement âpre. Vendu toute l'année en bouquet frais ou lyophilisé. Les deux principales variétés sont le persil frisé et le persil plat, plus fort. Il agrémente toutes sortes de plats, notamment les soupes ou les bouillons (dans les bouquets garnis), les ragoûts, les sauces, la farce, les frittatas, le poisson, la volaille, le bœuf, le porc, l'agneau, le veau, le gibier et tous les légumes. Également utilisé comme garniture.
Romarin	Feuilles en forme d'aiguille, très aromatiques, dont l'odeur rappelle le citron et le pin. Vendu en brins frais ou lyophilisé. Utiliser avec modération avec les légumes, la farce, le riz et les ragoûts. Excellent avec le gibier (notamment grillé), le poulet, le flétan, le saumon, le thon, le pain aux herbes, les huiles parfumées et les marinades. La tige du romarin est assez dure et ligneuse. Ne gardez que les feuilles et émincez-les finement.
Sarriette	Herbe qui a du corps dont le goût rappelle à la fois la menthe et le thym. Vendue fraîche en brins ou lyophilisée. Il en existe deux variétés : la sarriette commune et la sarriette vivace. Agrémente les salades de haricots frais ou secs, la plupart des poissons et des fruits de mer, les omelettes, les soufflés, le riz, la farce, la viande et la volaille, les tomates, les pommes de terre, les artichauts et les oignons.
Sauge	Feuilles ovales gris-vert ou violettes ayant un léger goût de menthe. Vendue en brins frais ou moulue et lyophilisée. À utiliser avec modération. Se marie très bien avec la farce de volaille, les pâtés, le poisson, les ragoûts, les salades de poulet, les pains de viande, le beurre aux fines herbes, le flétan et le saumon. Assaisonne également les rôtis de viande et de volaille.
Thym	Minuscules feuilles dont l'arôme rappelle la menthe et le goût, le thé. Vendu frais en brins ou lyophilisé. Il en existe plusieurs variétés : le thym commun, le thym citron et le thym orange. Agrémente la viande, la volaille, le poisson, les œufs, les soupes, les ragoûts, les sauces à la crème, les pains de viande, les pâtés, les palourdes, la farce et fait partie du bouquet garni.

Les épices, presque toujours vendues lyophilisées, constituent un élément clé de la cuisine internationale depuis l'époque de l'Empire byzantin. La plupart viennent d'Orient et furent introduites en Europe lors des croisades.

Les épices lyophilisées sont généralement plus concentrées que les herbes aromatiques lyophilisées. Utilisez-les avec modération. Une cuillerée à soupe d'origan frais équivaut à une demi-cuillerée à café d'origan lyophilisé. Lorsque vous connaîtrez mieux les propriétés des différentes épices, vous pourrez élargir votre répertoire culinaire.

Figure 5-1 : Les différentes herbes aromatiques.

Les épices fraîchement moulues sont beaucoup plus fortes que celles qui sont vendues déjà moulues. Achetez les épices entières, notamment la muscade et le poivre, et moulez-les ou râpez-les vous-même juste avant de les utiliser. Si vous le souhaitez, vous pouvez investir dans une râpe à épices.

Les épices entières peuvent aussi être enveloppées dans une étamine que vous ajouterez à vos soupes ou ragoûts et retirerez juste avant de servir. Les clous de girofle sont parfois piqués dans un oignon avant d'être ajoutés à un ragoût.

Stockez vos épices dans un endroit frais et sec et essayez de les utiliser dans les 6 à 10 mois qui suivent l'achat. Le tableau 5-2 recense les épices les plus courantes.

Tableau 5-2 Les principales épices

Épice	*Description*
Cannelle	Douce et aromatique, issue de l'écorce d'un arbre tropical. Vendue entière en bâtons séchés ou moulue. Utilisée essentiellement en pâtisserie (gâteaux et tartes) mais aussi dans les ragoûts les currys, les ignames au four et la courge jaune.
Cardamome	Saveur prononcée, à la fois épicée et sucrée. Vendue en graines entières séchées ou moulue. Excellente dans les salades de fruits, les pâtisseries, la tarte au potiron et les currys à l'indienne. Un des principaux ingrédients des masala, mélanges d'épices très utilisés dans la cuisine indienne.
Carvi	Couramment utilisé dans la cuisine allemande, goût de noisette légèrement anisé. Vendu en graines séchées. Relève les gâteaux, les ragoûts, certains fromages et le pain de seigle.
Clou de girofle	Âpre et très parfumé. Vendu en boutons séchés ou moulu. S'utilise un peu comme la cannelle. Excellent dans les bouillons, les soupes de légumes et les glaçages.
Coriandre	Arôme similaire à celui du carvi. Vendue en grains entiers séchés ou moulue. Les grains sont utilisés dans les marinades et la poudre agrémente les currys, l'agneau, le porc, la saucisse et certains gâteaux.
Cumin	Arôme légèrement acide et goût de noisette. Vendu en grains entiers séchés ou moulu. Très présent dans les cuisines moyen-orientale ou asiatique. Utilisez-le dans les currys et les sauces, et avec le poisson, l'agneau, la volaille et le bœuf.
Curry	Mélange qui comporte plus de dix épices et herbes aromatiques, dont généralement la cannelle, les clous de girofle, la cardamome, le piment, le fenugrec, les graines de moutarde, le safran des Indes (qui donne au curry sa couleur dorée), le poivre noir et le poivre de Cayenne. Les mélanges vendus dans le commerce ont tendance à perdre leur arôme rapidement et doivent être utilisés dans les 2 mois qui suivent l'achat. À utiliser avec l'agneau, le porc, le poulet, le riz, la farce et les légumes sautés comme le chou, la courge et les oignons.
Gingembre	Âpre et légèrement sucré ; très aromatique. Vendu moulu, confit ou frais. Utilisez le gingembre moulu avec modération dans les currys, les gâteaux épicés, les marinades et avec le porc, le poulet, et les fruits de mer. Utilisez le gingembre confit dans les sirops de fruits et les glaçages, les tartes et les gâteaux. Râpez le gingembre frais dans les stir-fry de porc, de poulet et de bœuf, et dans les légumes frais.

Tableau 5-2 *(suite)*

Épice	*Description*
Muscade	Arôme agréable ; goût de noisette légèrement sucré. Vendue en graines entières ou moulue. Délicieuse dans les sauces blanches, les sauces sucrées, les glaçages, les purées de légumes, les soupes, les tartes aux fruits, les gâteaux épicés et la tarte au potiron. À utiliser avec modération, de préférence fraîchement râpée.
Paprika	Belle poudre rouge. Il en existe plusieurs variétés, plus ou moins fortes. Vendu moulu (la variété hongroise est la plus réputée). Relève les sauces, les salades crémeuses, les ragoûts (comme le goulasch), les viandes sautées, le poulet et le poisson. Donne une couleur rouille aux plats à base de crème et aux sauces.
Piment en poudre	Mélange fort et épicé de piments séchés, de cumin, d'origan, d'ail, de coriandre et de clous de girofle. Vendu moulu. Utiliser avec modération dans les ragoûts, les soupes, les plats à base d'œufs, les sauces, le guacamole, les sauces barbecue, le riz et les haricots.
Poivre	Fort et aromatique. Vendu concassé, finement moulu ou en grains. Le poivre noir est plus fort que le poivre blanc. Toutes les variétés de poivre sont issues de la même plante, dont les graines sont cueillies à différents stades de maturation. Le poivre noir est sans doute l'épice la plus utilisée dans le monde et relève pratiquement tous les plats salés. Le poivre moulu perd rapidement son arôme. Il est recommandé de le moudre au dernier moment. Pour éviter qu'on le remarque dans les plats à sauce blanche, utilisez du poivre blanc.
Poivre de Cayenne	Mélange très fort de plusieurs piments en poudre. Vendu moulu. À utiliser avec modération. Se marie bien avec les œufs, le fromage, le riz, le poisson, le poulet ou la viande hachée.
Quatre-épices	Nigelle dont les graines rappellent le mélange de quatre épices – poivre, girofle, muscade, gingembre – d'où son nom. Vendu entier en graines séchées ou moulu. Se marie aussi bien avec le sucré qu'avec le salé : pâtés, ragoûts, poisson poché, pains de viande, boulettes de viande, potiron et garnitures de tartes au fruits, sauce barbecue, chou, condiments et pain d'épice.
Safran	Issu des stigmates séchés et cueillis à la main d'une certaine variété de crocus, le safran est l'épice la plus chère du monde. Existe en poudre ou en filaments rouges entiers (de meilleure qualité). Une pincée suffit. S'utilise traditionnellement dans la bouillabaisse et la paella mais agrémente aussi les plats à base de crème, les fruits de mer, le riz et le risotto. Donne une couleur jaune pâle aux sauces à la crème et aux plats de riz.
Safran des Indes	Poudre jaune-orange très aromatique ayant une saveur amère intense. Vendu en poudre. Ingrédient indispensable dans les currys et également utilisé avec le riz, l'agneau et la courge.

Amateurs de bœuf, essayez le pot-au-feu

Le pot-au-feu est un plat très économique. Le paleron, dégraissé et désossé, est l'un des morceaux de bœuf les mois chers. Vous pouvez aussi utiliser d'autres morceaux, comme le collier, la poitrine ou le jarret. Les légumes que comportent le pot-au-feu (pommes de terre, carottes et navets) sont également bon marché et sains.

La recette suivante, pour 8 à 10 personnes, est parfaite dans les occasions où l'on souhaite cuisiner à l'avance pour que tout soit prêt lorsque les invités arrivent. Si vous n'êtes que 4 ou 5, vous pouvez réduire les proportions de moitié. Mais sachez que les ragoûts sont toujours meilleurs le lendemain car la viande a davantage absorbé l'assaisonnement. Par conséquent, si vous avez des restes, vous vous régalerez.

SAVOIR-FAIRE

Apprenez à connaître les herbes aromatiques et les épices

L'éventail des herbes aromatiques et des épices est si grand que vous pouvez être tentée d'en faire trop. Pour bien repérer le goût de chaque herbe ou épice, commencez par faire des plats qui ne contiennent qu'une seule herbe ou épice. Goûtez pour savoir ce que chacune apporte aux aliments et à quel point son arôme s'intensifie avec la cuisson.

Avec le romarin, par exemple, vous pouvez faire une sauce rapide pour les blancs de poulet sautés ou grillés. Mélangez trois mesures de bouillon de poulet avec une mesure de vin blanc dans une casserole, puis ajoutez une cuillerée à café de romarin frais émincé (ou ½ cuillerée à café de romarin lyophilisé), quelques tranches d'ail très fines, du sel et du poivre noir. Faites réduire le liquide, passez la sauce et versez-la sur le poulet.

Ce plat met en valeur l'arôme du romarin. Si celui-ci vous plaît, vous pouvez le rehausser en augmentant la proportion ou en ajoutant une autre herbe, comme du thym, de l'estragon ou de la ciboulette.

TRUC

Vous pouvez aussi conserver le pot-au-feu au congélateur dans un récipient hermétiquement fermé jusqu'à 6 mois.

Pot-au-feu (recette familiale)

Ustensiles : Couteau de chef, cocotte (en fonte, de préférence), grosse cuillère, grosse pince

Temps de préparation : Environ 25 minutes

Temps de cuisson : Environ 2 heures 30

Quantité : 8 à 10 personnes

4 livres de bœuf dans le paleron, dégraissé et désossé, coupé en cubes de 5 cm

¼ tasse d'huile d'olive ou végétale

2 gros oignons grossièrement hachés

6 grosses gousses d'ail hachées

6 cuillerées à soupe de farine

Sel et poivre noir à votre convenance

3 tasses de vin rouge sec

1 cuillerée à soupe de romarin frais émincé (feuilles uniquement) ou 1 cuillerée à café de romarin lyophilisé

3 tasses de bouillon de bœuf ou de poulet fait maison ou en conserve

4 clous de girofle entiers

2 feuilles de laurier

4 brins de persil attachés ensemble (voir note)

1 livre de petits navets coupés en morceaux de 5 cm

6 grosses carottes coupées en tronçons de 2 cm

2 cuillerées à soupe de concentré de tomate

4 brins de thym frais ou 1 cuillerée à café de thym lyophilisé

1. Faites chauffer l'huile à feu moyen-vif dans une grosse cocotte. Ajoutez les morceaux de bœuf (voir icône Que faire ?). Faites cuire la viande en la remuant et en la retournant pendant 5 à 10 minutes ou jusqu'à ce qu'elle soit dorée de façon homogène. ***Attention :*** La graisse chaude de la viande ou de la volaille dorée dans de l'huile a tendance à gicler. Retournez le bœuf avec une longue pince. Si l'huile devient trop chaude, réduisez la chaleur et achevez de dorer à feu moyen.
2. Ajoutez l'oignon et l'ail et faites cuire à feu moyen en remuant de temps à autre pendant environ 8 minutes. Ajoutez lentement la farine, le sel et le poivre et remuez pour que la viande soit complètement enrobée.
3. Ajoutez le vin, le bouillon et le concentré de tomate, remuez et faites cuire à feu vif jusqu'à ce que le liquide de cuisson épaississe en arrivant à ébullition. Ajoutez les clous de girofle, les feuilles de laurier, le persil, le thym, le romarin et les navets. Couvrez, réduisez la chaleur et laissez mijoter à feu doux pendant 1 heure en remuant de temps à autre et en raclant le fond de la cocotte. Ajoutez les carottes et faites cuire jusqu'à ce que la viande et les carottes soient tendres, environ 20 minutes de plus. Retirez les brins d'herbe et les feuilles de laurier avant de servir.

Note : *Lorsque vous utilisez des brins d'une herbe aromatique fraîche, attachez-les ensemble avec un morceau de ficelle de cuisine. Ainsi, il vous sera plus facile de les retirer et vous bénéficierez de leur arôme sans retrouver de tiges dans votre assiette.*

Vous pouvez servir ce pot-au-feu avec du pain de campagne et une salade de tomates aux oignons rouges et au basilic (voir chapitre 10).

SAVOIR-FAIRE

Avant d'ajouter une herbe aromatique desséchée, comme le romarin, à un pot-au-feu, effritez les feuilles entre vos doigts ou avec un mortier et un pilon, afin d'en accentuer la diffusion de l'arôme.

QUE FAIRE ?

Si vous n'avez pas de cocotte suffisamment grosse pour faire dorer la viande en une seule couche, procédez en plusieurs étapes et déposez les morceaux dorés dans une assiette. Une fois que tous les morceaux sont dorés, remettez-les dans la cocotte.

Vous avez du temps devant vous ? Faites un rôti braisé

Le rôti braisé est un plat à faire lorsque vous avez l'intention de rester à la maison tout l'après-midi. En effet, après avoir fait dorer la viande, vous devrez la braiser dans son jus et dans le liquide de cuisson pendant environ 3 heures.

Le meilleur morceau de bœuf pour faire un rôti braisé est la *pointe* de poitrine, qui contient juste la quantité de graisse nécessaire pour que la viande ne soit pas trop sèche après la cuisson.

Le rôti braisé est relativement bon marché. Ce plat riche et nourrissant se mange aussi bien chaud que froid avec de la moutarde de Dijon ou une sauce raifort (recette au chapitre 3).

Rôti braisé et ses légumes

Ustensiles : Grosse cocotte, couteau de chef

Temps de préparation : Environ 20 minutes

Temps de cuisson : Environ 3 heures

Quantité : 6 à 8 personnes

4 livres de pointe de poitrine de bœuf

2 cuillerées à soupe d'huile végétale

2 gros oignons hachés

3 grosses gousses d'ail hachées

½ tasse de vin blanc sec

½ tasse d'eau (ou plus, si nécessaire)

¼ cuillerée à café de thym lyophilisé

1 feuille de laurier

Sel et poivre noir à votre convenance

3 cuillerées à soupe de persil frais haché

4 pommes de terre Idaho épluchées et coupées en petits morceaux

3 grosses carottes épluchées et coupées en tronçons de 5 cm

1. Faites chauffer l'huile à feu vif dans une grosse cocotte (en fonte, de préférence). Ajoutez la poitrine de bœuf et faites-la dorer des deux côtés 7 à 8 minutes. Pour qu'elle dore bien, saisissez-la sans la faire brûler. Retirez-la et déposez-la sur une assiette.
2. Réduisez la chaleur, ajoutez l'oignon et l'ail, et faites-les revenir à feu moyen en remuant souvent jusqu'à ce que l'oignon dore(ne faites pas noircir l'ail).
3. Remettez la poitrine de bœuf dans la cocotte. Ajoutez le vin, l'eau, la feuille de laurier, le thym, le sel et le poivre. Couvrez, portez à ébullition et laissez mijoter 2 heures 45 à 3 heures en retournant la viande plusieurs fois et en ajoutant éventuellement ½ à 1 tasse d'eau si le liquide s'évapore.
4. Environ 10 minutes avant la fin du temps de cuisson, ajoutez les pommes de terre et les carottes.
5. Lorsque la viande est suffisamment tendre pour que vous puissiez la transpercer facilement avec une fourchette, retirez-la avec une fourchette à long manche et déposez-la sur une planche à découper. Recouvrez-la de papier d'aluminium et laissez-la reposer 10 à 15 minutes. Refermez la cocotte et poursuivez la cuisson des pommes de terre et des carottes pendant 10 à 15 minutes ou jusqu'à ce qu'elles soient tendres.
6. Coupez la poitrine en travers des fibres, comme illustré à la figure 5-2 (si vous coupez dans le sens des fibres, la viande va se désagréger). Disposez les tranches sur un plat.
7. Retirez les pommes de terre et les carottes cuites du jus de cuisson et déposez-les à la cuillère autour de la viande. Dégraissez le jus, faites-le chauffer et versez-en une partie à la cuillère sur la viande et les légumes. Agrémentez le tout de persil haché. Présentez le reste de jus dans une saucière.

Servez le rôti braisé avec une salade verte et du pain de campagne.

Rebaptiser les restes

Le terme *reste* n'est pas très heureux. Si le plat n'a pas été terminé, on pourrait croire que c'est parce qu'il n'était pas réussi. Or, certains restes réchauffés sont aussi bons voire meilleurs que la veille (attention tout de même à la fraîcheur des ingrédients). C'est le cas des ragoûts, des soupes et de certains plats uniques.

Voici quelques expressions moins péjoratives pour désigner les *restes* :

- Plat préparé la veille
- Plat à dégustation multiple
- Plat à succès
- Plat en étapes.

TRUC

Le plupart des viandes ont des fibres, c'est-à-dire plusieurs couches de tissu musculaire. Pour éviter qu'elles se désagrègent, coupez-les en travers des fibres, comme illustré à la figure 5-2.

Couper un rôti braisé en travers des fibres

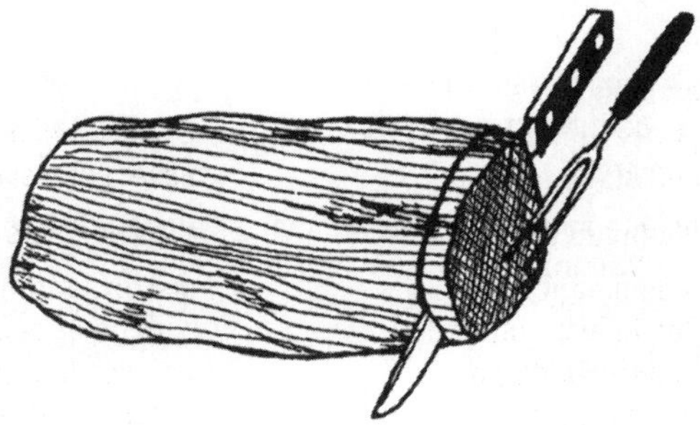

Figure 5-2 : Coupez la viande en travers des fibres pour éviter qu'elle se désagrège.

Régalez-vous avec des cuisses de poulet

Les cuisses de poulet se consomment communément mais, si vous les braisez, vous pouvez en faire un plat qui sort de l'ordinaire. Ce mode de cuisson les rend tendres et la sauce au vin rouge qui les accompagne est très parfumée. Les cuisses de poulet (ou de canard) sont beaucoup plus savoureuses que les blancs. Braisées, elles s'attendrissent et absorbent une partie de la sauce.

Ce plat, très bon marché, peut être servi avec du riz, des pâtes ou de la semoule (voir chapitre 15).

Cuisses de poulet braisées au vin rouge

Ustensiles : Grosse sauteuse avec couvercle, couteau de chef, épluche-légumes

Temps de préparation : Environ 25 minutes

Temps de cuisson : Environ 45 minutes

Quantité : 4 personnes

4 cuisses de poulet entières, soit environ 2,5 à 3 livres au total

Sel et poivre noir à votre convenance

4 brins de thym frais ou 1 cuillerée à café de thym lyophilisé

1 feuille de laurier

Environ ¼ tasse de farine

2 cuillerées à soupe d'huile végétale

8 petits oignons blancs perlés épluchés

½ livre de petits champignons de Paris nettoyés et épluchés

2 gousses d'ail hachées

1½ tasse de vin rouge sec

8 carottes jeunes épluchées

2 clous de girofle entiers

4 brins de persil plus 2 cuillerées à soupe de persil finement haché (pour la garniture)

1. Rincez les cuisses de poulet sous l'eau froide et séchez-les avec du papier absorbant. Retirez tous les excédents de peau ou de graisse. Salez et poivrez les cuisses des deux côtés et passez-les dans la farine (voir icône Truc).
2. Faites chauffer l'huile dans une sauteuse suffisamment grande pour faire cuire les cuisses de poulet en une seule couche. Mettez les cuisses dans la sauteuse et faites-les cuire à feu moyen-vif environ 5 minutes, jusqu'à ce qu'elles soient bien dorées d'un côté. Retournez-les et faites-les cuire de l'autre côté pendant encore 5 minutes. Retirez-les et déposez-les sur une grande assiette.
3. Mettez les oignons dans la sauteuse et faites-les revenir 4 à 5 minutes. Ajoutez les champignons et poursuivez la cuisson pendant 3 minutes ou jusqu'à ce qu'ils dorent en les retournant de temps à autre.
4. Retirez les oignons et les champignons et déposez-les sur l'assiette. Videz la graisse – mais pas dans l'évier ! (Vous pouvez verser la graisse dans une vieille boîte en fer et jeter la boîte lorsqu'elle aura refroidi et durci.).
5. Remettez le poulet et les légumes dans la sauteuse. Ajoutez l'ail, le thym et la feuille de laurier et poursuivez la cuisson pendant 1 minute en remuant souvent. Attention à ne pas faire noircir l'ail. Ajoutez le vin, les carottes, les clous de girofle et les brins de persil. Portez le tout à ébullition.
6. Couvrez hermétiquement et laissez mijoter à feu doux 25 à 30 minutes ou jusqu'à ce que le poulet et les légumes soient tendres.
7. Disposez le poulet, les oignons, les champignons et les carottes sur un plat. Jetez le thym, les brins de persil, la feuille de laurier et les clous de girofle. Faites réduire la sauce à feu vif 2 à 3 minutes ou jusqu'à ce qu'elle épaississe légèrement. Assaisonnez à votre convenance avec du sel et du poivre. Versez la sauce sur le poulet et ajoutez le persil haché comme garniture.

TRUC

Pour que la viande (ou le poisson ou la volaille) ne sèche pas pendant la cuisson, vous pouvez la fariner. Roulez-la dans la farine jusqu'à ce qu'elle en soit enduite. Ensuite, secouez-la pour faire tomber l'excès de farine avant de la faire cuire.

Pour donner à la sauce du poulet une texture riche et homogène, ajoutez 2 à 3 cuillerées à soupe de crème allégée après l'avoir fait réduire. Pour que ce plat soit moins calorique, retirez toute la peau des cuisses de poulet avant de servir.

Le meilleur agneau que vous ayez jamais mangé

L'agneau aux haricots blancs est une recette classique dans de nombreux pays. Ce plat rustique et succulent se prépare avec une épaule d'agneau, viande maigre et nerveuse mais particulièrement savoureuse et idéale pour une cuisson longue et lente.

Cuisiner au vin

Ne cuisinez jamais avec du vin que vous ne boiriez pas. C'est la seule véritable règle à retenir. N'achetez pas du vin bon marché sous prétexte qu'il sera mélangé à d'autres ingrédients et éviter les vins trop secs.

Les vins enrichis en alcool, comme le madère, le porto, le xérès et le marsala ajoutent une saveur délicieuse aux ragoûts et autres plats braisés.

Si vous supportez mal l'alcool, ne vous inquiétez pas. Il n'en reste pas dans un ragoût qui a cuit pendant longtemps. Seul l'arôme du vin subsiste. Si vous voulez passer une soirée follement animée, vous allez devoir boire beaucoup de vin avec le ragoût (pour savoir quel vin boire avec vos plats, lisez *Le Vin pour les Nuls* de Ed McCarthy et Mary Ewing-Mulligan, Éditions First).

Agneau braisé aux haricots blancs

Ustensiles : Grosse casserole, cuillère en bois, couteau de chef, poêle antiadhésive, grosse cocotte

Temps de préparation : Environ 20 minutes, plus temps de trempage des haricots

Temps de cuisson : Environ 2 heures

Quantité : 8 personnes

1 livre de haricots blancs secs

8 tasses d'eau

4 grosses carottes coupées en rondelles de 5 mm

Sel et poivre noir à votre convenance

1 gros oignon haché

3 gousses d'ail hachées

1 oignon moyen percé de 2 clous de girofle entiers (voir note)

2 feuilles de laurier

8 brins de thym frais ou 2 cuillerées à café de thym lyophilisé

1 épaule d'agneau maigre de 3 livres coupée en cubes de 5 cm

800 g de purée de tomate en conserve

1 tasse de vin blanc sec

1. Faites tremper les haricots 8 à 10 heures dans un gros récipient d'eau froide (pour réduire le temps de trempage, faites bouillir les haricots pendant 3 minutes puis faites-les tremper, couverts, 1 à 2 heures).
2. Égouttez les haricots et mettez-les dans une grosse casserole. Ajoutez 7 tasses d'eau, les carottes, l'oignon avec les clous de girofle, 4 brins de thym, 1 feuille de laurier, du sel et du poivre. Portez le tout à ébullition, réduisez la chaleur et laissez mijoter à feu doux pendant 45 minutes ou jusqu'à ce que les haricots soient tendres. Écumez la surface régulièrement. Pendant la cuisson des haricots, préparez l'agneau.
3. Faites chauffer une grosse cocotte à feu moyen-vif. Mettez-y la viande et faites-la cuire 10 à 15 minutes ou jusqu'à ce qu'elle soit bien dorée de chaque côté, en remuant souvent.
4. Réduisez la chaleur, ajoutez l'oignon et l'ail, et faites-les revenir à feu moyen environ 3 minutes en remuant. Ajoutez la purée de tomate, le vin, le reste d'eau, 4 brins de thym, la dernière feuille de laurier, du sel et du poivre. Remuez bien, couvrez et laissez mijoter environ 1 heure 30 ou jusqu'à ce que l'agneau soit tendre.
5. Une fois la cuisson de l'agneau terminée, égouttez les haricots cuits en gardant 1 tasse de liquide de cuisson. Retirez les brins de thym, la feuille de laurier et l'oignon percé de clous de girofle. Retirez les clous de girofle de l'oignon. Coupez l'oignon en petits cubes et mettez-le dans la cocotte avec les haricots et les carottes. Remuez le tout. Laissez mijoter 5 minutes en remuant de temps à autre. Si le mélange semble trop épais, ajoutez le liquide de cuisson des haricots que vous avez mis de côté. Retirez les brins de thym et la feuille de laurier avant de servir.

Note : *Les clous de girofle ajoutent un parfum très agréable aux plats comme celui-ci. Toutefois, vous devez les enlever avant de servir car vous risqueriez de vous y casser les dents.*

Ce plat unique ne nécessite aucun accompagnement, si ce n'est un bon pain.

Les fruits de mer en ragoût

Le ragoût de fruits de mer dont la recette est proposée ci-après associe différentes saveurs qui se marient très bien. Comme tous les autres ragoûts, vous pouvez le préparer plusieurs heures à l'avance. Dans ce cas, n'allez pas plus loin que la troisième étape. Vous franchirez la dernière 5 minutes avant de servir.

Notez que le cilantro est ajouté à la dernière minute. Ainsi, il garde tout son arôme. Ne faites pas cuire le cilantro, le cerfeuil ou le persil, sinon ces herbes aromatiques fragiles perdraient à la fois leur saveur et leur couleur.

Ragoût de fruits de mer méditerranéens

Ustensiles : Grande sauteuse, couteau de chef, déveineur (facultatif)

Temps de préparation : Environ 30 minutes

Temps de cuisson : Environ 25 minutes

Quantité : 4 personnes

3 cuillerées à soupe d'huile d'olive

2 gros poireaux (le blanc et le vert pâle uniquement) lavés et coupés en rondelles de 1 cm (voir chapitre 9)

2 grosses gousses d'ail hachées

1 poivron rouge évidé, épépiné et coupé en dés

¾ cuillerée à café de cumin moulu

1 livre de crevettes moyennes décortiquées et déveinées

375 g de pétoncles coupés en deux

3 tomates mûres évidées et coupées en dés

¼ à ½ cuillerée à café de poivre de Cayenne (ou à votre convenance)

1 tasse de vin blanc sec

1 tasse d'eau

Sel et poivre noir à votre convenance

¼ tasse de cilantro ou de persil grossièrement haché

1. Faites chauffer l'huile à feu moyen dans une grande sauteuse. Ajoutez les poireaux et faites-les cuire, en remuant de temps à autre, environ 4 minutes ou jusqu'à ce qu'ils ramollissent. Ajoutez l'ail et poursuivez la cuisson, en remuant souvent, pendant 1 ou 2 minutes ou jusqu'à ce qu'il dore (attention à ne pas le faire noircir).
2. Ajoutez le poivron rouge, le cumin et le poivre de Cayenne et faites cuire à feu moyen environ 8 minutes ou jusqu'à ce que le poivron soit tendre, en remuant de temps à autre.
3. Ajoutez les tomates, le vin, l'eau, le sel et le poivre. Couvrez et faites bouillir le tout à feu vif. Réduisez la chaleur et faites cuire à feu moyen, partiellement couvert, 6 à 8 minutes.
4. Ajoutez les crevettes et les pétoncles et faites cuire, partiellement couvert, environ 5 minutes de plus ou jusqu'à ce que toutes les crevettes soient roses et les pétoncles, opaques. Retirez du feu, ajoutez le cilantro ou le persil, remuez et servez.

Vous pouvez servir ce plat avec des pâtes ou du riz ou simplement une salade et du pain.

Vous pouvez faire ce ragoût avec du cabillaud, du flétan, du pagre, des calmars ou de la dorade. Prêtez attention à la texture du poisson ou des fruits de mer que vous choisissez. Ceux-ci doivent avoir une chair relativement ferme pour qu'elle ne se désagrège pas au cours de la cuisson. La sole, par exemple, est trop fragile. Pensez aussi à la saveur. Les poissons à chair foncée, comme le maquereau, donneraient un goût trop fort au ragoût.

Quelques solutions à des problèmes courants

Que faire si un ragoût ou un plat braisé présente l'un des inconvénients suivants ?

- **Manque de goût :** Ajoutez du sel et du poivre ou bien un peu de xérès ou de madère.
- **Dur :** Faites cuire plus longtemps pour attendrir les morceaux de viande nerveux. Retirez les légumes avec une écumoire pour qu'ils ne soient pas trop cuits.
- **Brûlé au fond de la cocotte :** Retirez avec précaution les morceaux qui n'ont pas brûlé. Ajoutez de l'eau ou un bouillon si nécessaire, puis une larme de xérès et un oignon haché (la saveur sucrée de l'oignon cuit peut masquer de nombreuses erreurs).
- **Pas assez épais :** Mélangez 1 cuillerée à soupe de farine avec 1 cuillerée à soupe d'eau. Ajoutez 1 tasse de liquide de cuisson au mélange et versez le tout dans la cocotte. Remuez bien. Faites chauffer lentement jusqu'à ce que le liquide épaississe.

Chapitre 6

Rôtir et griller

Dans ce chapitre :

- Le rôti : plat à déguster en famille
- Rôtir du bœuf, de la volaille, des légumes et plus encore
- Faire des marinades
- Cuisiner en bermuda : griller au barbecue

Les recettes de ce chapitre

- Poulet rôti
- Légumes d'hiver rôtis
- Légumes d'été rôtis
- Filet de porc rôti
- Filet mignon de porc aux pommes de terre et aux pommes
- Gigot d'agneau dans son jus nappé d'un glaçage à la groseille
- Filet de bœuf rôti
- Train de côtes de bœuf au jus de viande
- Jambon fumé glacé à l'abricot
- Côtes de porc rôties sauce barbecue
- Champignons portobello grillés à l'ail
- Brochettes de porc grillées au romarin
- Darnes d'espadon grillées au citron et au thym
- Pétoncles grillés à la portugaise
- Thon grillé sauce niçoise

En théorie, si vous n'aviez qu'un four avec un gril, vous pourriez tout à fait survivre – vous auriez sans doute quelques envies de pâtes mais cela finirait par passer. De même, si vous viviez dans un endroit ensoleillé et peu pluvieux, vous pourriez vous nourrir avec un simple barbecue. Dans ce chapitre, vous allez découvrir tout ce que vous pouvez faire avec ces deux appareils.

Rôtir

Au sens strict, *rôtir* signifie cuire sans couvercle dans un four dans lequel la chaleur émane des parois.

Ce mode de cuisson est très simple. Il vous suffit d'acheter un gros morceau de viande et de le mettre au four (ou presque). Le poisson entier est également délicieux rôti s'il est bien assaisonné. De même les légumes-racines, comme les carottes, les oignons et les betteraves, se prêtent très bien à ce mode de cuisson, qui les rend doux et sucrés.

L'art de rôtir est affaire de timing à 90 % et de patience à 10 %. Si vous utilisez un thermomètre à viande pendant la cuisson, il vous sera quasiment impossible de vous tromper. Lorsque vous maîtriserez bien le timing, vous pourrez vous concentrer sur des détails importants.

Assaisonner un rôti

Avez-vous déjà mangé un steak grillé au charbon de bois qui laisse un merveilleux goût en bouche comme s'il s'agissait d'un bon vin ? S'il est si savoureux, c'est en grande partie parce qu'il a été salé généreusement avant la cuisson. Le sel rehausse la saveur de la plupart des aliments. Il est donc essentiel de saler la viande, le poisson, la volaille et les légumes avant de les rôtir. Cela dit, certaines personnes sont contraintes de réduire leur consommation de sel. Renseignez-vous auprès de vos invités avant de saler.

Faut-il saisir avant de rôtir ?

Saisir consiste à mettre la viande dans une poêle très chaude avant de la rôtir pour en refermer les pores (et en conserver ainsi le jus) et lui donner du goût en la dorant. Généralement, on saisit les steaks en les retournant plusieurs fois dans une poêle très chaude jusqu'à ce qu'une croûte se forme à la surface.

Waldy Malouf, chef du Rainbow Room, à New York, donne le conseil suivant : « Lorsqu'un rôti est saisi à 220°C, son jus et ses sucs se caramélisent et une croûte à la fois belle et savoureuse se forme à la surface. Une fois le rôti saisi, baissez la température du four à 160°C ou 170°C afin qu'il ne sèche pas. »

Arroser

Dans de nombreuses recettes, il faut arroser le rôti, ce qui signifie verser du jus sur la surface pendant la cuisson. Pour arroser, utilisez une grosse cuillère, une poire d'arrosage voire un pinceau pour enduire le rôti de jus ou d'huile. Cette technique évite à la viande de sécher et donne à la croûte ou à la peau une belle couleur brune.

Laisser reposer

Lorsque vous sortirez le rôti du four, il sera tellement appétissant qu'il vous sera difficile de résister à la tentation de le manger immédiatement. Faites-vous violence ! Avalez quelques gâteaux apéritifs et laissez votre rôti reposer

15 à 20 minutes (selon la taille) après l'avoir recouvert d'une feuille d'aluminium. Même un poulet ou un canard rôtis doivent reposer 10 minutes en dehors du four avant d'être découpés. Ainsi, la viande s'attendrit et le jus qu'elle contient se distribue de façon plus homogène.

ASTUCE DU CHEF

Waldy Malouf a une technique différente : « J'éteins le four un peu avant la fin du temps de cuisson et je laisse le rôti à l'intérieur pendant environ 20 minutes avant de le découper. Ainsi, le rôti continue à cuire, sa température interne augmentant d'environ 5°C dans l'intervalle. »

Temps de cuisson et température

Les tableaux 6-1 à 6-4 indiquent les temps de cuisson et les températures à respecter pour cuire divers rôtis en fonction de leur nature et de leur poids. Retirez un rôti du four dès que sa température interne se trouve 2,5 à 5°C au-dessous de la température requise et laissez-le reposer environ 15 minutes. La température continuera à monter pour atteindre les 2,5 à 5°C restants. Cela dit, il ne s'agit pas d'une science exacte. Pour être précis, utilisez un thermomètre à viande. La figure 6-1 donne des instructions illustrées concernant l'utilisation de cet outil.

TRUC

Lorsque vous mettez un thermomètre à viande dans un rôti, faites attention à ce que le métal ne touche pas l'os – celui-ci est plus chaud que la viande et indiquerait une température faussement élevée.

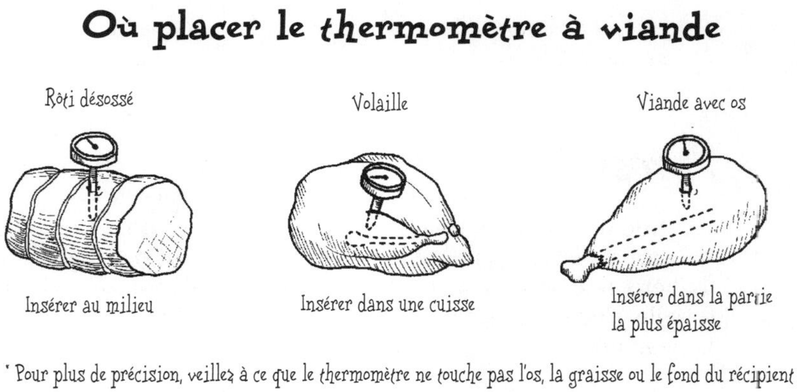

Figure 6-1 : Comment insérer un thermomètre à viande dans divers rôtis.

Tableau 6-1 Rôti de bœuf

Type de rôti	*Préchauffage du four (°C)*	*Poids*	*Temps de cuisson*	*Température de la viande avant le retrait du four (°C)*
Faux-filet désossé	175°C	3 à 4 livres	Saignant : 1 heure 30 à 1 heure 45	57°C
			À point : 1 heure 45 à 2 heures	65°C
		4 à 6 livres	Saignant : 1 heure 45 à 2 heures	57°C
			À point : 2 heures à 2 heures 30	65°C
		6 à 8 livres	Saignant : 2 à 2 heures 15	57°C
			À point : 2 heures 30 à 2 heures 45	65°C
Train de côtes avec os (sans l'échine)	175°C	4 à 6 livres (2 côtes)	Saignant : 1 heure 45 à 2 heures 15	57°C
			À point : 2 heures 15 à 2 heures 30	65°C
		6 à 8 livres (2 à 4 côtes)	Saignant : 2 heures 15 à 2 heures 30	57°C
			À point : 2 heures 45 à 3 heures	65°C
		8 à 10 livres (4 à 5 côtes)	Saignant : 2 heures 30 à 3 heures	57°C
			À point : 3 heures à 3 heures 30	65°C
Pointe de surlonge	160°C	3 à 4 livres	Saignant : 1 heure 45 à 2 heures	60°C
			À point : 2 heures 15 à 2 heures 30	68°C

Type de rôti	*Préchauffage du four (°C)*	*Poids*	*Temps de cuisson*	*Température de la viande avant le retrait du four (°C)*
Pointe de surlonge	160°C	4 à 6 livres	Saignant : 2 heures à 2 heures 30	60°C
			À point : 2 heures 30 à 3 heures	68°C
		6 à 8 livres	Saignant : 2 heures 30 à 3 heures	60°C
			À point : 3 heures à 3 heures 30	68°C
Filet mignon	220°C	2 à 3 livres	Saignant : 35 à 40 minutes	57°C
			À point : 45 à 50 minutes	65°C
		4 à 5 livres	Saignant : 50 à 60 minutes	57°C
			À point : 60 à 70 minutes	65°C

Cuisson saignante : Après avoir reposé 10 à 15 minutes, la viande atteint une température finale de 60°C à 63°C.

Cuisson à point : Après avoir reposé 10 à 15 minutes, la viande atteint une température finale de 68°C à 71°C.

Comptez 125 g à 165 g de bœuf désossé cru et 250 g à 300 g de viande crue avec os par personne, selon le morceau.

Tableau 6-2 Rôti de volaille

Type de volaille	*Poids*	*Préchauffage du four (°C)*	*Temps de cuisson*
Poulet à griller (non farci)	3 à 4 livres	175°C	1 heure 15 à 1 heure 30
Poulet à rôtir (non farci)	5 à 7 livres	175°C	2 heures à 2 heures 15
Dinde entière (non farcie)	8 à 12 livres	160°C	2 heures 45 à 3 heures

Tableau 6-2 *(suite)*

Type de volaille	*Poids*	*Préchauffage du four (°C)*	*Temps de cuisson*
Dinde entière (non farcie)	12 à 14 livres	160°C	3 heures à 3 heures 45
	14 à 18 livres	160°C	3 heures 45 à 4 heures 15
	18 à 20 livres	160°C	4 heures 15 à 4 heures 30
Canard entier (non farci)	4 à 5,5 livres	160°C	2 heures 30 à 3 heures

Si la volaille est farcie, prolongez le temps de cuisson de 15 à 20 minutes selon sa taille. La température interne de la farce doit être de 74°C. La température interne de la viande doit être au minimum de 52°C dans la cuisse. Comptez environ 375 g à 300 g de poulet (ou de dinde) cru par personne.

TRUC

Ce tableau est donné à titre indicatif. Pour évaluer le temps de cuisson nécessaire, insérez un thermomètre à viande dans une cuisse de la volaille.

Tableau 6-3 Rôti de porc

Morceau	*Poids/épaisseur*	*Température interne finale (°C)*	*Temps de cuisson*
Filet (avec os)	3 à 5 livres	68°C à 71°C	20 minutes par livre
Rôti désossé	2 à 4 livres	68°C à 71°C	20 minutes par livre
Filet mignon (rôtir à 200°C-230°C)	0,5 à 1,5 livres	68°C à 71°C	20 à 30 minutes
Couronne	6 à 10 livres	68°C à 71°C	20 minutes par livre
Côtelettes désossées	2,5 cm d'épaisseur	68°C à 71°C	12 à 16 minutes
Côtes		Tendres	1 heure 30 à 2 heures

Faire rôtir dans un récipient profond sans couvercle à 175°C.

Comptez 125 g à 165 g de viande désossée crue et environ 250 g à 300 g de viande crue avec os par personne, selon le morceau.

Tableau 6-4 Rôti d'agneau

Type de rôti	*Poids*	*Température interne finale (°C)*	*Temps de cuisson par livre*
Gigot (avec os)	5 à 7 livres	Saignant : 63°C à 66°C	15 minutes
		À point : 68°C à 71°C	20 minutes
Rôti désossé (bardé et ficelé)	4 à 7 livres	Saignant : 63°C à 66°C	20 minutes
		À point : 68°C à 71°C	25 minutes
Surlonge (désossée)	Environ 2 livres	Saignant : 63°C à 66°C	25 minutes
		À point : 68°C à 71°C	30 minutes
Haut de ronde	Environ 2 livres	Saignant : 63°C à 66°C	45 minutes
		À point : 68°C à 71°C	55 minutes

Préchauffez le four à 160°C et retirez la viande du four lorsqu'elle est à 5°C au-dessous de la température finale.

Comptez 125 g à 165 g d'agneau désossé et 165 g à 250 g d'agneau avec os par personne.

Source : American Lamb Council.

TRUC

Tous les fours sont différents, quel que soit leur prix. Certains affichent une température largement au-dessus de la réalité. Résultat : c'est comme si vous essayiez de faire un bon café avec de l'eau chaude du robinet. Ne prenez pas le risque de rater vos rôtis à cause de ce manque de précision. Investissez dans un thermomètre à viande.

ATTENTION !

N'ouvrez pas sans arrêt la porte de votre four pour voir si votre rôti est cuit sinon la cuisson sera plus longue et il ne fera plus chaud que dans votre cuisine.

Rôtir de la volaille

Faire un poulet rôti peut vous sembler au-dessus de vos moyens. Bien sûr, il ne suffit pas de mettre le poulet au four mais, si vous ne négligez aucun détail, vous vous en sortirez sans problème et le résultat sera inoubliable.

TRUC

N'oubliez pas les abats

Les chef détestent jeter de la nourriture et leur règle numéro un est la suivante : toujours utiliser les abats. Ceux-ci rehaussent la saveur des soupes faites maison ou du bouillon en conserve.

L'erreur la plus courante consiste à faire rôtir le poulet dans un four insuffisamment chaud. Dans la recette proposée ci-après, le four doit être chauffé à 220°C, ce qui rend la peau à la fois dorée et croustillante.

TRUC

Là encore, utilisez un thermomètre à viande ! (Lorsque vous vous sentez fiévreux, faites-vous davantage confiance au médecin qui vous pose la main sur le front ou à celui qui utilise un thermomètre ?). Quel que soit le type de thermomètre que vous utilisez (voir chapitre 2), insérez-le profondément dans la chair entre la cuisse et le blanc du poulet. Si vous n'avez pas de thermomètre, plantez un couteau dans la partie la épaisse de la cuisse. Si le jus est transparent, le poulet est cuit. S'il est rose, poursuivez la cuisson pendant environ 15 minutes et faites un autre essai. Ensuite, allez vous acheter un thermomètre afin d'en avoir un la prochaine fois !

Avant de mettre votre poulet au four, retirez tous les abats (le cou, le cœur, le gésier et le foie) et mettez-les de côté. Rincez la volaille avec soin en faisant couler de l'eau froide à l'intérieur comme à l'extérieur. Ensuite, séchez la peau avec un papier absorbant et assaisonnez. Dans la recette suivante, les abats sont utilisés pour faire une délicieuse sauce à base de jus de viande.

Pour que votre poulet conserve sa forme pendant la cuisson, vous pouvez le trousser. Cette étape n'est pas obligatoire mais, si vous en avez le temps, suivez les instructions illustrées des figures 6-2 et 6-3.

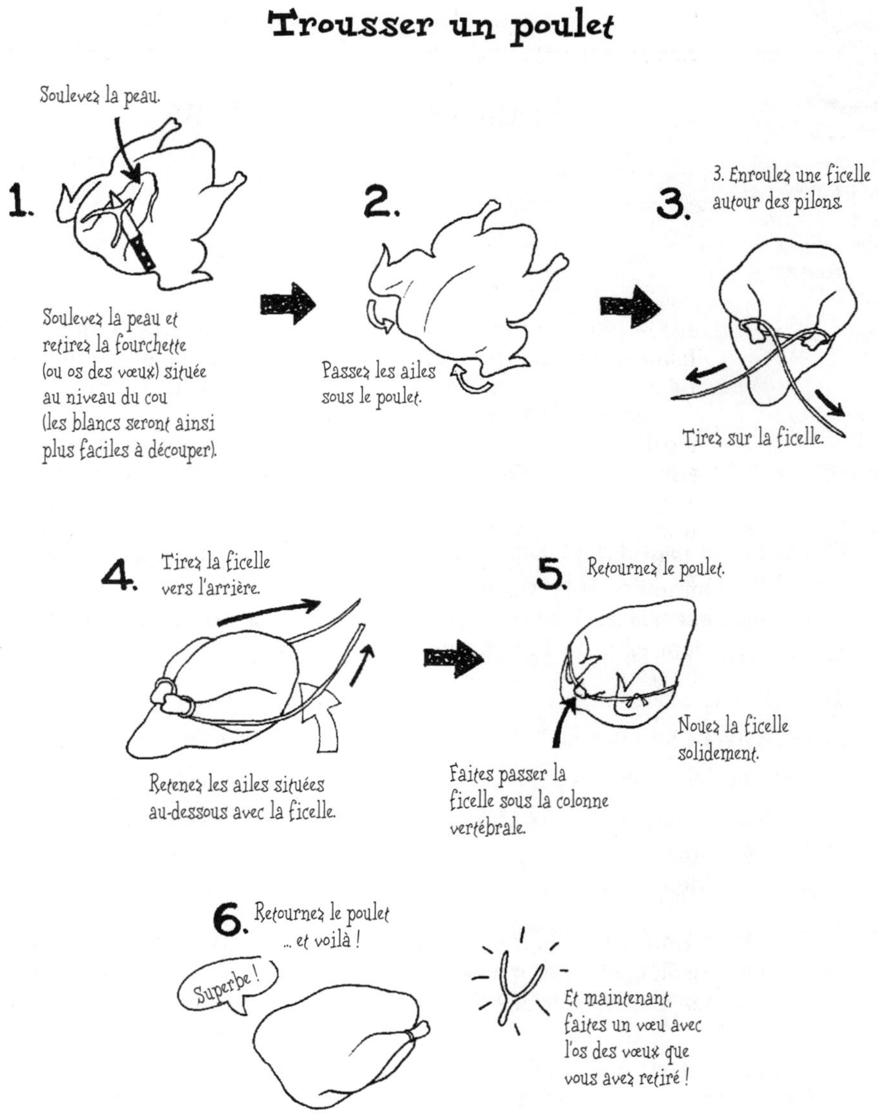

Figure 6-2 : Trousser un poulet pour en conserver la forme.

Encore plus rapide !

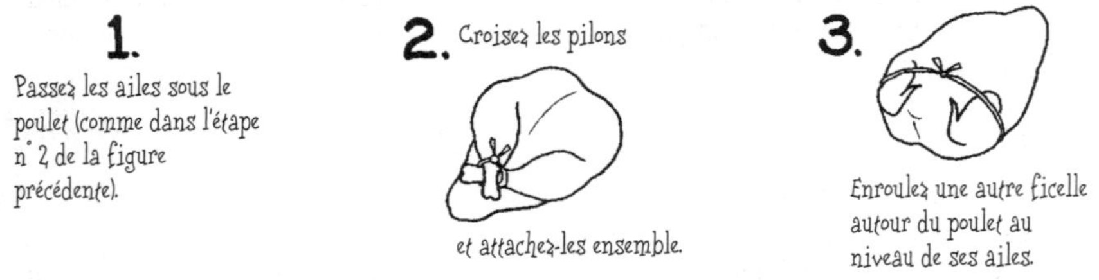

Figure 6-3 : Trousser un poulet encore plus rapidement.

Poulet rôti

Ustensiles : Couteau de chef, grand plat à rôtir en métal, grille à rôtir, thermomètre à viande, ficelle de cuisine (si vous troussez le poulet)

Temps de préparation : Environ 15 minutes (ou 20 minutes si le poulet est troussé)

Temps de cuisson : Environ 1 heure 15 (laisser reposer 15 minutes)

Quantité : 4 personnes

1 poulet de 4 à 4,5 livres avec les abats

1 citron piqué plusieurs fois avec une fourchette

2 brins de thym frais ou ½ cuillerée à café de thym lyophilisé

1 gousse d'ail entière épluchée

Sel et poivre noir à votre convenance

Persil, romarin, estragon ou autre herbe aromatique fraîche à votre convenance (facultatif)

1 oignon moyen coupé en quartiers

2 cuillerées à soupe d'huile d'olive

½ tasse de bouillon de poulet fait maison ou en conserve

2 cuillerées à soupe de beurre

½ tasse d'eau (ou plus si nécessaire)

1. Préchauffez le four à 220°C. Retirez les abats de la cavité du poulet, rincez-les et mettez-les de côté. Rincez le poulet sous l'eau froide, à l'intérieur et à l'extérieur, et séchez-le avec du papier absorbant.
2. Salez et poivrez le poulet à l'intérieur comme à l'extérieur. Insérez le citron, le thym et l'ail dans la cavité du poulet. Enduisez l'extérieur d'huile d'olive.
3. Troussez le poulet avec une ficelle, si vous le souhaitez (instructions aux figures 6-2 et 6-3).
4. Mettez le poulet, les blancs au-dessus, sur une grille au-dessus d'un plat à rôtir en métal peu profond. Éparpillez les abats et les quartiers d'oignon au fond du plat.
5. Mettez le poulet au four et faites-le rôtir pendant 45 minutes.

6. Retirez le plat du four et fermez la porte. Dégraissez le jus avec une grosse cuillère. Ajoutez le bouillon de poulet, l'eau et le beurre. Faites rôtir 20 à 30 minutes supplémentaires.

   Une fois le poulet cuit, sa surface doit être entièrement dorée. Lorsque vous percez la cuisse, le jus qui s'écoule ne doit plus être rouge. Avant de retirer le poulet du four, assurez-vous que le thermomètre à viande fiché dans la cuisse (voir figure 6-1) affiche une température de 82°C. Soulevez le poulet pour que le jus situé dans la cavité (qui doit être transparent et non rose) s'écoule dans le plat. Mettez-le sur une planche à découper, recouvrez-le d'une feuille de papier d'aluminium et laissez-le reposer 10 à 15 minutes.

7. Pendant ce temps, mettez le plat à rôtir sur la cuisinière. Avec une écumoire, retirez et jetez tous les morceaux d'abats et d'oignon. Ajoutez de l'eau ou du bouillon si nécessaire pour obtenir environ 1 tasse de liquide. Faites bouillir et réduire 1 à 2 minutes (faites cuire la sauce à feu vif pour qu'elle s'évapore et épaississe) en remuant et en raclant le fond du plat. Si vous le souhaitez, ajoutez du persil, du romarin, de l'estragon ou une autre herbe aromatique fraîche à votre convenance. Éteignez le feu lorsque la sauce a suffisamment réduit (environ ¾ de tasse). Passez la sauce au-dessus d'une saucière ou d'un bol juste avant de servir.

8. Retirez la ficelle du poulet (le cas échéant) en la coupant avec un couteau tranchant ou des ciseaux de cuisine. Retirez et jetez le citron et les brins de thym.

9. Découpez le poulet comme illustré à la figure 6-4 et servez-le avec la sauce bien chaude.

En accompagnement, vous pouvez servir des haricots blancs à la tomate et au thym, des carottes au beurre et au cumin, un couscous à la courge jaune, un chou frisé du terroir (voir chapitre 15) ou des pommes de terre sautées en cubes (voir chapitre 4).

Le poulet rôti, chaud ou froid, peut être agrémenté d'une mayonnaise à la moutarde légèrement relevée. Mélangez de la moutarde de Dijon (à votre convenance) avec ½ tasse de mayonnaise. Assaisonnez avec du sel, du poivre et des herbes aromatiques fraîchement hachées, comme de l'estragon, du basilic, du cerfeuil, du persil ou de l'origan. Cette mayonnaise est également délicieuse avec d'autres volailles, le porc froid, le poisson et les viandes grillées.

Rôtir des légumes

Tous les légumes, seuls ou en assortiment, peuvent être rôtis. Ce mode de cuisson est si pratique que nous vous proposons deux recettes : une pour les légumes d'été et une autre pour les légumes d'hiver.

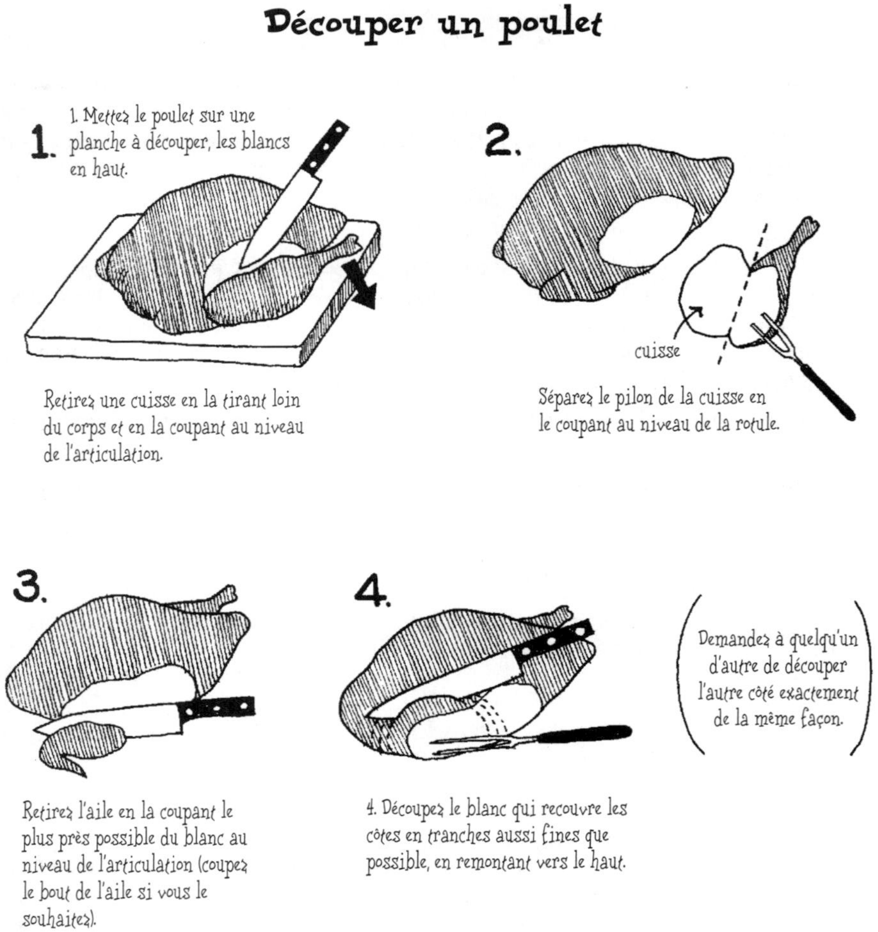

Figure 6-4 : Comment découper un poulet.

Dans la recette suivante, il vous suffit de prendre un grand plat à rôtir et d'y éparpiller les légumes hachés. Ensuite, il ne vous reste plus qu'à les arroser d'huile d'olive et à les assaisonner généreusement avec du sel et du poivre. Si vous le souhaitez, vous pouvez ajouter des herbes aromatiques fraîches ou lyophilisées, comme de l'estragon, du romarin, du basilic, de la marjolaine, etc. Faites rôtir les légumes à 200°C-220°C jusqu'à ce qu'ils soient tendres en les retournant dans l'huile de temps à autre.

À RETENIR

Si vous mettez différents légumes dans le même plat à rôtir, choisissez des légumes dont le temps de cuisson est équivalent. Par exemple, les tomates cuisent beaucoup plus rapidement que les carottes. Pour contourner ce problème, vous pouvez couper les légumes durs (carottes, navets, pommes de terre, etc.) en morceaux plus petits que les légumes mous (céleri, poivrons, aubergines, etc.).

Légumes d'hiver rôtis

Ustensiles : Épluche-légumes, couteau de chef, grand saladier, plat allant au four

Temps de préparation : Environ 10 minutes

Temps de cuisson : Environ 25 minutes

Quantité : 4 personnes

4 carottes moyennes lavées (avec la peau), coupées en deux dans la sens de la longueur puis en quatre dans le sens de la largeur

2 poivrons rouges ou jaunes évidés, épépinés et coupés en bandes de 1 cm

3 petits navets épluchés et coupés en quartiers

2 oignons moyens coupés en quartiers

2 bulbes de fenouil coupés en quartiers

1 cuillerée à soupe de romarin frais émincé ou ½ cuillerée à café de romarin lyophilisé

3 pommes de terre rouges moyennes coupées en quartiers

¼ tasse d'huile d'olive

Sel et poivre à votre convenance

1. Préchauffez le four à 200°C.
2. Mettez les légumes et le romarin dans un grand saladier. Arrosez-les d'huile d'olive. Salez et poivrez généreusement. Remuez bien pour mélanger. Mettez le tout dans un plat à rôtir suffisamment grand pour faire cuire les légumes en une seule couche. Mettez le plat au four et faites rôtir 25 à 30 minutes en retournant les légumes plusieurs fois (si, au bout de 25 minutes, les légumes sont tendres mais pas dorés, mettez-les sous le gril 1 ou 2 minutes – faites attention à ne pas les faire brûler).

Ces légumes peuvent accompagner toutes sortes de viandes rôties, comme un filet de bœuf ou un poulet (dans ce chapitre).

Les légumes d'été rendent beaucoup d'eau lorsqu'ils sont rôtis. Pour les faire dorer et les rendre croustillants, mettez-les le plus bas possible dans le four, près de la source de chaleur. Vous pouvez également les saupoudrer de sucre brun pour faire ressortir leur saveur sucrée naturelle et compenser le goût relevé du gingembre frais, de l'ail et du piment.

Si vous avez des restes, servez-les le lendemain avec de la viande froide, dans une omelette ou sur des pâtes avec un peu de parmesan râpé.

Légumes d'été rôtis

Ustensiles : Épluche-légumes, couteau de chef, spatule ou cuillère en bois

Temps de préparation : Environ 15 minutes

Temps de cuisson : Environ 25 minutes

Quantité : 4 personnes

3 carottes moyennes épluchées et coupées en rondelles de 5 mm

2 à 3 cuillerées à soupe d'huile d'olive

1 poivron rouge ou jaune évidé, épépiné et coupé en carrés de 1 cm

1 petite courgette coupée en deux dans le sens de la longueur puis en tranches de 1 cm d'épaisseur

1 petit oignon rouge haché en cubes de 3 mm

1 cuillerée à soupe de basilic (ou marjolaine ou thym) frais haché (ou 1 cuillerée à café lyophilisé)

Sel et poivre noir à votre convenance

½ ou 1 piment Jalapeño (ou petit piment rouge, si vous préférez) épépiné et émincé

1 grosse gousse d'ail hachée

½ livre d'asperges (sans les tiges) coupées en diagonale en morceaux de 2 cm

1 petite courge jaune coupée en deux dans le sens de la longueur puis en demi-cercles de 1 cm d'épaisseur

1 cuillerée à café de sucre brun (facultatif)

2 cuillerées à café de gingembre frais épluché et émincé

1. Préchauffez le four à 220°C.
2. Éparpillez les carottes dans un grand plat à rôtir. Arrosez-les d'une cuillerée à soupe d'huile d'olive ; remuez pour enrober. Mettez le plat sur une grille du four le plus près possible de la source de chaleur et faites rôtir pendant 10 minutes.
3. Retirez le plat du four et ajoutez le poivron, la courgette, la courge, les asperges, l'oignon, l'ail et le piment Jalapeño. Saupoudrez le tout de basilic, de gingembre, de sucre brun (facultatif), de sel et de poivre. Versez le reste d'huile d'olive (1 à 2 cuillerées à soupe – juste assez pour enrober les légumes). Remuez bien et étalez les légumes en une seule couche.
4. Remettez le plat au four et faites rôtir 20 à 25 minutes ou jusqu'à ce que les légumes soient tendres en les retournant une fois avec une spatule ou une cuillère en bois au bout de 15 minutes afin qu'ils dorent de chaque côté. Si, au bout de 25 minutes, les légumes sont tendres mais pas dorés, mettez-les sous le gril 1 ou 2 minutes – attention à ne pas les faire brûler.

Servez ces légumes, chauds ou froids, avec des darnes d'espadon grillées au citron et au thym (dans ce chapitre).

Rôtis de bœuf, de porc et d'agneau

Le porc est une viande qui reste bon marché. Le plat suivant est relativement simple à préparer. En moins d'une demi-heure, tout est prêt et il vous suffit de mettre au four.

Filet de porc rôti

Ustensiles : Couteau de chef, épluche-légumes, grand plat à rôtir, thermomètre à viande

Temps de préparation : Environ 25 minutes

Temps de cuisson : Environ 1 heure 05 (laisser reposer 15 minutes)

Quantité : 6 personnes

Filet de porc désossé (coupe de centre), environ 3 livres

4 cuillerées à soupe d'huile d'olive

2 cuillerées à soupe de thym frais haché ou 1 cuillerée à café de thym lyophilisé

½ tasse d'eau

¼ tasse de persil frais haché

6 pommes de terre rouges moyennes épluchées et coupées en deux dans le sens de la longueur

3 oignons moyens épluchés et coupés en quartiers

1 feuille de laurier

4 carottes épluchées et coupées en tronçons de 5 cm

2 grosses gousses d'ail finement hachées

2 tasses de compote de pommes (facultatif)

Sel et poivre noir à votre convenance

1. Préchauffez le four à 200°C.
2. Mettez le filet de porc dans un grand plat à rôtir (sans grille) et frottez-le entièrement d'huile d'olive (3 cuillerées à soupe). Assaisonnez avec le thym, du sel et du poivre. Faites rôtir, la graisse en haut, pendant 15 minutes.
3. Retirez le plat du four et éparpillez les pommes de terre, les oignons, les carottes et la feuille de laurier autour du rôti. Versez la dernière cuillerée à soupe d'huile d'olive sur les légumes et, avec une grosse cuillère, retournez-les dans le jus de cuisson. Ajoutez l'ail, du sel et du poivre. Enfin, versez l'eau dans le plat.
4. Remettez le rôti au four et faites-le cuire à 175°C pendant 45 à 50 minutes ou jusqu'à ce que le thermomètre à viande, inséré dans la partie la plus épaisse du rôti, indique une température de 68°C.
5. Retirez le plat du four et mettez le rôti sur une planche à découper. Recouvrez-le d'une feuille de papier d'aluminium et laissez-le reposer pendant 15 minutes avant de le découper. Remettez les légumes au four, à 150°C, pour les garder au chaud.

6. Disposez la viande découpée et les légumes sur un grand plat. Laissez le jus dans le plat à rôtir mais retirez la feuille de laurier. Mettez le plat à rôtir sur la cuisinière, sur deux brûleurs. Faites bouillir le jus à feu vif en remuant et en raclant le fond et les côtés du plat à rôtir avec une cuillère en bois. Faites cuire 1 à 2 minutes ou jusqu'à ce que la sauce réduise et épaississe légèrement. Versez le jus sur la viande et les légumes, saupoudrez le tout de persil haché et, si vous le souhaitez, servez avec une compote de pommes.

Ce plat copieux est délicieux avec les légumes d'hiver, comme le chou frisé du terroir (voir chapitre 15) et les épinards sautés (voir chapitre 4), ou une simple salade verte mixte à l'oignon rouge (voir chapitre 10).

TRUC

Le filet mignon de porc rôti se marie très bien avec les saveurs légèrement sucrées. Dans la recette suivante, il est accompagné de pommes. Vous pouvez aussi l'enrober, un peu avant la fin de la cuisson, d'un glaçage à base de confiture d'abricot, de marmelade de gingembre ou même de sucre brun dissout dans un jus d'orange.

Utilisez un plat adapté à la cuisson sur la cuisinière et au four.

Filet mignon de porc aux pommes de terre et aux pommes

Ustensiles : Épluche-légumes, cocotte, grand plat à rôtir, couteau de chef, thermomètre à viande

Temps de préparation : Environ 20 minutes

Temps de cuisson : Environ 40 minutes

Quantité : 4 à 6 personnes

8 petites pommes de terre rouges, environ 1 livre

2 ou 3 filets mignons de porc désossés, 1,5 à 2 livres au total

4 cuillerées à soupe d'huile d'olive

2 cuillerées à soupe de persil finement haché

½ tasse de bouillon de poulet fait maison ou en conserve

2 cuillerées à café de romarin frais émincé ou 1 cuillerée à café de romarin lyophilisé

2 pommes Golden Delicious (ou Granny Smith)

2 oignons moyens coupés en quatre

Sel et poivre noir à votre convenance

1. Préchauffez le four à 230°C.
2. Épluchez les pommes de terre, mettez-les dans une cocotte et recouvrez-les d'eau froide salée. Portez à ébullition et faites cuire environ 10 minutes ou jusqu'à ce que les pommes de terre soient tout juste tendres. Retirez les pommes de terre de l'eau et mettez-les de côté.
3. Saupoudrez généreusement les filets mignons de sel et de poivre. Versez 3 cuillerées à soupe d'huile d'olive dans un plat à rôtir en métal suffisamment grand pour faire cuire les filets mignons en une seule couche. Ajoutez le romarin dans le plat. Retournez le porc dans le mélange pour l'enduire de tous côtés (vous pouvez le laisser mariner plusieurs heures au réfrigérateur et le ramener à température ambiante avant de le cuire).
4. Mettez le plat à rôtir sur la cuisinière et faites dorer le porc à feu vif en le retournant pour le saisir de tous côtés. Retirez du feu. Disposez les oignons et les pommes de terre autour du porc (si votre plat n'est pas assez grand, mettez les légumes dans un autre plat à rôtir). Assaisonnez les oignons avec le reste d'huile d'olive, du sel et du poivre. Mettez le tout au four et faites rôtir environ 20 minutes en retournant le porc une fois. Évaluez la cuisson de la viande en la coupant au milieu – elle doit être rosée au centre et le thermomètre à viande doit indiquer une température de 68°C. Pendant ce temps, évidez et pelez les pommes. Coupez-les en huit. Au bout de 15 minutes de cuisson, ajoutez-les au rôti.
5. Retirez le rôti, mettez-le sur une planche à découper et recouvrez-le d'une feuille de papier d'aluminium. Retirez les légumes et les pommes, disposez-les sur un grand plat et recouvrez-les également d'une feuille de papier d'aluminium. Versez le bouillon dans le plat à rôtir. Remuez, raclez le fond du plat, faites bouillir et laissez réduire pendant 3 minutes en remuant. Retirez le plat du feu. Coupez le rôti en tranches fines. Disposez les tranches sur les légumes et les pommes. Versez la sauce à la cuillère sur la viande. Servez saupoudré de persil haché.

Vous pouvez servir ce plat avec des champignons grillés à l'ail (dans ce chapitre), des haricots blancs à la tomate et au thym (voir chapitre 15) ou des carottes au beurre et au cumin (voir chapitre 15).

IMPROVISEZ

S'il vous reste des légumes rôtis, mangez-les le lendemain en salade, en omelette ou dans une tortilla avec de la sauce piquante. Si vous voulez qu'ils redeviennent croustillants, mettez-les au four à 200°C pendant environ 5 minutes.

TRUC

Si vous faites rôtir du bœuf ou un poulet, éparpillez des légumes-racines (rondelles de carottes, oignons ou pommes de terre) dans le plat à rôtir. Retournez-les régulièrement dans le jus afin qu'ils cuisent uniformément. Cette belle présentation vous permettra d'apporter directement le plat à table – si vous n'avez pas déjà tout mangé dans la cuisine.

La psychose de la trichinose

On a longtemps cru que, si l'on mangeait du porc cuit au-dessous de 85°C, on risquait de contracter la trichinose. Les symptômes de cette maladie n'étaient pas très connus mais tout le monde était plus ou moins sur ses gardes. Ainsi, pendant des années, nous avons trop cuit le porc. Or, il y a une dizaine d'année, des scientifiques ont découvert que les trichines meurent à partir de 57°C. Vous pouvez donc faire cuire le porc à 68°C pour qu'il soit plus juteux.

TRUC

En ce qui concerne la cuisson du porc et des autres viandes, vous pouvez demander conseil à votre boucher. Demandez-lui un rôti « prêt à cuire », c'est-à-dire débarrassé de tout excédent de graisse et enroulé dans une ficelle pour être le plus uniforme possible et cuire de façon homogène. Par exemple, un gigot d'agneau doit être dégraissé et désossé. La peau et la couenne d'un jambon fumé doivent aussi être retirées. Il ne doit rester qu'une fine couche de gras, que vous pouvez strier pour décorer la surface de la viande.

Voici une recette classique de gigot d'agneau. N'hésitez pas à ajouter des légumes, comme des carottes, des oignons et des pommes de terre, pendant la dernière heure de cuisson.

Gigot d'agneau dans son jus nappé d'un glaçage à la groseille

Ustensiles : Couteau à éplucher, plat à rôtir, grille à rôtir, pinceau, thermomètre à viande, petite casserole

Temps de préparation : Environ 15 minutes pour l'agneau ; environ 5 minutes pour le glaçage

Temps de cuisson : Environ 1 heure 40 (laisser reposer 20 minutes)

Quantité : 8 à 10 personnes

Un gigot d'agneau de 6 à 7 livres prêt à cuire

3 gousses d'ail finement émincées

1 cuillerée à soupe d'huile végétale

1½ tasse de gelée de groseille

1 cuillerée à café de moutarde de Dijon

½ cuillerée à café de gingembre moulu

¼ tasse de gelée de groseille

Jus et zeste râpé de ½ citron

Sel et poivre noir à votre convenance

1. Préchauffez le four à 220°C.
2. Avec un couteau à éplucher, faites de petites incisions le long du gigot et insérez-y les petits morceaux d'ail.

3. Enduisez l'agneau d'huile végétale avec un pinceau et mettez-le sur une grille au-dessus d'un plat à rôtir peu profond, la graisse en haut. Saupoudrez la viande de gingembre, de sel et de poivre.
4. Faites rôtir l'agneau pendant 20 minutes, réduisez la chaleur et poursuivez la cuisson à 175°C pendant 1 heure 20 ou jusqu'à ce que le thermomètre à viande, inséré dans la partie la plus épaisse du gigot, indique une température de 63°C pour une cuisson saignante ou 68°C pour une cuisson à point (pour en savoir plus, reportez-vous à l'icône Que faire ?). Pendant que l'agneau rôtit, faites le glaçage à la groseille.
5. Pendant la dernière demi-heure de cuisson, arrosez le gigot de glaçage à la groseille et de jus de cuisson toutes les 10 minutes (commencez lorsque le thermomètre à viande indique une température de 46°C).
6. Retirez du four, couvrez avec une feuille de papier d'aluminium et laissez reposer pendant 20 minutes. Découpez (voir figure 6-5) et versez le jus de cuisson sur les tranches à la cuillère avant de servir.

Glaçage à la groseille

Mélangez la gelée de groseille avec le jus et le zeste de citron dans une petite casserole. Faites chauffer jusqu'à ce que la groseille soit entièrement fondue (environ 1 minute).

Servez avec des légumes d'hiver rôtis (plus haut dans ce chapitre) et une salade verte mixte à l'oignon rouge (voir chapitre 10) ou avec un plat plus riche, comme les épinards à la béchamel (voir chapitre 7).

QUE FAIRE ?

Si vous aimez l'agneau à point ou bien cuit, vous pouvez le faire rôtir un peu plus longtemps, jusqu'à ce que sa température atteigne 68°C à 71°C ou plus. Cela dit, la viande d'un gigot d'agneau a généralement plusieurs degrés de cuisson. La viande peu épaisse, proche de l'os, est brune et bien cuite tandis que celle de la partie épaisse est idéalement rose et saignante. Utilisez les parties les plus sèches pour faire un hachis.

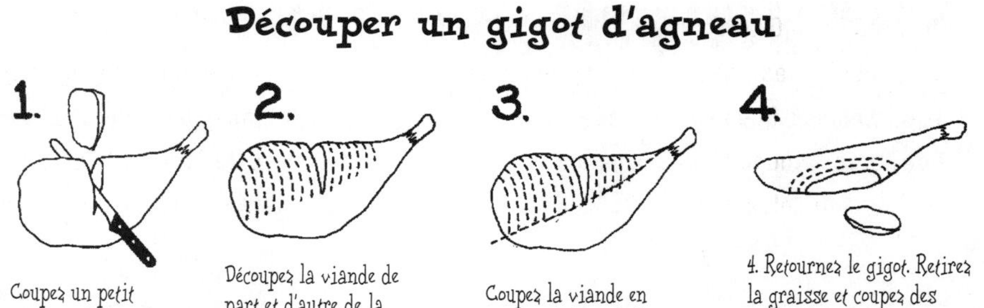

Figure 6-5 : La bonne technique pour découper un gigot d'agneau.

Avec un peu de chance, vous aurez quelques restes de gigot. Vous pourrez les manger froids, en faire du hachis Parmentier (voir chapitre 12), une soupe à l'agneau et à l'orge (voir chapitre 9) ou bien un curry d'agneau (voir chapitre 17).

La recette suivante, assez onéreuse, est cependant simple, rapide et délicieuse. Pensez-y lorsque vous organisez une fête à la dernière minute. Servez ce plat avec une simple purée de pommes de terre à l'ail ou des asperges vapeur à l'aneth (voir chapitre 3).

Filet de bœuf rôti

Ustensiles : Grille à rôtir, plat à rôtir, thermomètre à viande

Temps de préparation : Environ 10 minutes

Temps de cuisson : Environ 45 minutes (laisser reposer 10 minutes)

Quantité : 6 à 8 personnes

1 filet mignon de bœuf prêt à cuire, environ 4 livres

Sel et poivre noir à votre convenance

2 cuillerées à soupe d'huile végétale

Beurre aux fines herbes (facultatif)

1. Préchauffez le four à 220°C.
2. Salez et poivre le filet de bœuf à votre convenance.
3. Mettez la viande sur une grille au-dessus d'un plat à rôtir en métal épais et arrosez-la d'huile. Faites-la rôtir environ 45 minutes pour une cuisson saignante ou jusqu'au degré de cuisson désiré. Le thermomètre à viande doit indiquer une température de 57°C à 60°C pour une cuisson saignante et de 65°C à 68°C pour une cuisson à point. À la moitié du temps de cuisson, retournez la viande et arrosez-la de jus de cuisson.
4. Déposez la viande sur une planche à découper, recouvrez-la de papier d'aluminium et laissez-la reposer pendant 10 minutes avant de la découper.
5. Découpez le filet en tranches fines et servez-le immédiatement, peut-être avec un peu de beurre aux fines herbes (voir chapitre 7).

Vous pouvez servir ce plat avec quasiment tout ce que vous voulez, d'une simple salade d'avocats et de tomates à un couscous à la courge jaune (voir chapitre 15).

QUE FAIRE ?

Votre rosbif est trop cuit

Malheureusement, les fours ne sont pas équipés d'une marche arrière. Cependant, vous pouvez sauver un rosbif trop cuit de plusieurs façons. Par exemple, vous pouvez faire un hachis, une tourte, une soupe ou un bœuf Stroganoff. Toute recette contenant du liquide ou une sauce à la crème convient également.

Pendant des siècles, la côte de bœuf a été un symbole de prospérité et de raffinement gastronomique. Le train de côtes est le comble de la sophistication. Le train de 3 côtes de 6 livres proposé ci-après doit être saignant au milieu et bien cuit sur le pourtour. Avec un peu d'organisation, vous réussirez cette recette sans problème.

Train de côtes de bœuf au jus de viande

Ustensiles : Couteau de chef, plat à rôtir peu profond, thermomètre à viande, verre doseur, saladier, batteur électrique, plat allant au four de 22 cm.

Temps de préparation : Environ 20 minutes

Temps de cuisson : Environ 2 heures

Quantité : 6 personnes

1 train de côtes de bœuf de 5 à 6 livres (3 côtes) dégraissé (voir icône Astuce du chef)

3 grosses gousses d'ail émincées

Sel et poivre noir à votre convenance

1 cuillerée à soupe de persil ou de thym frais haché

1¼ tasse de bouillon de bœuf fait maison ou en conserve

2 cuillerées à soupe de farine

½ tasse de vin rouge

Jus de viande

1. Préchauffez le four à 175°C. Mettez le rôti, la graisse en haut, dans un grand plat à rôtir peu profond (n'utilisez pas de grille et ne mettez pas de liquide dans le plat). Frottez la viande d'ail et salez et poivrez généreusement.
2. Mettez le rôti au four et faites-le cuire environ 20 minutes par livre ou jusqu'à ce que le thermomètre à viande à lecture instantanée inséré au milieu du rôti indique une température de 54°C à 57°C (saignant) ou de 60°C à 63°C (à point). La température augmentera encore de 2,5°C à 5°C une fois le rôti sorti du four.

3. Retirez le rôti du four, mettez-le sur une grande planche à découper, laissez le jus dans le plat et recouvrez la viande d'une feuille de papier d'aluminium. Laissez reposer 20 minutes avant de découper. Pendant ce temps, préparez la sauce au jus de viande.

Sauce au jus de viande

1. Versez le jus dans un grand verre doseur. Prélevez 2 cuillerées à soupe de graisse et mettez-les dans un bol ; continuez à dégraisser le jus et jetez le reste de graisse.
2. Mettez le vin et ½ tasse de bouillon dans le plat à rôtir. Faites chauffer le mélange à feu moyen sur deux brûleurs de la cuisinière en remuant et en raclant le fond du plat pour ramollir les morceaux qui ont attaché. Versez le mélange dans le verre doseur, ajoutez ¾ tasse de bouillon et mettez de côté.
3. Mettez les 2 cuillerées à soupe de graisse dans le plat à rôtir. Ajoutez la farine et remuez bien pour mélanger. Faites chauffer à feu moyen en remuant constamment jusqu'à ce que la farine dore. Ajoutez lentement le mélange vin-bouillon. Faites chauffer à feu moyen-vif en remuant jusqu'à ce que la sauce bouille et épaississe légèrement. Si la sauce est trop épaisse, ajoutez un peu de vin, d'eau ou de bouillon. Goûtez pour assaisonner.
4. Découpez le rôti (instructions illustrées à la figure 6-6). Versez la sauce sur les tranches à la louche et ajoutez le persil ou le thym frais haché comme garniture.

IMPROVISEZ

Vous pouvez servir le train de côtes avec des pommes de terre rôties. Épluchez et coupez en quartiers 2,5 livres de pommes de terre Idaho. Les morceaux doivent faire environ 5 cm et être relativement uniformes pour que la cuisson soit homogène. Retirez le rôti du four au bout d'1 heure et 10 minutes et éparpillez les pommes de terre autour en les retournant pour les enduire de jus de cuisson. Remettez le plat au four et faites rôtir pendant 50 minutes en retournant une fois au bout de 25 minutes. Mettez les pommes de terre dans un plat allant au four, recouvrez-les d'une feuille de papier d'aluminium et gardez-les au chaud dans le four jusqu'au moment de servir.

ASTUCE DU CHEF

Les côtes les plus savoureuses et les plus tendres sont celles de la partie inférieure. D'après les bouchers, les meilleurs trains de côtes vont de la 9e à la 12e côte. C'est ce qu'on appelle le « premier morceau ». Demandez à votre boucher un morceau prêt à cuire, c'est-à-dire sans les haut-de-côtes ni l'échine (les hauts-de-côtes sont délicieux braisés ou rôtis séparément dans une sauce tomate bien assaisonnée). L'échine est retirée pour faciliter le découpage. Le boucher peut aussi séparer les côtes mais celles-ci devront être rassemblées avec de la ficelle avant la cuisson.

À RETENIR

Rien n'est plus embarrassant que de ne pas avoir prévu assez à manger pour des invités. Faites toujours vos calculs avant de vous lancer en cuisine. Si vous faites un train de côtes, comptez une côte pour deux. Ainsi, pour 6 personnes, prévoyez un train de 3 côtes, soit un total d'environ 6 livres.

Pour éviter que votre rôti soit trop cuit, sortez-le du four lorsqu'il est 2,5°C à 5°C au-dessous de la température souhaitée. La température interne augmente plus rapidement à la fin de la cuisson. Vérifiez-la fréquemment au cours des 30 dernières minutes.

Figure 6-6 : Comment découper un train de côtes.

QUE FAIRE ?

Si vous avez surestimé le temps de cuisson et si le rôti cuit si vite qu'il sera prêt bien avant l'arrivée de vos invités, réduisez la température du four à 160°C pour ralentir la cuisson. Un gros rôti non découpé, recouvert d'une feuille de papier d'aluminium, conserve sa chaleur interne pendant 45 minutes après avoir été retiré du four.

À RETENIR

Ne croyez pas qu'un gros rôti de 10 livres doive cuire deux fois plus longtemps qu'un rôti de 5 livres. Les gros rôtis cuisent plus rapidement que les petits. Par exemple, pour un rôti de 5 livres, comptez 20 minutes par livre pour une cuisson saignante et, pour un rôti de 10 livres, seulement 15 minutes par livre à degré de cuisson égal. Pour évaluer la cuisson le plus précisément possible, utilisez un thermomètre à viande.

QUE FAIRE ?

Si vous avez des restes bien cuits, vous pouvez les utiliser pour faire un plat unique. Voici une recette rapide : mettez environ 1,5 livre de rôti froid coupé en petits morceaux dans un grand saladier. Épluchez deux pommes de terre Idaho moyennes, coupez-les en petits cubes et mettez-les de côté. Ajoutez dans le saladier un oignon émincé, 1 poivron vert évidé, épépiné et coupé en carrés, ½ tasse de bouillon de bœuf fait maison ou en conserve, ¼ tasse de concentré de tomates, et beaucoup de sel et de poivre noir. Mélangez le tout. Si le mélange vous semble trop sec, ajoutez un peu de bouillon de bœuf. Versez environ 1 cuillerée à soupe d'huile d'olive dans une sauteuse (antiadhésive, de préférence) et faites-la chauffer à feu moyen. Faites sauter les pommes de terre en les remuant avec une cuillère en bois pendant 3 à 5 minutes ou jusqu'à ce qu'elles soient à peine cuites. Ajoutez le contenu du saladier aux pommes de terre et remuez pour mélanger. Faites cuire jusqu'à ce que le poivron ramollisse et servez sur un plat chaud.

Un repas du dimanche réussi

Le rosbif dans la pointe de surlonge est plus maigre et moins tendre que le train de côtes. Cela dit, il est beaucoup plus économique et, cuit correctement, il constitue un bon repas familial.

Pour 6 personnes, achetez un rosbif dans la pointe de surlonge de 3 à 4 livres. Frottez-le d'ail haché et d'huile d'olive, salez, poivrez et ajoutez votre herbe aromatique préférée. Mettez-le sur une grille au-dessus d'un plat à rôtir peu profond dans un four préchauffé à 160°C. Faites-le cuire jusqu'à ce que le thermomètre à viande, inséré au milieu du rosbif, indique une température de 60°C pour une cuisson saignante ou de 65°C pour une cuisson à point. N'oubliez qu'il continuera à cuire et gagnera environ 2,5°C une fois sorti du four. Pour un rosbif de 3 à 4 livres, comptez 1 heure 45 à 2 heures de cuisson (saignant) ou 2 heures 15 à 2 heures 30 (à point).

Retirez le rosbif du four et laissez-le reposer 15 minutes, recouvert d'une feuille de papier d'aluminium, avant de le découper.

Rôtir un jambon

Le jambon a davantage d'identités qu'un espion international. Mais ne vous inquiétez pas, vous finirez par vous y retrouver. Souvenez-vous que tous les jambons sont salés et que certains sont fumés. Il existe deux types de salaison : la *salaison sèche* et la *salaison humide*. La salaison sèche consiste à enduire le jambon de sel avant de le pendre dans un endroit frais et sec pour qu'il vieillisse quelques semaines ou même une année entière. La salaison humide consiste à plonger le jambon dans la saumure ou à lui injecter de la saumure pour lui donner davantage de saveur.

Voici un petit glossaire concernant le jambon :

- **Jambon de pays** : Jambon élaboré par salaison sèche puis fumé, que l'on a laissé vieillir pendant au moins 6 mois.
- **Jambon sucré** : Jambon que l'on a enduit de sel puis de sucre brun ou de mélasse avant de le laisser vieillir.

- **Jambon en conserve** : Jambon salé mais pas nécessairement fumé, cuit et donc prêt-à-servir (une légère cuisson en améliore toutefois la saveur).
- **Jambon cuit** : Jambon prêt-à-servir pouvant être mangé sans être cuit davantage.
- **Jambon vieilli** : Jambon fortement salé et fumé, que l'on a laissé vieillir pendant au moins 1 an.
- **Jambonneau** : Jambon issu du jarret, de l'arrière-train ou de la cuisse. Le jarret est meilleur et plus facile à découper.
- **Jambon de Bayonne** : Jambon élaboré par salaison sèche ; spécialité de la ville de Bayonne.
- **Prosciutto** : Jambon provenant de Parme, en Italie. Assaisonné, salé, séché en plein air et pressé pour que la viande soit très ferme, il se mange généralement en tranches très fines sur du pain.
- **Jambon de Westphalie** : Jambon allemand, rose et légèrement sucré, issu de porcs nourris avec de la betterave à sucre. Il se mange comme le prosciutto.

SAVOIR-FAIRE

Strier consiste à faire de petites incisions tout autour d'un morceau de viande ou de poisson (illustration à la figure 6-7). Le but de cette opération est de permettre aux marinades, aux sauces ou aux glaçages de pénétrer dans la viande. Pour strier, utilisez un couteau à éplucher tranchant ou un couteau de chef.

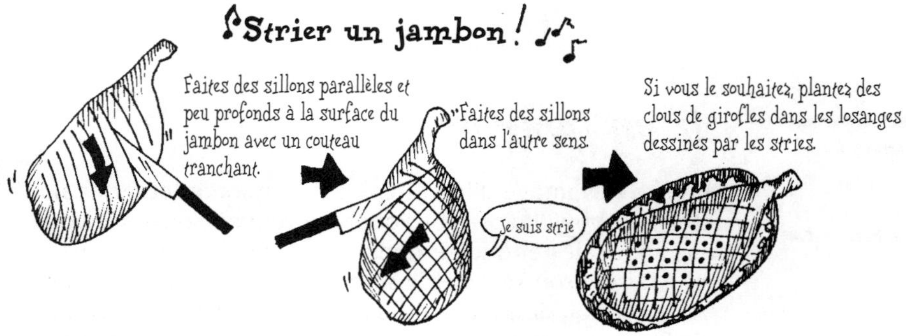

Figure 6-7 : Comment strier un jambon.

Le jambon sucré-salé

Le jambon rôti est souvent glacé avec de la confiture ou un autre ingrédient sucré pour compenser sa salinité. La couenne est d'abord retirée pour laisser apparaître une fine couche de gras, striée puis parsemée de clous de girofle. Le glaçage est appliqué au cours des 30 dernières minutes de la cuisson et lorsque le jambon atteint une température interne de 49°C. Appliqué trop tôt, le glaçage risque de brûler. Le glaçage peut être à base de confiture, de sucre brun, de mélasse, de cannelle, de gingembre, de whisky, de rhum, de jus d'orange, de porto ou de vin blanc.

Dans la recette suivante, le jambon est enrobé d'un glaçage à l'abricot et à la moutarde et servi avec une sauce faite à partir du délicieux jus de cuisson.

TRUC

Il est très important de retirer la graisse des sauces et des jus de viande, car non seulement elle est mauvaise pour la santé mais elle gâche le goût. Pour dégraisser vos sauces, vous pouvez les verser dans un récipient et les mettre au réfrigérateur – la graisse se solidifie à la surface et devient facile à enlever. Si vous n'avez pas le temps de réfrigérer une sauce, versez-la dans un récipient large et retirez la couche de graisse à la cuillère. Le moyen le plus simple est d'utiliser un dégraisseur (voir figure 6-8), ustensile semblable à un verre doseur, muni d'un col partant du fond. La graisse flottant à la surface, le liquide net s'écoule en premier.

Figure 6-8 : Un dégraisseur.

Jambon fumé glacé à l'abricot

Ustensiles : Plat à rôtir, casserole, couteau de chef, thermomètre à viande, pinceau pour appliquer le glaçage, dégraisseur (facultatif), passoire fine, spatule en bois

Temps de préparation : Environ 20 minutes

Temps de cuisson : Environ 2 heures 15

Quantité : 12 à 14 personnes

½ jambon cuit fumé avec os (7 à 9 livres)

Environ 30 clous de girofle entiers (facultatif)

Environ 1 tasse d'eau

½ tasse d'abricots en conserve ou de marmelade d'orange

2 cuillerées à soupe de moutarde de Dijon

1 cuillerée à soupe de rhum ambré (facultatif)

Poivre noir à votre convenance

1 tasse de bouillon de poulet fait maison ou en conserve

1. Préchauffez le four à 160°C. Retirez la couenne du jambon avec un couteau tranchant et jetez-la. Le jambon ne doit plus être entouré que d'une fine couche de gras.
2. Avec un couteau tranchant, striez le jambon en traçant de petits sillons dans le gras – cette technique vise à faciliter la pénétration du glaçage (pour décorer, plantez un clou de girofle au milieu de chaque losange tracé par les stries). Mettez le jambon dans un plat à rôtir. Ajoutez ½ tasse d'eau et faites rôtir jusqu'à ce que le thermomètre à viande, inséré au milieu du jambon, indique une température de 48°C – soit 1 heure 30 à 2 heures (ajoutez encore ½ tasse d'eau dans le plat si nécessaire).
3. Pendant ce temps, préparez le glaçage. Faites chauffer les abricots en conserve dans une casserole à feu moyen. Réduisez les gros oreillons en morceaux avec une fourchette. Ajoutez la moutarde et, si vous le souhaitez, 1 cuillerée à soupe de rhum. Poivrez. Faites bouillir en remuant de temps à autre jusqu'à ce que le mélange épaississe suffisamment pour attacher à la cuillère (environ 3 minutes).
4. Lorsque le jambon atteint une température interne de 48°C, augmentez la température du four jusqu'à 200°C. Retirez le jambon du four et enduisez-le de glaçage avec un pinceau. Remettez-le au four et faites-le rôtir encore 20 à 25 minutes ou jusqu'à ce que le thermomètre à viande indique une température de 60°C (attention à ne pas faire brûler le glaçage). Mettez le jambon sur une grande planche à découper, recouvrez-le d'une feuille de papier d'aluminium et laissez-le reposer 15 minutes.
5. Pendant ce temps, préparez la sauce. Versez le jus de viande dans un petit récipient peu profond. Inclinez le récipient et retirez la graisse accumulée à la surface avec une cuillère (ou utilisez un dégraisseur, comme illustré à la figure 6-8). Remettez le jus dans le plat à rôtir et faites-le chauffer à feu vif sur la cuisinière. Ajoutez le bouillon de poulet. Faites cuire en remuant et en raclant le fond du plat (utilisez une cuillère ou une spatule en bois pour ne pas rayer le plat) jusqu'à ce que le liquide réduise et épaississe légèrement. Passez la sauce dans une passoire fine avant de la servir avec le jambon.
6. Découpez finement le jambon (voir figure 6-9) et servez-le dans son jus avec éventuellement une bonne moutarde.

Le jambon se marie bien avec les plats comme le chou braisé aux pommes et au carvi (voir chapitre 16), le chou frisé du terroir (voir chapitre 15) et le riz sauvage classique (voir chapitre 3).

Vous pouvez parfumer la sauce du jambon de plusieurs façons. Par exemple, ajoutez 2 à 3 cuillerées à soupe de raisins noirs secs, 2 cuillerées à soupe de rhum ambré ou un peu de vin blanc sec ou de cidre. Le zeste d'orange râpé et le jus d'orange fraîchement pressé donnent aussi à la sauce une saveur exquise.

Pour découper un jambon, suivez les instructions de la figure 6-9.

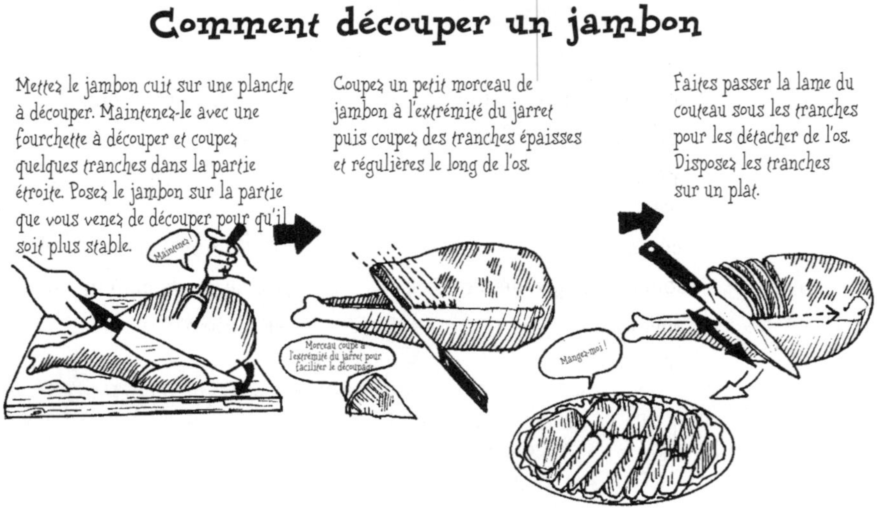

Figure 6-9 : Comment découper un jambon.

Pour attendrir les côtes de porc, faites-les cuire lentement, avec un couvercle, sur un gril à gaz ou à charbon de bois. La cuisson doit être indirecte, ce qui signifie que les côtes de porc ne doivent pas être placées juste au-dessus du feu mais à côté.

Qu'elles soient faites au gril ou au four, les côtes de porc nécessitent une cuisson longue et lente. Certaines recettes conseillent de les étuver avant de les griller ou de les rôtir. Cela dit, nous pensons qu'elles perdent beaucoup de saveur dans l'eau de cuisson. Nous vous recommandons plutôt de les rôtir dans un four à 150°C pendant 2 heures, méthode qui préserve toute leur saveur.

Assaisonnez les côtes de porc avant de les cuire. La recette proposée ci-après suggère un assaisonnement au sucre brun, au sel et au poivre. Les ingrédients sucrés se marient bien avec le porc. Pour une saveur plus relevée, ajoutez du poivre de Cayenne. Selon vos goûts, vous pouvez également essayer le paprika, la poudre d'oignon, la poudre d'ail, le cumin moulu, la coriandre moulue, la cannelle, le thym lyophilisé et le basilic lyophilisé.

Le plat suivant est idéal pour une fête décontractée. Assurez-vous seulement de mettre suffisamment de rince-doigts à la disposition de vos invités.

Côtes de porc rôties sauce barbecue

Ustensiles : Couteau de chef, plat à rôtir, pinceau

Temps de préparation : 10 minutes, plus de 30 minutes de réfrigération

Temps de cuisson : Environ 2 heures 30

Quantité : 4 personnes

1 cuillerée à soupe tassée de sucre brun

1½ cuillerée à café de sel (ou à votre convenance)

1 cuillerée à café de poivre noir (ou à votre convenance)

3 à 4 livres de côtes de porc

2 cuillerées à soupe d'huile végétale

1 petit oignon émincé

2 gousses d'ail émincées

⅔ tasse de ketchup

½ tasse de sucre brun

6 cuillerées à soupe de vinaigre de cidre

1 cuillerée à soupe de mélasse

1 cuillerée à café de cumin moulu

¾ tasse d'eau

1. Préchauffez le four à 150°C. Mélangez le sucre brun, le sel et le poivre dans un bol. Remuez le tout. Retirez l'excédent de graisse des côtes de porc. Mettez celles-ci sur une planche à découper. Coupez les pièces de viande en morceaux d'une ou deux côtes.
2. Disposez les côtes en une seule couche dans un plat à rôtir. Assaisonnez-les avec le mélange préparé précédemment (faites en sorte que cet assaisonnement pénètre bien la viande). Couvrez et réfrigérez pendant environ 30 minutes.
3. Faites rôtir les côtes au four pendant 1 heure 30 en les retournant au bout de 45 minutes. Pendant la cuisson, préparez la sauce barbecue.
4. Augmentez la température du four à 175°C. Retirez le plat du four et videz toute la graisse (ou mettez les côtes de porc dans un plat à rôtir propre). Enduisez généreusement les côtes de porc de sauce barbecue avec un pinceau. Faites-les rôtir encore 25 à 30 minutes ou jusqu'à ce que la viande soit si tendre qu'elle se détache facilement de l'os. Servez le reste de sauce barbecue à part.

Sauce barbecue

Cette sauce agrémente aussi à merveille le poulet et le bœuf au barbecue.

1. Faites chauffer l'huile à feu moyen dans une casserole. Ajoutez l'oignon et faites-le revenir, en remuant souvent, jusqu'à ce qu'il commence à ramollir. Ajoutez l'ail et poursuivez la cuisson en remuant pendant 1 minute de plus.

2. Ajoutez l'eau, le ketchup, le sucre brun, le vinaigre de cidre, la mélasse, le cumin, du sel, du poivre et mélangez bien. Faites bouillir le tout à feu vif. Réduisez la chaleur et laissez frémir 25 à 30 minutes ou jusqu'à ce que le liquide épaississe, en remuant de temps à autre (cette sauce peut être préparée un jour ou deux à l'avance, réfrigérée et réchauffée au dernier moment).

Vous pouvez déguster ces succulentes côtes de porc avec des légumes d'hiver rôtis (voir plus haut dans ce chapitre), des haricots blancs à la tomate et au thym (voir chapitre 15) ou avec un des plats d'accompagnement proposés au chapitre 18.

ATTENTION !

Pendant la cuisson, les côtes de porc libèrent une grande quantité de graisse. Vous devez vider et jeter cette graisse avant de les enduire de sauce barbecue. Ne videz pas la graisse dans l'évier, elle pourrait obstruer les canalisations ; versez-la dans une boîte en fer vide, laissez-la refroidir et se solidifier, et jetez-la.

Cuire sur le gril ou sous le gril

Un même aliment peut être exposé à plusieurs modes de cuisson et acquérir ainsi différentes caractéristiques. Par exemple, les aliments grillés au charbon de bois ou sous le gril d'un four n'ont pas du tout la même saveur que lorsqu'ils sont rôtis.

Voici quelques vérités à prendre en compte concernant le barbecue :

- Le feu commence toujours à prendre un quart d'heure après le début de la cuisson.
- Si vous entendez quelqu'un dire : « Pas de problème, on va les épousseter », ruez-vous sur les salades.
- Les chances de bien manger à un barbecue sont inversement proportionnelles à la stupidité du tablier du chef. Si le tablier est de couleur unie, vous avez de l'espoir ; s'il vante les talents du cuisinier, méfiez-vous.
- À un barbecue, l'ambiance rend tout meilleur.

ASTUCE DU CHEF

Vous pouvez griller tout ce que vous voulez. Ce mode de cuisson est sans doute le plus sain parce que les aliments ne baignent pas dans l'huile. Alors, ne vous contentez pas de faire des steaks. Les légumes et le poisson grillés sont également délicieux.

Si vous pouvez griller, vous pouvez faire cuire au gril

Griller consiste à faire cuire sur un gril, la source de chaleur se trouvant au-dessous. *Cuire au gril* consiste à faire cuire sous le gril d'un four, la source de chaleur se trouvant au-dessus. Ces deux modes de cuisson impliquent une chaleur intense. Par conséquent, ils sont réservés aux morceaux de viande ou aux légumes peu épais – les morceaux épais peuvent brûler avant de cuire à l'intérieur. Une fois grillée, la surface des aliments, notamment de la viande, devient brune et craquante.

Pour une cuisson au gril, les aliments doivent être à 10 ou 15 cm de la source de chaleur. Il est préférable de les mettre sur une plaque perforée au-dessus d'un plat dans lequel le jus pourra s'écouler. Méfiez-vous des flambées soudaines, que ce soit dans un four ou sur un gril. Non seulement elles présentent un risque d'incendie mais elles peuvent brûler la viande et lui donner un goût âcre. Utilisez le couvercle du gril pour éteindre les flammes et ayez toujours une boîte de bicarbonate de soude ou de sel à côté du four.

Les plats proposés ci-après peuvent être réalisés au barbecue ou au gril. Si vous choisissez la cuisson au gril, dans un four, vous ne pourrez pas en évaluer la progression aussi facilement que sur un barbecue. Par conséquent, faites preuve de vigilance jusqu'à ce que vous connaissiez bien le temps de cuisson nécessaire. À l'intérieur d'un four, la chaleur est généralement plus intense et la cuisson plus rapide.

Charbon de bois ou gaz ?

Le barbecue est un mode de cuisson convivial très utilisé en été. Certains grils sont très simples, d'autres plus sophistiqués. Dans les sections suivantes, nous allons voir les caractéristiques des grils à charbon de bois et des grils à gaz.

Grils à charbon de bois

Pour griller sur du charbon de bois, le secret de la réussite est le même que pour la cuisson sur une cuisinière : l'homogénéité de la source de chaleur. La principale erreur des cuisiniers amateurs consiste à cuire les aliments sur des braises trop chaudes. Les braises doivent être étalées en une couche uniforme 10 à 15 cm au-dessous de la grille sur laquelle sont disposés les aliments. Attendez qu'elles soient blanches à 75 % avant de commencer la cuisson. Ne mettez pas trop de charbon de bois – un foyer trop chaud carboniserait les aliments avant qu'ils ne soient entièrement cuits.

Faites brûler le charbon de bois 30 à 35 minutes jusqu'à ce que vous obteniez un feu moyen. Pour évaluer la température, mettez la paume de la main juste au-dessus de la grille. Si vous pouvez la maintenir 2 secondes, le feu est vif ; 3 secondes, le feu est moyen-vif ; 4 secondes, le feu est moyen ; et 5 secondes, le feu est doux.

S'il vous reste des aliments à cuire alors que le feu commence à s'éteindre, ajoutez du charbon de temps à autre pour le ranimer. Stockez votre charbon de bois dans un endroit sec pour qu'il s'enflamme et brûle rapidement.

En règle générale, avec 30 briquettes de charbon, vous pouvez cuire 1 livre de viande. Pour 2 livres de viande, comptez environ 45 briquettes.

À quoi sert le couvercle du gril ?

De nombreux grils sont équipés d'un couvercle. Fermés, ils s'apparentent à un four et peuvent atteindre une température de plus de 230°C. Les aliments longs à cuire – cuisses de poulet, steaks épais, etc. – grillent mieux et plus rapidement couvercle fermé. En réalité, cette technique permet de griller et de rôtir en même temps. Le couvercle emprisonne la chaleur et la redirige vers les aliments. Il provoque également l'apparition de fumée, qui donne aux aliments beaucoup d'arôme et de saveur. Soulevez le couvercle souvent pour vérifier que vos grillades ne brûlent pas.

N'allumez jamais le feu avec du kérosène, de l'essence ou autres produits chimiques à moins d'être particulièrement bien assuré ! Avec un journal bien sec et un peu de patience, vous obtiendrez d'excellents résultats. Vous pouvez aussi utiliser une résistance électrique et la placer au milieu du charbon jusqu'à ce que celui-ci s'enflamme. Mais le combustible le plus couramment employé reste le gaz à briquet.

Grils à gaz

Les grils à gaz, très présents depuis quelques années, ont un avantage incontestable sur les grils à charbon de bois : ils maintiennent une chaleur constante. Certains comprennent des morceaux de lave destinés à simuler le charbon de bois, ce qui fonctionne à merveille. La technique de cuisson est la même qu'avec un gril à charbon de bois.

Si vous souhaitez utiliser des copeaux de bois, trempez-les d'abord dans de l'eau pendant environ 15 minutes. Ainsi, ils fumeront et brûleront moins vite.

Conseils pour bien griller

Avant de commencer à griller, tenez compte des recommandations suivantes :

- Nettoyez la grille avec une brosse métallique entre chaque utilisation. Avant d'allumer le feu, huilez la grille pour que les aliments, notamment le poisson, n'attachent pas.
- Dégraissez la viande pour éviter les flambées de graisse soudaines qui noircissent les aliments et leur donnent un goût de brûlé.
- Les temps de cuisson pour les barbecues à l'extérieur sont approximatifs. N'allez pas piquer une tête dans la piscine après avoir jeté la viande sur le gril. De nombreuses variables influencent le temps de cuisson, notamment le vent, l'intensité de la chaleur et l'épaisseur de la viande.
- N'enduisez pas la viande de sauce barbecue avant les 10 dernières minutes de cuisson, sinon le sucre que contient cette sauce risque de brûler.
- Pour réussir les grillades, il faut un minimum d'organisation. Mettez une petite table juste à côté du gril pour avoir tous les ingrédients, ustensiles et plats nécessaires à portée de main.
- Faites mariner les aliments pour éviter qu'ils sèchent et rehausser leur saveur.
- Pensez à fermer l'arrivée de gaz après avoir éteint votre gril à gaz. Si vous utilisez un gril à charbon de bois, fermez le couvercle pour étouffer le feu.

Mariner : mythes et réalité

De nombreuses personnes pensent que les marinades attendrissent la viande. C'est un mythe. Une marinade pénètre la viande, la volaille ou le gibier sur une épaisseur d'à peine 3 mm. En revanche, elle ajoute de la saveur en surface.

On pourrait écrire tout un livre uniquement sur les marinades. Pour résumer, disons qu'une marinade se compose d'un ingrédient acide (vinaigre, citron ou certains types de vin), d'huile, d'herbes aromatiques et éventuellement d'une base destinée à parfumer le tout (bouillon de bœuf ou de poulet, par exemple). Une marinade doit être bien équilibrée et parfumée. Pour savoir si elle est réussie, vous n'avez pas d'autre moyen que de la goûter.

Prenons un exemple : imaginons que vous vouliez griller un steak. Demandez-vous si vous voulez l'agrémenter d'une saveur piquante, relevée ou sucrée. Une saveur sucrée ne serait pas très adaptée avec un poisson et conviendrait bien avec du porc. Le choix de la marinade dépend beaucoup de l'ingrédient principal.

Admettons que vous choisissiez une marinade piquante. Vous allez probablement mettre un peu de piment (allez-y doucement !). Ensuite, il vous faut un liquide qui aille à la fois avec le bœuf et le piment. Vous pouvez utiliser un bouillon de bœuf (fait maison ou en conserve) ou du vin rouge. Essayez le vin rouge. La base de votre marinade est prête. Maintenant, vous pouvez l'égayer un peu. Qu'est-ce qui se marie bien avec les saveurs piquantes ? Peut-être l'ail émincé et les grains de poivre noir. Le cilantro ajoute également du goût (au fur et à mesure que vous cuisinerez, vous appendrez à reconnaître les ingrédients qui vont bien ensemble). Selon vos goûts, vous pouvez ajouter un peu de cumin ou de coriandre. Concluez avec 2 à 3 cuillerées à soupe d'huile d'olive, du sel et du poivre noir.

Vous voilà avec une marinade classique pour votre steak. Vous pouvez la modifier pour la rendre plus ou moins piquante.

Faites mariner la viande, le poisson et les légumes au réfrigérateur. À température ambiante, des bactéries se forment très rapidement à la surface des aliments. Et ne réutilisez pas une marinade de poulet ou de poisson cru à moins de la faire bouillir au préalable.

Quelques idées de grillades

Voici quelques recettes pour apprendre à griller. Si vous n'avez jamais approché un barbecue de près, nous vous recommandons de les suivre à la lettre avant d'ajouter votre touche personnelle.

Pour éviter les flambées intempestives dues à l'écoulement d'huile sur le charbon de bois, huilez la grille avant d'allumer le feu.

Les aliments les plus simples à griller, auxquels on ne pense pas toujours, sont les légumes.

Griller des légumes

Les légumes, y compris ceux dont vous ne raffolez pas, sont généralement délicieux lorsqu'ils sont grillés. Le charbon de bois leur donne une belle texture et un goût fumé absolument irrésistible. De plus, les légumes grillés sont faciles à préparer. Voici quelques exemples :

- **Aubergines et courgettes** : Coupez-les dans le sens de la longueur en tranches de 2 cm d'épaisseur. Enduisez-les d'huile, assaisonnez-les à votre convenance et faites-les griller 15 à 20 minutes ou jusqu'à ce qu'elles soient brunes et tendres, en les retournant de temps à autre. Pour leur donner davantage de saveur, faites-les mariner 15 minutes avant de les griller dans le mélange suivant : 3 mesures d'huile, 1 mesure de vinaigre, sel, poivre, moutarde de Dijon.
- **Pommes de terre, carottes, oignons et navets** : Épluchez les légumes, coupez-les en tranches uniformes et faites-les cuire au préalable dans de l'eau bouillante jusqu'à ce qu'ils soient tendres. Rincez-les dans de l'eau froide pour stopper la cuisson et égouttez-les. Enveloppez-les dans une feuille de papier d'aluminium avec un assaisonnement composé d'huile d'olive, de jus de citron, d'herbes aromatiques, de sel et de poivre. Faites-les griller 10 à 15 minutes ou jusqu'à ce qu'ils soient tendres (vous pouvez également les enfiler sur des brochettes avant de les faire griller).
- **Tomates** : Coupez les tomates, mûres mais fermes, en tranches de 2 cm. Enduisez-les d'huile d'olive et saupoudrez-les de basilic ou de persil, de sel et de poivre. Faites les griller jusqu'à ce qu'elles soient entièrement chaudes, environ 5 minutes, en les retournant une fois.

Les légumes poreux, comme les champignons, n'ont pas besoin d'être marinés. Contentez-vous de les enduire d'un liquide parfumé, comme dans la recette suivante.

Champignons portobello grillés à l'ail

Ustensiles : Couteau de chef, bol, pinceau

Temps de préparation : Environ 10 minutes (plus le temps de préchauffage du gril)

Temps de cuisson : Environ 6 minutes

Quantité : 4 personnes

1 livre de champignons portobello

⅓ tasse d'huile d'olive extra-vierge

2 grosses gousses d'ail émincées (environ 2 cuillerées à café)

3 cuillerées à soupe de jus de citron

Sel et poivre noir à votre convenance

2 cuillerées à soupe de persil frais émincé (facultatif)

1. Huilez la grille du gril et préparez un feu moyen-vif.
2. Nettoyez les champignons avec du papier absorbant humide. Retirez les pieds, comme illustré à la figure 6-10 (vous pouvez les garder pour les mettre dans une soupe ou un bouillon).

3. Mélangez l'huile, le jus de citron et l'ail dans un bol. Enduisez les chapeaux d'huile parfumée, salez et poivrez.
4. Mettez les chapeaux à l'envers sur la grille et faites-les griller environ 3 minutes (attention à ne pas les faire brûler). Retournez-les et faites-les griller encore 3 à 4 minutes ou jusqu'à ce qu'ils soient joliment dorés et que vous puissiez facilement les percer avec un couteau.
5. Retirez les champignons, mettez-les sur une assiette, garnissez-les de persil et servez.

Dégustez ces délicieux champignons avec un steak – un flanchet grillé cajun (voir chapitre 16), par exemple.

Figure 6-10 : Coupez les pieds des champignons et faites griller les chapeaux.

SAVOIR-FAIRE

Il est important de bien nettoyer les champignons. Les espèces sauvages peuvent être pleines de sable et de terre. Cela dit, si vous rincez ou faites tremper les champignons trop longtemps, ils risquent d'être spongieux. Mieux vaut donc utiliser du papier absorbant humide. Si les champignons sont très sales, rincez-les avec de l'eau froide mais égouttez-les bien et prenez soin de les sécher avec un torchon ou du papier absorbant.

Griller de la viande et du poisson

Dans la recette suivante, vous devez couper la viande en cubes et la faire mariner dans de l'huile d'olive, du vinaigre de vin rouge, de l'ail, du romarin (frais, de préférence), du cumin, du sel et du poivre de Cayenne. Le cumin se marie très bien avec le porc (et l'agneau). Le romarin donne à l'ensemble une saveur provençale.

Brochettes de porc grillées au romarin

Ustensiles : Couteau de chef, saladier, brochettes en bois ou en métal

Temps de préparation : Environ 25 minutes (plus le temps de préchauffage du gril)

Temps de macération : Environ 30 minutes

Temps de cuisson : Environ 15 minutes

Quantité : 4 personnes

1,5 livre de filet de porc maigre et désossé, coupé en cubes de 2 à 3 cm

3 cuillerées à soupe d'huile d'olive

1 cuillerée à café de cumin moulu

2 cuillerées à soupe de romarin frais haché ou 2 cuillerées à café de romarin lyophilisé

1 grosse gousse d'ail finement hachée (environ 1 cuillerée à café)

¼ cuillerée à café de poivre de Cayenne

1 cuillerée à soupe de vinaigre de vin rouge

Sel et poivre noir à votre convenance

1. Mettez le porc dans un saladier. Ajoutez tous les autres ingrédients et mélangez bien. Recouvrez le tout d'un film plastique et laissez marinez au réfrigérateur environ 30 minutes.
2. Huilez la grille du gril et préparez un feu moyen. Si vous utilisez des brochettes en bois, trempez-les pendant 30 minutes dans l'eau froide et recouvrez les extrémités de papier d'aluminium pour éviter qu'elles brûlent. ***Note :*** Ne serrez pas trop les morceaux de viande sur les brochettes. Laissez un peu d'espace entre chaque pour que la chaleur circule bien et assure une cuisson homogène.
3. Répartissez les cubes de porc sur quatre brochettes.
4. Mettez les brochettes sur la grille et faites-les griller 10 à 15 minutes ou jusqu'à ce que la viande soit à peine rose au milieu, en les retournant toutes les 4 à 5 minutes. Servez immédiatement.

Ajoutez de la couleur à ces brochettes en les servant avec un couscous à la courge jaune (voir chapitre 15).

Le poisson et les fruits de mer grillent particulièrement bien. Utilisez un poisson à chair ferme, qui ne risque pas de se désagréger sur la grille, comme le saumon, le flétan, le thon, l'espadon ou le mako. Évitez les poissons délicats, comme la sole. Les espèces dont la chair est relativement grasse, comme le maquereau et le tassergal, grillent bien également.

Dans la recette suivante, vous allez conserver la marinade de l'espadon pour faire une sauce. Cette sauce étant portée à ébullition, cela ne pose aucun problème. La marinade chaude transmet au poisson toute la saveur des herbes aromatiques qu'elle contient.

Darnes d'espadon grillées au citron et au thym

Ustensiles : Grand plat à rôtir en métal, pinceau

Temps de préparation : Environ 10 minutes (plus le temps de préchauffage du gril)

Temps de macération : Environ 30 minutes

Temps de cuisson : Environ 10 minutes

Quantité : 4 personnes

4 darnes d'espadon d'environ 2 cm d'épaisseur chacune, soit environ 1,5 livre au total

Sel et poivre noir à votre convenance

2 cuillerées à soupe de beurre à température ambiante

2 brins de thym frais hachés ou ½ cuillerée à café de thym lyophilisé

Jus d'1 gros citron

2 à 3 cuillerées à soupe d'huile végétale

1. Trente minutes avant la cuisson, salez et poivrez les darnes d'espadon des deux côtés. Mélangez l'huile, le jus de citron et le thym dans un grand plat à rôtir en métal. Ajoutez les darnes d'espadon, retournez-les dans la marinade jusqu'à ce qu'elles soient bien imbibées. Recouvrez le plat d'un film plastique et mettez-le au réfrigérateur pendant 30 minutes maximum.
2. Huilez la grille du gril et préparez un feu moyen-vif.
3. Retirez l'espadon du plat et mettez la marinade de côté. Faites griller les darnes d'espadon 4 à 5 minutes par côté ou jusqu'à ce qu'elles soient entièrement cuites (le temps de cuisson dépend de l'épaisseur des darnes et de la température du gril – le poisson est cuit lorsqu'il n'est plus transparent au milieu mais opaque). Remettez le poisson dans le plat avec la marinade. Ajoutez le beurre et mettez le plat sur le gril. Faites fondre le beurre et bouillir la marinade 2 à 3 minutes. Servez le poisson avec la sauce.

Égayez ces darnes d'espadon grillées avec des lentilles au vinaigre balsamique (voir chapitre 15) ou une salade d'orzo (voir chapitre 10). En entrée, vous pouvez servir un gazpacho (voir chapitre 9).

À RETENIR

Le temps de cuisson des pétoncles est très réduit. Dans le ceviche (salade de fruits de mer froids assaisonnés au jus de citron vert), on mange même ces mollusques crus. L'acidité du citron vert les « cuit ». Ne les faites pas griller trop longtemps car ils deviennent rapidement caoutchouteux.

La recette suivante est dite « à la portugaise » parce qu'elle contient des ingrédients couramment utilisés dans la cuisine du Portugal, notamment des poivrons rouges et verts, des câpres, de l'ail, du persil et du vin.

Pétoncles grillés à la portugaise

Ustensiles : Couteau de chef, grand plat allant au four, grande sauteuse

Temps de préparation : Environ 10 minutes

Temps de cuisson : Environ 3 minutes

Quantité : 4 personnes

1,5 livre de pétoncles

Sel et poivre noir à votre convenance

2 cuillerées à soupe d'huile d'olive

1 gousse d'ail émincée

1 poivron vert moyen évidé, épépiné et finement haché

1 poivron rouge moyen évidé, épépiné et finement haché

¼ tasse de câpres égouttées

3 cuillerées à soupe de persil haché

½ tasse de chapelure fine

¼ tasse de vin blanc sec

1. Préchauffez le gril du four.
2. Salez et poivrez les pétoncles.
3. Faites chauffer l'huile dans une grosse sauteuse et ajoutez les pétoncles. Faites cuire à feu vif, en remuant souvent, environ 2 minutes. Transférez les pétoncles dans un plat allant au four suffisamment grand pour qu'ils cuisent en une seule couche. Mettez-les de côté.
4. Faites fondre le beurre à feu moyen dans la sauteuse. Ensuite, ajoutez les poivrons et l'ail. Faites cuire le tout, en remuant, 1 à 2 minutes.
5. Ajoutez les câpres. Remuez. Ajoutez le persil, la chapelure et le vin. Faites chauffer le tout. Versez le mélange à la cuillère sur les pétoncles. Mettez les pétoncles environ 15 cm au-dessous du gril et faites-les griller jusqu'à ce que la chapelure devienne croustillante – moins d'1 minute. Servez sur des assiettes chaudes.

Servez ce plat avec un accompagnement léger, comme des épinards sautés (voir chapitre 4).

Thon grillé sauce niçoise

Ustensiles : Couteau de chef, spatule, saladier, plat à rôtir

Temps de préparation : Environ 15 minutes

Temps de cuisson : Environ 6 à 7 minutes

Quantité : 4 personnes

1 oignon vert épluché et émincé

1 cuillère à soupe d'olives noires finement hachées

1 cuillère à soupe de câpres finement hachées

2 cuillères à soupe de vinaigre balsamique

1 cuillère à café de filets d'anchois finement hachés ou de pâte d'anchois (facultatif)

2 cuillères à soupe de persil haché

½ tasse plus 3 cuillères à soupe d'huile d'olive

4 darnes de thon d'environ 2 cm d'épaisseur, soit 1,5 livre au total

Sel et poivre noir à votre convenance

1 cuillère à café de feuilles de thym fraîches émincées plus 1 bouquet de thym frais frotté d'huile

Sauce niçoise

Mélangez dans un saladier l'oignon vert, les olives et les câpres. Ajoutez le vinaigre et du poivre. Enfin, ajoutez l'anchois (facultatif), le persil, puis ½ tasse d'huile. Mettez de côté.

Thon grillé

1. Mettez les darnes de thon sur un plat à rôtir et ajoutez 3 cuillerées à soupe d'huile, 1 cuillerée à café de thym émincé, du sel et du poivre. Retournez les darnes dans l'assaisonnement pour qu'elles s'en imprègnent. Laissez reposer 10 à 25 minutes au réfrigérateur.
2. Huilez la grille du gril et faites chauffer le gril à gaz au à charbon de bois à feu moyen-vif (voir section « Grils à charbon de bois », plus haut dans ce chapitre). Lorsque le feu est prêt, posez quatre petits amas de thym frais sur la grille. Déposez une darne de thon sur chaque amas de thym. Faites griller environ 3 minutes. Avec une spatule, retournez les darnes (si les brins de thym restent accrochés, ce n'est pas un problème) et faites-les griller 3 minutes de l'autre côté. Retirez une darne et évaluez la cuisson en faisant une petite incision au milieu. Certaines personnes aiment le thon très saignant – ne le faites pas trop cuire.
3. Une fois la cuisson terminée, transférez les darnes sur un plat chaud. Versez la moitié de la sauce à la cuillère sur le thon. Servez le reste à part.

Cette entrée irait bien avec une soupe, chaude ou froide. Nous vous recommandons la soupe de carottes à l'aneth (voir chapitre 9) ou le gazpacho aux tomates fraîches (voir chapitre 9).

Chapitre 7

Sauces

Dans ce chapitre :

- Sauces traditionnelles
- Sauces au mixeur : les cocktails attendront
- Beurre aux fines herbes et mains graisseuses
- Sauces sucrées

Les recettes de ce chapitre

- Béchamel
- Épinards à la béchamel
- Velouté
- Côtelettes de porc avec sauce au romarin
- Blancs de poulet à l'ail et aux câpres
- Espadon grillé à la vinaigrette de tomates cerises et de cilantro
- Sauce hollandaise
- Sauce hollandaise au mixeur
- Mayonnaise
- Mayonnaise aux œufs cuits
- Rémoulade
- Sauce cresson
- Sauce pesto
- Beurre aux carottes
- Crème anglaise à la vanille
- Crème au chocolat
- Crème chantilly
- Nappage au caramel
- Coulis de fraises

Pour une personne qui n'a pas l'habitude de cuisiner, faire une sauce est sans doute ce qu'il y a de plus impressionnant. Faire réduire, mixer, assaisonner, ajuster… Toutes ces étapes semblent aussi obscures qu'un test d'ADN !

Pourtant, il n'y a rien de plus simple que de concocter de bonnes sauces. Dans certains cas, il suffit de faire cuire plusieurs ingrédients dans une casserole et de les passer au mixeur. Quand vous maîtriserez bien la préparation des sauces de base, vous ne penserez plus qu'à élargir votre horizon.

Ne partez pas du principe qu'une sauce est forcément lourde et indigeste. Aujourd'hui, la plupart des sauces sont de style méditerranéen, c'est-à-dire à base d'huile d'olive, d'herbes aromatiques, de légumes et parfois de vin. La *demi-glace*, qui se compose essentiellement d'un bouillon concentré gélatineux, est souvent utilisée pour parfumer des sauces peu caloriques.

Non seulement les sauces d'aujourd'hui sont plus légères mais elles sont aussi plus faciles à préparer. Cela dit, vous trouverez également dans ce chapitre des recettes de sauces traditionnelles, délicieuses lorsqu'elles sont consommées avec modération.

Qui a inventé la sauce ?

Pendant tout le Moyen Âge et la Renaissance, on a mangé la viande, le gibier et la volaille avec une sauce à base de jus de viande que l'on faisait épaissir. Cette sauce était loin d'être aussi sophistiquée que celles que l'on consomme aujourd'hui. Mais que pouvait-on attendre de gens qui mangeaient avec leurs mains et jetaient les os sous la table ? Ce n'est qu'au XVIIIe siècle que les sauces modernes sont entrées dans le vocabulaire de la cuisine. En 1800, un célèbre chef français connu sous le nom de Carême dressait la liste d'une dizaine de sauces classiques, dont chacune pouvait être modifiée de différentes façons. La plupart de ces sauces sont encore très réputées aujourd'hui, notamment la sauce *ravigote* (sauce blanche très relevée), la sauce *Champagne* (sauce blanche au Champagne), la sauce *bourguignonne* (à base de vin rouge, de champignons et d'oignons), la *poivrade* (sauce au vin rouge et au poivre noir), la sauce *tomate* (sauce rouge), la sauce *raifort* (à base de crème et de raifort), la *mayonnaise* (émulsion de jaune d'œuf et d'huile) et la sauce *provençale* (à base de tomates et d'herbes aromatiques fraîches).

Aujourd'hui, la gastronomie française compte plusieurs centaines de sauces. Si vous y ajoutez les sauces espagnoles, italiennes et américaines, la liste est interminable. Mais ne vous en faites pas : la plupart des chefs n'utilisent qu'une dizaine de sauces et leurs variantes. Et celles-ci sont à la portée de toute personne capable de faire cuire un œuf tout en faisant la conversation.

Qu'est-ce qu'une sauce ?

Une sauce est un liquide (vin ou bien bouillon de poulet, de bœuf, de poisson ou de légumes, par exemple) parfumé avec des ingrédients (échalotes sautées, ail, tomates, etc.) et assaisonné avec du sel, du poivre et des herbes aromatiques.

Avant d'être servie, une sauce est généralement *réduite*, ce qui signifie simplement qu'on la fait cuire à feu vif pour qu'elle s'évapore, épaississe et s'intensifie en termes de saveur. Elle peut aussi être passée dans une passoire afin d'en éliminer tous les éléments solides ou réduite en purée au mixeur.

Les grandes catégories de sauce

Pour bien connaître les sauces, il faut savoir qu'elles se répartissent en plusieurs catégories.

- Les *sauces blanches* contiennent généralement du lait ou de la crème.
- Les *sauces beurre blanc* se composent de beurre, de vinaigre et d'échalotes.
- Les *sauces brunes* se basent sur un bouillon de viande, comme l'agneau ou le veau.
- Les *vinaigrettes* se composent d'huile, de vinaigre, de sel et de poivre.
- La *sauce hollandaise* comporte des jaunes d'œufs cuits et du beurre.
- La *mayonnaise* est un mélange de jaunes d'œufs crus ou légèrement cuits et d'huile.

Dans ce livre, vous trouverez deux sous-catégories : les beurres composés, que nous décrirons plus loin dans ce chapitre, et les sauces tomate.

Sauce blanche classique : la béchamel

Pendant des siècles, la béchamel a été le mortier qui a maintenu les murs de la cuisine française. Avec son léger goût de noisette et de beurre, cette sauce est aussi la base des soufflés et de certains plats familiaux, comme les macaronis et les tourtes au fromage. La béchamel se décline en plusieurs variantes selon les plats qu'elle agrémente. Par exemple, si vous faites du poisson, vous pouvez ajouter un bouillon de poisson à la sauce. Si vous faites du poulet, optez pour un bouillon de poulet. Comme la plupart des sauces blanches, la béchamel se base sur un *roux*. Le roux est un mélange de beurre fondu et de farine (en quantités égales) chauffé à feu doux pour constituer une pâte destinée à lier les sauces. Dans la recette suivante, la béchamel commence par un roux.

La béchamel et ses variantes se marient avec toutes sortes d'aliments, notamment le poisson poché et grillé, le poulet, le veau, et les légumes comme les oignons perlés, les choux de Bruxelles, les brocolis et le chou-fleur (pour savoir comment faire cuire ces légumes à la vapeur ou dans l'eau bouillante avant de les napper de béchamel, reportez-vous au chapitre 3). La consistance de la béchamel varie d'un plat à l'autre.

Béchamel

Ustensiles : Petite casserole, casserole moyenne, fouet métallique

Temps de préparation : Environ 5 minutes

Temps de cuisson : Environ 8 minutes

Quantité : Environ 1 tasse

1¼ tasse de lait

2 cuillerées à soupe de beurre

¼ cuillerée à café de muscade moulue (ou à votre convenance)

2 cuillerées à soupe de farine

Sel et poivre noir à votre convenance

1. Faites chauffer le lait à feu moyen dans une petite casserole jusqu'à la limite de l'ébullition (le lait ajouté bien chaud au mélange beurre-farine facilite la réussite de la béchamel en réduisant la formation de grumeaux).
2. Pendant ce temps, dans une casserole moyenne, faites fondre le beurre à feu moyen (attention à ne pas le faire noircir). Ajoutez la farine et remuez constamment avec un fouet pendant 2 minutes. Vous obtenez ainsi un roux épais.
3. Ajoutez progressivement le lait chaud tout en continuant à remuer le mélange vigoureusement. Lorsque la sauce devient homogène, réduisez la chaleur et laissez frémir 3 à 4 minutes, en remuant fréquemment. La béchamel doit être épaisse. Retirez du feu, ajoutez la muscade, le sel et le poivre. Mélangez le tout.

QUE FAIRE ?

Si le beurre noircit, jetez-le et recommencez, sinon votre sauce blanche aura une teinte foncée.

Pour vous entraîner à faire cette sauce, nous vous suggérons les épinards à la béchamel (vous pouvez faire cette recette avec n'importe quel autre légume).

Si les épinards vous rappellent de mauvais souvenirs de cantine, cette recette délicieuse vous réconciliera avec votre bête noire. Ce plat, comme tout plat à base de béchamel, est très riche. Il est donc conseillé de le servir avec des aliments légers, comme un poulet grillé ou un poisson.

IMPROVISEZ

Variantes de la béchamel

Sauce Mornay : Ajoutez du fromage râpé, comme du gruyère ou du parmesan, à la béchamel frémissante, avec un bouillon de poisson (facultatif) et du beurre.

Sauce raifort : Ajoutez du raifort fraîchement râpé à votre convenance. Servez avec un gibier, un poisson comme la truite ou un bœuf braisé.

Sauce Soubise : Faites bouillir ou cuire à la vapeur des oignons jaunes jusqu'à ce qu'ils ramollissent. Réduisez-les en purée au mixeur et ajoutez-les à la sauce. Salez et poivrez à votre convenance. Légèrement sucrée grâce aux oignons, la sauce Soubise se marie bien avec le gibier, la volaille et la viande.

Vous pouvez utiliser beaucoup d'autres ingrédients pour modifier la saveur de la béchamel. Voici quelques exemples : tomates fraîches (pelées et finement hachées) ; champignons, échalotes, oignons, ail ou poireaux sautés ; gingembre moulu ou curry ; estragon, aneth, marjolaine ou persil frais haché ; paprika ; zeste de citron râpé ; poivre blanc ; et Tabasco. Ajoutez l'un ou l'autre de ces ingrédients à la fin de la cuisson de la béchamel.

Épinards à la béchamel

Ustensiles : Grande marmite, égouttoir, robot ou mixeur, deux casseroles, fouet métallique

Temps de préparation : Environ 15 minutes

Temps de cuisson : Environ 8 minutes

Quantité : 3 à 4 personnes

300 g d'épinards frais

1 tasse de lait

1 cuillerée à soupe de beurre

1 cuillerée à soupe de farine

¼ cuillerée à café de muscade moulue

Sel et poivre blanc à votre convenance

2 cuillerées à soupe de parmesan râpé

1. Lavez bien les épinards (ne les séchez pas). Mettez-les mouillés dans une grande marmite sans ajouter d'eau. Couvrez et faites cuire à feu moyen-doux environ 2 minutes ou jusqu'à ce qu'ils réduisent.
2. Mettez les épinards cuits dans un égouttoir et, avec une cuillère en bois, pressez-les pour en extraire le plus d'eau possible.
3. Mettez les épinards dans un robot ou un mixeur et réduisez-les en purée.
4. Faites chauffer le lait à feu moyen dans une petite casserole, à la limite de l'ébullition.

5. Pendant ce temps, faites fondre le beurre à feu moyen dans une casserole moyenne. Ajoutez la farine en remuant avec un fouet métallique. Ajoutez le lait chaud en remuant rapidement. Ajoutez la muscade, le sel et le poivre. Faites cuire en remuant souvent environ 3 à 4 minutes ou jusqu'à ce que la sauce épaississe. Réduisez la chaleur, ajoutez les épinards et le parmesan, et faites cuire à feu doux jusqu'à ce que le mélange soit chaud. Goûtez et assaisonnez à votre convenance.

IMPROVISEZ

Vous pouvez remplacer les épinards frais par des épinards hachés congelés. Dans ce cas, il est inutile de réduire les légumes en purée et vous pouvez sauter l'étape n° 3. N'oubliez pas de presser les épinards pour extraire l'eau après la cuisson.

Velouté

Un *velouté* est une sauce dans laquelle le lait a été remplacé par un bouillon de poisson, de poulet ou de légumes, ce qui lui donne une saveur supplémentaire. Avant de servir, vous pouvez ajouter un peu de crème au velouté (pour une texture plus onctueuse) ou un jus de citron frais (pour une pointe d'acidité). Voici une version simplifiée du velouté classique. Les variantes sont innombrables.

Velouté

Ustensiles : Casserole moyenne, petite casserole, fouet métallique, papier sulfurisé

Temps de préparation : Environ 15 minutes

Temps de cuisson : Environ 25 minutes

Quantité : Environ 1 tasse

2 cuillerées à soupe de beurre

3 cuillerées à soupe de farine

1½ tasse de bouillon de poulet ou de légumes fait maison ou en conserve

⅓ tasse de crème épaisse

Sel et poivre blanc à votre convenance

1. Faites chauffer le bouillon à feu moyen, à la limite de l'ébullition, dans une petite casserole.
2. Faites fondre le beurre à feu moyen dans une casserole moyenne (attention à ne pas le faire noircir). Ajoutez la farine et remuez avec un fouet jusqu'à ce que le mélange soit homogène. Réduisez la chaleur et faites cuire à feu doux environ 2 minutes en remuant constamment.

3. Augmentez la chaleur et ajoutez progressivement le bouillon chaud (attention aux éclaboussures) en remuant pendant environ 1 minute ou jusqu'à ce que la sauce épaississe. Augmentez encore la chaleur et portez la sauce à ébullition. Réduisez immédiatement la chaleur et laissez frémir environ 2 minutes en remuant souvent.
4. Ajoutez la crème, le sel et le poivre. Augmentez la chaleur et remuez constamment jusqu'à ce que le mélange arrive à ébullition. Dès que la sauce bout, retirez immédiatement la casserole du feu et recouvrez-la d'une feuille de papier sulfurisé (pour éviter qu'une fine pellicule se forme à la surface) jusqu'au moment de servir.

Si vous oubliez de couvrir le velouté et si une petite peau se forme à sa surface, remuez-le avec un fouet pour lui redonner son aspect d'origine. Si la sauce cuit un peu trop longtemps et devient trop épaisse, ajoutez un peu de bouillon ou de crème.

Sauces brunes

La principale différence entre une sauce blanche et une sauce brune, c'est que la seconde est plus difficile à retirer de votre cravate en soie ! Les sauces brunes classiques sont les variantes d'une sauce du XIXe siècle dite espagnole en raison de son ingrédient principal : le jambon espagnol. Sa préparation s'étalait sur deux ou trois jours, ce qui explique en partie la lenteur du processus de libération de la femme en Espagne. C'est à peu près tout ce que vous avez besoin de savoir sur cette sauce traditionnelle espagnole – quasiment plus personne ne l'utilise.

Les sauces brunes d'aujourd'hui se composent d'un bouillon de bœuf ou de veau réduit. Le *bouillon* est le liquide qui résulte d'un mélange d'os, d'eau, de légumes et d'aromates porté à ébullition. Plus vous faites réduire le liquide, plus la saveur est intense. Pour un goût encore plus prononcé, vous pouvez même dorer les os au four préalablement.

Lorsque vous réduisez un bouillon de veau jusqu'à ce qu'il ait une consistance gélatineuse, vous obtenez une *demi-glace*. Si vous le faites réduire encore plus, vous obtenez une *glace*. Une fois qu'elles ont refroidi et durci, la demi-glace et la glace peuvent être coupées en petits morceaux et congelées pour une utilisation ultérieure.

Les deux recettes suivantes font appel à la technique du déglaçage. Qu'est-ce que le déglaçage ? Ne vous est-il jamais arrivé, après avoir mangé des macaronis, d'aller picorer les petits morceaux de fromage grillés qui ont attaché au plat ? Est-ce que ce ne sont pas les meilleurs morceaux ?

Le *déglaçage* consiste plus ou moins à récupérer les meilleurs morceaux. Lorsque vous sautez un steak ou un blanc de poulet dans une poêle chaude, des petites particules de viande attachent à la poêle. Ces particules ont beaucoup de goût et il serait dommage de ne pas les incorporer à la sauce que vous allez faire.

Après avoir retiré un steak cuit de la poêle, déglacez la poêle avec du vin rouge, par exemple (le déglaçage s'effectue soit avec du vin soit avec un bouillon). Pendant que le vin frémit, raclez le fond de la poêle (avec une cuillère en bois, de préférence) pour détacher les particules de viande. Et voilà ! Il ne vous reste plus qu'à terminer la sauce et à servir.

Côtelettes de porc avec sauce au romarin

Dans cette recette, la sauce est faite rapidement dans la poêle utilisée pour dorer le porc.

Ustensiles : Couteau de chef, grande sauteuse, cuillère en bois ou spatule en plastique

Temps de préparation : Environ 15 minutes

Temps de cuisson : Environ 25 minutes

Quantité : 4 personnes

4 côtelettes de porc d'environ 250 g chacune

Sel et poivre noir à votre convenance

1 cuillerée à soupe d'huile d'olive

2 cuillerées à soupe de feuilles de romarin hachées ou 2 cuillerées à café de romarin lyophilisé

2 cuillerées à soupe de beurre

2 grosses échalotes émincées

½ tasse de vin rouge sec

½ tasse de bouillon de bœuf fait maison ou en conserve

1. Salez et poivrez les côtelettes de porc. Faites chauffer l'huile d'olive à feu moyen-vif dans une sauteuse suffisamment grande pour contenir les côtelettes en une seule couche. Faites cuire les côtelettes environ 20 minutes en les retournant de temps à autre (surveillez la cuisson et réduisez la chaleur si elles dorent trop vite). Mettez les côtelettes de côté sur une assiette après les avoir recouvertes d'une feuille de papier d'aluminium pour les garder au chaud.
2. Videz la graisse et raclez le fond de la sauteuse. Parmi les petits morceaux qui ont attaché, ne jetez que ceux qui ont complètement brûlé. Faites chauffer la sauteuse à feu moyen. Ajoutez le beurre. Une fois qu'il a fondu, ajoutez les échalotes. Remuez et raclez la sauteuse jusqu'à ce qu'elles ramollissent, environ 2 à 3 minutes. Ajoutez le bouillon de bœuf et remuez. Ajoutez le vin rouge. Remuez pendant 1 minute. Enfin, ajoutez le romarin.
3. Faites réduire la sauce à feu vif en remuant jusqu'à ce qu'elle s'évapore légèrement. Goûtez et assaisonnez en ajoutant du sel et du poivre si nécessaire. Remettez les côtelettes dans la sauteuse ainsi que le jus qui s'est accumulé dans l'assiette. Faites réchauffer quelques secondes. Disposez les côtelettes sur un plat et arrosez-les de sauce avec une cuillère.

Servez avec du riz, des pâtes ou une purée de pommes de terre (voir chapitre 3).

Les câpres sautées donnent au plat suivant une touche saline contrebalancée par l'ail, le romarin et les légumes. Les câpres sont les boutons floraux du câprier, arbrisseau méditerranéen. Elles sont utilisées comme condiments après avoir été séchées et trempées dans un mélange de vinaigre et de sel. Rincez-les et égouttez-les avant de les ajouter à un plat.

Les échalotes

Achetez des échalotes régulièrement, comme vous le faites avec les oignons et les ails. Variété d'ail, les bulbes d'échalotes sont notamment utilisés comme condiments. Vous en trouverez toute l'année, bien qu'elles soient plus fraîches au printemps. Leur saveur étant plus délicate et moins acide que celle des oignons, elles sont idéales dans les sauces, les salades de légumes crus et les vinaigrettes. Pour utiliser des échalotes, retirez leur peau parcheminée et émincez finement leur chair mauve pâle, comme vous le feriez avec un oignon.

Blancs de poulet à l'ail et aux câpres

Comme dans la recette précédente, la sauce est faite rapidement dans la poêle utilisée pour dorer la viande.

Ustensiles : Couteau de chef, grande sauteuse, cuillère en bois

Temps de préparation : Environ 25 minutes

Temps de cuisson : Environ 20 minutes

Quantité : 4 personnes

4 blancs de poulet désossés sans peau, environ 625 g au total

Sel et poivre noir à votre convenance

2 cuillerées à soupe d'huile d'olive

1 cuillerée à soupe plus 1 cuillerée à café de concentré de tomate

1 oignon moyen haché

1 cuillerée à soupe de feuilles de romarin fraîches finement émincées ou 1 cuillerée à café de romarin lyophilisé

⅔ tasse de bouillon de poulet fait maison ou en conserve

1 grosse gousse d'ail hachée

1 cuillerée à soupe de vinaigre de vin rouge

3 cuillerées à soupe de câpres rincées et égouttées

2 cuillerées à soupe de persil haché

1. Salez et poivrez légèrement les blancs de poulet.
2. Faites chauffer l'huile à feu moyen-vif dans une grande sauteuse. Ajoutez le poulet et sautez-le en le retournant de temps à autre jusqu'à ce qu'il soit légèrement doré des deux côtés, environ 7 minutes. Retirez le poulet et déposez-le sur une assiette.

3. Ajoutez l'oignon, le romarin et l'ail et faites revenir le tout à feu moyen, en remuant, 1 à 2 minutes ou jusqu'à ce que l'oignon ramollisse (attention à ne pas faire brûler l'ail).
4. Ajoutez le bouillon de poulet et le vinaigre. Déglacez la sauteuse en remuant et en raclant le fond avec une cuillère en bois pendant 1 minute pour dissoudre les particules dorées qui ont attaché.
5. Ajoutez les câpres et le concentré de tomate. Mélangez bien. Remettez dans la sauteuse les blancs de poulet et le jus qui s'est accumulé dans l'assiette. Faites bouillir, couvrez, puis laissez frémir à feu doux 5 à 7 minutes ou jusqu'à ce que le poulet soit cuit, en le retournant une fois (pour évaluer la cuisson, faites une incision dans la partie la plus épaisse de chaque blanc. La viande doit être blanche et juteuse, sans aucune trace de rose).
6. Agrémentez le tout de persil et servez.

Ce plat se marie bien avec le couscous à la courge jaune ou les haricots blancs à la tomate et au thym (voir chapitre 15).

Sauces vinaigrettes

Les sauces vinaigrettes ne sont pas très grasses et sont prêtes en un tournemain. Lorsque vous maîtriserez la recette classique, vous pourrez lui trouver de nombreuses variantes.

Cette sauce à base d'huile et de vinaigre accompagne aussi bien les salades que la viande ou le poisson grillé.

Espadon grillé à la vinaigrette de tomates cerises et de cilantro

Ustensiles : Deux plats allant au four, saladier, fouet métallique, mixeur ou robot, couteau de chef

Temps de préparation : Environ 20 minutes, plus 1 heure pour faire mariner le poisson

Temps de cuisson : Environ 25 minutes

Quantité : 4 personnes

¾ livre de tomates cerises (ou tomates mûres évidées et coupées en quartiers)

6 brins de cilantro (couper l'extrémité épaisse des tiges et hacher les feuilles)

2 gousses d'ail épluchées et broyées

½ cuillerée à café de piment Jalapeño épépiné et émincé (facultatif)

¾ tasse plus 2 cuillerées à soupe d'huile d'olive

Sel et poivre noir à votre convenance

2 cuillerées à soupe de vinaigre de vin rouge

4 darnes d'espadon, environ 2 livres au total

1. Préchauffez le four à 200°C.
2. Mettez les tomates cerises, le cilantro, l'ail et le piment Jalapeño dans un plat allant au four. Arrosez le tout de 2 cuillerées à soupe d'huile d'olive puis salez et poivrez à votre convenance. Faites cuire pendant 20 minutes (les tomates cerises doivent commencer à se désagréger).
3. Raclez le plat et versez tous les ingrédients dans un robot ou un mixeur pour les réduire en purée. Versez le mélange dans un saladier.
4. Ajoutez le vinaigre et ½ tasse d'huile d'olive. Remuez avec un fouet métallique. Goûtez et ajoutez du sel et du poivre si vous le souhaitez. Couvrez et mettez de côté.
5. Mettez les darnes d'espadon dans un plat allant au four. Frottez-les d'huile d'olive (il doit vous en rester ¼ tasse) puis salez et poivrez généreusement. Mettez le poisson au réfrigérateur 30 minutes à 1 heure.
6. Frottez la grille d'un gril à gaz ou à charbon de bois d'huile végétale et préparez un feu moyen-vif.

Herbes fraîches ou lyophilisées ?

À moins que vous ne viviez dans une région où l'on trouve des herbes aromatiques fraîches toute l'année, vous utilisez peut-être des herbes lyophilisées. Celles-ci conviennent généralement à tous types de recettes mais souvenez-vous qu'elles sont trois fois plus concentrées que les herbes fraîches. Par conséquent, 1 cuillerée à soupe de thym frais équivaut à 1 cuillerée à café de thym lyophilisé (pour en savoir plus sur les herbes aromatiques et les épices, reportez-vous au chapitre 5).

7. Lorsque la grille est chaude, faites griller l'espadon 2 à 4 minutes par côté (selon l'épaisseur) ou jusqu'à ce qu'il soit cuit (pour évaluer la cuisson, faites une petite incision au milieu de chaque darne. La chair doit être rose pâle et non rose saumon). Versez un peu de vinaigrette sur chaque assiette et déposez une darne sur la sauce.

Servez l'espadon avec des carottes au beurre et au cumin ou un couscous à la courge jaune (voir chapitre 15).

Si vous préférez, vous pouvez faire griller l'espadon au four. Après avoir fait rôtir le mélange à base de tomates cerises, allumez le gril du four et faites griller les darnes environ 4 minutes par côté ou jusqu'à ce qu'elles soient cuites, pendant que vous terminez la vinaigrette.

Sauces à base d'œufs : hollandaise et mayonnaise

La sauce hollandaise est celle que l'on utilise pour faire les œufs Bénédicte. Si vous débutez en cuisine, elle vous plaira car, si vous la ratez, vous pourrez la rattraper facilement (voir icône Que faire ?). Cette sauce riche au goût de citron se prête avec bonheur à de multiples interprétations : ajoutez de l'estragon et du cerfeuil et vous obtenez une sauce béarnaise ; ajoutez de la tomate et vous obtenez une sauce choron (idéale avec un steak), incorporez de la crème fouettée et vous obtenez une crème chantilly ; ajoutez de la moutarde séchée et vous obtenez une sauce parfaite pour les légumes bouillis.

Sauce hollandaise

Ustensiles : Fouet, bol, casserole à double fond, spatule en plastique

Temps de préparation : Environ 10 minutes

Temps de cuisson : Environ 5 minutes

Quantité : Environ ¾ tasse

4 jaunes d'œufs (pour séparer les jaunes des blancs, voir instructions illustrées au chapitre 8)

1 cuillerée à soupe d'eau froide

½ tasse de beurre clarifié à température ambiante coupé en 8 morceaux

2 cuillerées à soupe de jus de citron frais

Sel et poivre blanc à votre convenance

1. Dans la partie supérieure d'une casserole à double fond, battez les jaunes d'œufs environ 2 minutes ou jusqu'à ce qu'ils soient épais et jaune pâle. Ajoutez l'eau et battez encore 1 minute, jusqu'à ce que le mélange attache au fouet.
2. Mettez la partie supérieure de la casserole à double fond sur la partie inférieure contenant de l'eau frémissante. Faites chauffer environ 3 minutes en remuant constamment avec une spatule en plastique ou un fouet.
3. Ajoutez le beurre progressivement (pas plus de 2 cuillerées à soupe à chaque fois) en battant vigoureusement jusqu'à ce qu'il s'incorpore. Poursuivez la cuisson en remuant et en raclant les

parois de la casserole jusqu'à ce que la sauce épaississe suffisamment pour attacher à une cuillère en métal. Ajoutez le jus de citron, le sel et le poivre et faites cuire encore 1 minute ou plus, jusqu'à ce que la sauce soit onctueuse et complètement chaude.

TRUC

Si vous n'avez pas de casserole à double fond, vous pouvez faire cuire les ingrédients au bain-marie en les mettant dans un bol résistant à la chaleur placé directement dans une casserole d'eau. Le bol ne doit pas tout à fait tenir dans la casserole ni en toucher le fond mais se trouve en partie plongé dans 5 à 7 cm d'eau frémissante.

QUE FAIRE ?

Les personnes qui n'ont pas l'habitude de cuisiner chauffent parfois la sauce trop longtemps, si bien que celle-ci devient trop épaisse. Si vous avez commis la même erreur, ajoutez 1 à 2 cuillerées à soupe d'eau bouillante. Battez vigoureusement jusqu'à ce que la sauce redevienne onctueuse. Pour qu'il n'y ait pas de grumeaux, l'eau ne doit jamais franchir le degré d'ébullition pendant la préparation.

Pour faire une sauce hollandaise rapide mais délicieuse, vous pouvez utiliser un mixeur.

Sauce hollandaise au mixeur

Ustensiles : Mixeur

Temps de préparation : Environ 10 minutes

Temps de cuisson : 1 à 2 minutes

Quantité : Environ ⅔ tasse

4 jaunes d'œufs

2 cuillerées à soupe de jus de citron frais

Sel et poivre blanc à votre convenance

½ tasse de beurre fondu

1. Mettez les jaunes d'œufs, le jus de citron, le sel et le poivre dans un mixeur. Couvrez et mixez pendant environ 30 secondes à vitesse lente.
2. Pendant que le moteur est en route, ajoutez le beurre fondu en le faisant tomber en pluie. Au fur et à mesure que la sauce épaissit, augmentez progressivement la vitesse.
3. Continuez jusqu'à ce que la sauce soit épaisse et onctueuse. Utilisez immédiatement ou gardez au chaud au bain-marie jusqu'au moment de servir.

Les recettes à base d'œufs crus peuvent transmettre la salmonelle. Bien que ce risque soit faible, vous devez en tenir compte. Pour en savoir plus, reportez-vous au chapitre 8.

Vous êtes-vous déjà demandé pourquoi les pots de mayonnaise vendus dans le commerce se conservent plus longtemps que la mayonnaise faite maison ? Cela n'a sans aucun doute rien de naturel. Raison de plus pour faire votre propre mayonnaise, qui sera infiniment meilleure et moins chère que le produit commercialisé. Essayez la recette suivante et comparez vous-même.

Mayonnaise

Ustensiles : Fouet métallique, grand bol

Temps de préparation : Environ 10 minutes

Temps de cuisson : Aucun

Quantité : Environ 1 tasse

1 jaune d'œuf

1 cuillerée à soupe de jus de citron frais

1 cuillerée à café de moutarde de Dijon

Sel et poivre noir à votre convenance

1 tasse d'huile d'olive (pas extra-vierge)

1 cuillerée à soupe d'eau (si nécessaire)

1. Mettez les jaunes d'œufs, le jus de citron, la moutarde, le sel et le poivre dans un grand bol. Battez le tout avec un fouet métallique.
2. Tout en continuant à battre, ajoutez l'huile progressivement. Si vous n'utilisez pas la mayonnaise immédiatement, ajoutez 1 cuillerée à soupe d'eau pour la stabiliser (en conserver l'homogénéité).

Vous pouvez assaisonner la mayonnaise de nombreuses façons selon qu'elle accompagne des légumes, de la viande ou des hors-d'œuvre. Ajoutez, par exemple, de l'aneth, du cerfeuil, du basilic, des câpres, du jus de citron, des anchois, du cresson haché ou de la purée d'avocat (éventuellement avec du Tabasco). La mayonnaise fraîche se conserve plusieurs jours au réfrigérateur dans un récipient fermé hermétiquement. La saveur de la mayonnaise change selon le type d'huile que vous utilisez. L'huile d'olive extra-vierge a un goût un peu trop prononcé. Optez plutôt pour un mélange équilibré d'huile d'olive classique et d'huile végétale.

Pour éliminer le risque de salmonellose, une recette de mayonnaise à base de jaunes d'œufs cuits à feu très doux a été mise au point.

Mayonnaise aux œufs cuits

Ustensiles : Petite casserole, cuillère en bois, mixeur, spatule en plastique

Temps de préparation : Environ 10 minutes

Temps de cuisson : Environ 2 minutes (laisser reposer 4 minutes)

Quantité : Environ 1¼ tasse

2 jaunes d'œufs

2 cuillerées à soupe de vinaigre ou de jus de citron frais

2 cuillerées à soupe d'eau

1 cuillerée à café de sucre

1 cuillerée à café de moutarde

½ cuillerée à café de sel

1 pincée de poivre noir

1 tasse d'huile végétale

1. Mélangez les jaunes d'œufs, le vinaigre ou le jus de citron, l'eau, le sucre, la moutarde, le sel et le poivre dans une petite casserole. Remuez avec une cuillère en bois jusqu'à ce que le mélange soit homogène. Faites cuire à feu très doux, en remuant constamment, jusqu'à ce que le mélange commence à peine à bouillonner.
2. Retirez du feu et laissez reposer 4 minutes. Versez le mélange dans un mixeur et mixez à vitesse rapide.
3. Tout en continuant à mixer, ajoutez l'huile très lentement. Mixez jusqu'à ce que la sauce soit épaisse et onctueuse, en éteignant le mixeur de temps à autre pour racler les parois avec une spatule en plastique. Couvrez et réfrigérez éventuellement pour une utilisation ultérieure.

La rémoulade, dont la recette est fournie ci-après, est en réalité une mayonnaise intensément parfumée avec des échalotes, des condiments, de l'ail, des câpres et autres ingrédients.

Rémoulade

Ustensiles : Grand bol, spatule en plastique

Temps de préparation : Environ 15 minutes

Temps de cuisson : Aucun

Quantité : Environ 1⅓ tasse

1 tasse de mayonnaise

2 grandes échalotes finement émincées (ou ½ tasse d'oignon rouge ou jaune émincé)

1 cuillerée à soupe d'estragon haché

2 à 3 cuillerées à café de moutarde de Dijon

2 cuillerées à café de câpres bien égouttées

2 cuillerées à café de persil frais haché

3 cuillerées à soupe de condiments finement émincés, bien égouttés

1 gousse d'ail émincée

1 cuillerée à café de jus de citron frais

Sel et poivre noir à votre convenance (facultatif)

Dans un grand bol, mélangez tous les ingrédients. Réfrigérez et servez avec de la viande, de la volaille, des fruits de mer froids ou des grillades.

IMPROVISEZ

Cette sauce classique peut être modifiée de nombreuses façons selon vos goûts. Vous pouvez ajouter un œuf dur haché ou quelques anchois émincés. Si vous aimez la cuisine épicée, versez un peu de Tabasco dans la sauce et servez celle-ci avec un poisson ou un poulet grillé ou bien un rôti de porc froid.

Sauces au mixeur

Si vous n'avez pas beaucoup de temps devant vous, le mixeur peut vous être d'une aide précieuse. Non seulement les sauces au mixeur se font en quelques minutes mais elles sont parfois plus saines que les sauces traditionnelles, notamment si elles sont liées avec des légumes, du fromage pauvre en matière grasse (comme la ricotta) ou un yaourt.

Bien que le robot soit imbattable pour hacher, trancher et râper, le mixeur est plus efficace pour liquéfier et faire une sauce. Ses lames tournent vite et lient bien les liquides. En revanche, les lames du robot ne font que traverser les liquides sans les mélanger et son récipient est trop large pour mélanger de petites quantités de sauce.

Les sauces au mixeur sont prêtes en un tournemain. En un clin d'œil, vous pouvez transformer un simple poisson poché en un plat inoubliable en mélangeant une partie du liquide qui a servi à pocher avec du cresson, des aromates et un peu de crème ou de ricotta. Mixés avec quelques noix de beurre, ces ingrédients forment une sauce savoureuse et exceptionnellement onctueuse (pour en savoir plus sur le mixeur, reportez-vous au chapitre 2).

Le mixeur est également plus adapté que le robot pour faire certains coulis de fruits, comme le coulis de framboise à la liqueur de framboise ou le coulis de mangue au citron vert et au rhum. Voici deux recettes rapides et excellentes de sauces au mixeur.

Sauce cresson

La sauce cresson est idéale avec la viande ou le poisson fumé, les légumes frais et les omelettes.

ASTUCE DU CHEF

Même les pros utilisent un mixeur

Ironie du sort : le mixeur a gagné ses lettres de noblesse parmi les professionnels, qui avaient abandonné l'appareil vingt ans auparavant. De plus en plus de chefs l'utilisent pour donner à leurs sauces une texture plus onctueuse et une couleur plus subtile.

Sauce cresson

Ustensiles : Mixeur

Temps de préparation : Environ 15 minutes

Temps de cuisson : Aucun

Quantité : Environ 1½ tasse

1½ tasse de crème aigre

1 tasse de cresson (y compris les tiges) rincé et séché, pas trop tassé

½ cuillerée à café de moutarde de Dijon (facultatif)

Sel et poivre noir à votre convenance

1. Mettez la crème aigre, le cresson et la moutarde (facultatif) dans un mixeur. Mixez à vitesse lente jusqu'à ce que la crème aigre se liquéfie et que le cresson commence à s'incorporer.

2. Mixez à vitesse rapide pendant quelques secondes puis éteignez le mixeur. Ajustez l'assaisonnement avec du poivre et juste assez de sel pour faire ressortir la saveur du cresson.

Versez cette sauce à la cuillère sur une truite ou un saumon fumé, ou bien un poulet ou un poisson grillé ou poché. Vous pouvez aussi l'utiliser pour une salade de pommes de terre ou de macaronis.

Sauce pesto

Le pesto est une sauce très appréciée en été que vous pouvez faire facilement au mixeur. Il agrémente à merveille les pâtes, les viandes froides et les crudités. Vous pouvez le mélanger à une sauce tomate pour accommoder un poisson ou un poulet grillé, ou des pâtes.

Sauce pesto

Ustensiles : Mixeur, râpe, spatule en plastique

Temps de préparation : Environ 15 minutes

Temps de cuisson : Aucun

Quantité : Environ 1 tasse

2 tasses de feuilles de basilic fraîches (sans les tiges) pas trop tassées, environ 60 g

½ tasse d'huile d'olive extra-vierge

3 cuillerées à soupe de pignes ou de noix

1 cuillerée à soupe d'eau chaude

3 grosses gousses d'ail grossièrement hachées

½ tasse de parmesan râpé

Sel et poivre noir à votre convenance

1. Rincez et séchez les feuilles de basilic, et mettez-les dans un mixeur.
2. Ajoutez l'huile, les pignes ou les noix, l'ail, le sel et le poivre. Mixez jusqu'à ce que le mélange soit fin mais trop onctueux, en éteignant une fois le mixeur pour racler les parois et faire tomber les ingrédients sur les lames.
3. Ajoutez le parmesan et l'eau puis mixez encore quelques secondes. Réfrigérez jusqu'au moment de servir.

Beurres composés

Prenez des herbes aromatiques fraîches, hachez-les et effritez-les entre vos mains dans du beurre à température ambiante et vous obtenez du *beurre aux fines herbes*. Ce type de *beurre composé* et bien d'autres encore peuvent être préparés à l'avance et conservés au réfrigérateur. Ils se marient avec toutes sortes d'aliments. Vous pouvez faire des beurres composés avec un zeste de citron ou d'orange, un assortiment d'épices, des câpres et autres condiments.

Une noix de beurre aux fines herbes ajoute beaucoup de saveur sur une grillade et fait ressortir le goût des légumes (recettes de légumes bouillis ou cuits à la vapeur au chapitre 3). Mélangé avec un peu de vin blanc ou de bouillon, le beurre aux fines herbes constitue la base de délicieuses sauces.

Vous pouvez préparer le beurre aux fines herbes sans mixeur. Laissez le beurre ramollir dans un bol jusqu'à ce qu'il soit malléable mais pas trop mou et ajoutez-y l'assaisonnement à la main ou à la cuillère. Ensuite, enveloppez le mélange dans un film plastique et réfrigérez-le jusqu'à ce que vous puissiez le modeler à la main. Faites rouler le beurre aux fines herbes sous vos mains pour lui donner la forme d'un cylindre et enveloppez-le bien. Une fois qu'il a refroidi, coupez des rondelles au fur à mesure de vos besoins. Vous pouvez le conserver pendant plusieurs semaines au réfrigérateur.

Il existe autant de types de beurre aux fines herbes que d'herbes aromatiques. Le beurre au persil et au thym se marie avec tout. Il est si savoureux que vous pouvez même l'utiliser pour beurrer les toasts et les sandwiches. L'estragon, l'oseille, le basilic, la ciboulette, l'ail, la sauge, le cerfeuil et les échalotes peuvent être associés dans divers mélanges. Essayez l'oseille et le persil avec le poisson ; la sauge et les échalotes avec le gibier ; et le basilic avec les tomates. Le beurre composé le plus connu est sans doute le beurre *maître d'hôtel*, qui associe persil, jus de citron, sel et poivre, et agrémente généralement le poulet ou le poisson.

Sauces à base de beurre composé

Avec un beurre composé, vous pouvez faire une sauce dans la poêle que vous avez utilisée pour faire cuire la viande ou le poisson. Par exemple, si vous sautez un filet d'espadon, retirez-le de la poêle lorsqu'il est cuit et ajoutez ¼ tasse de beurre fondu (pour 4 portions) et 2 cuillerées à soupe de câpres rincées et égouttées. Faites chauffer le tout à feu moyen. Lorsque le beurre commence à dorer, ajoutez 1 cuillerée à soupe de jus de citron frais et une pincée de sel. Mélangez bien et faites grésiller le beurre sans le laisser noircir. Versez la sauce sur l'espadon.

Vous pouvez inventer de nombreuses variantes de cette sauce. Au lieu des câpres, vous pouvez mettre de l'aneth, du basilic, du thym, de l'ail émincé, de la moutarde de Dijon, des échalotes, un zeste d'orange râpé ou du concentré de tomates. Les possibilités sont infinies.

Du beurre orange ?

Vous pouvez vous amuser en mélangeant au beurre des légumes de toutes les couleurs. Essayez, par exemple, le beurre aux carottes et utilisez-le comme sauce pour agrémenter les plats à base de légumes, comme la purée de pommes de terre ou les épinards vapeur. Lorsque vous aurez découvert cette technique très simple, le compartiment à beurre de votre réfrigérateur ressemblera à une boîte de crayons de couleur !

Il suffit parfois d'un simple beurre aux carottes servi sur des pommes de terre nouvelles rouges à la vapeur pour faire un dîner qui sort de l'ordinaire.

Beurre aux carottes

Ustensiles : Petite casserole, mixeur ou robot, spatule en plastique

Temps de préparation : Environ 5 minutes

Temps de cuisson : Environ 15 minutes

Quantité : Environ ½ tasse

1 grosse carotte épluchée et coupée en 6 morceaux

½ tasse de beurre à température ambiante

1 pointe de muscade moulue

Sel et poivre blanc à votre convenance

1. Mettez les morceaux de carotte dans une petite casserole et recouvrez-les d'eau légèrement salée. Portez à ébullition et faites cuire jusqu'à ce que les carottes soient tendres, environ 15 à 20 minutes. Égouttez les carottes et mettez-les dans un mixeur ou un robot.
2. Ajoutez le beurre, la muscade, le sel et le poivre. Mixez le mélange en vous interrompant pour racler les parois si nécessaire. Mettez le mélange dans un bol et conservez-le au réfrigérateur pour une utilisation ultérieure. Utilisez le beurre aux carottes pour assaisonner les légumes bouillis ou cuits à la vapeur, comme les pommes de terre, les épinards ou la courge.

Crèmes dessert et coulis

Les crèmes et coulis utilisés pour les desserts sont très faciles à préparer. De plus, vous pouvez les adapter pour obtenir d'innombrables variantes.

Contrairement aux crèmes, les coulis sont à base de fruits et ne requièrent pas de cuisson. Ils se font directement dans le mixeur. Vous trouverez dans cette section quelques recettes classiques que vous pourrez bien sûr modifier.

La crème anglaise à la vanille, dont la recette est fournie ci-après, peut agrémenter la crème glacée, les fraises fraîches, le quatre-quarts, les poires pochées, les soufflés sucrés, les mousses et bien d'autres desserts encore.

Avant de faire ce type de crème, pensez à faire chauffer le lait (ou la crème) à feu moyen sans le faire bouillir pour réduire le temps de cuisson.

Faites cuire la crème à la vanille à feu doux ou moyen-doux pour que le lait ne caille pas. Ne dépassez pas le temps de cuisson. Si vous faites cailler la sauce, remuez-la vigoureusement avec un fouet ou faites-la tourner dans un mixeur pour la refroidir rapidement.

Crème anglaise à la vanille

Ustensiles : Batteur électrique, casserole en métal épais, grand bol, fouet métallique, cuillère en bois, passoire

Temps de préparation : Environ 15 minutes

Temps de cuisson : Environ 25 minutes

Quantité : 2 tasses

1 tasse de crème épaisse

1 tasse de lait

2 gousses de vanille fendues dans le sens de la longueur

4 jaunes d'œufs

¼ tasse de sucre

1. Mettez la crème, le lait et les gousses de vanille dans une casserole moyenne en métal épais. Faites chauffer le mélange à feu moyen-doux (sans le faire bouillir). Retirez du feu et laissez reposer 15 à 20 minutes.
2. Dans un grand bol, battez les jaunes d'œufs et le sucre avec un batteur électrique pendant quelques minutes. Le mélange doit être jaune pâle et épais.

3. Remettez le mélange à base de crème sur le feu et faites-le chauffer à nouveau sans le faire bouillir. Versez-en environ un quart dans le bol contenant les jaunes d'œufs et remuez le tout vigoureusement avec un fouet. Versez le mélange à base d'œufs dans la casserole contenant le reste de crème. Faites chauffer à feu doux, en remuant avec une cuillère en bois, environ 4 à 5 minutes ou jusqu'à ce que le mélange épaississe suffisamment pour attacher à une cuillère. Filtrez avec une passoire au-dessus d'un grand bol, jetez les gousses de vanille, couvrez et réfrigérez.

Parfumez la crème selon vos goûts : ajoutez du rhum, du Grand Marnier, du kirsch ou du cognac ; 3 ou 4 cuillerées à soupe devraient suffire.

La crème au caramel est idéale avec la crème glacée. Étant donné qu'elle contient du beurre, elle durcit au contact de la glace et forme une fine couche craquante.

De nombreux desserts, comme la crème glacée, la crème anglaise, ainsi que certains gâteaux et desserts au chocolat, sont parfumés à la vanille. Vous pouvez utiliser une gousse de vanille entière ou bien de l'extrait de vanille pur. Si les gousses de vanille ont une saveur plus intense, elles sont plus chères et moins pratiques. Dans la recette suivante, nous vous recommandons donc d'utiliser de l'extrait de vanille pur. N'achetez jamais de l'extrait « artificiel ». Ce sous-produit de l'industrie du papier, traité avec des éléments chimiques, a mauvais goût.

Pour fendre une gousse de vanille, faites une incision dans le sens de la longueur avec un couteau tranchant pour libérer les minuscules graines noires. Ajoutez la gousse ainsi fendue au reste des ingrédients. Vous trouverez des gousses de vanille dans le rayon pâtisserie de votre supermarché.

Crème au chocolat

Ustensiles : Tamis, casserole moyenne, couteau de chef, cuillère en bois

Temps de préparation : Environ 15 minutes

Temps de cuisson : Environ 5 minutes

Quantité : Environ 2 tasses

1 tasse de sucre glace tamisé (instructions concernant le tamisage au chapitre 2)

½ tasse de beurre

½ tasse de crème épaisse

240 g (8 carrés) de chocolat amer finement haché (voir icône Improvisez)

2 cuillerées à café d'extrait de vanille

1. Faites chauffer le sucre glace, le beurre et la crème à feu moyen-doux dans une casserole moyenne. Remuez avec une cuillère en bois jusqu'à ce que le beurre fonde et que le mélange soit homogène.
2. Retirez du feu et ajoutez le chocolat en remuant jusqu'à ce que le mélange soit onctueux. Enfin, ajoutez la vanille et remuez pour mélanger.

Vous pouvez préparer cette crème jusqu'à une semaine à l'avance et la conserver, couverte, au réfrigérateur. Faites-la réchauffer au bain-marie ou au four à micro-ondes.

Si vous ne trouvez pas de chocolat amer, utilisez du chocolat mi-amer et réduisez la proportion de sucre glace de 2 cuillerées à soupe.

Pour hacher le chocolat en petits morceaux, posez-le sur une planche à découper et utilisez un couteau tranchant. Si vous préférez, mettez-le dans un robot ou un mixeur pendant quelques secondes.

Vous n'avez aucune excuse pour utiliser de la crème chantilly chimique en bombe aérosol. La vraie chantilly est si facile à préparer et si bonne que tout le monde devrait savoir la faire. Vous pouvez en mettre sur les tartes, les gâteaux, les mousses, les fruits au sirop, sur le nez de votre chat – où vous voulez !

Crème chantilly

Ustensiles : Grand bol froid, fouet ou batteur électrique

Temps de préparation : Environ 5 minutes

Temps de cuisson : Aucun

Quantité : Environ 2 tasses

1 tasse de crème épaisse bien froide

3 cuillerées à café de sucre (ou à votre convenance)

1 cuillerée à café d'extrait de vanille (ou à votre convenance)

Mélangez la crème, le sucre et la vanille dans un grand bol que vous aurez refroidi préalablement au réfrigérateur. Battez avec un fouet ou un batteur électrique à vitesse moyenne jusqu'à ce que la crème épaississe et forme des mottes (ne battez pas trop pour éviter les grumeaux).

IMPROVISEZ

Avant de battre les ingrédients, ajoutez 1 cuillerée à soupe de cacao non sucré, 1 cuillerée à soupe de café soluble, ou 1 à 2 cuillerées à soupe de Grand-Marnier, de Kahlua, de Cointreau, de crème de menthe ou autre liqueur.

Le caramel est issu directement du sucre, qui en chauffant se liquéfie et prend une couleur ambrée. Le nappage au caramel se compose simplement de caramel coupé avec un peu d'eau, de jus de citron et de crème afin qu'il se verse facilement et soit encore plus savoureux. Vous pouvez l'utiliser pour napper les meringues, les gâteaux à la vanille et la crème glacée.

Nappage au caramel

Ustensiles : Casserole moyenne, cuillère en bois, fouet

Temps de préparation : Environ 5 minutes

Temps de cuisson : Environ 10 minutes

Quantité : 1 tasse

1 tasse de sucre

⅓ tasse d'eau

½ cuillerée à café de jus de citron frais

⅔ tasse de crème épaisse

1. Faites chauffer le sucre, l'eau et le jus de citron à feu moyen-doux dans une casserole moyenne. Remuez avec une cuillère en bois, environ 3 minutes, jusqu'à ce que le sucre se dissolve.
2. Augmentez la chaleur et faites chauffer le mélange à feu moyen-vif jusqu'à ce qu'il ait une couleur ambrée, environ 3 à 4 minutes (le mélange arrive à ébullition assez rapidement).
3. Si vous voulez que le caramel ne soit pas trop foncé, retirez-le du feu dès qu'il est légèrement doré car il continuera à cuire et à foncer en dehors du feu. Si vous préférez qu'il ait une couleur et une saveur plus soutenues, retirez-le du feu lorsqu'il tire sur le brun. Une fois la casserole hors du feu, ajoutez progressivement la crème épaisse, en remuant avec un fouet métallique (attention : la crème risque de gicler).
4. Une fois la crème entièrement incorporée, faites chauffer le mélange à feu moyen-doux et remuez 2 à 3 minutes jusqu'à ce qu'il acquière une texture veloutense. Servez chaud. Pour réchauffer après refroidissement, mettez le nappage au four à micro-ondes ou faites-le chauffer à feu moyen sur la cuisinière.

Les coulis à base de fruits frais de saison sont très faciles à faire. La recette suivante s'applique également aux myrtilles et aux framboises (si vous faites un coulis de framboises, filtrez-le dans une passoire fine avant de le servir pour retirer les graines). Les coulis agrémentent à merveille la crème glacée, les fruits frais, les crèmes renversées et les gâteaux.

Coulis de fraises

Ustensiles : Couteau à éplucher, robot ou mixeur

Temps de préparation : Environ 10 minutes

Temps de cuisson : Aucun

Quantité : Environ 2 tasses

1 kg de fraises fraîches équeutées et lavées

2 cuillerées à soupe de sucre glace (ou à votre convenance, selon la maturité des fruits)

1 cuillerée à soupe de jus de citron frais

1. Mettez tous les ingrédients dans un mixeur ou un robot et réduisez-les en purée jusqu'à ce que le mélange soit homogène. Goûtez et ajoutez du sucre si vous le souhaitez.
2. Servez ce coulis sur une crème glacée, un quatre-quarts, une crème renversée ou un grand bol de fruits rouges variés.

Vous pouvez parfumer ce coulis avec du rhum, du kirsch, de la vodka ou une autre liqueur. Il peut également se faire avec des fraises congelées.

Troisième partie

Élargissez votre répertoire

Dans cette partie...

En avant la musique ! Prenez votre baguette de chef cuisinier. Vous avez commencé doucement avec les grands classiques. Maintenant, vous allez changer de répertoire tout en respectant l'harmonie des saveurs.

Cette partie traite de plusieurs catégories d'aliments, des salades aux desserts en passant par les soupes. Plusieurs recettes ainsi que quelques idées d'improvisation sont fournies pour chaque catégorie.

N'hésitez pas à inviter des amis pour tout un repas lorsque vous avez acquis assez de pratique. Demandez-leur ce qu'ils pensent de votre cuisine, à condition qu'ils commencent toujours par des compliments, et gardez l'esprit ouvert.

Chapitre 8

Les œufs

Dans ce chapitre :

- Choisir des œufs frais
- Faire cuire les œufs « à la dure »
- Brouiller les œufs sans embrouille
- Faire des omelettes, des frittatas et des soufflés
- Toujours récupérer les blancs

Les recettes de ce chapitre

- Salade d'œufs
- Omelette aux herbes
- Frittata aux poivrons et aux pommes de terre
- Quiche lorraine classique
- Soufflé au gruyère

« Rien ne rend le paysage plus beau que du jambon et des œufs. »

— Mark Twain

L'œuf est l'élément incontournable de nombreuses recettes. Il peut tout faire. Quel autre aliment comporte à la fois un ingrédient principal (le jaune) et un agent allégeant (le blanc) dans le même petit emballage si pratique ?

De plus, la cuisson des œufs englobe la plupart des techniques décrites dans ce livre. Les œufs constituent un bon début si vous voulez simplement apprendre à vous faire un petit déjeuner complet. Mais bientôt, vous sortirez du four un soufflé moelleux et bien doré, dont l'odeur vous fera défaillir.

Choisir des œufs frais

La fraîcheur est un paramètre très important. Lorsqu'un œuf vieillit, le blanc se désagrège et la membrane qui recouvre le jaune se détériore. Par conséquent, si vous faites cuire un œuf qui n'est plus très frais, le jaune risque de s'étaler.

Reportez-vous à la date limite de consommation inscrite sur le carton et à la *date de ponte*, qui indique le jour où les œufs ont été pondus. En règle générale, ceux-ci doivent être consommés dans le mois qui suit la ponte.

Catégorie, calibre et couleur des œufs

Au supermarché, vous trouverez généralement deux catégories d'œufs : AA et A. La différence entre les deux est difficile à appréhender pour les non spécialistes. Vous pouvez acheter des œufs de l'une ou l'autre de ces catégories.

Il existe différents calibres d'œufs, basés sur le poids minimal par douzaine : calibre Jumbo (850 g), extra gros (765 g), gros (680 g) et moyen (595 g). La plupart des recettes (et toutes celles de ce livre) sont à base d'œufs de gros calibre.

La couleur de la coquille n'a aucun rapport avec la qualité.

Caillots sanguins

Contrairement aux idées reçues, les caillots sanguins présents dans un œuf cru ne signifient pas que l'œuf a été fécondé. Ils résultent généralement de la rupture d'un vaisseau sanguin à la surface du jaune. Un caillot ne nuit pas à la saveur de l'œuf, qui peut être consommé sans danger. Vous pouvez le retirer avec la pointe d'un couteau.

Brève histoire de la consommation des œufs

La consommation d'œufs remonte au moins à l'époque des Égyptiens, qui les utilisaient notamment pour faire du pain. L'Europe occidentale n'en consomma à grande échelle qu'à partir du XIXe siècle.

Au milieu du XXe siècle, l'élevage de poulet s'est considérablement modernisé. Les poulets passaient leur vie enfermés dans des cages sombres mais la production d'œufs a explosé. Aujourd'hui, une poule pondeuse produit en moyenne 250 à 300 œufs par an.

La chasse au cholestérol a légèrement réduit la consommation d'œufs mais celle-ci n'est en aucun cas menacée.

Qui veut gagner des millions avec un œuf ?

Si l'un de vos invités joue aux devinettes avec vous, souvenez-vous de la réponse à la question suivante :

« Pour 500 € : après avoir fait tourner un œuf sur une table, que pouvez-vous en déduire ? »

Tic… tic… tic…

« Guillaume, quelle est votre réponse ? »

« Euh, l'action de la pesanteur ? »

« C'est votre dernière réponse ? Désolé, Guillaume, on peut en déduire si l'œuf est cuit ou non : un œuf dur, dont le centre est solide, tourne rapidement et facilement contrairement à un œuf cru, dont les composants liquides en mouvement ralentissent la rotation. »

Œufs crus

ATTENTION !

La consommation d'œufs crus ou peu cuits n'est pas recommandée, bien que ceux-ci fassent partie de nombreuses recettes. La présence de salmonelle, type de bactéries pouvant provoquer une intoxication alimentaire, dans un petit nombre d'œufs – environ 0,005 %, soit 1 œuf sur 20 000 – a été constatée. Bien que les risques de contracter la salmonellose soient faibles, il est plus sage de consommer des œufs crus uniquement dans les recettes où ils sont indispensables, comme la mayonnaise ou la salade César. Vous pouvez remplacer les œufs crus par de l'œuf liquide pasteurisé, qui ressemble beaucoup aux œufs frais.

Vous n'avez aucun moyen de savoir si un œuf est infecté, mais les bactéries sont détruites lorsque l'œuf atteint une température de 60°C. Ne mangez jamais un œuf dont la coquille est fêlée ou cassée, car il est exposé à d'autres types de bactéries. Jetez-le sans hésiter.

Œufs durs

SAVOIR-FAIRE

Les œufs ne doivent pas être plongés dans l'*eau bouillante*, sinon ils se heurtent aux parois de la casserole et se fêlent. Dans ce cas, les blancs sont toujours trop durs. Mieux vaut mettre les œufs dans l'eau froide, porter l'eau à ébullition et retirer immédiatement la casserole du feu. Procédez de la manière suivante :

1. **Mettez les œufs dans une casserole suffisamment grande pour les faire cuire en une seule couche. Recouvrez-les largement d'eau froide.**

2. **Couvrez la casserole et portez l'eau à ébullition, à feu vif, le plus rapidement possible. Éteignez le feu.**

   Si vous avez une cuisinière électrique, retirez la casserole de la plaque.

3. **Laissez les œufs reposer dans la casserole, toujours couverte, pendant 15 minutes pour un gros calibre, 18 minutes pour un calibre Jumbo et 12 minutes pour un calibre moyen.**

4. **Égouttez et faites couler de l'eau froide sur les œufs jusqu'à ce qu'ils refroidissent complètement.**

Vous pouvez couper les œufs durs dans une salade verte ou une salade de pommes de terre, les écraser pour en faire une salade, ou bien faire des œufs à la diable.

Écaler un œuf dur

SAVOIR-FAIRE

Plus un œuf est frais, plus il est difficile à écaler. Utilisez des œufs qui sont au réfrigérateur depuis une semaine ou dix jours. Écalez-les dès qu'ils ont refroidi en procédant de la manière suivante :

1. **Tapez chaque œuf contre le plan de travail pour craqueler la coquille.**

2. **Faites tourner l'œuf entre vos mains pour assouplir la coquille.**

3. **Retirez la coquille en commençant par l'extrémité la plus grosse.**

   Faire couler de l'eau froide sur l'œuf pendant que vous l'écalez facilite l'opération.

Salade d'œufs : recette facile

La salade d'œufs est un plat très pratique pour les pique-niques et autres repas tirés du sac. Lorsque vous connaîtrez la recette, vous pourrez lui inventer de nombreuses variantes.

Regardez ce que vous avez dans le réfrigérateur et assaisonnez cette salade à votre goût. Vous pouvez choisir toutes sortes d'ingrédients, notamment de la moutarde, de l'oignon émincé, du céleri coupé en dés, des achards, du Tabasco et des herbes aromatiques fraîches ou lyophilisées, comme le persil, l'aneth ou l'estragon.

Salade d'œufs

Ustensiles : Saladier, fourchette

Temps de préparation : Environ 5 minutes

Temps de cuisson : Environ 15 minutes

Quantité : 2 personnes

4 œufs durs écalés

2 cuillerées à soupe de mayonnaise (ou plus)

Sel et poivre noir à votre convenance

Écrasez les œufs durs avec une fourchette dans un saladier. Ajoutez la mayonnaise et assaisonnez à votre convenance avec du sel et du poivre. Couvrez et réfrigérez jusqu'au moment de servir.

Faire des omelettes en un clin d'œil

Il existe toutes sortes d'omelettes. Une omelette nature, rapide et facile à faire, se cuit à la poêle. En revanche, la cuisson d'une omelette soufflée, dont les blancs sont battus en neige, se termine au four.

Vous pouvez servir l'omelette suivante au petit déjeuner, au brunch, au déjeuner ou au dîner. Plusieurs herbes aromatiques (cresson, persil et estragon) la parfument.

Si vous la faites cuire correctement, le pourtour sera bien cuit et le centre, légèrement baveux. Vous pouvez utiliser d'autres herbes aromatiques et ajouter beaucoup d'autres ingrédients : du fromage, des légumes cuits, du jambon, des piments, etc. (voir encadré « Dix sortes d'omelette »).

Omelette aux herbes

Ustensiles : Couteau de chef, grand bol, poêle de 25 cm (antiadhésive, de préférence), spatule en bois

Temps de préparation : Environ 10 minutes

Temps de cuisson : Environ 1 minute

Quantité : 1 personne

3 œufs

Sel et poivre noir à votre convenance

1 cuillerée à café d'estragon haché ou ¼ cuillerée à café d'estragon lyophilisé

1 cuillerée à soupe de ciboulette hachée

2 cuillerées à soupe de beurre

2 cuillerées à café de persil haché ou ½ cuillerée à café de persil lyophilisé

1. Mélangez les herbes aromatiques dans un grand bol. Retirez et mettez de côté 1 cuillerée à café du mélange pour la garniture (si vous utilisez des herbes lyophilisées, hachez un peu plus de ciboulette pour la garniture).
2. Ajoutez les œufs et battez-les avec une fourchette, juste assez pour que les blancs et les jaunes se mélangent.
3. Faites chauffer une poêle de 25 cm à feu moyen-vif, ajoutez le beurre et faites-le fondre en tournant la poêle pour la beurrer entièrement. Attendez que le beurre soit chaud, mais pas brun, avant d'ajouter les œufs. Versez le mélange à base d'œufs. Les bords doivent commencer à prendre immédiatement.
4. Avec une spatule en bois, tirez légèrement les bords cuits vers le milieu et inclinez la poêle pour que le mélange encore liquide coule sur le fond ainsi exposé. Lorsque le mélange commence à se solidifier, retirez la poêle du feu et laissez l'omelette reposer pendant quelques secondes. Le milieu doit être encore baveux car l'omelette continue à cuire dans la poêle chaude (si vous souhaitez ajouter des ingrédients, faites-le à ce stade).
5. Inclinez la poêle la queue en l'air et, avec la spatule, pliez environ un tiers de l'omelette vers le centre.
6. D'une main, tenez fermement la queue de la poêle en laissant l'extrémité apparente. De l'autre, donnez deux ou trois coups sur l'extrémité de la queue, poing fermé, pour soulever l'autre côté de l'omelette, qui se repliera sur lui-même par-dessus le reste. Appuyez sur la jointure avec la spatule et déposez l'omelette sur une assiette chaude, la jointure au-dessous. Ajoutez les herbes aromatiques que vous avez mises de côté (instructions illustrées à la figure 8-1).

Pour un déjeuner ou un dîner léger, servez cette omelette avec une salade verte et des pommes de terre sautées en cubes (voir chapitre 4) ou bien une salade de pommes de terre (voir chapitre 10) et un vin frais.

Vous pouvez aussi plier une omelette en « demi-lune ». Faites glisser la moitié de l'omelette sur une assiette et retournez la poêle pour rabattre l'autre moitié au-dessus et obtenir ainsi une forme en demi-lune.

TRUC

Il est plus facile de faire une omelette dans une poêle antiadhésive. Cela dit, sachez que le revêtement antiadhésif peut provoquer la formation d'une petite « peau » sur l'omelette, ce qui n'est pas très gênant.

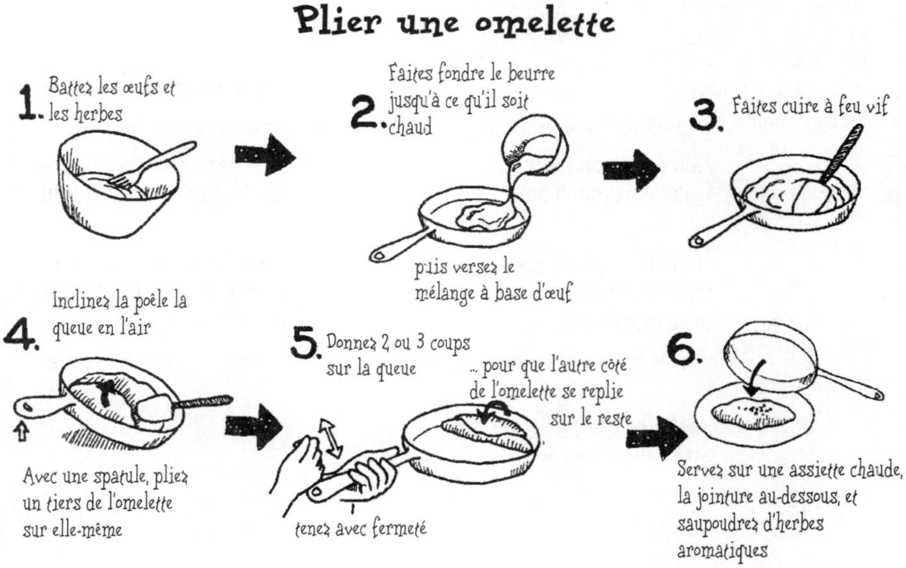

Figure 8-1 : Plier une omelette n'est pas aussi difficile qu'on le croit.

QUE FAIRE ?

Si le beurre noircit avant que vous ayez ajouté le mélange à base d'œufs, essuyez soigneusement la poêle avec du papier absorbant et recommencez. Faites chauffer le beurre sans lui laisser le temps de changer de couleur. Si vous ne parvenez pas à plier l'omelette parce que celle-ci attache à la poêle, raclez le fond à l'aide d'une spatule, faites glisser l'omelette entièrement sur une assiette et, ensuite seulement, pliez-la en deux.

Frittatas : préparation express

La frittata, spécialité italienne, peut vous tirer d'affaire merveilleusement si vous manquez de temps pour préparer un repas. Si l'omelette est faite d'œufs et d'herbes aromatiques puis garnie d'ingrédients divers avant d'être pliée, la frittata intègre les ingrédients dès le départ. Elle ressemble donc à une sorte de gâteau, légèrement plus épais et plus ferme qu'une omelette. De plus, contrairement à l'omelette, qui est entièrement cuite à la poêle. La frittata, dans la plupart des recettes, est passée sous le gril à la fin de la cuisson ou entièrement cuite au four.

IMPROVISEZ

Dix sortes d'omelette

À partir de la recette classique de l'omelette, vous pouvez créer toutes sortes de variantes. Oubliez les herbes aromatiques et remplacez-les par ½ tasse de l'un des ingrédients énumérés ci-après. Vous pouvez même combiner ces ingrédients. Laissez libre cours à votre imagination pour parfumer votre omelette selon vos goûts. Pensez à préparer la garniture avant de faire cuire les œufs.

Le fromage râpé, comme le gruyère, et le fromage à pâte molle, comme la mozzarella, le brie ou le fromage de chèvre, doivent être ajoutés aux œufs crus.

Les garnitures suivantes sont étalées sur l'omelette quelques minutes avant que celle-ci ne soit pliée.

- **Espagnole** : mélange de tomates, poivrons verts, oignons et sauce piquante.
- **Végétarienne** : asperges, cœurs d'artichauts, champignons, pommes de terre ou ignames, épinards, brocolis, ou chou-fleur (légumes cuits et hachés) ; avocat ; aubergine grillée ; et piments rouges.
- **Méditerranéenne** : feta, tomates, épinards et oignons.
- **Fruits de mer** : saumon ou truite fumée, crabe, ou crevettes cuites.
- **Viande** : bacon ou saucisse, jambon cuit, ou salami.
- **Légumes verts** : cresson, aragula ou épinards, avec une cuillère de crème aigre.
- **Champignons** : cèpes, girolles, pleurotes ou champignons portobello sautés.

N'oubliez pas que les herbes lyophilisées sont plus concentrées que les herbes fraîches. Imaginons que vous souhaitiez ajouter du thym, par exemple. Si vous n'avez que du thym lyophilisé, vous devez réduire les proportions de moitié, voire des deux tiers. Goûtez toujours pour éviter les excès.

La frittata, accompagnée d'une salade, constitue un délicieux plat principal.

Pour faire la recette suivante, utilisez une sauteuse antiadhésive allant au four.

Frittata aux poivrons et aux pommes de terre

Ustensiles : Couteau de chef, saladier, sauteuse antiadhésive avec couvercle de 30 cm allant au four, spatule en plastique

Temps de préparation : Environ 20 minutes

Temps de cuisson : Environ 20 minutes

Quantité : 4 personnes

8 œufs

2 cuillerées à soupe de basilic ou de persil finement haché (ou 2 cuillerées à café lyophilisé)

Sel et poivre noir à votre convenance

125 g de gruyère coupé en dés

1 poivron rouge moyen évidé, épépiné et coupé en carrés de 1 cm

1 petit oignon haché

2 petites pommes de terre rouges finement tranchées, environ ½ livre

1 cuillerée à soupe d'huile d'olive

2 cuillerées à soupe d'huile végétale

1 poivron vert moyen évidé, épépiné et coupé en carrés de 1 cm

1. Battez les œufs dans un saladier avec le basilic ou le persil, le sel et le poivre. Ajoutez le gruyère et mettez de côté.
2. Faites chauffer l'huile végétale à feu moyen dans une sauteuse antiadhésive de 30 cm. Ajoutez les pommes de terre en une seule couche et faites-les cuire environ 4 minutes en les retournant et en secouant la sauteuse de temps à autre. Ajoutez les poivrons et l'oignon, et poursuivez la cuisson 5 à 7 minutes ou jusqu'à ce que les légumes soient tendres, en remuant de temps à autre.
3. Ajoutez l'huile d'olive et le mélange à base d'œufs, et faites cuire environ 1 minute à feu moyen-vif en faisant passer une spatule en plastique autour des bords pour qu'ils n'attachent pas. Couvrez et poursuivez la cuisson à feu moyen pendant 4 à 5 minutes ou jusqu'à ce que le fond prenne et dore. La surface doit rester baveuse.
4. Pendant que la frittata cuit, préchauffez le gril.
5. Retirez le couvercle de la sauteuse et placez celle-ci sous le gril, sur la grille la plus haute du four. Faites griller (porte du four ouverte) 30 secondes à 1 minute ou jusqu'à ce que la surface se solidifie et dore.
6. Pour servir, faites passer la spatule en plastique autour de la frittata. Renversez une grande assiette sur la sauteuse et retournez la sauteuse et l'assiette rapidement pour que la frittata tombe sur l'assiette. La frittata doit être bien dorée. Servez immédiatement ou laissez tiédir.

***Note** : Pour évider et épépiner un poivron, commencez par découper un cercle autour de la tige avec un couteau à éplucher, puis faites tourner la tige et retirez-la avec le cœur, en un seul morceau. Coupez le poivron en deux dans le sens de la longueur et retirez les dernières fibres blanches et les graines (instructions illustrées à la figure 4-2).*

Servez cette frittata au brunch ou au déjeuner avec une salade de cresson, endives et oranges ou une salade de pois mangetout aux poivrons rôtis (voir chapitre 10).

La quiche semble avoir été abandonnée au domaine de la vente à emporter. Pourtant, lorsqu'elle est faite maison et sort tout juste du four, c'est un vrai régal. Pour la recette suivante, il vous suffit d'acheter une pâte toute faite au supermarché. Si vous avez des restes, mangez-les le lendemain, froids ou réchauffés au four à 160°C pendant environ 15 minutes.

Quiche lorraine classique

Ustensiles : Couteau de chef, sauteuse, fouet, grand bol, plaque de four

Temps de préparation : Environ 20 minutes

Temps de cuisson : Environ 50 minutes

Quantité : 4 personnes

3 tranches de bacon

1 petit oignon coupé en dés

1 pâte à tarte surgelée

½ tasse de gruyère coupé en cubes

3 œufs légèrement battus

2 cuillerées à soupe de parmesan fraîchement râpé (facultatif)

½ tasse de crème épaisse

½ tasse de lait

2 cuillerées à soupe de persil émincé

¼ cuillerée à café de muscade moulue

¼ cuillerée à café de sel (ou à votre convenance)

1 pincée de poivre blanc (ou à votre convenance)

1. Mettez la grille du four le plus bas possible et préchauffez le four à 190°C.
2. Faites chauffer une sauteuse à feu moyen et mettez-y les tranches de bacon. Faites cuire 3 à 4 minutes ou jusqu'à ce que le bacon soit croustillant en le retournant souvent. Retirez le bacon et épongez-le avec du papier absorbant. Videz toute la graisse de la sauteuse sauf 1 cuillerée à soupe (versez la graisse dans une boîte en métal – pas dans l'évier, où elle risque de boucher les canalisations). Dans la même sauteuse, faites revenir l'oignon à feu moyen jusqu'à ce qu'il réduise, en remuant de temps à autre, pendant 2 à 3 minutes.
3. Réduisez le bacon en morceaux et éparpillez ceux-ci sur la pâte à tarte avec l'oignon et le fromage.
4. Avec un fouet, mélangez les œufs, la crème, le lait, le persil, la muscade, le sel et le poivre dans un grand bol. Versez le mélange sur le bacon, l'oignon et le fromage. Mettez la quiche sur une plaque et faites-la cuire au four 45 à 50 minutes ou jusqu'à ce qu'elle soit ferme.

IMPROVISEZ

Remplacez le bacon par ⅓ à ½ tasse de l'un des ingrédients suivants : courgettes cuites en cubes, gombo, épinards hachés, poivrons rôtis, champignons sautés, poireaux sautés hachés, tomates sautées en cubes avec de l'ail et des oignons, cœurs d'artichauts sautés en cubes, jambon cuit en dés ou asperges blanchies.

La technique du soufflé

Le soufflé a toujours été un plat impressionnant. Les personnes qui n'ont pas l'habitude de cuisiner se disent que, si elles le regardent de travers, il s'effondrera comme un château de cartes et provoquera l'hilarité générale. En réalité, il n'est pas plus difficile de faire un soufflé que de pocher un œuf.

Lorsque vous aurez acquis la technique de base du soufflé – sucré ou salé – vous n'aurez pas besoin de toutes les instructions données ci-après. Il vous suffira de choisir l'ingrédient principal (le fromage, dans la recette suivante) et de le mélanger aux jaunes d'œufs, puis aux blancs d'œufs, qui font gonfler le soufflé. Les soufflés salés ont généralement pour base un roux (farine, beurre et lait), qui les rend plus robustes.

En général, les soufflés se cuisent dans un moule à soufflé rond à bords droits. Les bords droits permettent au mélange de monter au-dessus du moule pendant la cuisson. Vous pouvez remplacer le moule classique par n'importe quel récipient à bords droits, à condition qu'il soit de taille équivalente. Si votre plat est trop grand, le soufflé ne gonflera pas au-dessus du bord et, s'il est trop petit, le mélange débordera.

Pour qu'un soufflé soit réussi, la chaleur du four doit être constante et ininterrompue. Évitez d'ouvrir la porte du four pour évaluer la cuisson.

Œufs : séparer le blanc du jaune

Pour faire un soufflé, vous devez séparer le blanc du jaune de chaque œuf. Ne vous inquiétez pas, cette opération n'est pas aussi difficile qu'elle en a l'air. Pour éviter que le jaune se désagrège (vous ne pourrez pas monter les blancs en neige si vous faites tomber du jaune dedans), procédez de la manière suivante (instructions illustrées à la figure 8-2) :

1. **Tenez l'œuf d'une main au-dessus de deux bols.**
2. **Tapez l'œuf contre l'un des bols – juste assez pour casser la coquille et la membrane sans percer le jaune ni détruire complètement la coquille.**

   Cette étape nécessite un peu de pratique. Recommencez si nécessaire.
3. **Ouvrez la coquille avec vos deux pouces et laissez le blanc tomber dans l'un des bols.**
4. **Faites passer précautionneusement le jaune d'une moitié de coquille à l'autre, en laissant tomber un peu plus de blanc à chaque fois.**
5. **Lorsque tout le blanc est tombé, posez le jaune dans l'autre bol (s'il se désagrège, cela n'a pas d'importance) ; couvrez et réfrigérez en cas d'utilisation ultérieure.**

Figure 8-2 : Lorsque vous utilisez des œufs dans une recette, vous devez parfois séparer le blanc du jaune. Procédez de la manière suivante pour ne pas faire de mélange.

Battre les blancs en neige

SAVOIR-FAIRE

Ce sont les blancs en neige qui font gonfler le soufflé. Avant toute chose, vérifiez que le récipient et le batteur sont propres. La moindre tache d'huile ou de jaune d'œuf peut empêcher les blancs de monter en neige. Battez lentement jusqu'à ce que les blancs moussent, puis augmentez la vitesse pour incorporer le plus d'air possible jusqu'à ce qu'ils forment des mottes brillantes et régulières (si vous utilisez un fouet, le même principe s'applique). Si vous faites un soufflé sucré, ajoutez le sucre dès que les blancs commencent à prendre et continuez à battre le mélange.

QUE FAIRE ?

Si un jaune se rompt et si vous en faites tomber une partie dans les blancs avant de les battre en neige, retirez le jaune avec un morceau de papier absorbant. Évitez de battre les blancs dans un récipient en plastique. La graisse adhère au plastique, ce qui risque de diminuer le volume des blancs en neige.

TRUC

Si vous avez trop battu les blancs, si bien qu'ils ont perdu leur brillance et semblent secs et granuleux, ajoutez un autre blanc d'œuf et battez brièvement pour reconstituer la substance.

Incorporer les blancs dans le mélange

SAVOIR-FAIRE

Pour incorporer les blancs, commencez par en mettre environ un quart dans le mélange qui constitue la base du soufflé (cette étape vise à alléger la pâte). Ensuite, posez le reste des blancs à la surface de la pâte. Avec une grande spatule en plastique, coupez le mélange en deux et, en allant bien jusqu'au fond, retournez une partie du mélange pour le faire passer au-dessus des blancs. Faites tourner le bol d'un quart de tour et répétez ce mouvement 10 à 15 fois (selon la quantité de pâte) jusqu'à ce que les blancs et la pâte soient bien mélangés. Ne mélangez pas trop longtemps, sinon les blancs en neige vont retomber (instructions illustrées à la figure 8-3).

Figure 8-3 : Pour réussir un soufflé, il faut incorporer les blancs en neige sans les casser.

TRUC

L'efficacité du cuivre

Nous ne détaillerons pas ici les raisons scientifiques de la supériorité des récipients en cuivre pour battre les blancs en neige – faites-nous confiance. Tout le monde le sait depuis la seconde moitié du XVIIIe siècle. Souvenez-vous simplement que, si vous faites une meringue ou tout autre plat à base de blancs en neige, l'utilisation d'un récipient en cuivre et d'un fouet ballon pour battre les blancs donnera à ceux-ci une texture plus mousseuse et plus homogène.

Si vous n'avez pas de récipient en cuivre, ajoutez une pincée de crème de tartre aux blancs pour les stabiliser.

Soufflé au fromage classique

Voici une recette classique de soufflé au fromage. Il s'agit d'un soufflé salé, par opposition aux soufflés sucrés.

Soufflé au gruyère

Ustensiles : Moule à soufflé de 1,5 litre, couteau de chef, saladiers, casserole moyenne à fond épais, spatule en plastique, batteur électrique ou fouet métallique, râpe, plaque de four

Temps de préparation : Environ 45 minutes

Temps de cuisson : Environ 30 minutes

Quantité : 4 personnes

4 cuillerées à soupe de beurre

6 œufs

2 cuillerées à soupe de maïzena

3 cuillerées à soupe d'eau

2 tasses de lait

3 cuillerées à soupe de farine

1 pincée de muscade moulue

1 pincée de poivre de Cayenne (facultatif)

Sel et poivre blanc ou noir à votre convenance

120 g de gruyère coupé en dés

2 cuillerées à soupe de gruyère râpé

1. Préchauffez le four à 200°C.
2. Mettez un moule à soufflé de 1,5 litre dans le réfrigérateur. Lorsqu'il est froid, beurrez le fond et surtout les parois avec 1 cuillerée à soupe de beurre. Remettez-le au réfrigérateur.

3. Cassez les œufs en séparant les blancs des jaunes. Mettez les blancs dans un récipient plus grand (instructions illustrées à la figure 8-2).
4. Mélangez la maïzena avec l'eau et mettez de côté. Faites chauffer le lait à la limite de l'ébullition puis retirez-le du feu.
5. Faites fondre le reste de beurre à feu moyen dans une casserole moyenne à fond épais. Ajoutez la farine en remuant constamment avec un fouet métallique. Mélangez bien, pendant environ 1 minute, mais ne faites pas dorer la farine. Ajoutez progressivement le lait chaud, en remuant rapidement avec un fouet métallique jusqu'à ce que le mélange soit homogène et crémeux, environ 2 à 3 minutes. Ajoutez la muscade, le poivre de Cayenne (facultatif), le sel et le poivre. Augmentez la chaleur, portez à ébullition et faites cuire 30 secondes, en remuant constamment.
6. Versez le mélange maïzena-eau dans la sauce bouillonnante. Réduisez la chaleur et faites cuire à feu moyen, environ 2 minutes, tout en remuant. Ajoutez les jaunes d'œufs tout en remuant. Faites cuire environ 1 minute, en remuant (remuez constamment pour éviter de faire brûler le mélange à base de jaunes d'œufs).
7. Versez le mélange dans un grand récipient en raclant le fond de la casserole. Ajoutez le gruyère en dés, mélangez bien avec un fouet métallique et mettez de côté.
8. Battez les blancs en neige dans un grand récipient avec un fouet ballon ou un batteur électrique jusqu'à ce qu'ils soient fermes mais pas secs (pour en savoir plus, reportez-vous à la section « Battre les blancs en neige », plus haut dans ce chapitre). Ajoutez environ un quart des blancs à la base du soufflé et mélangez bien. Ajoutez le reste des blancs et incorporez-le rapidement mais en douceur avec une spatule en plastique (instructions illustrées à la figure 8-3).
9. Transférez le mélange en douceur dans le moule à soufflé beurré. Le mélange doit arriver à environ 5 mm du bord. Avec le pouce, faites une petite tranchée tout autour du mélange pour que le soufflé gonfle de façon homogène. Saupoudrez la surface de gruyère râpé.
10. Mettez le moule sur une plaque du four, en position basse, et faites cuire 30 à 35 minutes ou jusqu'à ce que la croûte soit dorée et la surface, ferme mais vacillante au milieu. Servez immédiatement en utilisant une grande cuillère pour récupérer la partie molle qui se trouve à l'intérieur de la croûte dorée.

Vous pouvez servir ce soufflé au dîner avec des carottes au beurre et au cumin (voir chapitre 15) ou un velouté de carottes à l'aneth (voir chapitre 9).

IMPROVISEZ

Variantes :

- **Soufflé au saumon** : Remplacez le gruyère en dés par 125 g de saumon fumé coupé en petits morceaux.
- **Soufflé au jambon** : Remplacez le gruyère en dés par 125 g de jambon cuit émincé.

TRUC

Quelques conseils pour faire le soufflé à la perfection :

- Un soufflé réussi doit être ferme et croustillant à l'extérieur, et moelleux et légèrement crémeux à l'intérieur. Si vous souhaitez que l'intérieur soit plus sec et plus dense, dépassez le temps de cuisson recommandé de quelques minutes.
- Si vous ouvrez la porte du four et laissez entrer de l'air froid, le soufflé risque de dégonfler. Si vous tenez à évaluer la cuisson, faites-le uniquement au cours des dix dernières minutes.
- Faites en sorte que vos invités soient à table lorsque vous arrivez avec le soufflé, sinon celui-ci se dégonflera une ou deux minutes après son retrait du four.

Chapitre 9

Soupes

Dans ce chapitre :

- Vider le bac à légumes et improviser une soupe
- Faire une soupe à base de bouillon
- Rattraper une soupe
- Garnir une soupe

Les recettes de ce chapitre

- Soupe de légumes à la dinde (ou au poulet)
- Velouté de poireaux
- Velouté de carottes à l'aneth
- Soupe d'épinards
- Soupe à l'agneau et à l'orge
- Soupe aux haricots noirs
- Sauce portoricaine
- Soupe de poisson
- Gazpacho aux tomates fraîches
- Croûtons à l'ail

N'en déplaise aux grands magiciens gastronomiques que sont les producteurs de soupe en brique, un enfant de sept ans muni d'un livre de recettes et d'un escabeau peut faire une soupe de meilleure qualité que la leur. D'abord, les soupes en brique sont toujours trop cuites – cet excès de cuisson est dû au processus de stérilisation. De plus, les assaisonnements sont adoucis (à l'exception du sel, dans la plupart des cas) afin de convenir à pratiquement tous les consommateurs.

Les soupes faites maison présentent quant à elles de nombreux avantages. Elles peuvent être à la fois nourrissantes et savoureuses. Une soupe peut en effet constituer tout un repas ou un hors-d'œuvre consistant. En hiver, elle tient bien à l'estomac. En été, elle est rafraîchissante si elle est servie froide. Est-il besoin d'en dire plus pour vous convaincre ?

Il existe plusieurs catégories de soupes : le potage, comme le consommé, certaines soupes de légumes et les bouillons ; le velouté, comme la vichyssoise (soupe onctueuse de poireaux et de pommes de terre), le velouté de tomates, le velouté de champignons, les soupes au fromage, etc. Entre les deux, se trouvent la soupe à l'oignon et certaines soupes de légumes. D'autres soupes comportent une base de purée, comme le gazpacho.

À RETENIR

Les différentes catégories de soupes

Bisque : Soupe épaisse et riche faite à partir de crustacés réduits en purée, comme le crabe ou le homard.

Bouillon : Base de nombreuses soupes (recettes de bouillons classiques au chapitre 3). Dans un bouillon brun, les os de viande sont dorés au four avant d'être plongés dans un liquide frémissant avec des légumes et des herbes aromatiques. La technique qui consiste à dorer au préalable donne au bouillon une couleur et une saveur de caramel.

Consommé : Bouillon débarrassé de sa graisse et de ses impuretés, dans lequel on a fait mijoter des blancs d'œufs et parfois des morceaux de légumes et de viande. Les blancs d'œufs cuisent et se solidifient en emprisonnant les impuretés. Au bout d'au moins une heure de cuisson, le bouillon est passé à l'étamine et l'on obtient un consommé pur et très clair.

Court-bouillon : Bouillon, généralement passé, qui ne mijote pas plus de 30 minutes mais suffisamment longtemps pour révéler les saveurs des légumes qu'il contient. Le court-bouillon est utilisé pour pocher du poisson, des fruits de mer et des légumes.

Fumet : Bouillon passé, fait à partir de poisson, d'eau, de légumes et d'herbes aromatiques. Cuit pendant environ 30 minutes, il est utilisé comme base dans les soupes et les sauces.

Potage : Liquide transparent et parfumé fait à partir d'eau frémissante et de légumes, d'herbes aromatiques, de viande, de volaille ou de poisson. Tous les éléments solides sont passés. Le potage est souvent servi en hors-d'œuvre avec une garniture flottant à la surface.

Potage velouté : Soupe dont les ingrédients solides ont été réduits en purée dans un mixeur, un robot, ou un presse-purée. La purée peut être grossière, comme dans le gazpacho (recette plus loin dans ce chapitre), ou fine et onctueuse, comme dans un velouté de poireaux et de pommes de terre. On ajoute parfois au mélange un bouillon ou de la crème pour le parfumer et lui donner une plus belle texture.

Soupe au gombo : Soupe faite à partir de fruits de mer, de volaille, de légumes et d'un roux brun longuement cuit, composé de farine, d'huile, de gombo et de poudre filé (assaisonnement à base de feuilles de sassafras émiettées), qui épaissit et parfume la soupe lors de la cuisson.

Soupe de poisson : Soupe épaisse à base de poisson, généralement consommée avec des croûtons et éventuellement de la rouille.

Minestrone : Soupe italienne au riz ou aux pâtes et aux légumes.

Garbure : Soupe épaisse faite de pain de seigle, de chou, de lard et de confit d'oie.

Vider le bac à légumes et faire une soupe

Vous avez peut-être de quoi faire une soupe délicieuse chez vous sans même vous en rendre compte. Commencez par explorer votre bac à légumes. Avez-vous des carottes et du céleri ? Jetez-les dans une cocotte avec de l'eau, une feuille de laurier et quelques grains de poivre noir. Si vous avez du persil, ajoutez-en. Un oignon ? Encore mieux. Vous venez de faire un bouillon de légumes. Plus vous le faites cuire et réduire, plus il sera savoureux.

À ce bouillon, vous pouvez ajouter des morceaux de poulet, de dinde ou de bœuf cuit ; des pâtes ; du riz ; ou tout ce que vous avez sous la main. Comme avec les sauces, dès lors que vous avez une bonne base, vous pouvez ajouter ce que vous voulez. Dans ce chapitre, vous trouverez quelques bases de soupes à partir desquelles vous pourrez improviser à votre guise.

La soupe suivante constitue un moyen idéal d'utiliser la carcasse et les restes de viande de dinde. La dinde fait de la soupe un plat très nourrissant. Quant à la garniture de cilantro, elle apporte une petite touche asiatique, qui sort de l'ordinaire.

Soupe de légumes à la dinde (ou au poulet)

Ustensiles : Grande casserole ou cocotte, couteau de chef, épluche-légumes

Temps de préparation : Environ 25 minutes

Temps de cuisson : Environ 30 minutes

Quantité : 4 à 6 personnes

2 cuillerées à soupe de beurre

1 gros oignon haché

4 poireaux, environ 1 livre (parties blanche et vert pâle uniquement), nettoyés et coupés en rondelles de 5 mm

3 carottes épluchées et coupées en rondelles de 5 mm

3 cuillerées à soupe de cilantro (ou de persil) haché (facultatif)

1 navet épluché et coupé en cubes de 5 mm

4 tasses d'eau

Sel et poivre noir à votre convenance

1 livre de dinde (ou de blanc de poulet) désossée, sans peau (ou 1 livre de restes de dinde ou de poulet cuit), coupée en cubes de 1 cm

3 pommes de terre Idaho, environ 1 livre, épluchées et coupées en cubes de 5 mm

4 tasses de bouillon de poulet fait maison ou en conserve

1. Dans une grande casserole ou cocotte, faites fondre le beurre à feu moyen et ajoutez l'oignon, les poireaux, les carottes, les pommes de terre et le navet. Faites cuire, en remuant de temps à autre, jusqu'à ce que l'oignon et les poireaux réduisent, environ 5 minutes.
2. Ajoutez le bouillon de poulet, l'eau, le sel et le poivre. Couvrez et portez à ébullition ; réduisez la chaleur et laissez mijoter, sans couvrir, pendant 30 minutes.
3. Ajoutez la dinde ou le blanc de poulet en cubes et faites mijoter 20 à 30 minutes de plus, en retirant avec une grande cuillère en métal l'écume ou la graisse qui s'accumule à la surface. Garnissez chaque assiette de cilantro ou de persil (facultatif).

Pour un repas léger, servez cette soupe avec une salade de tomates cerises à la feta (voir chapitre 10).

Écumer les soupes et les bouillons

Lorsque vous faites une soupe ou un bouillon, notamment à base de haricots secs, de lentilles, de viande ou de volaille, vous devez écumer le liquide frémissant avec une cuillère à manche long pour retirer et jeter l'écume qui se forme à la surface. Essayez de retirer l'écume dès qu'elle se forme. Si vous la laissez bouillir dans la soupe, elle nuira à la saveur de l'ensemble. Retirez également la graisse de la surface ou bien réfrigérez la soupe et enlevez la graisse à la cuillère une fois qu'elle est figée.

Vous pouvez ajouter 1 cuillerée à soupe de curry aux légumes sautés, à l'étape numéro 1.

Si vous souhaitez épaissir votre soupe pour qu'elle soit plus riche, voici quelques idées :

- Mélangez 1 cuillerée à soupe de beurre légèrement ramolli avec 1 cuillerée à soupe de farine. Vous obtenez du beurre manié. Prélevez 1 tasse de liquide et ajoutez celui-ci au beurre manié. Remuez et versez le tout dans la soupe. Faites cuire à feu moyen environ 5 minutes, jusqu'à ce que la soupe épaississe.
- Mélangez 1 cuillerée à soupe de farine avec 2 cuillerées à soupe de bouillon. Remuez et, cette fois, ajoutez 1 tasse de bouillon. Remuez encore et versez le tout dans la soupe.

Veloutés

Dans un velouté, les ingrédients sont réduits en purée dans un mixeur ou un robot et donnent à la soupe une texture onctueuse. Vous pouvez faire toutes sortes de veloutés. Les asperges, les brocolis, le maïs, le concombre, les champignons, les panais, les épinards, les rutabagas, la courge, le potiron, les navets et le cresson font partie des légumes qui offrent la consistance la plus riche et la plus onctueuse.

En été, lorsqu'il fait chaud, le velouté suivant est très rafraîchissant.

Velouté de poireaux

Ustensiles : Couteau de chef, grande casserole ou cocotte, cuillère en bois ou fouet métallique, mixeur ou robot

Temps de préparation : Environ 20 minutes

Temps de cuisson : Environ 25 minutes

Quantité : 4 personnes

4 poireaux moyens (blanc et vert pâle uniquement), épluchés et nettoyés (voir encadré suivant)

1 cuillerée à soupe de beurre

2 cuillerées à soupe d'huile d'olive

1 grosse gousse d'ail finement émincée

3 cuillerées à soupe de farine

4 petits brins de cerfeuil ou 1 cuillerée à soupe de ciboulette hachée (facultatif)

2½ tasses de bouillon de poulet ou de légumes fait maison ou en conserve

½ tasse de lait

1 bonne pincée de muscade (facultatif)

Sel et poivre noir à votre convenance

½ tasse de crème épaisse

1. Coupez les poireaux en quatre dans le sens de la longueur puis en morceaux de 1 cm. Vous devez en obtenir environ 2½ tasses.
2. Dans une grande casserole ou cocotte, faites fondre le beurre avec l'huile d'olive à feu moyen. Ajoutez les poireaux et l'ail. Faites cuire environ 2 minutes en remuant souvent. Attention à ne pas faire brûler l'ail.
3. Ajoutez la farine et mélangez bien avec une cuillère en bois ou un fouet métallique. Ajoutez le bouillon de poulet ou de légumes, le lait, la muscade (facultatif), le sel et le poivre. Remuez bien et faites mijoter 15 à 20 minutes en remuant de temps à autre. Laissez refroidir légèrement (voir icône Attention !).
4. Versez le mélange dans un mixeur ou un robot et réduisez-le en purée.
5. Si vous servez chaud, faites chauffer la crème. Juste avant de servir, ajoutez-la à la soupe et remuez bien. Si vous servez froid, réfrigérez la soupe et ajoutez la crème froide au dernier moment. Vérifiez toujours l'assaisonnement avant de servir. Garnissez chaque assiette de brins de cerfeuil ou de ciboulette hachée (facultatif).

Servez avec du pain de campagne et une salade à la vinaigrette – une salade de pois mangetout aux poivrons rôtis (voir chapitre 10), par exemple.

SAVOIR-FAIRE

Éplucher et nettoyer des poireaux

Les poireaux ressemblent à des oignons qui ont trop poussé mais dont la saveur est plus douce. Vous pouvez les mettre dans une soupe ou un ragoût, ou bien les sauter dans du beurre avec des légumes tendres, comme les champignons.

Avant de faire cuire un poireau, vous devez le nettoyer soigneusement pour le débarrasser des grains de sable qui se trouvent près entre ses couches successives. Sur une planche à découper, coupez les racines qui sortent du bulbe avec un couteau tranchant. Ensuite, coupez les parties vert foncé situées à l'autre extrémité, en laissant uniquement 5 cm de tige vert pâle (en général, on n'utilise uniquement le blanc et le vert pâle d'un poireau. Les parties vert foncé doivent être jetées, mais vous pouvez les rincer et les utiliser pour faire un bouillon de poulet ou de légumes). Coupez le poireau en deux dans le sens de la longueur, lavez à l'eau vinaigrée et rincez-le sous l'eau froide en ouvrant les couches successives avec vos doigts pour retirer le sable et les gravillons.

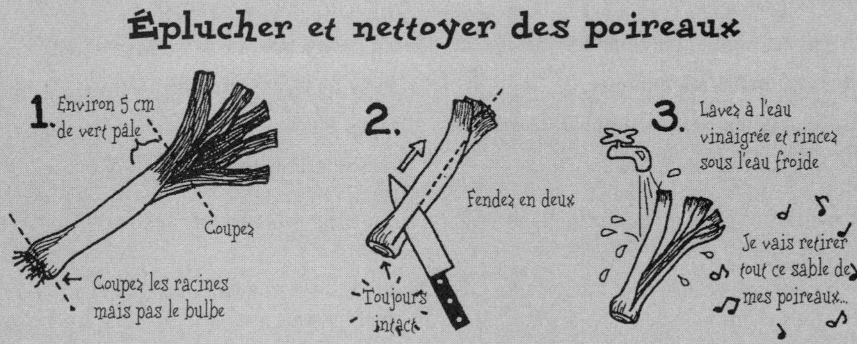

ATTENTION !

Avant de mixer une soupe, laissez-la refroidir légèrement, sinon le mélange pourrait exploser et redécorer votre plafond sous l'action de la vapeur chaude.

QUE FAIRE ?

Votre soupe manque de caractère

Si votre soupe est fade, vous pouvez y ajouter un bouillon cube (poulet, bœuf ou légumes, selon la soupe). Toutefois, sachez que les bouillons cubes comportent beaucoup de sel et peuvent masquer les autres saveurs de la soupe. Commencez par la moitié d'un cube et goûtez avant d'ajouter l'autre moitié. Votre soupe manque peut-être simplement de sel et de poivre. Vous pouvez aussi la relever avec des herbes aromatiques, comme du romarin, de la sauge, de la sarriette, de l'estragon ou du thym. Essayez également un jus de citron ou une larme de xérès.

L'aneth se marie très bien avec les carottes. Le velouté suivant comporte généralement de la crème épaisse, ajoutée au dernier moment. Dans cette recette, nous utilisons de la ricotta allégée, moins calorique et tout aussi savoureuse. Le porto ajoute une petite touche sucrée.

Velouté de carottes à l'aneth

Ustensiles : Casserole profonde ou cocotte, couteau de chef, couteau à éplucher, passoire, mixeur ou robot

Temps de préparation : Environ 15 minutes

Temps de cuisson : Environ 35 minutes

Quantité : 6 personnes

2 cuillerées à soupe de beurre

1 oignon moyen finement haché

2 à 3 cuillerées à soupe de porto (facultatif)

1,5 livre de carottes épluchées et coupées en tronçons de 2 cm

2 cuillerées à soupe d'aneth frais haché ou 2 cuillerées à café d'aneth lyophilisé

Sel et poivre noir à votre convenance

½ tasse de ricotta allégée

2 tasses d'eau

4 tasses de bouillon de poulet ou de légumes fait maison ou en conserve

1. Faites fondre le beurre à feu moyen dans une grande casserole profonde ou une cocotte. Ajoutez l'oignon et faites-le revenir, en remuant souvent, jusqu'à ce qu'il ramollisse. Ajoutez les carottes, le bouillon, l'eau, le sel et le poivre. Couvrez et portez à ébullition. Réduisez la chaleur et laissez mijoter, sans couvercle, pendant 30 minutes, en écumant la surface. Laissez refroidir légèrement.
2. Passez le mélange dans une passoire posée sur une autre casserole ou cocotte et mettez le liquide de cuisson de côté. Réduisez les ingrédients solides en purée dans un robot ou un mixeur après y avoir ajouté la ricotta et 1 tasse de liquide de cuisson. Ajoutez la purée au reste de liquide de cuisson. Remuez bien avec une cuillère en bois.
3. Faites bouillir la soupe et ajoutez le porto (facultatif) et l'aneth. Servez chaud ou froid.

Ce velouté peut être suivi d'une tortilla au poulet et aux légumes grillés (voir chapitre 17).

Si vous souhaitez ajouter des herbes aromatiques à une soupe ou à une sauce, faites-le toujours à la dernière minute. Ainsi, elles conserveront leur couleur et leur saveur d'origine.

Vous pouvez également assaisonner ce velouté de carottes avec du gingembre moulu. Le gingembre a un goût plus prononcé que l'aneth. Supprimez l'aneth et remplacez-le par ½ ou ¾ cuillerée à café de gingembre moulu.

Pour transformer cette soupe en plat d'accompagnement, procédez de la même façon, en mixant les légumes cuits avec la ricotta, mais ajoutez juste ce qu'il faut de liquide de cuisson pour obtenir une purée épaisse.

La soupe suivante, à base de bouillon de poulet, d'épinards et d'œufs, est un dérivé de la Stracciatella, grand classique italien. Prête en quelques minutes, elle est particulièrement facile à préparer si vous utilisez un bouillon de poulet en conserve. Pour les grandes occasions, elle constitue une entrée élégante dans le cadre d'un repas gastronomique. Dans ce cas, il est préférable de faire le bouillon vous-même (recette de bouillon de poulet maison au chapitre 3).

Soupe d'épinards

Ustensiles : Casserole ou cocotte moyenne, mixeur ou robot

Temps de préparation : Environ 10 minutes

Temps de cuisson : Environ 5 minutes

Quantité : 6 personnes

6 tasses de bouillon de poulet ou de légumes fait maison ou en conserve

4 œufs

½ tasse d'épinards frais (sans les tiges) rincés et hachés

½ tasse de parmesan râpé (et un peu plus pour la garniture)

2 cuillerées à soupe de jus de citron frais

Sel et poivre noir à votre convenance

1. Faites bouillir le bouillon à feu vif dans une casserole moyenne couverte.
2. Pendant ce temps, mélangez les œufs, les épinards, le parmesan, 1 cuillerée à soupe de jus de citron, le sel et le poivre dans un mixeur ou un robot. Mixez pendant quelques secondes pour obtenir une purée onctueuse.

3. Lorsque le bouillon arrive à ébullition, ajoutez la dernière cuillerée de jus de citron et le mélange à base d'épinards et d'œufs. Éteignez le feu. De petits grumeaux d'épinards et d'œufs se forment immédiatement à la surface. Goûtez avant d'assaisonner. Servez avec du parmesan râpé.

Cette soupe peut être suivie d'un poulet rôti (voir chapitre 6).

À l'étape n° 1, ajoutez ½ tasse de carottes cuites, finement coupées en rondelles.

Soupes à base de bouillon

On reconnaît un bon cuisinier d'un grand cuisinier à sa façon de faire une soupe. Pour faire une bonne soupe, il faut d'abord et avant tout un bon bouillon. Si vous ne pouvez pas le faire vous-même, achetez-en un en conserve dans une épicerie fine.

Soupe à l'agneau ou au bœuf

Les soupes à l'agneau ou au bœuf doivent une grande partie de leur saveur aux os plongés dans le liquide de cuisson. Dans la recette suivante, les os d'agneau sont cuits dans le potage – d'une certaine façon, vous faites le bouillon en même temps que la soupe. Une fois la viande retirée des os, n'hésitez pas à la couper en petits morceaux pour l'ajouter à la soupe. Ainsi, rien ne se perdra et la soupe absorbera toutes les saveurs. Utilisez de l'eau froide pour faire cuire les ingrédients afin que les os et la viande libèrent plus facilement leur jus. Cette soupe riche et nourrissante peut faire office de plat de résistance de vos dîners.

Soupe à l'agneau et à l'orge

Ustensiles : Grande cocotte, couteau de chef, pince ou écumoire

Temps de préparation : Environ 20 minutes

Temps de cuisson : Environ 2 heures

Quantité : 8 à 10 personnes

4 jarrets d'agneau réduits en morceaux (ou os avec viande issu d'un gigot)

1 tasse d'orge perlé, lavé (voir note)

2 oignons moyens épluchés et hachés

3 grosses gousses d'ail hachées

3,5 litres d'eau

3 à 4 cuillerées à café de sel

Poivre noir à votre convenance

7 carottes moyennes coupées en rondelles

1. Mettez tous les ingrédients, excepté les carottes, dans une grande cocotte. Couvrez et portez à ébullition. Réduisez la chaleur et laissez mijoter 1 heure 40, partiellement couvert, en remuant de temps à autre et en écumant la surface si nécessaire.
2. Ajoutez les carottes et laissez mijoter encore 20 minutes.
3. Goûtez avant d'assaisonner. Retirez les os avec une pince ou une écumoire et laissez-les refroidir légèrement. Lorsqu'ils ont suffisamment refroidi pour que vous puissiez les manipuler, retirez les morceaux de viande et ajoutez ceux-ci à la soupe.

Note *: Rincez les céréales et les haricots secs dans un grand récipient d'eau froide. Jetez les débris qui flottent à la surface avant de mettre les céréales ou les haricots dans l'eau de cuisson ou le potage.*

À RETENIR

Les soupes qui comportent des céréales ou des haricots secs (ou autres légumes secs) mettent relativement longtemps à cuire. Faites tremper les céréales ou les haricots dans de l'eau pendant la nuit pour réduire le temps de cuisson ou plongez-les dans la cocotte dès le début de la cuisson. Ajoutez les légumes destinés à garnir, comme les carottes dans la recette précédente, vers la fin de la cuisson afin qu'ils conservent leur saveur.

ATTENTION !

Lorsque vous faite mijoter une soupe épaisse, remuez et raclez régulièrement le fond de la cocotte avec une cuillère en bois pour éviter que le mélange attache et brûle. Ajoutez de l'eau, si nécessaire. Si vous faites brûler une partie des aliments, transférez la partie épargnée dans une autre cocotte.

Soupe aux haricots noirs

Tout l'art de la soupe aux haricots noirs repose sur un bouillon relevé, qui lui donne une saveur persistante. Nous vous recommandons de faire vous-même un bouillon de poulet mais, si vous n'en avez pas le temps, choisissez une bonne marque de bouillon surgelé ou en conserve. Les légumes et la flèche de lard – que vous trouverez dans toutes les bonnes boucheries – donnent beaucoup de goût à la soupe.

Vous pouvez épicer la soupe à votre guise. Pour une saveur encore plus prononcée, nous recommandons de la faire à l'avance, de la réfrigérer et de la réchauffer. La recette suivante pourrait presque nourrir tout un régiment, mais vous pouvez congeler les restes pour plus tard.

Note : Cette recette demande beaucoup de travail mais, faites-nous confiance, le résultat en vaut vraiment la peine.

SAVOIR-FAIRE

Congeler et réchauffer la soupe

Si vous faites plus de soupe que vous ne pouvez en manger en une seule fois, mettez-la au réfrigérateur, retirez la graisse accumulée à la surface, et congelez-la. Pour la congélation, mettez-la dans un récipient en plastique hermétique.

Réchauffez la soupe au four à micro-ondes ou à feu doux dans une casserole. Faites-la chauffer juste ce qu'il faut pour éviter que les féculents, comme les pommes de terre, les pâtes ou le riz, soient trop cuits.

Soupe aux haricots noirs

Ustensiles : Couteau de chef, grande marmite ou casserole en métal épais, passoire, louche

Temps de préparation : Environ 30 minutes si vous ne faites pas le bouillon

Temps de cuisson : Environ 2 heures 15

Quantité : 8 à 12 personnes

½ livre de flèche de lard fumé avec couenne

2 oignons moyens finement hachés

2 branches de céleri finement hachées

2 grosses carottes épluchées et coupées en dés

3 grosses gousses d'ail émincées

1 feuille de laurier

2 cuillerées à soupe d'origan finement haché ou 2 cuillerées à café d'origan lyophilisé

2 cuillerées à soupe de cumin moulu

1 cuillerée à café de poivre noir

1½ cuillerée à café de thym lyophilisé

3 cuillerées à soupe de concentré de tomate

4 litres de bouillon de poulet fait maison ou en conserve

1 livre de haricots noirs secs

½ tasse de feuilles de cilantro fraîches et finement hachées

¼ cuillerée à café de Tabasco (ou à votre convenance)

¼ cuillerée à café de poivre de Cayenne (ou à votre convenance)

Sel à votre convenance

Sauce portoricaine pour la garniture (voir recette ci-après)

Crème aigre pour la garniture (facultatif)

1. Coupez la couenne du lard et mettez-la de côté. Coupez le lard en morceaux de 5 mm.
2. Mettez les morceaux de lard, ainsi que la couenne, dans une marmite à bouillon ou une grande casserole en métal épais et faites-les cuire à feu moyen environ 10 minutes, en remuant souvent, jusqu'à ce que la couenne soit dorée et croustillante.
3. Ajoutez les oignons, le céleri, les carottes, l'ail, la feuille de laurier, l'origan, 1 cuillerée à soupe de cumin, le poivre noir et le thym. Remuez pour mélanger et couvrez. Faites cuire environ 5 minutes à feu moyen-doux, en remuant de temps à autre. Attention à ne pas faire brûler le mélange.
4. Ajoutez le concentré de tomate et remuez brièvement. Ajoutez le bouillon de poulet, couvrez et portez à ébullition à feu vif.
5. Rincez et égouttez les haricots. Réduisez la chaleur, ajoutez les haricots et laissez mijoter, sans couvercle, pendant environ 2 heures, en remuant et en écumant la surface de temps à autre avec une écumoire. La soupe est prête lorsque les haricots sont mous et lorsque certains d'entre eux se sont désagrégés dans le liquide.
6. Ajoutez le cilantro, le Tabasco, le poivre de Cayenne, le sel et le reste de cumin. Remuez et retirez la couenne de lard et la feuille de laurier.
7. Versez la soupe à la louche dans des bols. Servez la sauce portoricaine et la crème aigre (facultatif) à part.

***Note** : La flèche de lard, vendue en pavé épais, est moins grasse que le lard classique. Si vous utilisez du lard classique, retirez la majeure partie du gras avant de le faire dorer, environ 5 minutes à feu moyen.*

Servie avec du pain, la soupe aux haricots noirs constitue à elle seule un bon repas.

La sauce suivante peut être consommée immédiatement, mais elle est encore plus savoureuse après avoir passé environ 1 heure au réfrigérateur.

Sauce portoricaine

Ustensiles : Couteau de chef, bol

Temps de préparation : Environ 20 minutes

Temps de cuisson : Aucun

Quantité : Environ 2½ tasses

2 grosses tomates pelées, épépinées et coupées en cubes de 5 mm

1 oignon moyen finement haché

¼ tasse de cilantro ou de persil finement haché

2 cuillerées à soupe de jus de citron vert frais

1½ cuillerée à café de piments Jalapeño épépinés et finement hachés (ou plus)

Sel à votre convenance (facultatif)

Mélangez tous les ingrédients dans un bol et remuez bien. Réfrigérez jusqu'au moment de servir. Goûtez pour ajuster l'assaisonnement, si nécessaire, juste avant de servir.

Vous pouvez ajouter un avocat mûr haché à la sauce et servir le mélange en hors-d'œuvre avec des tortillas chips (chips soufflées de maïs).

Les huiles du piment Jalapeño brûlent les yeux comme du gaz lacrymogène. Faites attention à ne pas vous frotter les yeux après avoir haché et épépiné un piment. Pour plus de précautions, n'hésitez pas à porter des gants en plastique. Pour épépiner et hacher un piment Jalapeño, coupez-le en deux dans le sens de la longueur et jetez la tige et le cœur. Retirez les graines, puis émincez ou coupez en dés. Ensuite, lavez-vous les mains !

ASTUCE DU CHEF

Parfumez vos soupes avec de la graisse de porc

Les produits issus du porc, comme la flèche de lard dans la soupe aux haricots noirs, sont souvent utilisés pour parfumer les soupes, les ragoûts et les plats qui mijotent pendant longtemps. Pour faire une bonne soupe, il est important de faire fondre le gras du lard au préalable.

Voici les principaux produits issus du porc que l'on peut utiliser en cuisine :

- **Bacon canadien** : Fait à partir de longe de porc désossée et salée de la même façon que le bacon. Le bacon canadien ne nécessite pas de cuisson supplémentaire, mais il est délicieux à la poêle avec des œufs au plat ou haché dans des œufs brouillés ou une omelette. Il est aussi beaucoup plus maigre que les autres produits issus du porc.
- **Couenne rissolée** : Peau de porc frite ou rôtie, croustillante, parfois considérée comme un mets délicat.
- **Lard gras** : Prélevé juste au-dessous de la peau du porc, le lard gras ne contient pas de chair du tout. Il est vendu frais et salé comme matière grasse. Il est parfois enroulé autour des rôtis ou bien étalé sur les terrines de viande. On en trouve généralement dans les boucheries.
- **Pancetta** : Lard italien, salé et épicé, mais pas fumé. La pancetta, généralement vendue sous forme de saucisse, est finement tranchée pour parfumer les sauces, les pâtes, la farce et les omelettes.
- **Poitrine de porc** : Ingrédient important dans les saucisses, également utilisé pour parfumer les légumes. Salée, la poitrine de porc devient du petit salé. Le bacon est de la poitrine de porc fumée et salée. Il est généralement tranché mais certains bouchers vendent encore de la flèche de bacon (non tranchée), que vous pouvez couper en morceaux ou en cubes et mettre dans une soupe ou un ragoût. La flèche de bacon, entourée de couenne, a un goût fumé et salé qui lui est propre.
- **Saindoux** : Graisse de porc pure et clarifiée – sans couenne ni protéines. On l'utilise comme matière grasse en pâtisserie car elle donne aux biscuits une texture légère et feuilletée.

Pour extraire facilement le jus des citrons, citrons verts, oranges et autres agrumes, utilisez un presse-agrumes manuel ou électrique, qui sépare le jus des pépins. Faites rouler les fruits sur votre plan de travail ou entre vos mains pendant quelques secondes pour rompre les membranes et faciliter l'extraction du jus.

Soupe de poisson

Dans l'ensemble, les soupes de poisson sont rapides et faciles à faire. Le poisson cuit en quelques minutes. Il est donc important d'en surveiller la cuisson. Dans la recette suivante, nous avons ajouté des moules mais vous pouvez les remplacer par des palourdes ou des pétoncles.

Soupe de poisson

Ustensiles : Couteau de chef, grande casserole ou marmite en métal épais

Temps de préparation : Environ 35 minutes

Temps de cuisson : Environ 25 minutes

Quantité : 4 personnes

1 livre de poisson maigre sans peau (lotte, cabillaud, flétan ou un mélange de ces espèces)

2 cuillerées à soupe d'huile d'olive

1 oignon moyen haché

1 grand poireau épluché, rincé et finement haché (blanc et vert pâle uniquement)

1 poivron rouge moyen évidé, épépiné et coupé en petits carrés

1 poivron vert moyen évidé, épépiné et coupé en petits carrés

3 grosses gousses d'ail finement hachées

2 tasses d'eau

1 tasse de vin blanc sec

1 tasse de purée de tomate en conserve

1 brin de thym frais ou ½ cuillerée à café de thym lyophilisé

1 feuille de laurier

1 cuillerée à café de graine d'anis (facultatif)

¼ cuillerée à café de piment rouge (facultatif)

Sel et poivre noir à votre convenance

20 moules bien nettoyées et ébarbées (voir instructions ci-après)

¼ tasse de basilic ou de persil finement haché

1 pain italien ou français

1. Coupez le poisson en cubes de 1 cm et retirez toutes les petites arêtes.
2. Faites chauffer l'huile à feu moyen dans une casserole en métal épais. Ajoutez l'oignon, le poireau, les poivrons rouge et vert, et l'ail. Faites cuire, en remuant souvent, jusqu'à ce que l'oignon et les poivrons ramollissent, environ 5 minutes.
3. Ajoutez l'eau, le vin, la purée de tomate, le thym, la feuille de laurier, la graine d'anis (facultatif), le piment rouge (facultatif), le sel et le poivre. Portez à ébullition puis réduisez la chaleur pour faire mijoter à feu doux pendant 10 minutes.
4. Ajoutez le poisson et les moules, remuez doucement, et portez le tout à ébullition. Couvrez et laissez frémir à feu doux 5 à 10 minutes ou jusqu'à ce que le poisson soit cuit et les moules, ouvertes (jetez les moules qui ne s'ouvrent pas). Goûtez et assaisonnez.

5. Retirez le brin de thym (si vous avez utilisé du thym frais) et la feuille de laurier. Saupoudrez chaque assiette de basilic ou de persil et servez avec un pain italien ou français tranché.

La soupe de poisson, accompagnée d'une salade de cresson, endives et oranges (voir chapitre 10), constitue un déjeuner raffiné.

ATTENTION !

Veillez à retirer toutes les petites arêtes avant d'ajouter le poisson à la soupe.

Nettoyer les moules

Reportez-vous aux dessins suivants pour une illustration de chaque étape.

1. Raclez les coquilles avec un couteau à beurre ou un tampon à récurer pour retirer les balanes.
2. Retirez la barbe de chaque moule.
3. Mettez les moules dans un grand récipient et recouvrez-les d'eau froide. Agitez-les avec la main comme si vous les passiez à la machine à laver.
4. Égouttez les moules et jetez l'eau.
5. Recommencez plusieurs fois jusqu'à ce que l'eau soit propre.
6. Égouttez les moules une dernière fois et, si vous ne les utilisez pas immédiatement, mettez-les au réfrigérateur (ne tardez pas trop à les manger une fois qu'elles sont nettoyées).

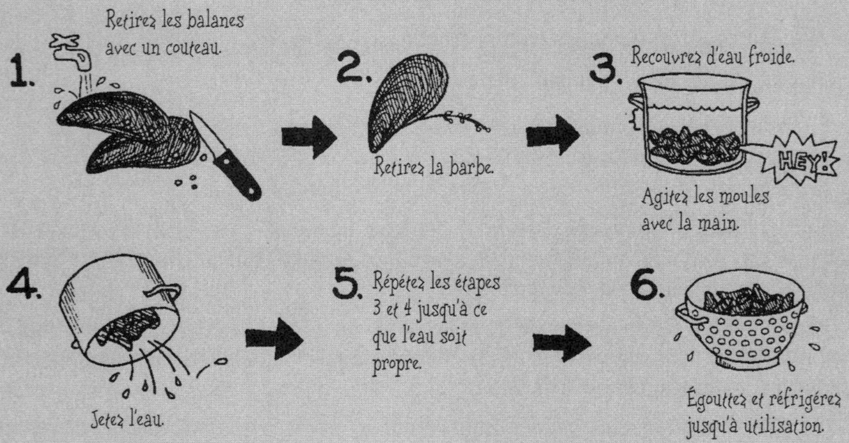

Si vous mettez trop de sel dans votre soupe, tout n'est pas perdu. La solution la plus simple consiste à ajouter de l'eau. Cela dit, si vous ne voulez pas trop éclaircir la soupe, ajoutez plutôt de très fines tranches de pomme de terre que vous aurez fait cuire jusqu'à ce qu'elles deviennent translucides. Les pommes de terre absorbent le sel. Laissez-les dans la soupe, si vous le souhaitez. Les tomates, fraîches ou en conserve (non salées, bien sûr !), agissent de la même façon.

Gazpacho

Le gazpacho est une purée de légumes crus (à base de tomates, généralement), dont le goût est légèrement acide. Les recettes sont à la fois nombreuses et variées. Faire un gazpacho au mixeur est un jeu d'enfant, mais ne mixez pas trop pour que la texture ne soit pas trop veloutée. Si vous aimez les saveurs épicées, vous pouvez augmenter la dose de poivre et de piment Jalapeño. Le jus de citron ou de citron vert ajoute une touche rafraîchissante.

Lorsque vous faites une soupe froide, la fraîcheur et la maturité des légumes ou des fruits sont des facteurs très importants. Le gazpacho est très apprécié l'été, lorsque les tomates sont juteuses et abondantes.

Gazpacho aux tomates fraîches

Ustensiles : Couteau de chef, couteau à éplucher, épluche-légumes, robot ou mixeur, saladier

Temps de préparation : Environ 30 minutes

Temps de cuisson : Quelques secondes pour mixer (plus 1 heure de réfrigération)

Quantité : 6 personnes

3 livres de tomates mûres, pelées, épépinées et hachées (pour savoir comment épépiner les tomates, reportez-vous au chapitre 11)

1 gros oignon haché

1 gros poivron rouge évidé, épépiné et haché

6 cuillerées à soupe de cilantro ou de persil grossièrement haché

3 cuillerées à soupe de jus de citron ou de citron vert frais

¼ tasse d'huile d'olive

3 cuillerées à soupe de vinaigre de vin rouge

3 grosses gousses d'ail hachées

2 cuillerées à café de piment Jalapeño épépiné et haché (ou à votre convenance)

1 concombre moyen épluché, épépiné et coupé en cubes de 5 mm

Sel et poivre noir à votre convenance

1. Mélangez tous les ingrédients, excepté 2 cuillerées à soupe de cilantro ou de persil et le concombre, dans un robot ou un mixeur. Réduisez le tout en une purée pas trop fine (si nécessaire, procédez en plusieurs étapes). Versez le mélange dans un saladier. Recouvrez d'un film plastique et réfrigérez.
2. Juste avant de servir, ajoutez le concombre, ajustez l'assaisonnement avec du sel et du poivre si nécessaire, et décorez avec le reste de cilantro ou de persil.

SAVOIR-FAIRE

Pour retirer les graines d'un concombre, coupez celui-ci en deux dans le sens de la longueur et raclez la couche contenant les graines avec une cuillère.

Ajouter une garniture à vos soupes

TRUC

Vous pouvez donner à vos soupes un petit plus qui les rendra inoubliables. La garniture doit compléter la soupe sans en masquer le caractère. La règle de base est la suivante : la garniture d'une soupe très parfumée aux saveurs complexes doit être simple, tandis que celle d'une soupe basique doit être plus élaborée.

Par exemple, vous pouvez utiliser des herbes aromatiques fraîches, une tranche de citron ou de citron vert, 1 cuillerée de crème aigre, du parmesan râpé, un bouquet de cresson, un oignon vert haché, un œuf dur, une crevette cuite ou un assortiment de champignons sauvages sautés et hachés.

Voici d'autres idées :

- **Julienne de légumes** : légumes-racines, comme des carottes ou des panais, blanchis et finement tranchés. Dans la brunoise, ces fines tranches de légumes sont coupées en cubes minuscules.
- **Chiffonnade** : feuilles d'épinards ou d'oseille enroulées comme un cigare dans le sens de la longueur, puis tranchées en travers en petites lanières fines comme de la dentelle. Ajoutez aux bouillons clairs juste avant de servir.
- **Croûtons** : petits morceaux de pain grillés et frottés d'ail à mettre dans une soupe chaude avec du parmesan râpé (recette de croûtons à l'ail ci-après).
- **Gremolata** : mélange d'ail haché, de persil haché et de zeste de citron râpé – également délicieux sur les grillades de bœuf, de porc ou de poulet.

- **Pistou** : feuilles de basilic fraîches broyées, ail, parmesan et huile d'olive formant une pâte crémeuse.
- **Sauce portoricaine** : tomates fraîches hachées, ail, oignon et piments (recette de sauce portoricaine, plus haut dans ce chapitre). Les variantes sont innombrables.
- **Garnitures fantaisie** : sculptez un petit bonhomme dans une carotte et posez-le sur une planche de surf improvisée dans une feuille d'estragon. Soufflez sur la soupe pour faire des vagues.

De nombreuses soupes sont agrémentées de petits croûtons. Les croûtons faits maison sont beaucoup plus savoureux que ceux que l'on trouve dans le commerce et sont prêts en quelques minutes.

Croûtons à l'ail

Ustensiles : Couteau à dents de scie, couteau de chef, sauteuse, spatule en métal

Temps de préparation : Environ 5 minutes

Temps de cuisson : Environ 3 minutes

Quantité : 6 personnes

4 tranches de pain blanc ou de pain complet

2 grosses gousses d'ail épluchées et broyées

¼ tasse d'huile végétale ou d'huile d'olive

Poivre noir à votre convenance

1. Empilez les tranches de pain et coupez la croûte avec un couteau à dents de scie. Coupez les tranches en cubes de 5 mm. Vous devez en avoir environ 2 tasses.
2. Posez les gousses d'ail sur une planche à découper et aplatissez-les avec un couteau de chef.
3. Faites chauffer l'huile à feu moyen-vif dans une grande sauteuse. Ajoutez l'ail broyé et faites-le revenir en remuant, environ 1 minute ou jusqu'à ce qu'il dore légèrement (attention à ne pas le faire brûler). Jetez l'ail. Ajoutez le pain et faites-le chauffer environ 2 minutes. Remuez les petits cubes avec une spatule en métal pour qu'ils dorent de tous les côtes. Retirez le pain de la sauteuse et séchez-le avec du papier absorbant. Poivrez si vous le souhaitez.

Chapitre 10

Salades

Dans ce chapitre :

- Faire des vinaigrettes et des sauces crémeuses
- Identifier les différents types d'huile et de vinaigre
- Connaître les diverses catégories de salades
- Dix salades rapides et faciles à faire

Les recettes de ce chapitre

- Vinaigrette
- Sauce mayonnaise aux herbes
- Salade de pommes de terre
- Salade de pâtes papillon aux moules
- Salade de cresson, endives et oranges
- Salade de pois mangetout aux poivrons rôtis
- Salade de crevettes chaudes aux épinards
- Salade verte mixte à l'oignon rouge
- Salade de tomates à l'oignon rouge et au basilic
- Salade de riz aux poivrons
- Salade de concombre à l'aneth
- Salade de tomates cerises à la feta
- Salade d'orzo
- Salade de pois chiches
- Salade de légumes à la mozzarella
- Assiette de légumes grillés au pesto
- Salade d'avocat et de papayes
- Salade de fruits rouges

Faire une salade avec des ingrédients frais n'est pas sorcier. Ce qui compte, c'est la façon dont vous assaisonnez votre salade. Pour simplifier, nous avons classé les sauces de salade en deux catégories : les vinaigrettes et les sauces crémeuses (ou à base de mayonnaise). Lorsque vous faites une salade, commencez par vous demander comment vous allez l'assaisonner.

Les deux types d'assaisonnement

La vinaigrette va avec toutes les salades vertes et les légumes grillés. Les sauces crémeuses peuvent relever diverses salades à base de légumes verts ainsi que la viande, la volaille et les fruits de mer froids. Ces deux types d'assaisonnement sont faciles à préparer. Vous pouvez faire une grande quantité de vinaigrette et stocker celle-ci dans une vieille bouteille de vin ou un bocal fermé hermétiquement. En revanche, les sauces à base de mayonnaise doivent être consommées dans la semaine.

Voici deux recettes de base pour assaisonner vos salades et quelques suggestions pour les adapter.

Vinaigrette

Les proportions sont approximatives. Goûtez au cours de la préparation pour équilibrer les saveurs du vinaigre et de l'huile d'olive.

Ustensiles : Bol, fouet

Temps de préparation : Moins de 5 minutes

Quantité : 4 ou 6 personnes (environ ½ tasse)

2 cuillerées à soupe de vinaigre de vin rouge ou blanc

1 cuillerée à café de moutarde de Dijon

⅓ tasse d'huile d'olive

Sel et poivre noir à votre convenance

Mettez le vinaigre et la moutarde dans un bol. Mélangez bien avec un fouet. Versez l'huile d'olive progressivement tout en continuant à remuer. Salez et poivrez à votre convenance.

IMPROVISEZ

Voici quelques variantes de cette vinaigrette classique :

- Remplacez les 2 cuillerées à soupe d'huile d'olive par 2 cuillerées à soupe d'huile de noix ou de noisette pour donner à la vinaigrette une saveur différente. Servez avec une salade verte ou une salade de poulet grillé.
- Ajoutez 1 cuillerée à café de câpres égouttées et 1 cuillerée à soupe de cerfeuil frais haché, d'estragon, de basilic ou de thym citron. Ces herbes aromatiques se marient très bien avec une salade de pâtes.
- Les épiceries fines ou même les supermarchés vendent toutes sortes de vinaigres aromatisés. Le vinaigre à l'estragon, par exemple, ajoute un brin de fantaisie aux salades.
- Mettez une petite tomate bien mûre dans un mixeur ou un robot avec la vinaigrette et mixez le tout.
- Pour épaissir la vinaigrette, mixez-la avec 1 à 2 cuillerées à soupe de ricotta. La ricotta allégée enrichit autant les aliments que la crème mais contient beaucoup moins de calories.
- Remplacez le vinaigre par 2 cuillerées à soupe de jus de citron frais.

Nous avons ajouté de la crème aigre dans la recette de sauce mayonnaise suivante pour lui donner un petit goût piquant. Si vous préférez, vous pouvez utiliser uniquement de la mayonnaise.

Sauce mayonnaise aux herbes

Ustensiles : Couteau de chef, bol, presse-agrumes, foue

Temps de préparation : Environ 5 minutes

⅓ tasse de mayonnaise

3 cuillerées à soupe de crème aigre

2 cuillerées à soupe de ciboulette émincée

2 cuillerées à soupe de persil émincé

1½ cuillerée à soupe de jus de citron frais

Sel et poivre noir à votre convenance

Mettez tous les ingrédients dans un bol et mélangez-les avec un fouet. Goûtez pour évaluer l'assaisonnement.

Cette sauce mayonnaise savoureuse se marie très bien avec le poisson fumé, le poulet froid et la viande froide en général.

IMPROVISEZ

Voici quelques idées pour donner un peu de fantaisie à cet assaisonnement :

- Pour une salade de fruits de mer, ajoutez 1 cuillerée à soupe de câpres égouttées et un peu d'estragon émincé (1 cuillerée à soupe ou plus s'il est frais ou bien 1 cuillerée à café s'il est lyophilisé).
- Pour un plat de viande froide ou une salade de poulet ou de crevettes, ajoutez 1 cuillerée à café de curry (ou à votre convenance).
- Pour une salade de légumes, ajoutez ½ tasse ou plus de bleu ou de roquefort effrité.
- Pour un assortiment de viandes froides, ajoutez 1 cuillerée à café de raifort (ou à votre convenance) et mélangez bien.

ASTUCE DU CHEF

Tous les chefs ont leur petit secret en ce qui concerne la sauce de salade. « Utilisez une huile aromatisée et un vinaigre de bonne qualité » recommande l'un d'entre eux. « Et ne mettez pas trop d'huile par rapport au vinaigre, ajoute-t-elle. Au restaurant, la consigne est d'utiliser une mesure de vinaigre pour trois mesures d'huile, sauf s'il s'agit de vinaigre balsamique – dans ce cas, vous pouvez mettre un peu plus de vinaigre car celui-ci a un goût moins prononcé. »

Huile d'olive et autres types d'huile

Acheter de l'huile d'olive au supermarché est devenu de plus en plus complexe, tant le choix est grand. Tout d'abord, l'huile d'olive peut être, par ordre de qualité, *pure*, *vierge* ou *extra-vierge*. L'une ou l'autre de ces *mentions* est généralement indiquée sur l'étiquette.

La qualité dépend de la teneur en acide oléique de l'huile, les huiles les plus fines étant celles qui ont l'acidité la plus faible. Ces trois variétés d'huile d'olive sont issues de la première *pression* des olives (processus de broyage qui permet d'extraire l'huile des olives). L'huile d'olive extra-vierge est celle qui a l'arôme le plus riche et la saveur la plus forte. L'huile d'olive pure peut provenir à la fois de la première et de la seconde pression des olives qui ont mûri sur l'arbre. On la mélange parfois avec 5 à 10 % d'huile d'olive vierge pour en enrichir la saveur.

Ne vous laissez pas abuser par les huiles d'olive dites light. Le terme « light » n'a rien à voir avec la teneur en acides gras. Il fait simplement référence à la pâleur et à l'extrême fadeur de l'huile, dues à la façon dont les olives sont traitées. 1 cuillerée à soupe d'huile d'olive contient 120 calories, quelle que soit la variété d'huile que vous achetiez.

Il existe également de l'huile de noix, de noisette, de sésame, de maïs, d'arachide, de carthame et de soja. Les huiles de maïs, d'arachide et de carthame, qui ont une saveur neutre, peuvent être mélangées avec une quantité égale d'huile d'olive ou de noix. En revanche, les huiles de noix, de noisette et de sésame sont fortes. Utilisez-les avec modération.

De plus en plus d'épiceries fines proposent des huiles aromatisées aux herbes, au citron, au poivre ou aux tomates séchées. Ces huiles assaisonnent à la perfection les salades vertes et sont également délicieuses sur une pizza et avec le fromage de chèvre ou le brie, les légumes rôtis et les croûtons grillés.

La durée de conservation de l'huile dépend de sa variété. Les huiles d'olive se conservent jusqu'à un an si elles sont bien bouchées et stockées à l'abri de la chaleur et de la lumière. En revanche, les huiles de noix ne se conservent que quelques mois. Par conséquent, mieux vaut les acheter en petites quantités.

Vinaigres

Dans une sauce de salade, l'huile doit être contrebalancée par un élément acide – un ingrédient aigrelet qui stimule le palais et tranche avec la richesse de l'huile. Dans la plupart des cas, on choisit le vinaigre, mais un jus de citron frais apporte aussi tout le piquant nécessaire.

Vinaigre balsamique : le vinaigre le plus cher du monde

Le vinaigre balsamique traditionnel est un liquide foncé, doux et sirupeux, que l'on a laissé vieillir et qui vaut son pesant d'or. Le véritable produit est fabriqué dans la région de Modena, en Italie (l'étiquette doit porter la mention : « Modena »). Presque toutes les grandes bouteilles de vinaigre balsamique que l'on trouve dans les supermarchés ne sont que des imitations, pas nécessairement mauvaises mais différentes.

Un véritable vinaigre balsamique est facile à reconnaître : à la simple vue du prix, vous commencez à avoir des palpitations. Il se vend uniquement en petites bouteilles semblables à des flacons de parfum. Il est généralement vieux de 25 ans et coûte au minimum 87 €. Un vinaigre si rare ne doit pas être utilisé dans n'importe quelle salade. Les Italiens l'utilisent pour faire des sauces ou en font tomber quelques gouttes sur les fruits frais, en particulier les fraises.

Bien que le vin rouge ou blanc soit la base la plus courante, tous les liquides qui fermentent peuvent être utilisés pour faire du vinaigre.

- **Vinaigre de cidre** : fabriqué à partir de pommes, ce vinaigre brun, fort et translucide, se marie bien avec les légumes verts, mais aussi avec la viande, le poisson et les salades de fruits. Également délicieux dans les sauces au gingembre ou au curry.
- **Vinaigre blanc** : incolore et piquant, le vinaigre blanc est distillé à partir d'un assortiment de céréales et convient très bien pour une salade de riz ou de pâtes.
- **Vinaigre de vin rouge ou blanc** : fabriqué à partir de n'importe quel vin rouge ou blanc, ce vinaigre a du corps et convient tout à fait pour l'assaisonnement des légumes verts.
- **Vinaigre de riz** : issus de Chine et du Japon, les vinaigres de riz sont moins aigres que les vinaigres blancs et se marient bien avec les huiles de sésame. Délicieux dans les salades de fruits de mer.

Salades à la vinaigrette

Une salade de pommes de terre diététique repose sur une bonne vinaigrette. La recette suivante, relativement pauvre en matières grasses, est délicieuse aussi bien tiède que froide.

Salade de pommes de terre

Ustensiles : Couteau de chef, casserole moyenne, bol, saladier, fouet

Temps de préparation : Environ 15 minutes

Temps de cuisson : Environ 30 minutes

Quantité : 4 à 6 personnes

2 livres de pommes de terre rouges bien nettoyées

6 cuillerées à soupe d'huile d'olive

1 cuillerée à soupe de vinaigre blanc

¼ tasse de vin blanc sec à température ambiante

½ tasse d'oignon rouge haché

1 grosse gousse d'ail finement hachée

Sel et poivre noir à votre convenance

¼ tasse de persil finement haché

1. Mettez les pommes de terre dans une casserole moyenne, recouvrez-les d'eau froide légèrement salée et portez l'eau à ébullition. Faites bouillir environ 20 minutes ou jusqu'à ce que les pommes de terre soient tendres, lorsque vous les percez avec un couteau, sans qu'elles se désagrègent. Égouttez-les et laissez-les refroidir un peu jusqu'à ce que vous puissiez les manipuler (vous devez faire la salade pendant qu'elles sont encore chaudes).
2. Pendant que les pommes de terre cuisent, faites la vinaigrette. Mélangez l'huile et le vinaigre avec un fouet dans un bol. Ajoutez l'oignon rouge, le persil, l'ail, le sel et le poivre.
3. Épluchez les pommes de terre cuites et coupez-les en tranches de 5 mm d'épaisseur (ou laissez la peau pour ajouter de la couleur). Disposez les tranches en plusieurs couches dans un saladier peu profond en arrosant chaque couche de vin blanc.
4. Versez la vinaigrette sur les pommes de terre et remuez le tout pour mélanger. Laissez la salade reposer environ 30 minutes pour que les saveurs se mélangent. Remuez en partant du fond avant de servir, froid ou à température ambiante.

Cette salade de pommes de terre est idéale pour les pique-niques car elle ne craint pas la chaleur, contrairement aux salades vendues dans le commerce, qui contiennent de la mayonnaise. Elle se marie bien avec les sandwiches, le gazpacho (voir chapitre 9) et les blancs de poulet sautés aux tomates et au thym (voir chapitre 4).

IMPROVISEZ

Ajoutez ¼ tasse d'oignons verts émincés ; 2 cuillerées à soupe d'herbes aromatiques hachées, comme du romarin, du cerfeuil ou du basilic ; ou 1 tasse de poivrons rôtis coupés en carrés.

Les salades de pâtes sont très pratiques pour les déjeuners rapides ou en plein air. Vous pouvez les faire avec quasiment tous les ingrédients que vous mettriez dans des pâtes chaudes. Dans la recette suivante, les pâtes sont cuites dans le même bouillon que les courgettes pour en rehausser le goût (et la valeur nutritive).

Salade de pâtes papillon aux moules

Ustensiles : Petit bol, fouet, couteau de chef, grande casserole ou marmite, passoire, écumoire, 2 saladiers

Temps de préparation : Environ 15 minutes

Temps de cuisson : Environ 50 minutes

Quantité : 4 personnes

2 cuillerées à soupe de vinaigre de vin rouge ou blanc

1 cuillerée à soupe de moutarde de Dijon

Sel et poivre noir à votre convenance

¾ tasse d'huile d'olive extra-vierge

3 cuillerées à soupe d'échalotes (ou d'oignons verts) finement hachées

2 grosses gousses d'ail finement hachées

2 tomates mûres, environ ¾ livre, pelées et coupées en dés de 1 cm

3 livres de moules bien nettoyées et ébarbées (instructions illustrées au chapitre 9)

½ tasse de vin blanc sec

2 litres d'eau

250 g de pâtes papillon

2 petites courgettes, environ ¾ livre, coupées en rondelles de 1 cm d'épaisseur

1 pincée de poivre de Cayenne

½ tasse de feuilles de basilic (ou de persil) grossièrement hachées

1. Mélangez le vinaigre, la moutarde, le sel et le poivre dans un bol. Battez le mélange avec un fouet métallique tout en ajoutant lentement l'huile. Une fois l'huile entièrement incorporée, ajoutez les échalotes (ou les oignons verts), l'ail et le poivre de Cayenne. Mélangez bien et mettez de côté.
2. Mettez les moules dans un grande casserole et ajoutez le vin. Couvrez et faites cuire à feu vif, en secouant doucement la casserole de temps à autre pour répartir les moules différemment, pendant environ 4 minutes ou jusqu'à ce que les moules soient ouvertes. Jetez les moules qui ne s'ouvrent pas.
3. Retirez les moules avec une écumoire, mettez-les dans un saladier et laissez-les refroidir. Versez le liquide de cuisson dans une passoire fine ou dans un égouttoir recouvert de papier absorbant, au-dessus d'un autre saladier pour passer le bouillon et le récupérer. Lorsque les moules sont suffisamment froides pour que vous puissiez les manipuler, retirez et jetez les coquilles, puis laissez les moules décortiquées dans le saladier.

4. Mettez le bouillon passé et les 2 litres d'eau dans une grande casserole ou marmite. Portez à ébullition et ajoutez les courgettes. Faites cuire 3 minutes et retirez les courgettes avec une écumoire pour les ajouter aux moules.
5. Faites bouillir le bouillon à nouveau, ajoutez les pâtes, remuez et faites cuire 10 à 12 minutes, jusqu'à ce que les pâtes soient tendres mais encore fermes (al dente). Égouttez bien et laissez refroidir légèrement.
6. Ajoutez les tomates et les pâtes au saladier contenant les moules et les courgettes. Ajoutez la vinaigrette et le basilic, et remuez le tout. Salez et poivrez, si nécessaire. Servez froid ou à température ambiante.

Vous pouvez servir les pâtes froides avec d'autres plats froids, comme une salade d'avocats et de tomates (voir chapitre 16).

IMPROVISEZ

Vous pouvez apporter de nombreuses variantes à cette recette :

- Utilisez d'autres types de pâtes, comme des conchiglie, des penne, des fusilli ou des tortellini (pour connaître les différentes catégories de pâtes, reportez-vous au chapitre 11).
- Mélangez les pâtes froides avec des légumes cuits al dente, assaisonnés avec une vinaigrette et éventuellement des herbes aromatiques fraîches.
- Remplacez les moules par des palourdes.
- Faites rôtir trois types de poivrons (rouges, verts et jaunes) avant de les peler, de les épépiner et de les couper en carrés de 5 mm (reportez-vous aux instructions de la recette de salade de pois mangetout aux poivrons rôtis, plus loin dans ce chapitre). Assaisonnez les pâtes avec une vinaigrette aux herbes et ajoutez-les aux poivrons.

La salade suivante, pleine de couleurs, associe l'âcreté du cresson et des endives à la saveur sucrée des oranges – un mélange rafraîchissant. Vous pouvez y ajouter des olives noires ou vertes pour une saveur plus salée.

Salade de cresson, endives et oranges

Ustensiles : Couteau de chef, saladier, fouet

Temps de préparation : Environ 25 minutes

Quantité : 4 personnes

1 bouquet de cresson lavé et égoutté

2 endives

2 cuillerées à café de moutarde de Dijon

2 cuillerées à soupe de vinaigre de vin rouge (ou à votre convenance)

¼ tasse d'huile d'olive ou de maïs, ou bien d'huile végétale

½ tasse d'oignon rouge haché

Sel et poivre noir à votre convenance

2 cuillerées à soupe de persil haché

1 orange Navel moyenne, épluchée et coupée en quartiers (voir icône Savoir-faire)

1. Coupez et jetez les tiges du cresson, ainsi que la base des endives. Coupez les endives en travers, en morceaux de 5 cm.
2. Pour faire la vinaigrette, mettez la moutarde dans un saladier. Ajoutez le vinaigre, puis l'huile, en mélangeant avec un fouet. Ajoutez l'oignon rouge, et salez et poivrez. Mélangez bien.
3. Ajoutez le cresson, les endives, les quartiers d'orange et le persil. Mélangez le tout et servez.

Pour empêcher le saladier de bouger pendant que vous faites la vinaigrette, posez-le sur un torchon plié.

Pour couper une orange, commencez par l'éplucher avec un couteau tranchant. Ensuite, coupez-la le long des membranes. Vous pouvez éliminer ces membranes blanches et filandreuses qui maintiennent les quartiers. Coupez le long de chaque côté de la membrane, en abaissant la lame du couteau vers le centre du fruit (voir figure 10-1).

En ajoutant un zeste d'orange, de citron ou de citron vert, vous pouvez facilement rehausser la saveur d'une sauce de salade. Frottez le fruit contre la partie la plus fine d'une râpe, en veillant à ne retirer que la couche colorée de la peau. La couche blanche située au-dessous a tendance à être amère.

Couper une orange en retirant les membranes

Figure 10-1 : Couper une orange en quartiers.

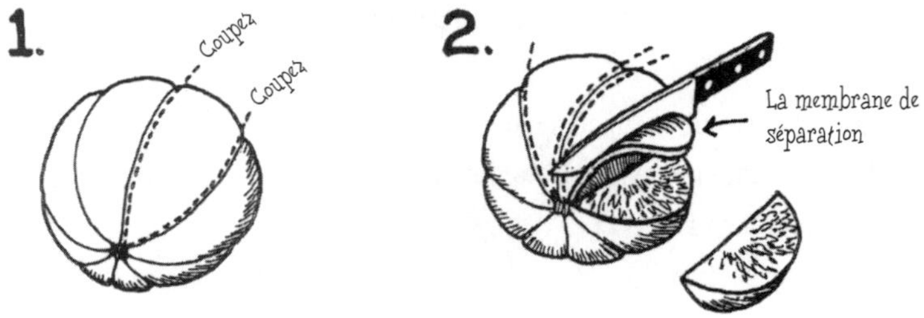

Salade de pois mangetout aux poivrons rôtis

Ustensiles : Plaque de four, sac en papier, couteau de chef, couteau à éplucher, égouttoir, grande sauteuse, fouet, bol, pince

Temps de préparation : Environ 20 minutes

Temps de cuisson : Environ 30 minutes

Quantité : 4 personnes

2 poivrons rouges ou jaunes évidés

¾ livre de pois mangetout rincés

1 petit oignon rouge coupé en deux puis en tranches fines

2 cuillerées à soupe de vinaigre de vin rouge

1 cuillerée à soupe de moutarde de Dijon

½ cuillerée à café de cumin moulu

Sel et poivre noir à votre convenance

8 feuilles de laitue Bibb ou Boston rincées et séchées

¼ tasse d'huile d'olive

¼ tasse de persil finement haché

1. Préchauffez le gril de votre four. Mettez les poivrons sur une plaque du four, sous le gril, 10 à 15 cm au-dessous de la source de chaleur. Grillez les poivrons en les retournant avec une pince jusqu'à ce qu'ils soient dorés de chaque côté. Retirez-les et mettez-les dans un sac en papier. Fermez le sac et mettez-le de côté environ 5 minutes pour que la peau des poivrons s'assouplisse.
2. Retirez les poivrons du sac et pelez-les à la main ou avec un couteau à éplucher. Coupez-les dans le sens de la longueur, en bandes de 5 mm, en retirant les graines.
3. Équeutez et effilez les pois mangetout. Mettez de l'eau légèrement salée (environ 2 cm) dans une grande sauteuse et portez-la à ébullition. Ajoutez les pois mangetout et faites-les cuire environ 2 minutes. Égouttez. Faites couler de l'eau froide sur les pois mangetout pour les rafraîchir rapidement et égouttez-les à nouveau. Mettez-les dans un saladier avec les bandes de poivrons et l'oignon rouge.

4. Mélangez le vinaigre, la moutarde et le cumin dans un bol et ajoutez le sel et le poivre. Battez vigoureusement avec un fouet tout en versant lentement l'huile. Ajoutez le persil. Versez la vinaigrette sur les légumes et remuez le tout. Mettez 2 feuilles de laitue sur chaque assiette et répartissez la salade à la cuillère en la déposant sur les feuilles.

Nous vous recommandons cette salade colorée avec des darnes d'espadon grillées au citron et au thym (voir chapitre 6).

IMPROVISEZ

Voici quelques variantes de la recette précédente :

- Utilisez des poivrons de différentes couleurs.
- Disposez des tomates cerises coupées en deux et du *fenouil* frais (légume-racine au léger goût de réglisse) finement tranché tout autour de l'assiette.
- Ajoutez des pointes d'asperges cuites.
- Mettez des conchiglie cuites, assaisonnées avec une vinaigrette aux herbes, au milieu de la salade, sous les poivrons et les pois mangetout.

Salade de crevettes chaudes aux épinards

Ustensiles : Déveineur, couteau de chef, grande sauteuse

Temps de préparation : Environ 25 minutes

Temps de cuisson : Environ 4 minutes

Quantité : 4 personnes

1,25 livre de grosses crevettes

4 tasses d'épinards frais pas trop tassés

4 fines tranches d'oignon rouge, décomposées en anneaux

6 cuillerées à soupe d'huile d'olive

½ cuillerée à café de zeste de citron râpé

Sel et poivre noir à votre convenance

2 grosses gousses d'ail finement hachées

2 poivrons rouges ou jaunes évidés, épépinés et coupés en bandes ou en carrés de 1 cm

3 cuillerées à soupe de vinaigre de vin rouge

½ tasse de feuilles de basilic (ou de persil) hachées

1. Décortiquez et déveinez les crevettes, puis mettez-les de côté (voir instructions au chapitre 12).
2. Retirez les tiges des épinards. Rincez bien et séchez. Disposez les feuilles d'épinards sur 4 assiettes.

3. Disposez les anneaux d'oignon au centre de chaque assiette.
4. Faites chauffer l'huile à feu moyen-vif dans une grande sauteuse (antiadhésive, de préférence). Ajoutez les crevettes, les poivrons, le sel et le poivre. Faites cuire, en remuant souvent, pendant environ 2 minutes ou jusqu'à ce que les crevettes soient presque entièrement roses. Ajoutez l'ail et faites cuire, en remuant souvent, 1 minute de plus (attention à ne pas faire noircir l'ail). Ajoutez le vinaigre ; faites cuire en remuant pendant 45 secondes. Retirez du feu.
5. Ajoutez la moitié du basilic (ou du persil) ainsi que le zeste de citron et remuez bien. Déposez les crevettes et leur sauce sur les anneaux d'oignon et les épinards. Saupoudrez chaque assiette de basilic (ou de persil). Goûtez pour ajuster l'assaisonnement, en ajoutant du sel et du poivre, si nécessaire. Servez immédiatement.

En général, les salades chaudes sont servies uniquement avec du pain. Cela dit, vous pouvez faire suivre cette salade d'un flanchet grillé cajun (voir chapitre 16) ou de brochettes de porc grillées au romarin (voir chapitre 6).

Glossaire de légumes verts à feuilles

Pour faire une salade, la fraîcheur des légumes et des herbes aromatiques est une condition indispensable. Si possible, achetez des produits de saison et rentrez à la maison sans faire de détours. Mieux encore, faites pousser vos légumes dans votre propre jardin.

Les légumes verts à feuilles peuvent être doux ou amers. Les variétés douces, comme la laitue iceberg, Boston ou Bibb, doivent être utilisées comme base pour des ingrédients au goût plus prononcé, avec un assaisonnement relevé. Par exemple, utilisez du radicchio, de l'aragula ou de la scarole pour contraster. À l'inverse, n'assaisonnez pas une salade de radicchio avec une vinaigrette. Préférez une sauce crémeuse pour en adoucir la saveur.

Les marchés et supermarchés offrent toute l'année un grand éventail de légumes verts à feuilles. Vous pouvez donc en mélanger plusieurs dans vos salades. Ne vous limitez pas à une simple laitue iceberg. Plus vous mélangez les genres, plus vous vous régalerez.

Voici la liste de nos légumes verts à feuilles préférés, dont certains sont illustrés à la figure 10-2.

ATTENTION !

N'assaisonnez pas trop vos salades

Trop assaisonner une salade est aussi fâcheux que d'être trop habillé pour un dîner. Ajoutez juste ce qu'il faut de sauce pour que les légumes en soient enduits lorsque vous aurez tourné la salade. Et lorsque vous tournez, allez-y franchement. Ne vous contentez pas de promener les légumes contre les parois du saladier. Retournez la salade de fond en comble.

Figure 10-2 : Nos légumes verts à feuilles préférés.

Légumes verts à feuilles doux

- **Batavia** : verte ou rouge, la batavia se compose de feuilles longues et ondulées, presque sucrées. Ajoutez la variété à feuilles rouges à une salade verte pour un contraste élégant ou mélangez les variétés rouge et verte dans le même saladier.
- **Feuille de chêne rouge** : cette laitue, dont les feuilles ressemblent à celles d'un chêne, est sucrée et colorée. Elle se marie bien avec les laitues Bibb et Boston et peut également être servie comme garniture.
- **Laitue Bibb** : feuilles tendres et ondulées formant une petite tête compacte. La laitue Bibb, qui a la douceur de la laitue Boston, est toutefois plus croquante. Elle est assez chère mais fait beaucoup d'effet même en petites quantités.
- **Laitue Boston** : cette laitue, dont la texture rappelle le beurre, ressemble à une rose verte. Vous pouvez l'associer à toutes les variétés de salades vertes ou la servir seule avec des tranches de tomates bien mûres.
- **Laitue iceberg** : la laitue iceberg, servie en toutes circonstances, est le pain blanc du monde de la salade. On l'apprécie davantage pour sa texture que pour sa saveur.

  TRUC

  Pour retirer le cœur d'une laitue iceberg, écrasez la tête (en la tenant à l'envers) sur une planche à découper ou un plan de travail. Vous pourrez ainsi dégager le cœur facilement en le faisant tourner sur lui-même.
- **Laitue romaine** : la laitue romaine se compose de feuilles vert foncé à l'extérieur et d'un cœur jaune pâle. Vous pouvez l'associer à d'autres salades vertes et la conserver jusqu'à une semaine au réfrigérateur. Comme d'autres légumes verts à feuilles foncées, la laitue romaine est riche en vitamine A.

Légumes verts à feuilles amers

- **Aragula** : on sent presque le fer dans les feuilles vert foncé de l'aragula. La saveur poivrée de ce légume se marie bien avec les laitues, plus douces. Vous pouvez aussi mélanger l'aragula avec des champignons portobello grillés et des oignons rouges, et assaisonner le tout avec une vinaigrette au citron.
- **Chicorée** : saveur identique à la scarole mais feuilles très frisées.
- **Chou** : vert ou rouge, le chou est très bon marché et peut être ajouté cru à une salade. Découpez les feuilles avec un couteau et mélangez-les avec d'autres salades vertes pour donner à celles-ci davantage de couleur et de texture. Ce légume riche en vitamine C se conserve longtemps.

- **Cresson** : ses feuilles en forme de trèfle donnent une texture croquante et une saveur poivrée aux salades. Retirez et jetez les tiges. Rincez bien. Le cresson fait également de bonnes soupes et de belles garnitures.
- **Endive** : l'endive se compose de feuilles blanches et jaune pâle serrées les unes contre les autres, qui lui donnent une forme de cigare. Très croquante, elle a un goût amer. Retirez les feuilles une à une et déchirez-les dans une salade verte ou utilisez-les entières pour y déposer des garnitures ou des sauces.
- **Épinards** : feuilles vert foncé légèrement froissées et pleines de fer. Jetez les tiges épaisses. Les feuilles des épinards jeunes sont plus petites, ovales, et lisses comme du beurre. Rincez les épinards soigneusement pour les débarrasser des impuretés et séchez-les bien. Mélangez-les avec des légumes verts plus doux, comme les laitues Bibb et Boston ou la batavia.
- **Frisée** : légèrement amère, cette plante jaune pâle se compose de feuilles de forme épineuse. Ajoutez-en avec modération à d'autres salades vertes pour obtenir une texture et une saveur contrastées. D'apparence semblable à la chicorée, elle a toutefois une saveur plus délicate.
- **Mesclun** : mélange de salades pouvant contenir notamment de la frisée, de l'aragula, du radicchio et de la laitue rouge. Le mesclun est très cher. Achetez-en uniquement s'il a l'air très frais, sinon les feuilles se flétriront avant que vous n'arriviez chez vous. Nous vous recommandons d'en acheter une petite quantité, que vous mélangerez avec d'autres salades, moins chères.
- **Pissenlit** : plante que vous pouvez cueillir au beau milieu de votre pelouse (si vous n'avez pas de chien). Le pissenlit est vendu sur les marchés au printemps. Les Italiens apprécient son croquant et son amertume. Mélangez-le à d'autres salades vertes avec des œufs durs hachés et une vinaigrette. Riche en vitamine C et en calcium.
- **Roquette** : plante à fleurs jaunes. Ses feuilles sont délicieuses en salade.
- **Radicchio** : petite tête compacte, dont les feuilles magenta foncé peuvent ajouter de brillantes taches de couleur dans une salade verte. Le radicchio est extrêmement amer et relativement cher. Utilisez-le avec modération. Il se conserve bien au réfrigérateur (jusqu'à deux semaines), notamment lorsqu'il est enveloppé dans du papier absorbant humide. Comme le chou, le radicchio peut aussi être grillé, rôti ou sauté.
- **Scarole** : légume que vous pouvez consommer cru en salade ou sauté dans de l'huile d'olive et de l'ail. Issue de la famille des endives, la scarole est assez amère et peut supporter des assaisonnements très parfumés.

TRUC

Certains légumes verts à feuilles sont meilleurs que d'autres selon les saisons et la région dans laquelle vous vivez. Si vous trouvez de l'aragula au marché, pensez à la mélanger avec d'autres salades vertes, comme la laitue romaine, la laitue rouge ou la chicorée. L'aragula a un petit goût amer qui égaye toutes les salades. Elle peut comporter du sable ; rincez-la abondamment.

Voici une salade mixte, simple et bien équilibrée, qui associe l'amertume de l'aragula à la douceur de la laitue Boston ou de la laitue rouge.

Salade verte mixte à l'oignon rouge

Ustensiles : Essoreuse à salade ou papier absorbant, couteau de chef, bol

Temps de préparation : Environ 20 minutes

Quantité : 4 personnes

4 tasses de feuilles de laitue Boston ou de laitue rouge

3 tasses d'aragula

⅓ tasse d'oignon rouge grossièrement haché

2 cuillerées à soupe de persil finement haché

1½ cuillerée à soupe de vinaigre de vin rouge ou blanc

Sel et poivre noir à votre convenance

¼ tasse d'huile d'olive

1. Rincez les salades vertes dans un grand récipient d'eau froide ou dans l'évier (changez l'eau plusieurs fois, jusqu'à ce qu'il n'y ait plus de sable). Récupérez les feuilles une par une en retirant les tiges. Essorez-les dans une essoreuse à salade ou déposez-les à plat sur du papier absorbant et séchez-les (les salades vertes doivent être lavées et séchées à l'avance et stockées dans des sacs en plastique au réfrigérateur).
2. Déchirez les feuilles de salade en petits morceaux et mettez-les dans un saladier. Ajoutez l'oignon rouge et le persil.
3. Versez le vinaigre dans un bol et ajoutez le sel et le poivre. Commencez à mélanger tout en ajoutant l'huile progressivement. Versez la vinaigrette sur la salade. Tournez la salade pour répartir l'assaisonnement.

Cette salade constitue une entrée à la fois élégante et passe-partout.

Voici quelques variantes savoureuses de cette recette :

- Remplacez le vinaigre de vin rouge par du vinaigre balsamique.
- Ajoutez 2 cuillerées à soupe de moutarde de Dijon à la vinaigrette.
- Ajoutez 2 cuillerées à soupe de mayonnaise, de yaourt ou de crème aigre à la vinaigrette pour lui donner une texture crémeuse.
- Mélangez de la laitue romaine, de la laitue Bibb ou du radicchio à la laitue rouge.
- Ajoutez 1 cuillerée à café d'ail émincé.
- Ajoutez des herbes aromatiques émincées, comme de l'estragon, du thym, du basilic, du cerfeuil, de la sauge ou de la sarriette, à votre convenance.
- Ajoutez 1 cuillerée à soupe de câpres rincées et égouttées.
- Effritez du fromage de chèvre ou du bleu sur les salades vertes.
- Faites des croûtons à l'ail (recette au chapitre 9) et éparpillez-les sur les salades vertes.

Acheter et stocker des salades vertes

Lorsque vous achetez une salade verte, choisissez-en une dont les feuilles ne sont ni flétries ni molles. Une tête fraîche de laitue romaine doit ressembler à un bouquet compact de feuilles vertes. Si la bordure des feuilles est de couleur rouille ou présente des signes de dépérissement, abstenez-vous. N'achetez pas non plus de cresson dont les feuilles commencent à jaunir. Les taches brunes sur la laitue iceberg sont un signe de pourriture. L'aragula et le pissenlit sont des salades très fragiles qui se flétrissent rapidement ; consommez-les dans les quelques jours qui suivent l'achat. Et ne croyez pas (simplement parce que vous avez vu votre mère le faire) que les salades flétries reprennent de la vigueur une fois plongées dans l'eau froide.

Stockez les salades vertes rincées et séchées dans le bac à légumes du réfrigérateur, après les avoir enveloppées dans du papier absorbant humide. Vous pouvez mettre le cresson, l'aragula, le persil et autres herbes aromatiques fraîches dans un verre d'eau, tiges en bas, comme un bouquet de fleurs coupées. Les salades vertes ne se conservent pas très longtemps. En règle générale, consommez-les dans les quelques jours qui suivent l'achat.

À l'heure où l'on trouve des poulets précuits dans les rayons des supermarchés, il n'est pas surprenant d'y voir également des salades vertes en sachets, accompagnées d'un assaisonnement, de croûtons et autres ingrédients de ce genre. Bien que ces salades toute faites permettent de gagner du temps, elles sont relativement chères et n'ont pas la même saveur que les salades fraîches.

Laver et sécher une laitue

Vous est-il déjà arrivé de vous endormir sur la plage la bouche ouverte, alors que le vent soulevait le sable dans votre direction ? Eh bien, cela peut vous donner un aperçu du goût qu'a une salade non lavée. Pour retirer tout le sable d'une laitue, détachez les feuilles et trempez-les brièvement dans l'eau froide, en les secouant de temps à autre. Ensuite, rincez soigneusement l'extrémité proche de la racine sous l'eau du robinet.

Il est indispensable de sécher complètement la laitue, sinon l'assaisonnement glissera sur les feuilles. Vous pouvez utiliser du papier absorbant mais il est préférable d'avoir recours à la force centrifuge d'une essoreuse à salade (voir chapitre 2).

Dix salades rapides... et si faciles que vous n'avez pas besoin de recette

Suivez vos envies pour créer vos propres salades en vous inspirant des exemples suivants.

- **Salade de tomates à l'oignon rouge et au basilic** : coupez quelques tomates mûres en rondelles de 5 mm d'épaisseur et disposez-les sur une assiette avec un oignon rouge coupé en dés et 4 ou 5 feuilles de basilic frais hachées. Ajoutez un filet d'huile et de vinaigre, salez et poivrez.
- **Salade de riz aux poivrons** : mélangez environ 3 tasses de riz blanc cuit avec 1 tasse de petits pois cuits et 2 tasses de poivrons rouges, verts ou jaunes hachés (ou un mélange de ces couleurs). Ajoutez une vinaigrette aux herbes, en quantité suffisante pour enrober tous les ingrédients. Salez et poivrez à votre convenance, puis réfrigérez avant de servir.
- **Salade de concombre à l'aneth** : mettez un concombre épluché, épépiné et tranché dans une vinaigrette parfumée à l'aneth (reportez-vous d'abord à la recette de base de la vinaigrette, au début de ce chapitre).

- **Salade de tomates cerises à la feta** : mélangez 1 livre de tomates cerises rincées et coupées en deux avec 120 g de feta effritée et ½ tasse d'olives noires dénoyautées et tranchées. Assaisonnez le tout avec une vinaigrette (recette au début de ce chapitre).
- **Salade d'orzo** : mélangez environ 2 tasses d'orzo cuit (pâtes en forme de riz) avec ½ tasse de tomates séchées, hachées. Assaisonnez légèrement avec de l'huile, du vinaigre et du poivre noir.
- **Salade de pois chiches** : mélangez 400 g de pois chiches égouttés, ½ tasse d'oignon rouge haché, 1 ou 2 gousses d'ail broyées et le zeste râpé d'un citron. Ajoutez une vinaigrette au citron (reportez-vous d'abord à la recette de base de la vinaigrette, au début de ce chapitre).
- **Salade de légumes à la mozzarella** : disposez en alternance quelques fines tranches de tomates mûres et de mozzarella sur le pourtour d'une assiette. Au milieu, disposez quelques tranches d'avocat arrosées d'un jus de citron frais pour éviter la décoloration. Assaisonnez le tout avec un filet d'huile d'olive et de jus de citron. Décorez avec du basilic frais.
- **Assiette de légumes grillés au pesto** : disposez un assortiment de légumes grillés de votre choix (voir chapitre 6) sur une assiette. Servez avec quelques cuillerées de pesto (voir chapitre 7).
- **Salade d'avocat et de papayes** : mélangez 1 avocat mûr épluché et haché, 2 papayes mûres pelées, épépinées et hachées, ½ tasse d'oignon rouge haché et 1 cuillerée à café de piment Jalapeño épépiné et haché. Assaisonnez avec 1 cuillerée à soupe de miel et le zeste râpé et le jus d'un citron. Servez avec un poulet ou un poisson grillé.
- **Salade de fruits rouges** : mélangez 1 kg de fraises rincées et équeutées, 500 g de myrtilles rincées et 500 g de framboises rincées dans un saladier. Ajoutez ½ tasse de crème épaisse sucrée avec du sucre glace. Mélangez le tout.

Chapitre 11

Pâtes

Dans ce chapitre :

- Le secret des pâtes réussies
- Sauces classiques ou inventives
- Recettes classiques : spaghettis à la sauce tomate, penne au fromage, lasagnes et bien d'autres encore

Les recettes de ce chapitre

- Spaghetti à la sauce tomate
- Sauce marinara
- Penne au parmesan et au basilic
- Rigatoni à l'aubergine et aux courgettes
- Penne aux rapinis
- Fettucine au fromage de chèvre et aux asperges
- Fettucine aux crevettes et au gingembre
- Lasagnes familiales

« Aucun homme ne peut être sage le ventre vide. »

— George Eliot

Dans l'Antiquité, les Grecs et les Romains mangeaient des aliments semblables aux pâtes que l'on consomme aujourd'hui. À la fin du XIIIe siècle, Marco Polo est rentré de Chine avec toutes sortes de pâtes. Aussi invraisemblable que cela puisse paraître, il ne les avait pas englouties avec de la sauce tomate sur le chemin du retour… Aujourd'hui, les pâtes sont présentes dans des dizaines de pays sous une forme ou une autre. Toutefois, personne ne songerait à mettre en doute la suprématie des Italiens en la matière.

Les pâtes sont des féculents riches en glucides complexes, ce qui signifie que le corps humain peut bénéficier de leur apport énergétique pendant une longue période. Les glucides simples, comme le sucre et le miel, donnent à notre corps de l'énergie mais aucune substance nutritive. Autrement dit, si vous carburez aux glucides simples, tenez-vous-en aux sprints sur une courte distance. Si vous mangez des pâtes, vous êtes prêt(e) pour le marathon. Sachez en outre que 60 g de pâtes ne contiennent que 211 calories et environ 1 g de graisse. Une bonne louche de sauce Alfredo fait monter les chiffres en flèche, mais c'est une autre histoire…

Faut-il manger des pâtes fraîches ?

À la fin des années 1970 et au début des années 1980, toute personne sachant faire bouillir de l'eau voulait faire des pâtes fraîches. Sans que l'on sache vraiment pourquoi – peut-être en raison de l'attrait des recettes illustrées sur le papier glacé des magazines – tout le monde pensait qu'il était préférable de faire ses pâtes soi-même. Les jeunes couples passaient des soirées entières dans leur cuisine. La farine volait de tous côtés, des œufs se cassaient dans la bataille et la pâte tombait par terre. Mais ils s'accrochaient. Enfin, ils faisaient sécher les pâtes toute la nuit sur des dossiers de chaises, des livres, des tables et des abat-jour.

Cette mode n'a pas duré longtemps. Mais vous pouvez encore repérer facilement les adeptes des pâtes fraîches – ce sont ceux qui s'écrient toujours dans les restaurants italiens : « Oooh, des pâtes fraîches ! Nous adorons faire des pâtes fraîches mais les enfants les préfèrent séchées. »

En réalité, les pâtes fraîches ne sont pas intrinsèquement meilleures que les pâtes séchées. Elles sont juste différentes. Il existe beaucoup de bonnes marques de pâtes séchées et le choix entre les deux catégories repose sur une simple question de goût. Les pâtes faites maison – lorsqu'elles sont bien faites – sont sans aucun doute plus légères et plus délicates. Les pâtes séchées semblent plus substantielles et, en raison de l'utilisation de farines différentes, leurs saveurs varient. Les meilleures comportent de la farine semoule, issue du blé dur, céréale très nutritive. Les pâtes fraîches, en revanche, sont faites à base de farine blanche.

Vous trouverez des pâtes fraîches dans les rayons réfrigérés des épiceries fines, mais vous paierez le prix fort. Ce chapitre traite uniquement des pâtes séchées, qui restent les plus consommées. Quel que soit votre choix, sachez que c'est la sauce qui fera la différence entre un plat de pâtes ordinaire et un mets raffiné.

Les pâtes sont-elles prêtes ?

Al dente n'est pas le nom d'un orthodontiste italien. C'est un terme sacré en Italie, qui signifie « sous la dent ». En cuisine, il signifie plus exactement « ferme sous la dent ». Dans presque tous les autres pays, la cuisson des pâtes dépasse ce stade. Et lorsque les pâtes cuisent trop longtemps, elles absorbent beaucoup d'eau et deviennent spongieuses.

TRUC

Quelques conseils pour faire cuire les pâtes

- **Utilisez une marmite de 8 litres et beaucoup d'eau (5 à 6 litres d'eau pour 500 g de pâtes).** Les pâtes, comme les danseurs de tango, ont besoin de place pour bouger. Si vous n'avez pas de marmite assez grande pour contenir autant d'eau en n'étant remplie au maximum qu'aux trois quarts, utilisez deux marmites au lieu d'en surcharger une, qui fera gicler de l'eau bouillante sur votre cuisinière.
- **Salez l'eau pour rehausser la saveur et favoriser l'absorption de la sauce.** En règle générale, comptez 2 cuillerées à café de sel pour 4 litres d'eau et 1 cuillerée à soupe pour 6 litres d'eau.
- **Mettez de l'huile dans l'eau.** Si votre eau de cuisson est calcaire, l'huile empêchera la fixation de celui-ci sur les pâtes.
- **Couvrez la marmite pour que la température remonte rapidement.** Lorsque vous ajoutez les pâtes, l'eau cesse de bouillir. Dès que l'ébullition reprend, retirez le couvercle et poursuivez la cuisson.
- **Gardez une tasse de liquide de cuisson lorsque les pâtes sont cuites.** Vous pouvez utiliser une partie du liquide pour humidifier la sauce. L'amidon que contient l'eau lie la sauce et l'aide à adhérer aux pâtes.
- **Ne rincez pas les pâtes.** Lorsque les pâtes sont al dente (tendres mais fermes), versez-les doucement dans un égouttoir. Ne les rincez pas ! L'amidon doit rester sur les pâtes pour favoriser l'adhérence de la sauce. Cette règle ne s'applique pas si vous mangez les pâtes froides, en salade.
- **Après avoir égoutté les pâtes, vous pouvez les mettre dans la casserole contenant la sauce et mélanger le tout.** Cette méthode permet de répartir la sauce plus uniformément que lorsque celle-ci est simplement versée à la cuillère sur les pâtes. Servez directement depuis la casserole.
- **Ne mélangez jamais des pâtes de formes ou de tailles différentes dans la même marmite.** Pêcher le type de pâtes dont la cuisson se termine en premier n'est pas très aisé…
- **N'essayez pas de parler un italien de synthèse lorsque vous servez vos pâtes.** « Bonissimo ! Perfectamente mia amigas, mangia, mangia ! » Vous aurez l'air stupide et vous irriterez vos invités.

TRUC

La méthode ancestrale d'évaluation de la cuisson des pâtes est toujours la meilleure : piquez une pâte avec une fourchette, prenez-la entre vos doigts, faites des bonds et secouez la pâte brûlante dans les airs, puis goûtez-la (l'étape qui consiste à secouer la pâte dans les airs n'est pas indispensable, mais elle rend le processus plus amusant).

Faire des pâtes et une sauce parfaites

Les principes de base de la préparation d'une sauce sont les mêmes que ceux que nous avons décrits au chapitre 7 pour l'ensemble des sauces. Une seule différence, toutefois : pour les pâtes, la quantité de sauce nécessaire est souvent plus importante.

ASTUCE DU CHEF

Remuez les pâtes avec une cuillère en bois, et non en métal, dès que vous les avez plongées dans l'eau bouillante. Versez-les dans l'eau en une seule fois et ne les cassez surtout pas – c'est un péché ! Si la consommation de sel vous est déconseillée, ajoutez un peu de jus de citron à l'eau de cuisson. Cette petite touche d'amertume donne au plat une saveur agréable.

Ajouter la sauce au bon moment

SAVOIR-FAIRE

Vous devez ajouter la sauce dès que les pâtes sont égouttées, sinon celles-ci deviendront rigides et collantes. Elle doit donc être prête avant la fin de la cuisson des pâtes. Ensuite, il ne vous restera plus qu'à égoutter les pâtes, ajouter la sauce, remuez le tout et servir.

Note : Dans de nombreuses recettes de ce chapitre, nous vous recommandons de faire la sauce pendant que l'eau bout ou que les pâtes cuisent. Ainsi, les pâtes et la sauce sont prêtes à peu près en même temps.

Choisir la bonne sauce et savoir doser

ASTUCE DU CHEF

La sauce doit avoir la bonne consistance, ni trop liquide, ni trop épaisse, afin d'enrober toutes les pâtes et de les rendre parfaitement moelleuses. S'il y a trop de sauce, les pâtes sont spongieuses. S'il n'y en a pas assez, elles sont sèches.

Vous pouvez varier les sauces en fonction des saisons :

- Au printemps, utilisez des herbes aromatiques fraîches et des légumes tendres.
- En été, utilisez des sauces légères à base de poisson.
- En automne, utilisez des champignons sauvages ou de la viande.
- En hiver, utilisez des légumes-racines ou de la viande.

Lorsque vous faites une sauce pour les pâtes, pensez toujours en termes de *hiérarchie* des saveurs. Autrement dit, faites en sorte que l'un des ingrédients domine tandis que les autres rehaussent et accompagnent cet ingrédient principal.

Par exemple, si vous avez de superbes champignons sauvages, en automne, ce serait une folie de les mélanger avec un gorgonzola au goût prononcé. Si vous voulez utiliser du fromage, celui-ci devra être doux et fumé pour accompagner la saveur des champignons.

Bien choisir les tomates

Rien n'est aussi bon qu'une tomate qui a mûri sur pied sous les rayons du soleil d'été. Malheureusement, les tomates cultivées localement ne sont disponibles que quelques mois dans l'année. Il faut donc avoir recours aux tomates cueillies encore vertes, mûries en serre et commercialisées par des producteurs d'autres régions ou pays. Pour faire des soupes, des sauces ou des ragoûts, les tomates italiennes en conserve sont les plus appropriées. Si vous suivez une recette qui recommande l'utilisation de tomates fraîches à un moment où les variétés courantes ne sont pas de bonne qualité, optez pour des tomates prunes ou des tomates italiennes. Les tomates prunes, qui tirent leur nom des fruits auxquels elles ressemblent, mûrissent généralement en un jour ou deux, après l'achat, et sont parfaites pour faire une sauce rapide avec un peu de basilic et d'ail. Hors saison, utilisez des tomates prunes en conserve – elles ont beaucoup de saveur.

TRUC

Pour faire mûrir des tomates, mettez-en plusieurs dans un sac en papier pendant un ou deux jours afin d'emprisonner les gaz naturels qui provoquent la maturation. Pour accélérer encore plus le processus de maturation, mettez une banane dans le sac. Pour savoir comment peler et épépiner les tomates, reportez-vous à la recette de spaghettis à la sauce tomate, plus loin dans ce chapitre.

Identifier les pâtes : types de pâtes et temps de cuisson

Il existe deux grandes catégories de pâtes italiennes : les macaronis et les spaghettis.

Les *macaroni* sont tous de *forme tubulaire* mais d'aspects différents. Les spaghettis, en français « petits fils », se présentent sous forme de filaments délicats. Les linguine et les fettucine sont parfois classées en dehors de la catégorie des spaghetti, car il s'agit de filaments aplatis. La figure 11-1 illustre les pâtes les plus courantes, également décrites dans les sections suivantes.

Macaroni

Également connus sous le nom de pâtes tubulaires, les macaroni se mangent avec des sauces épaisses et riches. Le tableau 11-1 dresse la liste des différents types de pâtes tubulaires, avec le temps de cuisson correspondant et la sauce d'accompagnement la plus appropriée.

Figure 11-1 : Différentes sortes de pâtes.

Tableau 11-1 Catégorie des macaronis

Nom italien	*Traduction*	*Description et temps de cuisson approximatif*
Cannelloni	« Grands roseaux »	Pâtes farcies à la viande ou au fromage et cuites à l'étouffée dans une sauce. Cuisson : 7 à 9 minutes.
Ditali	« Dés »	Pâtes lisses de petite taille. Utilisées dans les soupes et dans les salades de pâtes. Cuisson : 8 à 10 minutes.
Penne	« Pennes »	Se mangent de préférence entièrement recouvertes d'une sauce riche. Cuisson : 10 à 12 minutes.
Rigatoni	« Grandes cannelures »	Grands tubes larges, excellents avec une sauce tomate à la viande et aux légumes. Cuisson : 10 à 12 minutes.
Ziti	« Jeunes mariés »	Tubes étroits, délicieux dans les ragoûts riches avec une sauce tomate épaisse. Cuisson : 10 à 12 minutes.

Pâtes en filaments

Les pâtes en filaments, très fines, doivent être agrémentées de sauces claires, riches en huile, qui les empêchent de coller les unes aux autres. Le tableau 11-2 indique la meilleure façon de cuisiner chaque type de pâtes de cette catégorie.

Tableau 11-2 Catégorie des spaghettis

Nom italien	*Traduction*	*Description et temps de cuisson approximatif*
Capelli d'angelo	« Cheveux d'ange »	Les plus fines de toutes les pâtes, délicieuses dans les soupes. Agrémenter d'une sauce à la tomate ou à base de crème liquide. Cuisson : 3 à 4 minutes.
Cappellini	« Petits cheveux »	Pâtes légèrement plus épaisses que les cheveux d'ange. Cuisson : 4 à 5 minutes.
Spaghetti	« Petits fils »	Longs filaments d'épaisseur moyenne. Cuisson : 10 à 12 minutes.
Vermicelli	« Petits vers »	Filaments fins. Cuisson : 5 à 6 minutes.

Pâtes plates

Les pâtes plates sont excellentes avec une sauce riche et crémeuse, comme la sauce Alfredo, ou une simple sauce au beurre avec des légumes frais sautés. Pour connaître la meilleure façon de cuisiner chaque type de pâtes de cette catégorie, reportez-vous au tableau 11-3.

Tableau 11-3 Pâtes plates

Nom italien	*Traduction*	*Description et temps de cuisson approximatif*
Fettucine	« Petits rubans »	Filaments plats. Cuisson : 8 à 10 minutes.
Linguine	« Petites langues »	Longs rubans fins. Cuisson : 8 à 10 minutes.
Tagliatelle	« Petites tranches »	Semblables aux fettucine mais un peu plus larges. Cuisson : 7 à 8 minutes.

Pâtes farcies

Remplies de viande, de fromage, de poisson ou de légumes, les pâtes farcies se mangent de préférence avec une simple sauce tomate ou une sauce à la crème légère. La pâte est souvent aromatisée et teintée avec des épinards, des tomates, des champignons ou du safran, épice très parfumée. Le tableau 11-4 indique le temps de cuisson des pâtes farcies congelées.

Tableau 11-4 Pâtes farcies

Nom italien	*Description*	*Farce et temps de cuisson approximatif*
Agnolotti	Demi-lunes	Pâtes farcies à la viande ou au fromage. Cuisson : 7 à 9 minutes.
Ravioli	Petits coussins carrés	Pâtes farcies à la viande, au fromage, au poisson ou aux légumes. Cuisson : 7 à 9 minutes.
Tortellini	Petits tortillons en forme d'anneau	Pâtes farcies à la viande ou au fromage. Cuisson : 10 à 12 minutes.

Pâtes de formes diverses

Le tableau 11-5 dresse la liste des autres pâtes, qui ne font partie d'aucune catégorie en particulier.

Tableau 11-5 Pâtes de formes diverses

Nom italien	*Traduction*	*Accompagnement recommandé et temps de cuisson approximatif*
Conchiglie	« Coquilles »	Pâtes excellentes avec une simple sauce au beurre et au basilic, et du parmesan râpé. Cuisson : 10 à 12 minutes.
Farfalle	« Papillons »	Pâtes délicieuses en salade avec des légumes frais. Cuisson : 10 à 12 minutes.
Fusili	« Torsades »	Pâtes en forme de tire-bouchon, délicieuses avec une sauce épaisse. Cuisson : 10 à 12 minutes.
Orecchiette	« Oreillettes »	Pâtes pouvant être mélangées aux soupes de poulet et aux bouillons clairs. Cuisson : 7 à 9 minutes.
Orzo	« Orge »	Pâtes en forme de riz, idéales dans une salade de poulet et de tomates séchées à la vinaigrette. Cuisson : 8 à 10 minutes.
Rotelle	« Petites roues »	Pâtes de forme amusante très appréciées des enfants. Cuisson : 8 à 10 minutes.

Sauces classiques

Les sauces italiennes sont aussi inventives et variées que les formes des pâtes. Vous trouverez ci-après la composition des sauces les plus courantes. Ainsi, la prochaine fois que vous dînerez dans un grand restaurant italien, vous saurez ce que vous mangez.

- **Bolognaise** : sauce tomate à la viande (bœuf, veau ou porc) qui a longuement mijoté. Elle tire son nom de la ville de Bologne, où elle a été inventée. Dans la véritable sauce bolognaise, la viande est légèrement dorée et cuite dans une petite quantité de lait et de vin avant que les tomates soient ajoutées.
- **Primavera** : mélange de légumes de printemps sautés, comme des poivrons rouges, des tomates, des asperges et des pois mangetout, agrémenté d'herbes aromatiques fraîches.
- **Fettucine all' Alfredo** : riche sauce à la crème, au beurre, au parmesan et au poivre noir fraîchement moulu accompagnant les fettucine.
- **Carbonara** : lard cuit et croustillant (pancetta, en général) mélangé avec de l'ail, des œufs, du parmesan et parfois de la crème.

- **Spaghetti alle Vongole** : spaghetti agrémentés de palourdes, d'huile d'olive, de vin blanc et d'herbes aromatiques.
- **Puttanesca** : sauce piquante aux anchois, à l'ail, aux tomates, aux câpres et aux olives noires.
- **Pesto** : fine pâte à base de feuilles de basilic fraîches, de pignes, d'ail, de parmesan et d'huile d'olive.

Recettes de pâtes

Les recettes suivantes sont simples et vous pourrez les adapter dès que vous aurez acquis davantage d'assurance.

Sauce de base

Vous pouvez vous servir de cette sauce rapide pour créer d'innombrables variantes, comportant des herbes aromatiques, des légumes, de la viande et bien d'autres ingrédients.

Dans ce livre, nous ne parlons que de pâtes séchées (par opposition aux pâtes fraîches), sauf indication contraire.

Spaghetti à la sauce tomate

Ustensiles : Couteau à éplucher, couteau de chef, grande marmite, égouttoir, casserole ou sauteuse, râpe

Temps de préparation : Environ 15 minutes

Temps de cuisson : Environ 15 minutes

Quantité : 3 à 4 personnes

5 à 6 tomates mûres (environ 1,5 livre)

Sel et poivre noir à votre convenance

375 g de spaghetti (ou autres pâtes de votre choix)

2 cuillerées à café d'ail épluché et émincé (environ 2 grosses gousses)

2 cuillerées à soupe de feuilles de basilic fraîches grossièrement hachées

3 cuillerées à soupe de parmesan râpé

3 cuillerées à soupe d'huile d'olive

1. Évidez les tomates. Plongez-les dans l'eau bouillante pendant 10 à 15 secondes. Retirez-les avec une écumoire et immergez-les dans un bol d'eau glacée pour les rafraîchir rapidement. Lorsque les tomates ont suffisamment refroidi pour que vous puissiez les manipuler, pelez-les avec un couteau à éplucher et retirez les graines. Coupez-les en cubes de 1 cm (instructions illustrées à la figure 11-2).
2. Portez 4 à 5 litres d'eau légèrement salée à ébullition dans une grande marmite couverte. Ajoutez les spaghettis, remuez-les bien avec une longue fourchette pour les empêcher de coller les uns aux autres, et faites-les cuire à feu vif, sans couvercle, pendant environ 8 minutes ou jusqu'à ce qu'ils soient *al dente*.
3. Pendant que les spaghettis cuisent, faites chauffer l'huile à feu moyen dans une casserole ou une sauteuse. Ajoutez l'ail. Faites-le revenir en remuant avec une cuillère en bois, environ 30 secondes (attention à ne pas le faire brûler). Ajoutez les cubes de tomates, et salez et poivrez à votre convenance. Faites cuire environ 3 minutes, en écrasant les tomates avec une fourchette et en remuant souvent.
4. Juste avant la fin de la cuisson des pâtes, prélevez et mettez de côté ¼ tasse de liquide de cuisson. Lorsque les pâtes sont prêtes, égouttez-les et remettez-les dans la marmite. Ajoutez aux pâtes la sauce tomate, le parmesan, le basilic et le liquide de cuisson que vous avez mis de côté. Remuez le tout et faites cuire pendant quelques secondes, à feu doux. Servez immédiatement.

Figure 11-2 : Plongez les tomates dans l'eau bouillante pendant quelques secondes pour pouvoir les peler plus facilement.

IMPROVISEZ

Vous pouvez remplacer le parmesan par une petite boîte de miettes de thon égouttées. Si vous choisissez le parmesan, ajoutez des olives noires tranchées et quelques cœurs d'artichauts cuits. Les crevettes sautées et les pointes d'asperges, ou même les foies de volaille sautés, complètent également à merveille cette sauce classique.

Sauce congelée

Vous pouvez faire la sauce marinara, sauce très parfumée qui mijote longuement, en grande quantité, comme dans la recette suivante, et la congeler en portions individuelles pour une utilisation ultérieure. Si vous préférez, utilisez-la entièrement pour faire les lasagnes familiales dont la recette est fournie plus loin dans ce chapitre.

Sauce marinara

Ustensiles : Couteau de chef, casserole en métal épais, cuillère en bois, robot ou mixeur, râpe

Temps de préparation : Environ 15 minutes

Temps de cuisson : Environ 1 heure

Quantité : Environ 5 tasses

¼ tasse d'huile d'olive

1 tasse d'oignon épluché et émincé (environ 1 gros oignon)

1 cuillerée à soupe d'ail épluché et émincé (environ 3 grosses gousses)

1 boîte de 1 kg de tomates pelées italiennes

180 g de concentré de tomate

⅓ tasse de vin rouge sec

½ tasse d'eau

2 cuillerées à café de thym frais haché ou 1 cuillerée à café de thym lyophilisé

2 cuillerées à café d'origan frais haché ou 1 cuillerée à café d'origan lyophilisé

Sel et poivre noir à votre convenance

⅓ tasse de parmesan ou de romano râpé

1. Faites chauffer l'huile d'olive à feu moyen dans une casserole en métal épais. Ajoutez l'oignon et l'ail, et faites-les revenir jusqu'à ce qu'ils ramollissent, environ 3 à 4 minutes, en remuant souvent (attention à ne pas faire brûler l'ail). Ajoutez tous les autres ingrédients, excepté le fromage, et faites mijoter pendant environ 1 heure, partiellement couvert, en remuant de temps à autre. Laissez refroidir à température ambiante.
2. Versez la sauce dans un mixeur ou un robot (en plusieurs fois, si nécessaire), fermez bien le couvercle, et réduisez en purée jusqu'à ce que le mélange soit onctueux mais encore légèrement granuleux.
3. Remettez la sauce dans la casserole et faites-la chauffer à feu très doux. Goûtez pour évaluer l'assaisonnement et ajoutez le fromage à ce stade ou directement à table.

***Note** : Les tomates italiennes ont une saveur beaucoup plus prononcée que les autres. Cela dit, si vous préférez acheter des produits nationaux, vous pouvez tout à fait utiliser des tomates françaises.*

Vous aurez besoin de 5 tasses de sauce pour 1 kg de pâtes ou pour un grand plat de lasagnes (voir lasagnes familiales, plus loin dans ce chapitre). Si vous avez trop de sauce, vous pouvez en congeler une partie dans un récipient hermétique jusqu'à 6 mois.

Une marmite d'eau bouillante peut représenter un danger dans une cuisine. Utilisez des marmites avec des petites poignées, auxquelles on ne peut pas s'accrocher facilement, et mettez-les à bouillir sur les brûleurs du fond, loin des petites mains curieuses.

Plat de pâtes rapide

Si vous n'avez pas beaucoup de temps devant vous, oubliez les sauces élaborées et optez pour une garniture rapide à base de fromage, comme dans la recette suivante.

Penne au parmesan et au basilic

Ustensiles : Grosse marmite, couteau de chef, râpe, égouttoir

Temps de préparation : Environ 10 minutes

Temps de cuisson : Environ 20 minutes

Quantité : 3 à 4 personnes

250 g de penne

2 cuillerées à soupe d'huile d'olive

1 cuillerée à soupe de beurre

Sel et poivre noir à votre convenance

¼ tasse de parmesan ou de romano râpé

¼ tasse de basilic frais ou de persil italien haché

1 pincée de muscade fraîchement râpée ou moulue

1. Portez 3 à 4 litres d'eau légèrement salée à ébullition dans une grosse marmite couverte. Ajoutez les penne, remuez bien pour les empêcher de coller les unes aux autres, et faites bouillir à nouveau à feu vif. Faites cuire, sans couvercle, environ 10 minutes ou jusqu'à ce que les pâtes soient *al dente*.
2. Juste avant la fin de la cuisson des pâtes, prélevez ¼ tasse de liquide de cuisson. Lorsque les penne sont prêtes, égouttez-les et remettez-les dans la marmite. Ajoutez l'huile d'olive et le beurre, et remuez le tout. Ensuite, ajoutez le fromage, le basilic, la muscade, le poivre et le liquide de cuisson que vous avez prélevé.
3. Remuez pour mélanger et faites chauffer pendant 30 secondes, à feu moyen. Salez, si nécessaire. Servez immédiatement.

Plats de pâtes plus élaborés

Une fois que vous maîtrisez les principaux plats de pâtes, vous pouvez faire preuve de créativité en utilisant différents ingrédients. Mais avant de vous précipiter dans une épicerie fine pour acheter des caramboles et du jambon fumé, pensez à l'harmonie des saveurs. Aucun des ingrédients de votre sauce ne doit éclipser les autres – les navets, par exemple, ont cette tendance. Pour savoir si des ingrédients peuvent être associés dans une sauce, demandez-vous si vous pourriez les servir ensemble, en plat d'accompagnement.

Aubergine et courgette

Voici un plat de pâtes aux légumes, dans lequel les saveurs sont tout à fait en harmonie. L'aubergine à une texture particulière et une saveur légèrement amère mais douce. Utilisez-la comme ingrédient principal. Les courgettes au goût subtil ajouteront de la couleur, ainsi que les tomates.

Rigatoni à l'aubergine et aux courgettes

Ustensiles : Couteau de chef, râpe, grande marmite, 2 grandes casseroles ou sauteuses, égouttoir

Temps de préparation : Environ 25 minutes

Temps de cuisson : Environ 30 minutes

Quantité : 4 à 6 personnes

4 cuillerées à soupe d'huile d'olive

2 cuillerées à café d'ail épluché et finement haché (environ 2 grosses gousses)

1,5 livre de tomates mûres évidées, pelées et hachées (ou une boîte de 850 g de purée de tomates)

¼ tasse de persil italien frais haché

2 cuillerées à café d'origan lyophilisé

500 g de rigatoni, ziti, fusili ou conchiglie

¼ tasse de parmesan ou de romano râpé (et à votre convenance pour la garniture)

½ cuillerée à café de sucre

1 aubergine moyenne (environ 1 livre), sans les extrémités, épluchée et coupée en cubes de 2 cm (instructions illustrées à la figure 11-3)

½ livre de courgettes, sans les extrémités, coupées en deux dans le sens de la longueur puis en demi-cercles de 1 cm d'épaisseur

½ cuillerée à café de piment rouge (facultatif)

Sel et poivre noir à votre convenance

¼ tasse de basilic frais grossièrement haché

1. Faites chauffer 1 cuillerée à soupe d'huile d'olive à feu moyen dans une grande casserole ou sauteuse et ajoutez l'ail. Faites revenir l'ail pendant 1 minute, en remuant constamment, sans le

faire brûler. Ajoutez les tomates, le persil, l'origan, le sucre, le piment (faculatif), le sel et le poivre. Remuez pour mélanger, portez à ébullition, réduisez la chaleur et laissez mijoter pendant 15 minutes, partiellement couvert.

2. Pendant que la sauce mijote, faites chauffer le reste d'huile d'olive à feu vif dans une autre sauteuse. Lorsque l'huile est très chaude, ajoutez l'aubergine et les courgettes, puis salez et poivrez à votre convenance. Faites cuire à feu moyen, en remuant de temps à autre, environ 5 à 7 minutes ou jusqu'à ce que les légumes soient dorés et tendres. Après avoir laissé mijoter la sauce tomate pendant 15 minutes, ajoutez le mélange à base d'aubergine et de courgettes et faites mijoter encore 15 minutes.
3. Pendant ce temps, faites bouillir 5 litres d'eau légèrement salée à feu vif dans une grande marmite couverte.
4. Versez les pâtes dans l'eau bouillante, remuez-les bien pour les empêcher de coller les unes aux autres, et faites-les cuire en respectant le temps de cuisson indiqué sur le paquet ou jusqu'à ce qu'elles soient *al dente*. Juste avant d'égoutter les pâtes, prélevez ½ tasse de liquide de cuisson et versez-la dans la sauce.
5. Égouttez les pâtes cuites et remettez-les dans la marmite. Ajoutez la sauce, le fromage et le basilic. Remuez le tout et servez chaud avec un supplément de fromage.

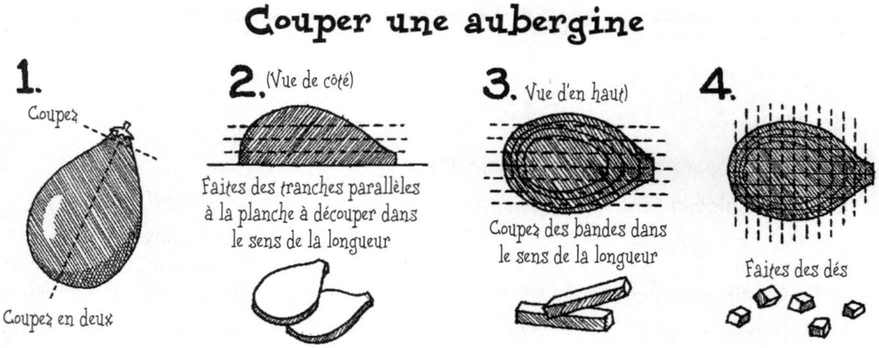

Figure 11-3 : La meilleure façon de couper une aubergine.

IMPROVISEZ

À cette sauce épaisse et consistante, vous pouvez ajouter une viande, comme du porc haché ou de la saucisse italienne douce. Par exemple, faites cuire dans une petite sauteuse ½ livre de saucisse italienne douce après avoir haché celle-ci grossièrement. Ajoutez la saucisse cuite à la sauce tomate avec l'aubergine et les courgettes. Vous pouvez aussi arroser les morceaux d'aubergine et de courgettes d'huile et les faire griller ou rôtir au four jusqu'à ce qu'ils soient tendres, avant de les ajouter à la sauce tomate.

Rapinis

En Italie, les pâtes sont très souvent accompagnées de rapinis. La saveur légèrement amère de ces légumes contraste à merveille avec le piquant de l'ail et l'arôme de l'huile d'olive. Dans la recette suivante, les pâtes bénéficient de la petite touche poivrée des rapinis. Le romarin et l'origan donnent à la sauce une autre dimension (si vous ne trouvez pas d'herbes aromatiques fraîches, utilisez des herbes lyophilisées mais réduisez les proportions de moitié ou d'un tiers car elles sont plus fortes).

Dans les rapinis, tout se mange : les petits boutons, mais aussi les feuilles et les tiges, suffisamment tendres pour être consommées. Ces légumes sont très riches en vitamines et en minéraux, notamment en vitamine C et en fer.

Dans la recette suivante, nous vous recommandons d'utiliser le minimum d'eau pour que les rapinis cuisent lentement à la vapeur et conservent ainsi leur saveur et la plupart de leurs substances nutritives. Vous pouvez faire un délicieux plat d'accompagnement à partir de cette recette : supprimez les penne et le parmesan, et servez avec une entrée à base de poulet, de poisson, de porc, de veau ou d'agneau.

Penne aux rapinis

Ustensiles : Grande marmite, pince ou écumoire, grande casserole ou sauteuse, couteau de chef, râpe, égouttoir

Temps de préparation : Environ 25 minutes

Temps de cuisson : Environ 25 minutes

Quantité : 4 personnes

1 livre de rapinis épluchés et coupés en morceaux de 5 à 7 cm (voir note ci-après)

4 cuillerées à soupe d'huile d'olive

1 cuillerée à soupe d'ail épluché et finement haché (environ 3 grosses gousses)

1 cuillerée à café de romarin frais haché (ou ½ cuillerée à café de romarin lyophilisé)

1 cuillerée à café d'origan frais haché (ou ½ cuillerée à café d'origan lyophilisé)

¼ à ½ cuillerée à café de piment rouge lyophilisé, selon les goûts

¼ tasse d'eau

375 g de penne ou de rigatoni

⅓ tasse de parmesan râpé

Sel et poivre noir à votre convenance

1. Rincez les rapinis et mettez-les encore imbibés d'eau dans un grand bol.
2. Dans une grande sauteuse, faites chauffer 3 cuillerées à soupe d'huile d'olive à feu moyen. Ajoutez l'ail, le romarin, l'origan et le piment rouge, et faites cuire environ 30 secondes en remuant de temps à autre (attention à ne pas faire brûler l'ail).
3. Ajoutez les rapinis, avec l'eau qui s'est éventuellement écoulée dans le bol, et remuez-les dans l'huile (vous pouvez utiliser une pince à salade pour les retourner). Ajoutez l'eau. Couvrez et faites cuire à feu moyen, en remuant de temps à autre, environ 8 à 10 minutes ou jusqu'à ce que les tiges soient tendres mais encore craquantes. Retirez du feu et mettez de côté, couvert.
4. Faites bouillir 4 à 5 litres d'eau à feu vif dans une grande marmite. Ajoutez les pâtes et faites-les cuire en respectant le temps de cuisson indiqué sur le paquet ou jusqu'à ce qu'elles soient *al dente*. Lorsqu'elles sont cuites, égouttez-les bien et remettez-les dans la marmite.
5. Ajoutez le mélange à base de rapinis, le reste d'huile d'olive et le parmesan. Remuez bien pour mélanger. Goûtez et ajoutez du sel et du poivre si nécessaire. Servez immédiatement.

***Note** : Avant de rincer les rapinis dans l'eau froide, coupez environ 7 cm de tige. Coupez les tiges et les feuilles en morceaux mais laissez les petits boutons intacts.*

TRUC

Effritez les feuilles de romarin entre vos doigts avant de les ajouter aux sauces et aux soupes.

Fromage de chèvre et asperges

Le fromage de chèvre frais, dont la texture crémeuse est très agréable, a un arrière-goût légèrement piquant. Il se marie très bien avec les pâtes et les légumes frais.

Fettucine au fromage de chèvre et aux asperges

Ustensiles : Grande marmite, grande sauteuse, égouttoir, râpe

Temps de préparation : Environ 15 minutes

Temps de cuisson : Environ 20 minutes

Quantité : 4 personnes

1,25 livre d'asperges fraîches

4 tomates mûres

375 g de fettucine

2 cuillerées à soupe de beurre

2 cuillerées à soupe d'huile d'olive

Sel et poivre noir à votre convenance

2 cuillerées à café d'ail épluché et finement haché (environ 2 grosses gousses)

¼ tasse de feuilles de basilic fraîches grossièrement hachées

120 g de fromage de chèvre à température ambiante

Parmesan fraîchement râpé

1. Faites bouillir 4 à 5 litres d'eau légèrement salée à feu vif dans une grande marmite couverte.
2. Pendant ce temps, retirez la base ligneuse des asperges (les cinq derniers centimètres environ) : utilisez un couteau ou cassez les asperges au point de rupture naturel. Tranchez les pointes en diagonale pour faire des morceaux de 1 cm. Rincez et égouttez bien.
3. Lorsque l'eau bout, plongez-y les tomates 10 à 20 secondes, puis retirez-les avec une écumoire (cette cuisson rapide n'a pour but que d'amollir la peau). Lorsqu'elles ont suffisamment refroidi pour que vous puissiez les manipuler, pelez-les avec un couteau à éplucher. Évidez-les et épépinez-les (instructions illustrées à la figure 11-2). Enfin, hachez-les grossièrement et mettez-les de côté.
4. Faites bouillir l'eau à nouveau et ajoutez les fettucine. Remuez-les bien pour les empêcher de coller les unes aux autres et faites-les cuire, sans couvercle, pendant environ 8 minutes ou jusqu'à ce qu'elles soient *al dente*.
5. Pendant que les pâtes cuisent, faites chauffer l'huile et le beurre dans une grande sauteuse et ajoutez les asperges, les tomates et l'ail. Faites cuire à feu moyen pendant 4 à 5 minutes, en remuant souvent, jusqu'à ce que les asperges soient tendres mais encore craquantes. Réduisez la chaleur et gardez au chaud à feu très doux.
6. Avant d'égoutter les pâtes, prélevez et mettez de côté ½ tasse de liquide de cuisson. Lorsque les pâtes sont prêtes, égouttez-les et remettez-les dans la marmite.
7. Ajoutez le mélange à base de légumes, le fromage de chèvre, le basilic, le sel et le poivre aux pâtes. Remuez et faites chauffer le tout à feu moyen. Si la sauce manque de liquide, versez un peu du liquide de cuisson que vous avez mis de côté. Servez immédiatement avec un supplément de parmesan, si vous le souhaitez.

Assaisonnements orientaux

Maintenant, vous pouvez faire preuve de davantage d'audace. Les assaisonnements orientaux ont fait leur apparition dans la cuisine occidentale il y a quelques années, lorsque les chefs ont découvert à quel point ils étaient vivifiants et bons pour la santé. Le gingembre, par exemple, a une saveur revigorante, qui se marie particulièrement bien avec les crevettes. Les saveurs dominantes du plat suivant proviennent donc du gingembre et des crevettes.

Le gingembre frais, vendu dans certains supermarchés et dans toutes les épiceries asiatiques, n'a pas du tout le même goût que le gingembre moulu. Vous ne pouvez pas les substituer l'un à l'autre. Achetez du gingembre frais, qui ne présente aucun signe de mollesse ou de pourrissement. Avec un épluche-légumes, retirez la peau fine du rhizome avant de hacher ou de râper celui-ci. Vous pouvez envelopper le gingembre dans un film plastique et le stocker au réfrigérateur, où il se conserve pendant plusieurs semaines.

Dans le plat suivant, le gingembre donne aux pâtes une petite touche exotique. Une fois que les légumes sont épluchés et coupés, cette recette est facile à faire.

Fettucine aux crevettes et au gingembre

Ustensiles : Grande marmite, couteau de chef, grande sauteuse, égouttoir

Temps de préparation : Environ 15 minutes (25 minutes si les crevettes ne sont pas décortiquées

Temps de cuisson : Environ 25 minutes

Quantité : 3 personnes

Sel à votre convenance

500 g de fettucine

4 cuillerées à soupe d'huile d'olive

1 tasse d'oignon rouge épluché et grossièrement haché (environ 1 oignon moyen)

Poivre noir à votre convenance

2 poivrons rouges moyens évidés, épépinés et coupés en carrés de 1 cm

1 cuillerée à soupe de gingembre frais épluché et finement haché

6 tomates mûres évidées et coupées en cubes de 1 cm

¼ cuillerée à café de piment rouge

¼ tasse de basilic frais haché

1 livre de petites courgettes, sans les extrémités, rincées puis coupées en cubes de 1 cm

1 cuillerée à soupe de vinaigre de vin rouge

1,25 livre de crevettes moyennes décortiquées et déveinées (instructions au chapitre 12)

1 cuillerée à soupe d'ail épluché et finement haché (environ 3 grosses gousses)

1. Faites bouillir 4 à 5 litres d'eau légèrement salée à feu vif dans une grande marmite couverte. Ajoutez les fettucine, remuez-les bien pour les empêcher d'attacher les unes aux autres et faites-les cuire, sans couvercle, en respectant le temps de cuisson indiqué sur le paquet. Les pâtes doivent être *al dente*.
2. Commencez à faire la sauce pendant que l'eau bout. Faites chauffer 2 cuillerées à soupe d'huile d'olive dans une grande sauteuse. Ajoutez l'oignon, les courgettes, les poivrons rouges, le sel et le poivre. Faites cuire à feu moyen-vif, en remuant souvent, jusqu'à ce que les légumes soient tendres, environ 3 à 4 minutes. Ajoutez les crevettes, les tomates, l'ail, le gingembre et le piment

rouge. Faites cuire, en remuant souvent, environ 3 à 4 minutes de plus ou jusqu'à ce que les crevettes soient uniformément roses. Ajoutez le reste d'huile d'olive, le basilic et le vinaigre. Remuez bien pour mélanger.

3. Juste avant d'égoutter les pâtes, prélevez et mettez de côté ¼ tasse de liquide de cuisson. Lorsque les pâtes sont prêtes, égouttez-les et remettez-les dans la marmite. Ajoutez la sauce à base de crevettes et de tomates aux pâtes et remuez bien. Si la sauce manque de liquide, ajoutez le liquide de cuisson que vous avez mis de côté. Servez immédiatement.

Acheter des crevettes

À moins que vous ne viviez en bord de mer, les crevettes que vous achetez dans votre supermarché ont sans doute été congelées pendant leur transit. Si elles ont bénéficié d'une congélation flash, méthode qui consiste à congeler les aliments à très basse température dès leur récolte, elles peuvent être excellentes. Dans ce cas, leur durée de conservation est d'environ 6 mois, à condition qu'elles soient bien emballées.

Les crevettes doivent être de préférence ni décortiquées ni précuites. Après avoir décortiqué une crevette, retirez la veine noirâtre qui lui longe le dos et lui donne un goût amer (reportez-vous à l'encadré du chapitre 12 pour savoir comment décortiquer et déveiner une crevette ou bien demandez à votre poissonnier de déveiner les crevettes que vous lui achetez).

Recette familiale

Les lasagnes sont faciles à faire, notamment si vous utilisez une bonne sauce en conserve, comme le suggère la recette suivante. Vous pouvez personnaliser ce plat en ajoutant à la sauce des ingrédients, comme du bœuf haché, des épinards, des champignons ou des morceaux de poulet. Cette version simple des lasagnes convient pour au moins 8 personnes. Après les avoir recouverts d'une feuille d'aluminium, vous pouvez réchauffer les restes au four à 175°C, pendant environ 20 minutes, ou à feu doux dans une sauteuse fermée, avec un peu d'eau. Vous pouvez également avoir recours au four à micro-ondes.

TRUC

Vous pouvez faire vos lasagnes la veille, les réfrigérer et les faire cuire pendant une heure juste avant de servir.

Lasagnes familiales

Ustensiles : Grande marmite, égouttoir, plat de 32,5 x 22,5 x 7,5 cm, couteau de chef, râpe

Temps de préparation : Environ 20 minutes, avec une sauce en conserve (plus si vous faites la sauce)

Temps de cuisson : Environ 1 heure

Quantité : 8 personnes

12 pâtes pour lasagnes

500 g de mozzarella (allégée, si vous préférez)

450 g de ricotta (allégée, si vous préférez)

⅓ tasse plus 2 cuillerées à soupe de parmesan ou de romano râpé

5 tasses, environ, de sauce tomate maison (voir recette de sauce marinara, plus haut dans ce chapitre) ou en conserve (deux pots de 750 g)

Sel et poivre noir à votre convenance

1. Faites bouillir à feu vif environ 6 litres d'eau légèrement salée dans une marmite de 8 litres.
2. Lorsque l'eau bout, ajoutez les pâtes par petites quantités. Couvrez, portez à ébullition à nouveau, puis faites cuire, sans couvercle, en respectant le temps de cuisson indiqué sur le paquet, jusqu'à ce que les pâtes soient tout juste tendres mais ne se déchirent pas facilement.
3. Pendant que les pâtes cuisent, préchauffez le four à 190°C.
4. Coupez la mozzarella en cubes de 1 cm. Mélangez dans un bol la ricotta, ⅓ tasse de parmesan et 1 cuillerée à soupe de liquide de cuisson, prélevé dans la marmite. Salez et poivrez le mélange à votre convenance et mettez de côté.
5. Lorsque les pâtes sont cuites, égouttez-les dans l'évier et faites couler de l'eau froide dans l'égouttoir.
6. Pour faire les lasagnes, étalez une bonne tasse de sauce tomate au fond du plat. Disposez les pâtes sur la sauce de sorte qu'elles recouvrent complètent le fond du plat (les pâtes doivent se toucher mais pas se chevaucher). Étalez un tiers du mélange à base de ricotta sur les pâtes en une couche uniforme (ou déposez quelques cuillerées à intervalles réguliers). Éparpillez un tiers des cubes de mozzarella sur la ricotta. Étalez une bonne tasse de sauce tomate par-dessus cette couche. Salez et poivrez à votre convenance.
7. Continuez à faire des couches, en terminant avec une fine couche de sauce tomate. Saupoudrez uniformément la dernière couche de 2 cuillerées à soupe de parmesan.
8. Faites cuire dans le four préchauffé. Au bout de 30 minutes, regardez si la couche supérieure est sèche. Si c'est le cas, recouvrez-la d'une feuille de papier d'aluminium. Faites cuire encore 20 à 25 minutes ou jusqu'à ce que les lasagnes soient bien chaudes et bouillonnantes. Laissez reposer, couvert, pendant 15 minutes avant de couper en carrés et de servir.

IMPROVISEZ

Vous pouvez rendre vos lasagnes uniques en ajoutant toutes sortes d'ingrédients. Par exemple, mélangez ¼ à ⅓ tasse d'épinards ou de brocolis égouttés, hachés et cuits, frais ou congelés, avec le mélange à base de ricotta. Ou bien, ajoutez entre les couches ⅓ à ½ livre de bœuf haché cuit ou de morceaux de poulet ou de dinde cuits. Ou encore, ajoutez entre les couches 1 tasse de légumes cuits hachés, comme des champignons, des courgettes ou des carottes. Vous pouvez relever les sauces en conserve avec un peu de vin rouge ou d'herbes aromatiques fraîches, comme de l'origan, de la marjolaine ou du basilic. Pour une saveur épicée, ajoutez à la sauce tomate un peu de piment rouge ou de piment Jalapeño épépiné et haché.

TRUC

Si vous n'avez pas de plat à lasagnes, achetez un modèle jetable en aluminium, en vente dans la plupart des supermarchés.

Chapitre 12

Plats uniques

Dans ce chapitre :

- Ragoûts en cocotte
- Hachis Parmentier
- Pain de viande, tourte à la viande et macaroni au fromage

Les recettes de ce chapitre

- Strata au fromage et au bacon
- Hachis Parmentier
- Pain de viande au bœuf et à la dinde
- Tourte au poulet à base de biscuit
- Crevettes au four à l'oignon vert et à la chapelure
- Macaroni au fromage

Pourquoi utiliser deux plats (ou plus) lorsqu'un seul fera l'affaire ? Pour les familles, les célibataires et les fêtards, les plats uniques sont véritablement providentiels. Chaque pays a sa spécialité : le pot-au-feu en France, la paella en Espagne, le tajine au Maroc et le jambalaya en Louisiane.

Pourquoi un ragoût ?

Le ragoût peut vous sembler démodé. Pourtant, c'est un plat très commode. En voici les multiples avantages :

- **Le ragoût repose sur le principe des économies d'échelle**. Deux livres de haricots noirs coûtent à peine plus cher qu'une seule livre. N'hésitez pas à inviter vos voisins !
- **Le ragoût ne demande pas beaucoup de temps ni beaucoup d'efforts**. Vous pouvez boire un verre, bavarder, boire un autre verre avec vos invités pendant que le ragoût cuit, aller à la cuisine avec une nonchalance calculée, et cinq minutes plus tard : à table ! Le dîner est prêt.
- **Le ragoût fait de bons restes**. Si vous rentrez à la maison tard alors que vous mourez de faim, sortez votre ragoût du réfrigérateur et réchauffez-le au four à micro-ondes.
- **Le ragoût est un classique**. Vous pouvez prétendre que votre ragoût est une vieille recette familiale – même si c'est nous qui vous l'avons donnée !

Strata : formation rocheuse ou repas familial ?

La *strata*, plat idéal pour le brunch du dimanche matin, se compose essentiellement d'un flan et de couches d'ingrédients variés, notamment du pain, des légumes, du fromage et des aromates.

Préparez la strata quelques minutes avant de la mettre au four afin que le pain puisse absorber le flan. Vous pouvez même la préparer plusieurs heures avant et la réfrigérer. Dans ce cas, pensez à la sortir du réfrigérateur 10 minutes avant la cuisson. Ensuite, mettez-la dans un four préchauffé à 175°C environ 30 à 45 minutes avant de passer à table.

Strata au fromage et au bacon

Ustensiles : Plat peu profond, en verre ou céramique, de 25 x 30 cm, grand bol, couteau de chef, sauteuse

Temps de préparation : Environ 25 minutes (laisser reposer 15 minutes)

Temps de cuisson : Environ 35 minutes

Quantité : 4 à 6 personnes

Beurre pour beurrer le plat

240 g de pain italien

5 tranches de bacon

1½ tasse de gouda, de gruyère ou de fontina râpé

Sel et poivre noir à votre convenance

5 œufs

2 tasses de lait

2 cuillerées à soupe de sauce tomate

½ tasse d'épinards (ou d'oseille) rincés et hachés

1. Beurrez le fond et les parois d'un plat allant au four (utilisez un plat rectangulaire pour que les tranches de pain puissent être disposées correctement en une seule couche).
2. Coupez et jetez les deux extrémités du pain et découpez celui-ci en 16 tranches. Si le pain est frais, faites sécher les tranches dans un four à 80°C pendant environ 15 minutes. Disposez les tranches dans le plat, en les faisant se chevaucher pour qu'elles tiennent toutes.
3. Sautez le bacon à feu moyen-vif dans une grande sauteuse, environ 5 minutes ou jusqu'à ce qu'il soit croustillant, en le retournant de temps à autre. Absorbez la graisse avec du papier absorbant. Lorsque le bacon a suffisamment refroidi pour que vous puissiez le manipuler, effritez-le en petits morceaux.
4. Éparpillez les morceaux de bacon sur les tranches de pain et recouvrez le tout de fromage et d'épinards (ou d'oseille).

5. Dans un grand bol, battez les œufs et ajoutez le lait, la sauce tomate, le sel et le poivre. Versez le mélange sur les couches de pain, de bacon, de fromage et d'épinards. Appuyez sur les tranches de pain avec une fourchette pour qu'elles trempent bien dans le mélange à base d'œufs. Laissez reposer environ 15 minutes.
6. Préchauffez le four à 175°C.
7. Faites cuire la strata environ 35 minutes ou jusqu'à ce que le flan à base d'œufs soit ferme et légèrement doré. Ne faites pas cuire trop longtemps, sinon le flan sera sec. Retirez du four et servez immédiatement, en coupant en carrés.

Servez ce plat riche avec une simple salade, comme une salade verte mixte à l'oignon rouge (voir chapitre 10).

Vous pouvez faire cette strata dans un plat en verre de 22,5 x 32,5 cm. Au lieu de faire se chevaucher les tranches de pain, posez-les à plat en en utilisant juste assez pour recouvrir le fond du plat (il vous restera 2 ou 3 tranches sur les 16. Utilisez-les pour faire de la chapelure). Faites cuire au four à 175°C pendant environ 30 minutes ou jusqu'à ce que le flan prenne. Coupez en carrés et servez immédiatement.

Vous pouvez varier les ingrédients d'une strata autant que la garniture des omelettes. Par exemple, remplacez le bacon par de la viande hachée cuite ou du jambon. Supprimez les épinards et ajoutez ½ tasse de fleurs de brocolis cuites, d'oignon haché ou de champignons sautés.

Hachis Parmentier

Traditionnellement, le hachis Parmentier est un plat à base de bœuf, et non d'agneau. Cependant, dans la recette suivante, nous avons préféré utiliser de l'agneau, dont la saveur est plus prononcée. Vous pouvez le remplacer par du bœuf dans la même proportion.

Hachis Parmentier

Ustensiles : Couteau de chef, grande marmite, presse-purée, grande sauteuse, plat à gratin ovale

Temps de préparation : Environ 45 minutes

Temps de cuisson : Environ 35 minutes

Quantité : 4 à 6 personnes

2,5 livres de pommes de terre Idaho

4 cuillerées à soupe de beurre

Environ 1 tasse de lait

Sel et poivre noir à votre convenance

2 grosses gousses d'ail épluchées et hachées

1 cuillerée à soupe de thym (ou de sauge) haché ou 1 cuillerée à café de thym (ou de sauge) lyophilisé

1 cuillerée à soupe de farine

1 pincée de muscade moulue

1 cuillerée à soupe d'huile végétale

1 oignon moyen haché

1,5 livre d'agneau cuit puis haché (ou viande hachée d'agneau crue)

1 cuillerée à soupe de feuilles de romarin hachées ou 1 cuillerée à café de romarin lyophilisé

½ tasse de bouillon de bœuf ou de poulet fait maison ou en conserve

1. Préchauffez le four à 175°C.
2. Épluchez les pommes de terre et coupez-les en quartiers. Mettez-les dans une grande marmite d'eau légèrement salée et portez à ébullition. Faites cuire, couvert, jusqu'à ce que les pommes de terre soient tendres, environ 20 minutes. Égouttez bien les pommes de terre et remettez-les dans la marmite.
3. Écrasez les pommes de terre avec un presse-purée en ajoutant 2 cuillerées à soupe de beurre et suffisamment de lait pour que la purée soit onctueuse et légère. Salez et poivrez, et mettez de côté.
4. Faites chauffer l'huile à feu moyen-doux dans une grande sauteuse. Ajoutez l'oignon et l'ail, et faites-les revenir, en remuant souvent, jusqu'à ce que l'oignon ramollisse (attention à ne pas faire brûler l'ail). Augmentez la chaleur et faites cuire l'agneau à feu moyen, environ 5 minutes, en remuant (si vous utilisez de la viande hachée d'agneau crue, faites-la cuire à feu moyen, en remuant souvent, pendant environ 10 minutes ou jusqu'à ce qu'elle soit bien dorée). Videz et jetez la graisse qui s'est accumulée dans la sauteuse.
5. Ajoutez la farine et faites cuire, en remuant souvent, pendant 2 à 3 minutes. Ajoutez le bouillon, le thym, le romarin, la muscade, du sel et du poivre. Réduisez la chaleur et faites mijoter à feu doux, en remuant de temps à autre, pendant environ 15 minutes. Retirez du feu et laissez refroidir légèrement.
6. Transférez le mélange à base d'agneau dans un plat à gratin ovale (d'environ 32,5 cm). Étalez la purée de pommes de terre sur le tout. Répartissez les 2 cuillerées à soupe de beurre qui restent à intervalles réguliers sur la purée. Faites cuire 45 minutes ou jusqu'à ce que le hachis soit bien doré. Laissez refroidir pendant 5 minutes avant de servir.

Ce plat peut être accompagné d'une simple salade, comme une salade de tomates à l'oignon rouge et au basilic (voir chapitre 10).

Pain de viande

Ce pain de viande, fait en partie avec de la dinde, moins grasse que le bœuf, peut être le point de départ de nombreuses créations. Par exemple, vous pouvez remplacer la dinde par de la viande hachée de porc ou de veau. L'agneau est également bien adapté à cette recette. La technique de base est la même pour toutes les viandes hachées.

Pain de viande au bœuf et à la dinde

Ustensiles : Couteau de chef, sauteuse moyenne, grand bol, grand moule à cake, fouet

Temps de préparation : Environ 30 minutes

Temps de cuisson : Environ 1 heure 30 (laisser reposer 10 minutes)

Quantité : 6 personnes

2 cuillerées à soupe d'huile d'olive

1 gros oignon haché

3 grosses gousses d'ail finement hachées

¾ tasse de lait

2 œufs

1½ tasse de chapelure

2 cuillerées à soupe de thym haché ou 2 cuillerées à café de thym lyophilisé

2 cuillerées à soupe de sarriette hachée ou 2 cuillerées à café de sarriette lyophilisée

1 livre de viande hachée de bœuf maigre

1 livre de viande hachée de dinde

2 cuillerées à soupe de persil finement haché

¼ cuillerée à café de muscade moulue

Sel et poivre noir à votre convenance

1. Préchauffez le four à 175°C.
2. Faites chauffer l'huile à feu moyen dans une sauteuse moyenne. Ajoutez l'oignon et faites-le revenir, en remuant de temps à autre, pendant environ 3 minutes ou jusqu'à ce qu'il commence à ramollir. Ajoutez l'ail et faites cuire, en remuant souvent, environ 2 minutes de plus (attention à ne pas le faire brûler). Retirez du feu et mettez de côté.
3. Dans un grand bol, mélangez les œufs et le lait en battant avec un fouet. Ajoutez la chapelure, remuez et laissez reposer 5 minutes. Ajoutez les autres ingrédients ainsi que l'oignon et l'ail sautés. Mélangez bien le tout, à la main ou avec une cuillère en bois.
4. Transférez le mélange dans un grand moule à cake. Faites cuire, sans couvrir, environ 1 heure 30, en retirant éventuellement l'excès de graisse avec une poire d'arrosage. Laissez le pain de viande reposer environ 10 minutes à température ambiante avant de le couper en tranches directement dans le moule.

Vous pouvez servir ce pain de viande avec une sauce tomate, une sauce piquante, une sauce à la moutarde ou même une sauce à base de ketchup et de Tabasco. En accompagnement, nous vous recommandons le chou braisé à la pomme et au carvi (voir chapitre 16).

TRUC

La poire d'arrosage permet de prélever la graisse qui s'accumule dans un plat à rôtir. Si vous n'en avez pas, vous pouvez utiliser une grande cuillère en métal. Inclinez légèrement le plat et retirez la graisse cuillerée par cuillerée.

Tourte au poulet

IMPROVISEZ

Les tourtes sont des plats uniques traditionnels, que l'on peut manger en plusieurs fois. La recette n'a pas beaucoup changé, sauf dans les restaurants branchés, où les chefs ajoutent parfois des ingrédients plus tendance, comme du fenouil.

La recette suivante, bien qu'elle soit simple, demande beaucoup de temps. Il faut, entre autres étapes, pocher le poulet, faire une sauce blanche, hacher les légumes et étaler la pâte de la tourte. Mais le résultat en vaut vraiment la peine.

Tourte au poulet à base de biscuit

Ustensiles : Couteau de chef, marmite de 4 litres avec couvercle, égouttoir, petite casserole, saladier, plat allant au four peu profond, fouet, rouleau à pâtisserie.

Temps de préparation : Environ 30 minutes

Temps de cuisson : Environ 1 heure 05

Quantité : 6 personnes

Environ 1 kg de blancs de poulet avec os et peau

3 tasses de bouillon de poulet fait maison ou en conserve

1 oignon moyen coupé en deux

1 branche de céleri, sans les feuilles, coupée en tranches de 5 cm

3 cuillerées à soupe de farine

¼ tasse de crème épaisse

¼ cuillerée à café de muscade moulue

1 pomme de terre moyenne épluchée et coupée en quartiers

2 gousses d'ail épluchées

½ tasse de lait

6 cuillerées à soupe de beurre

3 carottes grattées et coupées en tronçons de 5 cm

1½ tasse de mix pour biscuit (et un peu plus pour saupoudrer le plan de travail)

Sel et poivre noir à votre convenance

1 tasse de petits pois frais ou congelés

1 cuillerée à soupe de xérès (facultatif)

1. Mélangez les blancs de poulet, le bouillon, l'oignon, le céleri et l'ail dans une marmite de 4 litres. Ajoutez juste ce qu'il faut d'eau pour recouvrir la viande et les légumes. Couvrez la marmite et portez à ébullition. Retirez le couvercle, réduisez la chaleur et faites mijoter pendant 15 minutes.
2. Ajoutez les carottes et la pomme de terre. Faites bouillir le bouillon à nouveau, puis réduisez la chaleur et faites mijoter 15 minutes de plus ou jusqu'à ce que le poulet et les légumes soient tout juste tendres. Laissez refroidir environ 5 minutes dans le liquide de cuisson.
3. Versez le bouillon, le poulet et les légumes lentement dans un grand égouttoir posé sur une autre marmite pour récupérer le bouillon. Laissez refroidir environ 10 minutes ou jusqu'à ce que le poulet ait suffisamment refroidi pour que vous puissiez le manipuler.
4. Retirez la viande du poulet et coupez-la en petits morceaux d'une bouchée. Jetez la peau et les os, le céleri et l'ail. Coupez grossièrement l'oignon, les carottes et la pomme de terre en cubes de 1 cm et mettez-les de côté.
5. Dégraissez le bouillon que vous avez récupéré. Versez 2 tasses de bouillon dans une petite casserole (gardez le reste pour un autre usage ou, si nécessaire, ajoutez de l'eau pour obtenir 2 tasses). Faites chauffer le bouillon à la limite de l'ébullition.
6. Faites fondre 3 cuillerées à soupe de beurre à feu moyen dans une marmite ou une grande casserole (vous pouvez réutiliser la marmite dans laquelle vous avez fait le bouillon). Ajoutez la farine et faites cuire, en remuant constamment avec un fouet, pendant environ 1 minute. Ajoutez les 2 tasses de bouillon chaud et faites cuire, en remuant de temps à autre, environ 2 à 3 minutes ou jusqu'à ce que la sauce arrive à ébullition et épaississe. Ajoutez la crème et la muscade. Ajustez l'assaisonnement avec du sel et du poivre.
7. Ajoutez le poulet, les légumes coupés en cubes, les petits pois et le xérès (facultatif) à la sauce. Versez le mélange à la cuillère dans un plat peu profond allant au four.
8. Préchauffez le four à 220°C.
9. Mélangez le mix pour biscuit et les 3 dernières cuillerées de beurre dans un saladier. Mélangez le tout à la main ou avec une fourchette jusqu'à ce que le mélange ressemble à de la chapelure.
10. Ajoutez le lait et mélangez jusqu'à ce que vous obteniez une pâte molle. Posez la pâte sur une planche en bois ou sur un plan de travail bien fariné (vous pouvez utiliser de la farine ou un peu de mix pour biscuit). La pâte doit être très molle. Avant de l'étaler, saupoudrez-la de mix pour biscuit. Mettez-en aussi sur vos mains et sur le rouleau à pâtisserie. La pâte doit être juste assez ferme pour être étalée en un carré d'environ 1 cm d'épaisseur.
11. Coupez la pâte en 9 ou 10 triangles ou ronds avec un couteau. Disposez les morceaux de pâte sur le mélange à base de poulet et faites cuire au four environ 25 minutes ou jusqu'à ce que le biscuit soit légèrement doré. Servez immédiatement.

Ce plat constitue un repas à lui seul, mais vous pouvez le servir avec un velouté de carottes à l'aneth (voir chapitre 9).

Plat de fête : hors-d'œuvre aux crevettes

Les crevettes sont idéales pour un repas de fête. Vous pouvez les servir en hors-d'œuvre ou en plat de résistance avec du riz, des pâtes ou des légumes (recettes à base de riz et de légumes au chapitre 3).

On évalue la taille et le prix des crevettes en fonction du nombre que contient une livre. Bien que le nombre puisse varier d'un marché à l'autre, les catégories sont définies de la manière suivante : crevettes moyennes (40 à 50 par livre), grosses crevettes (30 à 35 par livre), crevettes extra-grosses (25 à 30 par livre), crevettes Jumbo (20 à 25 par livre) et crevettes colossales (15 à 18 par livre). Le prix augmente proportionnellement à la taille, les crevettes colossales étant les plus chères et les crevettes moyennes, les moins chères. Pour faire la recette suivante, vous devez acheter des crevettes suffisamment grosses pour être farcies.

Crevettes au four à l'oignon vert et à la chapelure

Ustensiles : Déveineur, couteau à éplucher, couteau de chef, sauteuse moyenne, plaque de four, pinceau à pâtisserie

Temps de préparation : Environ 30 minutes

Temps de cuisson : Environ 12 minutes

Quantité : 4 personnes

1 livre de crevettes extra-grosses ou Jumbo décortiquées et déveinées (instructions illustrées à la figure 12-1)

2 cuillerées à soupe de beurre

½ tasse d'oignons verts finement hachés

¼ tasse de poivron rouge finement haché

¼ tasse de céleri finement haché

2 grosses gousses d'ail finement hachées

1 cuillerée à café de marjolaine (ou de cerfeuil) hachée ou ½ cuillerée à café lyophilisée

¾ tasse de chapelure (voir encadré ci-après)

½ cuillerée à café de paprika

Sel et poivre noir à votre convenance

1 cuillerée à soupe d'huile d'olive

4 quartiers de citron

2 cuillerées à café de jus de citron frais

1. Préchauffez le four à 260°C.
2. Préparez les crevettes en coupant la partie postérieure de la carapace avec un couteau à éplucher, de la tête à la queue, et en enfonçant la lame jusqu'aux trois quarts de la chair, afin de pouvoir les ouvrir à plat comme un papillon.

3. Faites fondre le beurre à feu moyen dans une sauteuse moyenne. Ajoutez les oignons verts, le poivron rouge, le céleri et l'ail. Faites cuire à feu moyen environ 3 à 4 minutes ou jusqu'à ce qu'à ce que les légumes réduisent. Ajoutez la chapelure, le jus de citron, la marjolaine, le thym et le paprika. Mélangez bien, retirez du feu, et assaisonnez avec du sel et du poivre.
4. Alignez les crevettes sur une plaque légèrement huilée, partie ouverte en haut. Répartissez la farce sur les crevettes ouvertes. Lissez-la avec un doigt (les crevettes se refermeront légèrement sur la farce en cuisant).
5. Enduisez la farce d'huile d'olive avec un pinceau. Faites cuire environ 8 minutes ou jusqu'à ce que les crevettes soient uniformément roses. Servez immédiatement avec les quartiers de citron.

Pour accompagner ce plat, nous vous recommandons une salade d'orzo (voir chapitre 10), du riz étuvé (voir chapitre 3) ou des tartines de fromage de chèvre aillées (voir chapitre 16).

Décortiquer et déveiner les crevettes

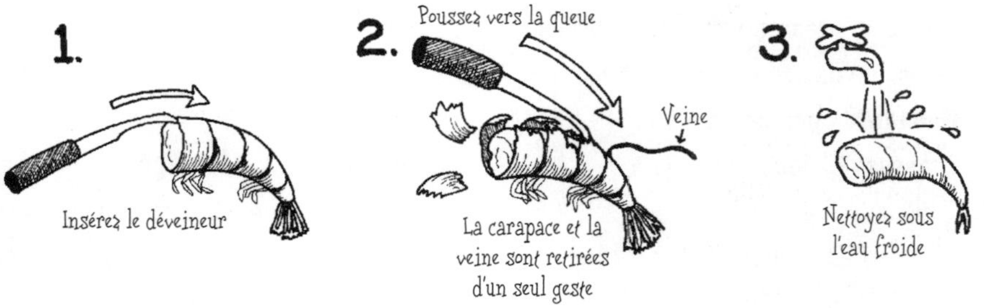

Figure : 12-1 : Comment décortiquer et déveiner les crevettes.

TRUC

Comment faire de la chapelure

Vous pouvez faire de la chapelure à l'avance et la stocker dans un bocal hermétique.

Faites griller légèrement six tranches de pain. Coupez-les en morceaux et mettez-les dans un robot ou un mixeur pour les réduire en chapelure.

Variante : Mettez des herbes aromatiques dans le robot ou le mixeur ou frottez des gousses d'ail épluchées et coupées en deux sur les tranches de pain avant de réduire celles-ci en chapelure.

Le paradis des pâtes

La recette suivante est très simple, mais vous pouvez y apporter de nombreuses variantes. Par exemple, remplacez les macaronis coudés par des penne, des ziti ou des conchiglie. À la place du fontina ou du cheddar, utilisez de la mozzarella ou du gruyère. Si vous préférez, utilisez un mélange de ces fromages. Pour une saveur épicée, mettez davantage de Tabasco ou même un peu de piment rouge. Ajoutez un poivron rouge et des oignons sautés ou des brocolis et des champignons cuits à la sauce au fromage. Ou bien remplacez la chapelure par des morceaux de bacon, de jambon ou de parmesan.

Macaroni au fromage

Ustensiles : Marmite de 4 ou 5 litres, 2 casseroles, fouet, râpe, égouttoir, couteau de chef, cocotte de 2 ou 3 litres avec couvercle

Temps de préparation : Environ 25 minutes

Temps de cuisson : Environ 25 minutes

Quantité : 4 personnes

2 tasses de macaroni coudés

2 ½ tasses de lait

5 cuillerées à soupe de beurre

3 cuillerées à soupe de farine

½ cuillerée à café de paprika

2 tasses de cheddar râpé

Sel et poivre noir à votre convenance

½ tasse de fontina italien coupé en cubes

1 tasse de chapelure (voir encadré plus haut)

1 larme de Tabasco (ou à votre convenance)

1. Préchauffez le four à 175°C.
2. Portez 4 à 5 litres d'eau légèrement salée à ébullition dans une marmite. Ajoutez les macaroni et faites-les cuire 6 à 8 minutes ou jusqu'à ce qu'ils soient tout juste tendres (attention à ne pas trop les faire cuire ; les macaroni ramollissent lorsqu'ils sont passés au four).
3. Pendant que les macaronis cuisent, faites la sauce au fromage. Faites chauffer le lait à feu moyen-doux, à la limite de l'ébullition, dans une petite casserole.
4. Faites fondre 3 cuillerées à soupe de beurre à feu moyen dans une grande casserole. Ajoutez la farine et faites chauffer à feu doux, en remuant constamment avec un fouet, pendant 1 à 2 minutes. Attention à ne pas faire noircir le beurre.
5. Tout en remuant, ajoutez progressivement le lait chaud, puis le paprika et le Tabasco. Faites cuire à feu moyen pendant 2 à 3 minutes ou jusqu'à ce que la sauce épaississe, en remuant de temps à autre. Ajoutez le cheddar râpé, remuez et retirez du feu. Salez et poivrez.

6. Égouttez les macaronis dès qu'ils sont cuits et ajoutez-les à la sauce au fromage. Ajoutez les cubes de fontina et remuez bien pour mélanger (si les macaronis sont cuits avant que vous ayez terminé de faire la sauce, égouttez-les et mettez-les de côté).
7. Graissez une cocotte de 2 ou 3 litres (avec couvercle) avec 1 cuillerée à soupe de beurre. Mettez les macaronis et la sauce au fromage dans la cocotte. Couvrez et mettez au four 20 à 25 minutes jusqu'à ce que le mélange soit chaud.
8. Pendant ce temps, faites fondre la dernière cuillerée à soupe de beurre dans une petite sauteuse. Ajoutez la chapelure et faites-la sauter à feu doux, en remuant constamment, jusqu'à ce qu'elle soit humide mais pas dorée.
9. Retirez les macaronis du four. Augmentez la température du four pour gratiner. Répartissez la chapelure uniformément sur les macaronis. Remettez la cocotte au four, sans couvercle, et faites gratiner 1 à 2 minutes ou jusqu'à ce que la chapelure soit croustillante et dorée. Servez immédiatement.

En accompagnement, servez simplement une salade colorée, comme une salade de pois mangetout aux poivrons rôtis (voir chapitre 10).

Chapitre 13

Desserts

Dans ce chapitre :

- Des gâteaux pour toutes les occasions
- Glaces et granités
- Desserts qui ne donnent pas mauvaise conscience (ou presque pas) : fruits cuits et tourtes aux fruits

Les recettes de ce chapitre

- Crème dessert à la ricotta
- Gâteau de riz traditionnel
- Pommes au four au vin rouge
- Pudding tout chocolat
- Mousse au chocolat
- Crème glacée au citron vert
- Granité à l'orange
- Granité à la menthe fraîche
- Poires pochées
- Croustillant aux pommes et aux poires
- Tourte aux pêches et aux myrtilles
- Cookies aux pépites de chocolat
- Brownies traditionnels
- Biscuits au citron
- Pudding au citron et aux fraises
- Tarte aux fruits sans moule
- Gâteau au chocolat, aux noix et à la cannelle
- Tiramisu

Dans ce chapitre, vous allez apprendre à faire des gâteaux parfumés à la cannelle, des tourtes aux fruits et de délicieux fruits au four. Même si votre mère était une adepte des préparations toute faites, vous avez probablement déjà mangé des pâtisseries maison dans des restaurants où elles étaient exposées de façon alléchante dans des vitrines réfrigérées – rien que d'y penser, vous en avez l'eau à la bouche.

Ouvrez ce livre sur votre plan de travail et faites revivre les pâtisseries traditionnelles. Ne remettez pas à plus tard. Les souvenirs se créent à chaque minute.

Vous allez découvrir dans les pages suivantes toutes sortes de techniques qui feront de vous un chef pâtissier hors pair. Vous vous familiariserez avec les multiples usages de l'œuf, notamment dans les puddings. Vous vous exercerez à faire cuire les flans au bain-marie pour les empêcher de cailler. Vous serez vous-même impressionné(e) par tant de maîtrise, alors imaginez ce qu'en penseront vos amis !

Dans la section sur les tourtes aux fruits, vous comprendrez l'importance de la précision en pâtisserie. De plus, vous apprendrez à mettre en valeur un dessert tout simple et à faire vous-même des crèmes glacées. Pourquoi acheter des glaces au supermarché alors que vous pouvez en faire de meilleures à la maison ? Les desserts plaisent à tout le monde, alors si vous voulez faire plaisir à votre famille et à vos amis, faites-vous la main sur l'une des recettes de ce chapitre. Et attendez les regards éperdus de reconnaissance !

Puddings, crèmes et granités

La crème dessert dont la recette est fournie ci-après est à la fois succulente, facile à faire et à interpréter de maintes façons. Couramment utilisée pour fourrer les cannoli – pâtisserie sicilienne en forme de cigare épais – elle est également délicieuse sur les fruits rouges, le quatre-quarts, les gaufres et les crêpes. Vous pouvez aussi l'utiliser pour fourrer certains gâteaux.

La ricotta, fromage pauvre en matière grasse, remplace avantageusement la crème.

Crème dessert à la ricotta

Ustensiles : Robot, saladier ou petites coupes en verre

Temps de préparation : 10 minutes

Temps de cuisson : Aucun

Quantité : 4 personnes

2 tasses de ricotta au lait entier

¼ tasse de sucre semoule

1 cuillerée à soupe de sucre glace

1 cuillerée à café d'extrait de vanille

1 cuillerée à café de zeste d'orange râpé

1. Mettez tous les ingrédients dans un robot et réduisez-les en une crème onctueuse.
2. Mettez la crème dans un saladier ou répartissez-la dans des petites coupes en verre. Couvrez et réfrigérez 1 à 2 heures. Servez sur des fruits frais ou un quatre-quarts.

IMPROVISEZ

Pour une saveur différente, mettez dans le robot ⅓ tasse de sucre semoule au lieu de ½ tasse et ajoutez ½ tasse de fraises tranchées ou de framboises entières. Ou bien ajoutez à la crème 30 g (1 carré) de chocolat mi-amer finement haché ou ½ tasse de pépites de chocolat.

SAVOIR-FAIRE

Lorsque vous râpez la peau d'un agrume, retirez uniquement la partie colorée, c'est-à-dire le *zeste*. La partie blanche située au-dessous est plus amère.

Si possible, achetez de l'extrait de vanille pur, plus cher mais bien meilleur que les arômes à la vanille.

Le gâteau de riz se présente sous de nombreuses formes. Il peut s'agir d'un flan ferme ou d'une crème plus riche. Dans la recette suivante, ce mets est plutôt riche et crémeux, et parfumé à la cannelle.

Gâteau de riz traditionnel

Ustensiles : Râpe, casserole, fouet, 2 saladiers, plat allant au four ovale (environ 35 x 20 x 5 cm), grand plat allant au four

Temps de préparation : Environ 10 minutes

Temps de cuisson : 1 heure

Quantité : 8 personnes

5 tasses de lait

1 tasse de crème épaisse

1 tasse de riz étuvé

1¼ tasse de sucre

1 gousse de vanille fendue dans le sens de la longueur
(ou 1 cuillerée à café d'extrait de vanille)

¾ tasse de raisins secs

3 jaunes d'œufs

1 cuillerée à soupe de zeste de citron râpé

1 cuillerée à soupe de beurre pour graisser le plat

1 cuillerée à café de cannelle

1. Versez le lait et la crème dans une casserole à fond épais et ajoutez la gousse ou l'extrait de vanille. Portez le mélange à ébullition et ajoutez le riz et le sucre – remuez bien depuis le fond pour empêcher le riz de coller. Réduisez la chaleur et laissez frémir à feu doux, en remuant de temps à autre, jusqu'à ce que le riz soit tendre et la majeure partie du lait absorbée, environ 30 minutes. Mettez de côté.
2. Pendant ce temps, mettez les raisins secs dans un saladier et recouvrez-les d'eau bouillante. Laissez reposer jusqu'à ce que le riz soit cuit.
3. Dans un autre saladier, battez les jaunes d'œufs et ajoutez le zeste de citron. Lorsque le riz est cuit, retirez-le du feu et incorporez lentement le mélange à base d'œufs.
4. Préchauffez le four à 200°C.
5. Égouttez les raisins secs et ajoutez-les au riz cuit.
6. Beurrez le plat ovale allant au four. Mettez-y le mélange à base de riz et saupoudrez le tout de cannelle. Mettez le plat dans un autre plat allant au four, plus grand. Versez environ 5 cm d'eau bouillante dans le grand plat. Faites cuire environ 30 minutes ou jusqu'à ce que la crème prenne (enfoncez un cure-dent au milieu du gâteau ; s'il ressort propre, c'est que la crème a pris).

TRUC

Sentez les épices qui sont sur votre étagère depuis des mois ou des années avant de les utiliser. Si elles ont perdu tout leur arôme, jetez-les et offrez-vous-en d'autres.

SAVOIR-FAIRE

Le *bain-marie* est une sorte de bassin pour plats et marmites. Il s'agit généralement d'un grand plat allant au four ou d'un plat à rôtir, à bords hauts, pouvant contenir de l'eau, dans lequel on pose un autre plat. Lorsque vous faites une sauce ou une crème délicate, mettez le plat contenant les ingrédients dans un autre plat contenant de l'eau. Cette technique empêche vos préparations les plus délicates de trop chauffer et de cailler.

La recette suivante provient du sud-ouest de la France, terre des vergers, des tournesols et du foie gras. Il s'agit d'un dessert traditionnel, à la fois léger et délicieux, prêt en quelques minutes. Utilisez un vin rouge de qualité ; vous ne le regretterez pas.

Pommes au four au vin rouge

Ustensiles : Couteau à éplucher, couteau à pain, plaque de four

Temps de préparation : Environ 10 minutes

Temps de cuisson : 20 à 30 minutes

Quantité : 4 personnes

Beurre pour graisser le papier d'aluminium	¼ tasse de vin rouge
4 tranches épaisses de pain de campagne	6 cuillerées à soupe de sucre
4 pommes (Granny Smith ou autres)	½ tasse de glace à la vanille (ou plus)

1. Préchauffez le four à 160°C.
2. Beurrez une feuille de papier d'aluminium, pliée en deux pour avoir une double épaisseur, suffisamment grande pour pouvoir y déposer les 4 tranches de pain. Posez-la sur une plaque du four, et disposez dessus les tranches de pain.
3. Avec un couteau à éplucher, faites un trou, au sommet de chaque pomme, d'environ 1,5 cm de diamètre allant jusqu'à la moitié de la pomme (le trou doit être suffisamment profond pour contenir une petite cuillerée de glace). Tranchez la base des pommes pour que celles-ci tiennent de façon stable sur les tranches de pain. Arrosez les tranches de pain de vin rouge de sorte qu'elles soient humides mais pas spongieuses. Saupoudrez-les de 4 cuillerées à soupe de sucre.
4. Posez les pommes évidées sur les tranches de pain. Répartissez le reste de sucre dans les creux. Mettez les pommes au four pendant 20 à 30 minutes ou jusqu'à ce qu'elles aient ramolli.

Retirez les pommes et le pain avec une spatule et déposez-les avec précaution sur une grande assiette. Juste avant de servir, ajoutez environ 1 cuillerée à soupe de glace à la vanille dans le creux de chaque pomme, en débordant généreusement.

Oubliez les préparations toutes faites que l'on trouve dans le commerce. Le pudding dont la recette est proposée ci-après est si délicieux qu'il sera bientôt votre préféré. Vous pouvez le garnir de plusieurs couches de crème chantilly ou le déguster nature pour mieux vous délecter de l'arôme du chocolat.

Pudding tout chocolat

Ustensiles : Casserole moyenne, couteau de chef, bol, cuillère en bois, saladier ou coupes individuelles, film plastique ou papier sulfurisé

Temps de préparation : 10 minutes

Temps de cuisson : 6 à 8 minutes

Quantité : 4 personnes

¼ tasse d'eau

2½ cuillerées à soupe de maïzena

½ tasse de sucre

⅓ tasse de cacao non sucré

60 g (2 carrés) de chocolat mi-amer grossièrement haché

1 pincée de sel

⅓ tasse de lait juste chaud

2 tasses de crème épaisse

1¼ cuillerée à café d'extrait de vanille

Crème chantilly pour la garniture (facultatif)

Noix de pécan ou amandes hachées, légèrement grillées, pour la garniture (facultatif) ; pour savoir comment griller les noix, reportez-vous à l'icône Savoir-faire, ci-après

1. Dans un bol, mélangez l'eau et la maïzena jusqu'à ce que celle-ci se dissolve et que le mélange soit homogène. Mettez de côté.
2. Mélangez le sucre, le cacao et le sel dans une casserole moyenne en métal épais. Ajoutez le lait chaud et remuez avec une cuillère en bois pour obtenir une pâte onctueuse. Faites bouillir le mélange à feu moyen, en remuant constamment, pendant 2 à 3 minutes. Ajoutez le chocolat haché et remuez jusqu'à ce qu'il fonde complètement.
3. Ajoutez progressivement la crème épaisse. Remuez le mélange à base de maïzena plusieurs fois pour vérifier que celle-ci s'est entièrement dissoute. Ajoutez-le au mélange à base de chocolat. Faites chauffer le tout à feu moyen, en continuant à remuer, pendant environ 5 minutes ou jusqu'à ce que le pudding commence à épaissir et à bouillir (pensez à passer la cuillère le long des parois et au fond de la casserole pour empêcher le pudding de faire des grumeaux ou de brûler).

4. Réduisez la chaleur et poursuivez la cuisson à feu doux pendant encore 1 minute tout en remuant constamment.
5. Retirez la casserole du feu et ajoutez la vanille.
6. Versez le pudding dans un saladier ou dans des coupes individuelles. Pour éviter qu'une fine pellicule se forme à la surface, posez un film plastique ou une feuille de papier sulfurisé directement sur la surface du pudding. Réfrigérez pendant plusieurs heures avant de servir. Si vous le souhaitez, garnissez de crème chantilly et de noix hachées.

IMPROVISEZ

Pour parfumer votre pudding au moka, remplacez l'extrait de vanille par 1 cuillerée à soupe (ou à votre convenance) de liqueur de café (comme le kahlua).

SAVOIR-FAIRE

Vous pouvez griller légèrement les noix avant de les ajouter pour en améliorer la saveur. Étalez-les sur une plaque du four et grillez-les à 175°C pendant environ 10 minutes ou jusqu'à ce qu'elles soient légèrement dorées.

Attention à ne pas trop battre la crème. Si vous battez trop certains ingrédients, vous vous exposez aux problèmes suivants :

- **Si vous battez trop la crème, elle se transforme en beurre**. La crème, le batteur et le récipient doivent être froids. Commencez à battre lentement et augmentez progressivement la vitesse. La crème ne doit pas être trop ferme et former des mottes relativement souples. Si vous ne servez pas immédiatement la crème fouettée, mettez-la au réfrigérateur sans attendre.
- **Si vous battez trop les blancs d'œufs, ils sèchent**. Battez les blancs jusqu'à ce qu'ils forment des mottes relativement rigides. Commencez à battre assez vigoureusement et augmentez la vitesse, tout en ajoutant les autres ingrédients, comme le sucre. Le récipient et le batteur ne doivent comporter aucune trace de graisse, sinon les blancs ne monteront pas bien en neige.
- **Si vous battez trop la pâte, elle durcit**. L'action de battre favorise la formation de gluten, agent solidifiant issu de la farine. Plus vous travaillez ou battez la pâte, plus elle durcit (il est nécessaire de la travailler pour faire du pain au levain mais pas pour faire de délicats desserts). Par conséquent, lorsque vous faites des biscuits ou des gâteaux, arrêtez de battre la pâte dès que le liquide est entièrement absorbé par les ingrédients secs.

La mousse au chocolat est prête et cuite en quelques minutes. Elle ne requiert aucune expérience en pâtisserie et conclut en beauté n'importe quel repas familial. De plus, nous ne connaissons personne qui n'aime pas ce dessert. Simple et festive, la mousse au chocolat peut être faite plusieurs jours à l'avance.

Mousse au chocolat

Ustensiles : Saladier de 2 litres en inox, casseroles, fouet, batteur à main électrique, spatule

Temps de préparation : Environ 10 minutes

Temps de cuisson : Environ 10 minutes (et plusieurs heures de réfrigération)

Quantité : 10 à 12 personnes

240 g de chocolat amer

6 œufs (jaunes et blancs séparés)

Crème fouettée (ou chocolat amer râpé) pour la garniture

3 cuillerées à soupe d'eau

2 tasses de crème, bien froide

6 cuillerées à soupe de sucre

1. Hachez le chocolat grossièrement. Mettez les morceaux dans une casserole et posez celle-ci sur un récipient contenant de l'eau à peine frémissante. Couvrez la casserole contenant le chocolat.
2. Mettez les jaunes d'œufs dans une autre casserole et ajoutez l'eau. Faites chauffer à feu très doux tout en battant vigoureusement avec un fouet. Lorsque les jaunes d'œufs ont légèrement épaissi (pour atteindre la consistance d'une sauce légère), retirez la casserole du feu.
3. Gardez un œil sur le chocolat. Lorsqu'il est fondu, remuez-le bien avec le fouet. Ajoutez-le aux jaunes d'œufs et mélangez le tout. Transférez le mélange dans un grand saladier.
4. Battez la crème dans un récipient froid, avec un batteur à main électrique, jusqu'à ce qu'elle forme des mottes souples, en ajoutant 2 cuillerées à soupe de sucre vers la fin. Incorporez dans le mélange à base de chocolat (lavez bien le batteur avant de continuer).
5. Battez les blancs d'œufs avec le batteur à main électrique jusqu'à ce qu'ils forment des mottes souples. Ajoutez le reste de sucre et continuez à battre jusqu'à ce que les blancs d'œufs forment des mottes relativement rigides. Incorporez à la mousse.
6. Transférez la mousse dans un saladier propre et réfrigérez avant de servir. Garnissez de crème fouettée ou de chocolat amer râpé.

IMPROVISEZ

Le défunt chef Pierre Franey avait l'habitude de verser environ 50 ml de Grand Marnier dans le mélange à base de jaunes d'œufs et de chocolat juste avant que celui-ci n'épaississe.

Vous pouvez aussi garnir la mousse de fraises, d'amandes grillées, de noisettes ou de noix.

La crème glacée dont la recette est fournie ci-après est à la fois délicieuse et facile à préparer. Inutile d'avoir une sorbetière pour faire cette recette. Il vous suffit de mélanger tous les ingrédients et de les congeler jusqu'à ce qu'ils se solidifient. Cette glace crémeuse et rafraîchissante est si riche qu'une petite portion par personne suffit largement.

Crème glacée au citron vert

Ustensiles : Râpe, couteau, saladier, moule à gâteau carré en métal de 20 ou 22,5 cm

Temps de préparation : Environ 5 à 10 minutes

Temps de cuisson : Aucun (plusieurs heures de congélation)

Quantité : 4 personnes

2 tasses de crème épaisse

1 tasse de sucre

2 cuillerées à café de zeste de citron vert râpé

⅓ tasse de jus de citron vert frais

1. Mélangez la crème et le sucre dans un saladier ; remuez le mélange jusqu'à ce que le sucre se dissolve. Ajoutez le zeste et le jus de citron vert. Le mélange doit commencer à épaissir légèrement.
2. Versez le mélange dans le moule. Recouvrez-le d'une feuille de papier d'aluminium et congelez-le jusqu'à ce qu'il soit ferme, environ 4 heures. Répartissez dans des coupes individuelles avec des fruits frais, comme de la mangue, du kiwi, des myrtilles ou des fraises.

TRUC

Le zeste d'agrume râpé a une fâcheuse tendance à s'accrocher à la râpe. Pour faciliter l'opération, enfilez un pinceau à pâtisserie dans les trous de la râpe pour que le zeste râpé tombe sur la planche à découper ou directement dans votre préparation.

Les granités sont des sorbets d'aspect granuleux. À la fois sains et délicieux, ils ne demandent aucun équipement particulier, si ce n'est une fourchette et un peu d'huile de coude. Ils se composent essentiellement d'eau sucrée, parfumée et congelée. En ce qui concerne le parfum, vous avez le choix entre toutes sortes de fruits. Pendant le processus de congélation, il suffit de racler la glace avec une fourchette pour faire de petits cristaux. Et voilà !

Granité à l'orange

Ustensiles : Casserole moyenne, plat peu profond en métal

Temps de préparation : 10 minutes

Temps de cuisson : Aucun (90 minutes de congélation)

Quantité : 6 personnes

¾ tasse de jus d'orange fraîchement pressée

6 cuillerées à soupe de sucre

1 tasse d'eau

Fruits frais, comme des myrtilles, des fraises, des kiwis ou des cerises dénoyautées

1. Mélangez le jus d'orange, l'eau et le sucre dans une casserole. Remuez bien. Portez à ébullition et retirez du feu.
2. Versez le mélange dans un plat peu profond. Congelez.
3. Au bout de 30 minutes, retirez le plat du congélateur et raclez la glace avec une fourchette d'avant en arrière jusqu'à ce que vous atteigniez le fond du plat. Remettez le mélange au congélateur. Répétez deux fois cette étape à 30 minutes d'intervalle. Le granité ne doit contenir aucun gros morceau de glace. Servez entouré de fruits frais dans des coupes froides.

La menthe fraîche, qui pousse en abondance pendant l'été, parfume le granité à merveille. Avec un peu de citron ou d'orange, ce dessert évoque une journée ensoleillée autour d'une piscine.

Granité à la menthe fraîche

Ustensiles : Casserole moyenne, plat peu profond en métal

Temps de préparation : Environ 10 minutes

Temps de cuisson : Aucun (90 minutes de congélation)

Quantité : 6 à 8 personnes

¾ tasse de feuilles de menthe fraîches pas trop tassée

4 tasses d'eau

1 tasse de sucre

Zeste râpé de 1 citron

Zeste râpé de 1 orange

1. Mélangez tous les ingrédients dans une casserole. Remuez bien. Portez à ébullition et retirez du feu.
2. Versez le mélange dans un plat peu profond en métal. Congelez.
3. Au bout de 30 minutes, retirez le plat du congélateur et raclez la glace avec une fourchette d'avant en arrière jusqu'à ce que vous atteigniez le fond du plat. Remettez le mélange au congélateur. Répétez deux fois cette étape à 30 minutes d'intervalle. Le granité ne doit contenir aucun gros morceau de glace. Servez entouré de fruits frais dans des coupes froides.

Vous pouvez faire de délicieux granités avec toutes sortes de fruits : myrtille, fraise, raisin, pastèque, cantaloup, pomme, citron, citron vert et plus encore. Il vous suffit d'extraire le jus en utilisant un presse-agrumes (s'il s'agit d'agrumes) ou en mettant les fruits pelés et dénoyautés dans un mixeur, et de passer ce jus dans une casserole en ajoutant du sucre et de l'eau. Les fruits fibreux, comme les mangues, les abricots, les prunes, les figues, les bananes et les papayes, ne conviennent pas très bien à la préparation de granités.

TRUC

Pour faire un granité, choisissez les fruits les plus mûrs que vous trouviez. Ils peuvent même être un peu trop mûrs pour libérer un maximum de saveur.

Fruits pochés et cuits au four

Cette section concerne essentiellement les fruits et leur multiples usages dans les desserts, notamment la tourte aux fruits et le croustillant. Quelle est la différence entre ces deux desserts ? Dans la tourte aux fruits, les fruits se trouvent sous une croûte, tandis que dans le croustillant, ils sont simplement surmontés d'une garniture friable, généralement composée de farine, de beurre, de sucre et parfois de noix et d'épices. Ces deux desserts sont succulents en automne, saison des pommes.

Vous allez également apprendre à faire des fruits pochés. Les fruits se pochent généralement dans un liquide sirupeux contenant 1 mesure de sucre pour 3 mesures d'eau. Mais vous pouvez apporter d'autres saveurs en ajoutant une gousse de vanille, un zeste d'orange ou de citron, du miel, du vin rouge ou blanc, du gingembre frais, des clous de girofle, de l'anis étoilé, des herbes aromatiques fraîches (le romarin se marie particulièrement bien avec les poires) et même des grains de poivre noir.

Les fruits à pocher doivent être mûrs mais encore fermes. S'ils ne sont pas assez mûrs, ils ne sont pas assez sucrés ; s'ils sont trop mûrs, ils risquent de se désagréger et de devenir spongieux.

Poires pochées

Pour une belle présentation, servez les poires pochées debout avec leurs tiges. Si vous préférez, vous pouvez aussi les couper en deux ou en quatre, ce qui réduit le temps de cuisson.

Ustensiles : Épluche-légumes ou couteau à éplucher, grande casserole profonde (pouvant contenir 4 poires debout), presse-agrumes, couteau de chef, écumoire

Temps de préparation : 5 à 10 minutes

Temps de cuisson : 15 à 25 minutes (selon la maturité et la taille des poires)

Quantité : 4 personnes

1 grosse orange Navel

2 tasses d'eau

1 tasse de rhum ambré

2 cuillerées à soupe de gingembre confit en dés ou 1 bâton de cannelle

½ tasse de sucre semoule

½ tasse bien tassée de sucre brun

4 poires Bosc moyennes, mûres mais fermes

2 tasses de glace à la vanille (facultatif)

1. Avec un épluche-légumes ou un couteau à éplucher, prélevez une bande de zeste d'environ 10 à 12 cm de long sur l'orange. Pressez l'orange avec un presse-agrumes et versez le jus dans une

casserole assez grandee pour contenir 4 poires entières. Ajoutez la bande de zeste d'orange, l'eau, le rhum ambré, le sucre semoule et le sucre brun, et le gingembre ou la cannelle.

2. Couvrez et portez à ébullition. Réduisez la chaleur et laissez frémir, couvert, 2 à 3 minutes ou jusqu'à ce que le sucre soit complètement dissout.
3. Pendant que le sirop frémit, pelez les poires avec précaution, sans les couper ni retirer les tiges. Évidez chaque poire depuis la base avec une cuillère à pomme parisienne ou un couteau à éplucher. Si nécessaire, tranchez la base afin que la poire tienne debout.
4. Plongez immédiatement les poires dans le sirop et pochez-les à feu doux, en laissant le couvercle et en les retournant de temps à autre pour exposer tous les côtés au liquide de cuisson. Faites cuire jusqu'à ce que les poires soient tendres, 15 à 25 minutes. Vous devez pouvoir transpercer facilement chaque poire en son milieu avec un couteau tranchant.
5. Retirez les poires avec une écumoire et répartissez-les dans quatre coupes.
6. Faites bouillir le sirop à feu moyen-vif, sans couvercle, pendant 5 à 10 minutes, pour le concentrer. Versez un peu de sirop à la cuillère sur chaque poire. Ajoutez une boule de glace à la vanille dans chaque coupe. Pour servir froid, replongez les poires dans le sirop concentré et mettez-les au réfrigérateur pendant plusieurs heures ou jusqu'au moment de servir, en les retournant de temps à autre afin qu'elles se colorent uniformément. Vous pouvez les conserver au réfrigérateur pendant plusieurs jours.

IMPROVISEZ

Ajoutez une pincée ou deux de poivre noir ou de muscade au sirop concentré pour une saveur exotique et épicée.

TRUC

Pour empêcher le sucre brun de durcir une fois que le paquet est ouvert, mettez celui-ci dans un sac en plastique refermable, fermé hermétiquement, et réfrigérez-le.

Nous avons légèrement modifié le traditionnel croustillant aux pommes dans la recette suivante en y ajoutant des poires et une larme de cognac. Vous pouvez le préparer avant l'arrivée de vos invités et le faire cuire pendant le dîner. La glace à la vanille ou la crème chantilly ne sont pas indispensables, mais nous vous les recommandons.

Croustillant aux pommes et aux poires

Ustensiles : Vide-pomme ou couteau à éplucher, saladier, coupe-pâte ou couteaux de table (pour mélanger), plat en verre ou en céramique de 2 litres

Temps de préparation : Environ 20 minutes

Temps de cuisson : 40 à 45 minutes

Quantité : 6 personnes

3 grosses pommes Granny Smith

2 grosses poires mûres mais fermes

¾ tasse de farine

⅔ tasse de sucre semoule

¼ cuillerée à café de sel

½ cuillerée à café de cannelle moulue

¼ cuillerée à café de muscade moulue

Zeste râpé de ½ citron

2 cuillerées à soupe bien tassées de sucre brun

2 à 3 cuillerées à soupe de cognac ou de rhum ambré (facultatif)

½ tasse de beurre froid, coupé en petits morceaux

½ tasse d'amandes ou de noix de pécan hachées et grillés

Glace à la vanille ou crème chantilly (garniture facultative)

1. Enfilez une grille dans le tiers inférieur du four. Préchauffez le four à 190°C.
2. Pelez et évidez les pommes (instructions illustrées à la figure 16-4, chapitre 16) et coupez-les en morceaux de 2 cm. Évidez les poires et coupez-les en morceaux de 2 cm. Étalez les fruits uniformément dans un plat allant au four peu profond, non beurré. Arrosez-les de cognac ou de rhum (facultatif).
3. Mélangez la farine, le sucre semoule et le sucre brun, le zeste de citron, le sel, et les épices dans un saladier. Coupez le beurre dans les ingrédients secs avec les doigts, un coupe-pâte ou deux couteaux jusqu'à ce que le mélange ressemble à de la chapelure. Ajoutez les amandes ou les noix de pécan hachées.
4. Étalez cette garniture uniformément sur les fruits. Faites cuire au four 40 à 45 minutes ou jusqu'à ce que les fruits soient tendres et la croûte légèrement dorée. Servez chaud avec éventuellement de la glace à la vanille ou de la crème chantilly (recette de crème chantilly au chapitre 7).

IMPROVISEZ

Si vous le souhaitez, ajoutez ½ tasse de canneberges fraîches, rincées, au mélange pommes-poires avant d'étaler la garniture. En été, vous pouvez remplacer les pommes et les poires par des pêches et des nectarines.

TRUC

Dans toutes les recettes de ce livre, nous vous recommandons d'utiliser du beurre, car la margarine n'a pas aussi bon goût. Toutefois, vous pouvez utiliser un mélange de beurre et de margarine dans la pâte à tarte pour donner à celle-ci une texture à la fois légère et feuilletée (dans la tourte aux pommes du chapitre 16, nous recommandons l'utilisation de beurre et de margarine).

Dans une tourte aux fruits, les fruits sucrés (traditionnellement, des fruits rouges) sont surmontés d'une pâte avant d'être cuits au four. Vous pouvez utiliser n'importe quels fruits et le moule de votre choix (rond, carré, ovale ou rectangulaire).

Choisissez de préférence des fruits presque entièrement mûrs. Goûtez le mélange à base de fruits sucrés avant de le recouvrir de pâte. Si les fruits ne sont pas assez mûrs (ou acides), rajoutez un peu de sucre. Certaines recettes préconisent de peler les pêches après les avoir blanchies dans de l'eau bouillante pendant 1 minute. Toutefois, cette étape n'est pas nécessaire. Enfin, notez qu'il est inutile de peler les nectarines, dont la peau est plus fine que celle des pêches.

Tourte aux pêches et aux myrtilles

Ustensiles : Couteau de chef, râpe, saladier, plat en verre de 2 litres, fourchette, rouleau à pâtisserie, découpoir, grand bol, batteur électrique

Temps de préparation : 35 à 40 minutes

Temps de cuisson : 45 minutes

Quantité : 6 à 8 personnes

2 livres de nectarines ou de pêches mûres mais fermes (ou un mélange des deux)

1 tasse de myrtilles ou de mûres rincées, triées et équeutées

⅓ tasse (ou plus selon vos goûts et la maturité des fruits) plus 2 cuillerées à soupe de sucre semoule

2 cuillerées à soupe de sucre brun bien tassées

1½ tasse plus 2 cuillerées à soupe de farine

½ cuillerée à café de cannelle

Zeste râpé et jus de ½ citron

7 cuillerées à soupe de beurre froid coupé en petits morceaux

2 cuillerées à café de levure

½ cuillerée à café de sel

1 cuillerée à café de jus de citron frais

8 à 10 cuillerées à soupe plus ¾ tasse de crème épaisse bien froide

Sucre glace à votre convenance

½ cuillerée à café d'extrait de vanille

1. Préchauffez le four à 190°C.
2. Coupez les pêches ou les nectarines en deux pour les dénoyauter. Découpez chaque moitié en 4 ou 5 morceaux. Mettez le tout dans un saladier. Ajoutez les myrtilles, ⅓ tasse de sucre semoule, le sucre brun, 2 cuillerées à café de farine, la cannelle, et le zeste râpé et le jus de ½ citron. Remuez bien pour mélanger. Goûtez et ajoutez du sucre si nécessaire. Transférez le mélange à base de fruits dans un plat allant au four de 5 cm de profondeur. Déposez 1 cuillerée à soupe de beurre sur la surface, par petites quantités et à intervalles réguliers, et faites cuire pendant 10 minutes.
3. Pendant ce temps, préparez la pâte. Mélangez 1½ tasse de farine, 2 cuillerées à soupe de sucre semoule, la levure et le sel dans un grand bol. Coupez 6 cuillerées à soupe de beurre dans les ingrédients secs avec les doigts, un coupe-pâte ou deux couteaux, jusqu'à ce que le mélange ressemble à de la chapelure. Ajoutez 1 cuillerée à café de jus de citron sur le tout.
4. Avec une fourchette, une cuillère en bois ou une spatule en plastique, ajoutez progressivement 8 à 10 cuillerées à soupe de crème épaisse pour rendre la pâte homogène et moelleuse. Faites une boule de pâte et posez-la sur un plan de travail légèrement fariné. Étalez la pâte jusqu'à ce qu'elle fasse environ 1 cm d'épaisseur et corresponde plus ou moins à la forme du plat.
5. Découpez la pâte en ronds de 6 cm avec un découpoir ou un couteau (vous devez obtenir 9 à 10 ronds de pâte). Vous pouvez aussi faire plusieurs petites boules de pâte et les aplatir en ronds de 1 cm d'épaisseur.
6. Au bout de 10 minutes de cuisson, retirez les fruits du four. Déposez la pâte sur les fruits.
7. Remettez la tourte au four et poursuivez la cuisson 30 à 35 minutes de plus ou jusqu'à ce que la pâte soit dorée et les fruits bouillonnants sur les bords.
8. Pendant ce temps, faites une crème chantilly. Versez ¾ tasse de crème épaisse dans un grand bol. Battez la crème avec un batteur électrique jusqu'à ce qu'elle commence à épaissir. Ajoutez le sucre glace et l'extrait de vanille, et continuez à battre jusqu'à ce que des mottes souples se forment. Réfrigérez jusqu'à utilisation.
9. Pour servir, répartissez la tourte encore chaude à la cuillère dans des coupes peu profondes. Arrosez chaque portion de jus de pêche et de myrtille, ajoutez un peu de crème chantilly et servez.

Remplacez les pêches et les myrtilles par d'autres fruits d'été, comme des prunes, des framboises, des abricots ou des mûres. Ajoutez d'autres épices, comme du quatre-épices, du gingembre ou de la muscade, ou arrosez les fruits de liqueur de fruit. Remplacez la crème chantilly par une boule de glace à la vanille ou au citron.

Ne remplacez jamais le jus de citron frais par un substitut vendu en petite bouteille. Les produits en vente dans les supermarchés ont davantage un goût d'encaustique que de citron.

Cookies et brownies

Pour les recettes suivantes, il est essentiel de surveiller la cuisson, car tous les fours sont différents. Jetez un œil sur vos cookies quelques minutes avant la fin du temps de cuisson. La même règle s'applique aux brownies, qui doivent rester moelleux au milieu.

Dans cette section, vous découvrirez également une excellente recette de biscuits au citron. Il s'agit en réalité d'un grand biscuit coupé en petits morceaux individuels. Faites-nous confiance, vous allez vous régaler !

Un producteur de cookies aux pépites de chocolat nous a un jour confié son secret : il ajoute à la pâte un peu de zeste de citron râpé. Le zeste de citron, qui n'est absolument pas acide, est souvent utilisé par les pâtissiers pour rehausser les saveurs des cookies et autres desserts. Dans la recette suivante, le zeste de citron râpé rehausse la saveur des pépites de chocolat et la crème épaisse donne beaucoup de fondant à la pâte. Ces cookies se congèlent très bien dans des récipients en plastique couverts. Vous pouvez également les conserver pendant une semaine à température ambiante, dans une boîte hermétique.

Pour des cookies au goût plus traditionnel, supprimez le zeste de citron râpé.

Cookies aux pépites de chocolat

Ustensiles : Grand bol, batteur électrique, râpe, couteau de chef, cuillère en bois ou spatule en plastique, spatule en métal, plaque à pâtisserie (antiadhésive, de préférence)

Temps de préparation : Environ 20 minutes

Temps de cuisson : 8 à 10 minutes

Quantité : Environ 36 cookies

1 tasse plus 2 cuillerées à soupe de farine

½ cuillerée à café de levure

½ cuillerée à café de zeste de citron râpé

¼ cuillerée à café de sel

½ tasse de beurre ramolli

⅓ tasse plus 2 cuillerées à soupe de sucre semoule

⅓ tasse de noix ou de noix de pécan grossièrement hachées (facultatif)

1 œuf

2 cuillerées à soupe de crème épaisse

½ cuillerée à café d'extrait de vanille

180 g de pépites de chocolat noir

⅓ tasse plus 2 cuillerées à soupe de sucre brun

1. Préchauffez le four à 190°C.
2. Mélangez la farine, la levure, le zeste de citron et le sel dans un grand bol.
3. Travaillez le beurre en crème avec le sucre semoule et le sucre brun à l'aide d'un batteur électrique, à vitesse moyenne, pendant environ 3 minutes. Une fois réduit à l'état de pâte, le beurre absorbera mieux les saveurs. Ajoutez l'œuf, la crème épaisse et la vanille, et battez le tout jusqu'à obtenir un mélange homogène (si nécessaire, éteignez le batteur et raclez les parois du récipient de temps à autre).
4. Ajoutez le mélange à base de farine au mélange à base de beurre et remuez avec une cuillère en bois ou une spatule en plastique jusqu'à ce que le mélange des deux soit homogène. Ajoutez les pépites de chocolat et les noix.
5. Déposez de bonnes cuillerées à café de pâte sur une plaque à pâtisserie graissée (antiadhésive, de préférence), à environ 3 à 5 cm d'intervalle. Faites cuire une plaque de cookies à la fois, jusqu'à ce que ceux-ci soit légèrement dorés au sommet et bruns sur le pourtour, pendant environ 8 à 10 minutes. À mi-cuisson, sortez la plaque et enfilez-la dans l'autre sens pour que les cookies soient dorés uniformément. Retirez la plaque et déposez-la sur une grille métallique, puis laissez refroidir les cookies pendant environ 2 minutes ou jusqu'à ce qu'ils soient légèrement fermes. Retirez les cookies de la plaque un par un avec une spatule en métal et faites-les glisser sur une grille métallique pour qu'ils refroidissent complètement.

TRUC

Il est inutile de graisser à nouveau la plaque à pâtisserie après la première fournée de cookies, surtout si vous utilisez une plaque antiadhésive.

Nombreux sont ceux qui ne pensent pas à faire eux-mêmes des brownies étant donné que l'on en trouve facilement dans le commerce. Il existe aussi des préparations pour brownies, qu'il suffit de mettre au four. Mais les brownies faits maison sont toujours meilleurs. Voici donc une recette à la fois facile et délicieuse. Si vous le souhaitez, vous pouvez préparer les brownies à l'avance, les mettre au congélateur, et les servir à l'occasion.

Brownies traditionnels

Ustensiles : Couteau de chef, moule à gâteau de 22,5 x 32,5 cm, casserole, saladier, cuillère en bois ou spatule en plastique

Temps de préparation : 25 minutes

Temps de cuisson : Environ 30 minutes

Quantité : 24 brownies

1 tasse de beurre

2 tasses de sucre

¾ tasse de cacao non sucré

30 g (1 carré) de chocolat amer grossièrement haché

½ tasse de noix ou de noix de pécan hachées (facultatif)

4 œufs

2 cuillerées à café d'extrait de vanille

1⅓ tasse de farine

1. Préchauffez le four à 190°C. Graissez et farinez le moule à gâteau de 22,5 x 32,5 cm.
2. Faites fondre le beurre et le chocolat amer à feu très doux, dans une petite casserole en métal épais, en remuant de temps à autre jusqu'à ce que le mélange soit onctueux. Mettez de côté et laissez refroidir légèrement.
3. Mélangez le sucre et le cacao dans un saladier. Ajoutez le mélange beurre-chocolat et remuez le tout. Ajoutez les œufs, un par un, en remuant avec une cuillère en bois ou une spatule en plastique jusqu'à ce que le mélange soit homogène. Ajoutez l'extrait de vanille puis la farine, en trois fois, en remuant à chaque fois jusqu'à ce que les ingrédients soient mélangés. Ajoutez les noix (facultatif). Ne remuez pas trop.
4. Mettez la pâte dans le moule en l'étalant uniformément. Faites cuire dans la moitié supérieure du four préchauffé pendant 20 à 25 minutes, jusqu'à ce que le milieu soit ferme au toucher. Retirez le moule et déposez-le sur une grille. Laissez refroidir complètement et découpez en carrés.

Dans la recette suivante, nous avons ajouté à la saveur du citron, celle de la noix de coco. Ces biscuits très parfumés sont moelleux à souhait.

Biscuits au citron

Ustensiles : Couteau de chef, presse-agrumes, moule à gâteau de 32,5 x 22,5 cm, grand bol, saladier, fouet ou batteur électrique, cuillère en bois

Temps de préparation : 15 minutes

Temps de cuisson : Environ 35 minutes

Quantité : 24 biscuits

½ tasse de beurre ramolli

6 cuillerées à soupe plus 1½ tasse de sucre

Zeste de 1 citron

1½ tasse plus 3 cuillerées à soupe de farine

4 œufs

¼ cuillerée à café de levure

1 cuillerée à café d'extrait de vanille

6 cuillerées à soupe de jus de citron fraîchement pressé (environ 2 citrons)

1. Préchauffez le four à 175°C.
2. Garnissez le moule à gâteau (antiadhésif, de préférence) de papier d'aluminium en débordant sur les petits côtés (le papier d'aluminium vous permettra de retirer le biscuit facilement du moule avant de le couper en carrés ; instructions illustrées à la figure 13-1). Beurrez le papier d'aluminium. Mettez le moule de côté.
3. Mélangez le beurre, 6 cuillerées à soupe de sucre et la moitié du zeste de citron. Battez le tout avec un batteur électrique. Ajoutez progressivement 1½ tasse de farine pour former une pâte à la fois molle et friable (si nécessaire, utilisez un coupe-pâte pour mélanger le beurre aux ingrédients secs). Déposez la pâte dans le moule garni de papier d'aluminium et étalez-la uniformément à la main. Faites cuire 12 à 15 minutes ou jusqu'à ce que la croûte soit ferme et légèrement dorée.
4. Pendant la cuisson de la croûte, préparez la garniture. Battez les œufs dans un saladier avec un fouet ou un batteur électrique. Ajoutez 1½ tasse de sucre, 3 cuillerées à soupe de farine et la levure. Battez pour mélanger. Ajoutez les copeaux de noix de coco, le jus de citron, la dernière moitié du zeste de citron et l'extrait de vanille. Remuez bien jusqu'à ce que le mélange soit homogène.
5. Avec une spatule en plastique, étalez la garniture sur la croûte chaude en veillant à ce que la noix de coco soit bien répartie. Remettez le moule au four et poursuivez la cuisson pendant 20 minutes ou jusqu'à ce que la garniture prenne et soit légèrement dorée. Mettez le moule sur une grille métallique pour le refroidir complètement. Soulevez le papier d'aluminium par les extrémités pour retirer le biscuit du moule et posez-le sur une planche à découper. Décollez le papier d'aluminium du biscuit. Coupez le biscuit en carrés avec un long couteau tranchant et humide. Réfrigérez les carrés jusqu'au moment de servir.

Utilisez des moules antiadhésifs pour pouvoir retirer les biscuits, les gâteaux et autres pâtisseries facilement.

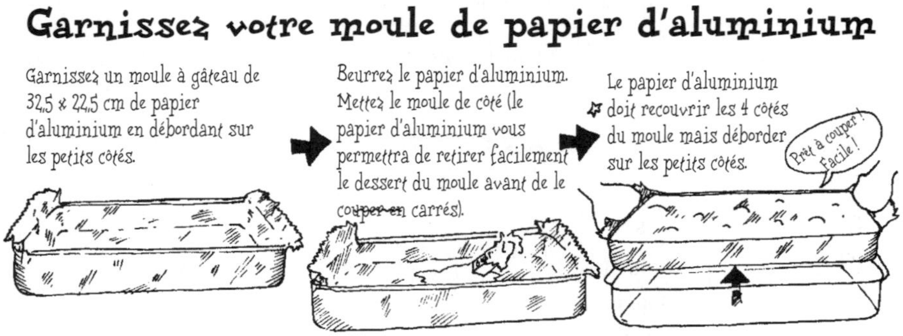

Figure 13-1 : Garnir un moule à gâteau de papier d'aluminium.

Gâteaux, tartes et tiramisu

Dans cette section, nous allons vous présenter plusieurs sortes de pâtisseries : pudding, tarte sablée, gâteau au chocolat et le très tendance tiramisu. Toutes très différentes les unes des autres, elles font appel à des modes de cuisson variés. La tarte sablée aux fraises, qui remonte au XVIIIe siècle, est un dessert de saison très facile à préparer. Elle a pour base un simple sablé.

La tarte aux fruits est un dessert très pratique. Une fois que vous savez faire la pâte, vous pouvez y ajouter n'importe quelle garniture à base de fruits. La recette de gâteau au chocolat que vous avons choisie est également une recette de base, dont il existe de nombreuses versions. Quant au tiramisu, il s'agissait à l'origine d'un dessert italien relativement simple à base de biscuits trempés dans du café et recouverts de mascarpone sucré. Aujourd'hui, ce dessert prend parfois la forme d'un gâteau à la crème et au chocolat, beaucoup plus riche voire écœurant. C'est pourquoi nous avons choisi de vous donner la recette italienne authentique.

Le dessert suivant se compose d'un biscuit ferme en surface et d'un flan à la base. La saveur prononcée du citron et l'association de deux textures différentes surprendra plus d'un(e) gourmand(e). Servez ce dessert chaud ou froid, surmonté de fraises fraîches tranchées et légèrement sucrées.

Pudding au citron et aux fraises

Ustensiles : Plat en céramique ou en verre de 27,5 x 17,5 cm, saladier, grand bol, batteur électrique, spatule en plastique, râpe, grand plat à rôtir

Temps de préparation : 20 à 25 minutes

Temps de cuisson : Environ 50 minutes

Quantité : 6 personnes

Beurre pour graisser le plat

3 cuillerées à soupe de beurre ramolli à température ambiante

4 œufs, jaunes et blancs séparés

¾ tasse de sucre

3 cuillerées à soupe de farine

¼ cuillerée à café de sel

2 cuillerées à soupe de sucre glace (ou à votre convenance)

1 tasse de lait

Zeste râpé de 1 citron

¼ tasse de jus de citron fraîchement pressé

500 g de fraises rincées, équeutées et tranchées

1. Préchauffez le four à 165°C. Faites bouillir de l'eau dans une bouilloire (vous en aurez besoin à l'étape n° 6 de cette recette).
2. Beurrez légèrement un plat peu profond, en céramique ou en verre. Mettez-le de côté.
3. A l'aide d'un batteur électrique, battez les jaunes d'œufs ainsi que 3 cuillerées à soupe de beurre dans un saladier jusqu'à ce que le mélange soit homogène. Ajoutez progressivement ½ tasse de sucre en continuant à battre pendant 3 à 4 minutes. Arrêtez le batteur et raclez les parois du récipient. Ajoutez le jus de citron, la farine et le sel. Remuez avec une cuillère en bois ou une spatule en plastique pour mélanger. Ajoutez progressivement le lait et le zeste de citron. Mélangez et mettez de côté.
4. Battez les blancs d'œufs dans un grand bol en verre ou en métal jusqu'à ce qu'ils soient mousseux. Ajoutez progressivement ¼ tasse de sucre et continuez à battre jusqu'à la formation de mottes.
5. Incorporez doucement les blancs d'œufs au mélange à base de citron (pour savoir comment incorporer les blancs d'œufs à la pâte, reportez-vous aux instructions illustrées du chapitre 8).
6. Versez la pâte dans le plat beurré. Mettez le plat dans un plat à rôtir peu profond comportant 1 cm d'eau chaude (pour en savoir plus sur le bain-marie, reportez-vous aux instructions fournies plus haut dans ce chapitre). Faites cuire, sans couvrir, environ 45 à 55 minutes ou jusqu'à ce que la surface soit légèrement dorée et ferme au toucher.
7. Pendant ce temps, mélangez les fraises tranchées avec le sucre glace. Mettez de côté.
8. Servez le pudding chaud ou froid, à la cuillère, sur des assiettes à dessert individuelles. Ajoutez à chaque portion une bonne cuillerée de fraises sucrées.

QUE FAIRE ?

Vous avez oublié de faire ramollir le beurre à température ambiante ? Râpez-le sur la partie la moins fine d'une râpe. Il ramollira rapidement.

IMPROVISEZ

Remplacez les fraises par d'autres fruits, comme des mûres, des kiwis, de la mangue, de la papaye ou des myrtilles. Arrosez les fruits d'1 ou 2 cuillerées à soupe de liqueur, comme le Cointreau. Pour une présentation plus élégante, servez le pudding dans de grands verres à vin après avoir ajouté les fruits.

SAVOIR-FAIRE

Étendre une pâte à tarte et la mettre dans un moule à tarte est une opération périlleuse pour les personnes qui n'ont jamais cuisiné (instructions illustrées au chapitre 16). Dans la recette suivante, vous n'aurez pas à franchir cette étape. Il vous suffira de déposer la pâte sur une grande plaque à pâtisserie. Ensuite, il ne vous restera plus qu'à disposer les tranches de nectarines et/ou de pêches sur la pâte et de les enrober de confiture. Une tarte doit être cuite jusqu'à ce que les fruits soient tendres et la pâte croustillante. Nous vous recommandons d'utiliser moins de sucre qu'une tarte en contient habituellement afin que les saveurs des fruits soient davantage mises en valeur. Cela dit, vous pouvez augmenter la proportion de sucre à votre convenance.

Cette tarte associe la richesse du jaune d'œuf à une petite quantité de sucre pour faire une pâte facile à étendre.

Tarte aux fruits sans moule

Ustensiles : Râpe, grand bol, coupe-pâte, plaque à pâtisserie antiadhésive, rouleau à pâtisserie, couteau, petite casserole, 2 bols, spatule en métal, pinceau à pâtisserie

Temps de préparation : Environ 30 minutes

Temps de cuisson : 10 à 15 minutes (plus 30 minutes de réfrigération pour la pâte)

Quantité : 6 personnes

7 cuillerées à soupe de beurre ramolli

¼ tasse plus 1½ cuillerée à soupe (ou plus) de sucre

1 jaune d'œuf

Zeste râpé de ½ citron

¼ cuillerée à café d'extrait de vanille

1 tasse de farine

1 pincée de sel

4 à 6 pêches ou nectarines mûres (ou un mélange des deux)

3 cuillerées à soupe de confiture de pêche ou d'abricot

1 cuillerée à soupe de Cointreau ou autre liqueur de fruit (facultatif)

2 cuillerées à soupe d'amandes effilées

¼ tasse de myrtilles ou de framboises rincées, égouttées et équeutées

Crème chantilly (pour savoir comment faire une crème chantilly, reportez-vous au chapitre 7) ou glace à la vanille (facultatif)

1. Pour faire la pâte, mélangez 6 cuillerées à soupe de beurre, ¼ tasse de sucre, le jaune d'œuf, le zeste de citron et l'extrait de vanille dans un grand bol avec une cuillère en bois. Ajoutez la farine et le sel. Travaillez le mélange beurre-œuf avec les ingrédients secs à la main ou à l'aide d'un coupe-pâte jusqu'à ce que vous obteniez une pâte homogène. Faites une boule de pâte, enveloppez-la d'un film plastique et mettez-la au réfrigérateur pendant environ 30 minutes.
2. Préchauffez le four à 220°C. Beurrez une grande plaque à pâtisserie, antiadhésive de préférence.
3. Étalez la pâte en un rectangle d'environ 22 x 30 cm avec un rouleau à pâtisserie fariné, sur un plan de travail légèrement fariné également. Enroulez la pâte avec précaution autour du rouleau à pâtisserie et déroulez-la sur la plaque à pâtisserie beurrée. Repliez les bords de la pâte pour former un rebord bien net. Mettez de côté.
4. Coupez les fruits en deux et dénoyautez-les. Découpez chaque moitié en 4 ou 5 morceaux. Disposez les tranches de fruits côte à côte sur la pâte en commençant dans un angle et en les faisant se chevaucher jusqu'à ce que la surface de la pâte soit complètement recouverte (instructions illustrées à la figure 13-2).
5. Mélangez la confiture et 1 cuillerée à soupe de beurre dans une casserole. Faites chauffer à feu doux pendant quelques minutes, en remuant constamment, jusqu'à ce que le beurre fonde et que la confiture se liquéfie. Retirez la casserole du feu et ajoutez le Cointreau (facultatif). Enduisez les tranches de fruits de mélange beurre-confiture avec un pinceau à pâtisserie.
6. Mélangez 1½ cuillerée à soupe de sucre et les amandes dans un bol. Répartissez les myrtilles ou les framboises sur les tranches de fruits et saupoudrez le tout de sucre et d'amandes (rajoutez du sucre si vous le souhaitez).
7. Faites cuire la tarte environ 25 à 30 minutes ou jusqu'à ce que la pâte soit croustillante et dorée, et les fruits tendres.
8. Coupez la tarte en six parts. Déposez chaque portion sur une assiette à dessert à l'aide d'une spatule en métal. Servez chaud ou froid avec un peu de crème chantilly ou de glace à la vanille, si vous le souhaitez. Si vous la faites cuire à l'avance, vous pouvez réchauffer votre tarte au four à 190°C pendant environ 10 à 15 minutes.

Pour changer, remplacez quelques pêches et/ou nectarines par des prunes bien mûres.

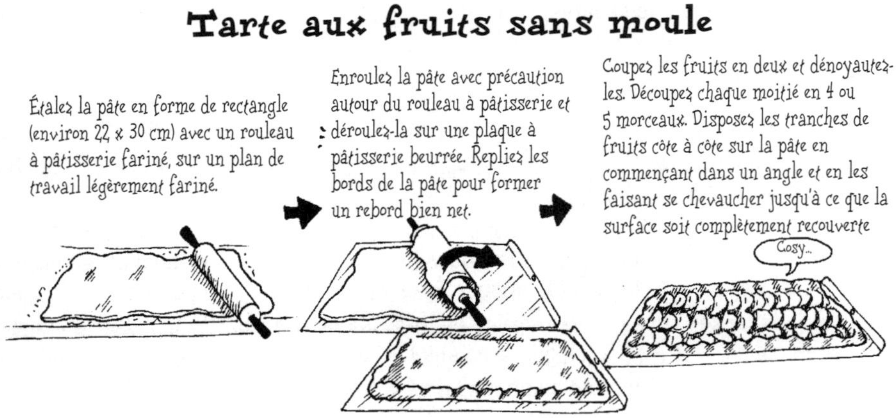

Figure 13-2 : Disposer des tranches de fruits sur une pâte de façon attrayante.

La plupart des noix se dessèchent et rassissent lorsqu'elles restent exposées à l'air, à température ambiante. Pour les conserver, enveloppez-les dans une feuille de papier d'aluminium ou un film plastique (ou mettez-les dans un récipient hermétique ou un sac plastique refermable) et stockez-les au congélateur (il est inutile de les décongeler avant de les utiliser).

Le gâteau au chocolat dont la recette est fournie ci-après est agrémenté de noix (pour une texture plus croquante) et de cannelle. Ces deux ingrédients ne sont pas indispensables.

Pour faire cette recette, il vous faut du papier parchemin, papier épais et durable, résistant à la chaleur. On l'utilise notamment pour garnir les moules à gâteaux. Il empêche aussi les gâteaux et les biscuits d'adhérer aux plats ou plaques en métal. (Vous pouvez même vous en servir pour faire de terrifiants masques d'Halloween !).

Gâteau au chocolat, aux noix et à la cannelle

Ustensiles : Saladiers, spatule en plastique, batteur électrique, casserole à double fond ou deux récipients l'un sur l'autre, fouet, moule à manqué de 22,5 cm, papier parchemin, tamis

Temps de préparation : Environ 15 minutes

Temps de cuisson : Environ 30 minutes

Quantité : 8 à 10 personnes

180 g de chocolat amer

½ tasse de beurre

5 œufs (jaune et blanc séparés)

½ tasse de sucre

½ cuillerée à café de crème de tartre

½ tasse de noix hachées

¼ tasse de farine tamisée

1 cuillerée à café de cannelle moulue

2 cuillerées à soupe de cacao non sucré ou de sucre glace (facultatif)

1. Préchauffez le four à 175°C. Garnissez le moule à manqué d'une feuille circulaire de papier parchemin graissée. Ensuite, graissez les parois du moule.
2. Remplissez à moitié la partie inférieure d'une casserole à double fond d'eau et portez à ébullition. Mettez le chocolat et le beurre dans la partie supérieure et éteignez le feu, en laissant la casserole à double fond sur le brûleur. Remuez pour mélanger le chocolat et le beurre.
3. Pendant ce temps, battez les blancs d'œufs, 1 cuillerée à café de sucre et la crème de tartre avec un batteur électrique jusqu'à ce que le mélange soit presque ferme. Ajoutez progressivement le reste de sucre tout en continuant à battre. Mettez de côté.
4. Battez les jaunes d'œufs dans un autre saladier. Retirez le mélange à base de chocolat du brûleur et ajoutez-y les jaunes d'œufs. Ajoutez les noix, la farine tamisée et la cannelle. Mélangez le tout.
5. Incorporez les blancs d'œufs dans le mélange à base de chocolat. Versez le tout dans le moule à manqué. Lissez la surface avec une spatule.
6. Faites cuire environ 25 minutes. Évaluez la cuisson à l'aide d'un couteau : si la lame ressort propre après avoir été insérée au milieu du gâteau, celui-ci est cuit. Laissez refroidir dans le moule.
7. Lorsque le gâteau a suffisamment refroidi pour que vous puissiez le manipuler, renversez une assiette sur le moule et retournez le moule de sorte que l'assiette se retrouve en bas. Tapotez sur le moule pour démouler le gâteau. Retournez le gâteau d'une main en le maintenant avec une large spatule de l'autre pour le remettre à l'endroit.
8. Si vous le souhaitez, décorez le gâteau en le saupoudrant de cacao ou de sucre glace à l'aide d'un tamis.

TRUC

Lorsque la cuisson n'est pas homogène, le gâteau peut gonfler de manière inégale. Pour éviter ce problème, utilisez des « bandelettes de pâtisserie », petites bandes de tissu revêtues d'aluminium à placer sur le pourtour du gâteau après les avoir mouillées (certaines comportent des attaches qui les maintiennent en place). Vous pouvez tout aussi bien découper des bandelettes dans un vieux jean. Une fois mouillées, elles ralentissent la transmission de chaleur autour du périmètre et garantissent un gonflement homogène.

La pâtisserie est le domaine le plus précis et le plus scientifique de la cuisine. Les pâtes doivent comporter la bonne proportion de liquides par rapport aux solides pour donner un résultat satisfaisant après la cuisson. De même, les proportions de farine, liquide, sucre et levure doivent être scrupuleusement respectées dans les gâteaux. Mesurez toujours les ingrédients secs et liquides avec précision. Mettez les ingrédients secs à niveau avec le plat d'un couteau. Pour en savoir plus sur la façon de mesurer les ingrédients, reportez-vous au chapitre 2.

Il existe un moyen très simple de décorer un gâteau fourré sans utiliser de glaçage : saupoudrez-le de sucre glace. Mettez le sucre dans un tamis, tenez celui-ci au-dessus du gâteau et tapotez-le légèrement d'une main en distribuant le sucre uniformément à la surface du gâteau. Vous pouvez également utiliser un pochoir en forme de cœur ou de fleur, par exemple, que vous aurez fabriqué vous-même ou acheté dans le commerce. Faites tomber le sucre en pluie sur le pochoir et retirez celui-ci pour faire apparaître le motif. Si vous préférez, remplacez le sucre glace par du cacao non sucré.

Vérifiez toujours la température de votre four lorsque vous faites de la pâtisserie. Si votre gâteau ne semble pas cuit alors que la minuterie s'est arrêtée, votre four ne fonctionne peut-être pas correctement. Achetez un thermomètre à four (au mercure, de préférence) pour voir si la température correspond à celle qui est affichée sur le thermostat. Si ce n'est pas le cas, réglez le thermostat pour atteindre la température souhaitée. Mieux encore, contactez le service après-vente et faites réparer votre four.

Le dessert suivant, parfumé au café, a beaucoup évolué au fil du temps. À l'origine, il s'agissait d'un mets très simple mais, aujourd'hui, il se présente parfois sous la forme d'un gâteau au chocolat et à la crème spongieux et trop sucré. C'est pourquoi nous avons choisi de vous donner la recette traditionnelle de ce dessert qui vient d'Italie, le tiramisu. À ce qu'on raconte, les vieilles dames jouaient aux cartes l'après-midi et, lorsque le jeu était terminé, elles faisaient un dessert sucré appelé tiramisu, qui signifie littéralement « remonte-moi ». Elles prenaient quelques biscuits, les trempaient dans le café et les surmontaient d'une couche de mascarpone. Ainsi naquit le tiramisu.

Cette recette comprend un mélange de crème fouettée, de crème aigre et de mascarpone (si vous ne trouvez pas de mascarpone, utilisez uniquement les deux premiers ingrédients). Un bon tiramisu doit avoir un goût de café prononcé. Cela dit, le café soluble convient parfaitement.

Tiramisu

Ustensiles : Spatule en métal, tamis, spatule en plastique, fouet ou batteur électrique, cuillère en bois, plat circulaire de 25 cm ou carré de 22,5 cm, 2 saladiers

Temps de préparation : Environ 20 minutes (plus 2 heures de réfrigération)

Temps de cuisson : Aucun

Quantité : Environ 8 personnes

3 cuillerées à soupe de café soluble

3 cuillerées à soupe de sucre semoule

1 tasse d'eau

360 g de boudoirs

500 g de crème épaisse bien froide

¼ tasse de sucre glace

2 cuillerées à café d'extrait de vanille

⅓ tasse de mascarpone

2 cuillerées à soupe de crème aigre

1 cuillerée à soupe de cacao non sucré

1. Mélangez le café soluble et le sucre semoule dans un bol. Faites bouillir l'eau et versez-la sur le mélange à base de café tout en remuant. Mettez de côté et laissez refroidir à température ambiante.
2. Disposez environ la moitié des boudoirs au fond du plat (carré ou circulaire).
3. Avec une cuillère à soupe, répartissez uniformément la moitié du mélange à base de café sur les boudoirs. Mettez de côté.
4. Mélangez la crème, le sucre glace et la vanille dans un saladier. Battez le mélange à l'aide d'un fouet ou d'un batteur électrique jusqu'à la formation de mottes. Réfrigérez pendant au moins 1 heure.
5. Mélangez le mascarpone et la crème aigre dans un autre saladier. Remuez le tout avec une cuillère en bois jusqu'à ce que le mélange soit homogène.
6. Incorporez la moitié de la crème fouettée dans le mélange à base de mascarpone et de crème aigre. Ensuite, incorporez l'autre moitié. Ne remuez pas trop.
7. Avec une spatule en métal ou une cuillère, étalez la moitié du mélange sur les boudoirs et disposez le reste des boudoirs à l'envers pour former une deuxième couche. Ajoutez le reste de café et enfin la deuxième moitié du mélange à base de crème. Saupoudrez le tout de cacao à l'aide d'un tamis. Réfrigérez pendant 2 heures avant de couper en morceaux pour servir.

***Note** : La largeur et la longueur des boudoirs varient d'une marque à l'autre. Par conséquent, le nombre de boudoirs nécessaires pour tapisser un plat carré de 22,5 cm varie également. En général, 360 g suffisent pour faire deux couches.*

Quatrième partie

Recettes adaptées à la vie d'aujourd'hui

« Je fais des essais avec les herbes aromatiques et j'ai ajouté un peu de tabac à pipe à la sauce pour lui donner une saveur fumée. »

Dans cette partie...

Contrairement à ce que l'on pourrait croire, personne ne cuisine dans le vide absolu. Nous devons tous tenir compte des contraintes horaires, des téléphones qui sonnent, des machines à laver qui fuient, des enfants qui pleurent et des chiens qui quémandent.

Vous ne trouverez ici aucune solution concernant les chiens et les machines à laver mais simplement quelques astuces qui tiennent compte d'un élément incontournable : le temps. Par exemple, nous vous aiderons à prévoir des menus pour nourrir votre famille pour la semaine et à préparer un repas pour des amis que vous avez invités à la dernière minute. Nous vous donnerons aussi quelques conseils en matière d'approvisionnement pour pouvoir toujours faire un bon repas avec ce que vous avez sous la main – sans vous ruiner ni perdre de temps.

Chapitre 14

Une liste du strict nécessaire

Dans ce chapitre :

- Stocker les épices, les condiments et les aliments en conserve
- Stocker les légumes, les fruits et les viandes
- Faire de bons repas avec ce que vous avez sous la main

Les recettes de ce chapitre

- Soupe à l'oignon
- Spaghetti à la méditerranéenne
- Spaghetti au thon
- Haricots rouges et riz
- Gratin de pommes de terre

Vous pourriez survivre pendant un bon moment avec du jambon blanc et du pain, mais vous finiriez sans doute par vous lasser. Ce chapitre a pour but de vous aider à remplir votre garde-manger sans vous torturer l'esprit. En faisant vos achats de façon réfléchie, non seulement vous vous éviterez des aller et retour au supermarché mais vous économiserez de l'argent – les friandises que l'on grignote toute la soirée finissent par chiffrer. Et lorsque vous n'aurez pas le temps d'aller au supermarché, vous pourrez tout de même préparer un repas en fonction des produits que vous avez dans vos placards et au réfrigérateur.

Vous trouverez plusieurs listes de produits indispensables. Vous penserez sans doute par vous-même au lait, aux œufs et au pain mais vous ne devez pas oublier les condiments, le xérès, les anchois ou les cœurs d'artichauts. Ce sont ces ingrédients, que l'on a tendance à négliger, qui ajoutent instantanément du goût aux plats de tous les jours, comme les salades, les omelettes et les pâtes.

Aliments secs

Vous consommerez probablement les aliments suivants au moins une fois par semaine, alors achetez-les en vrac pour faire des économies sur l'emballage.

- **Assortiment de cafés** : Vous pouvez congeler le café en grains ou moulu pour le conserver plus longtemps.
- **Assortiment de pains** : Tous les pains peuvent être congelés. Les pains au levain se conservent 6 à 8 mois au congélateur et les pains à base de levure chimique ou de bicarbonate de soude, 2 à 4 mois.

- **Céréales chaudes et froides** : Refermez bien les boîtes de céréales après les avoir ouvertes pour conserver la fraîcheur du contenu.
- **Légumes secs** : Pour en savoir plus sur les différents types de légumes secs, reportez-vous au chapitre 15.
- **Pâtes** : Reportez-vous au tableau du chapitre 11.
- **Riz brun et blanc, riz sauvage, et riz Arborio (riz italien utilisé dans le risotto)** : Pour en savoir plus sur les différents types de riz, reportez-vous au chapitre 3.
- **Thés et tisanes** : Stockez-les dans une boîte en métal, dans un endroit frais et sec.

Herbes lyophilisées, épices et condiments

Les herbes aromatiques et les épices jouent un rôle important dans l'assaisonnement. Les premières proviennent des feuilles et des tiges de plusieurs variétés de plantes. Les secondes peuvent être issues des racines, des graines, de l'écorce, des boutons ou des baies d'une plante. Vous trouverez un tableau précis sur les herbes aromatiques et les épices au chapitre 5. Voici les herbes, les épices et les condiments que vous devez toujours avoir en stock :

- **Épices** : Quatre-épices, piment, cannelle, clous de girofle, cumin moulu, curry, gingembre, muscade et paprika.
- **Herbes lyophilisées** : Basilic, laurier, aneth, marjolaine, origan, romarin, sauge, estragon, thym et persil.
- **Sel et poivre** : Sel de table, grains de poivre noir, poivre blanc en grains ou moulu et poivre de Cayenne.

Achetez les herbes lyophilisées et les épices en petites quantités. Au bout d'environ un an de stockage, leur saveur diminue considérablement. Conservez-les dans des récipients hermétiques, à l'abri de la lumière et de la chaleur (loin de la cuisinière, notamment).

Pour retirer le maximum de saveur des herbes lyophilisées, effritez-les entre vos doigts avant de les ajouter à un plat. Les épices entières, comme les grains de poivre et la muscade, ont beaucoup plus d'arôme et de saveur en l'état que lorsqu'elles sont vendues moulues. Essayez de les moudre ou de les râper vous-même au fur et à mesure de vos besoins.

Aliments en conserve et en bouteille

Vous pensez sans doute déjà aux boîtes de thon, aux confitures et aux soupes en brique. Voici d'autres produits incontournables :

- **Concentré de tomate** : Vous pouvez l'acheter en boîte ou en tube, conditionnement plus commode qui permet une conservation au réfrigérateur après ouverture. Pratique pour parfumer les ragoûts et les sauces.
- **Huiles et vinaigres** : Reportez-vous à la liste du chapitre 10.
- **Vins** : Un vin blanc sec et un vin rouge sec pour parfumer les sauces, les soupes et les ragoûts qui mijotent pendant longtemps. Il serait également utile d'avoir du xérès, du porto et du madère.

Les produits suivants vous permettront de cuisiner de façon plus créative :

- **Anchois** : Les anchois donnent une saveur à la fois intense et subtile aux sauces (de salade, notamment) et aux pizzas surgelées (pour en savoir plus sur les anchois, reportez-vous au chapitre 16).
- **Bouillons en conserve** : Utiles lorsque vous n'avez plus de bouillon fait maison. Achetez du bouillon de bœuf et de poulet (ou de légumes, pour les végétariens), de préférence sans sel.
- **Câpres (boutons à fleur du câprier)** : Pour faire des sauces rapides et légèrement piquantes pour les viandes et la volaille.
- **Cœurs d'artichauts marinés dans l'huile d'olive** : Agrémentent à merveille les salades vertes, les salades de légumes marinés et même les pâtes.
- **Légumes secs** : Haricots rouges, pois chiches et haricots blancs pour les soupes, les salades, les plats d'accompagnement rapides, les tacos, les burritos, les nachos et les garnitures d'omelettes.
- **Olives** : Noires, vertes et farcies en hors-d'œuvre, et tranchées dans les salades et les pâtes (voir recette de pâtes à la méditerranéenne, plus loin dans ce chapitre).
- **Poivrons rôtis** : Agrémentent les légumes marinés, les salades vertes et les sauces à la crème.
- **Sauce de canneberge** : Servez-la avec des viandes ou de la volaille grillées ou utilisez-la pour arroser vos rôtis.
- **Sauce hoisin** : Sauce très présente dans la cuisine chinoise, composée de germes de soja, d'ail, de piments et d'épices. Délicieuse dans les marinades et avec les côtelettes, le rôti de canard ou la volaille.
- **Tomates** : Tomates pelées et purée de tomates pour faire des sauces pour les pâtes lorsque ce n'est pas la saison des tomates fraîches.

Condiments

Il est toujours préférable d'avoir des condiments et des sauces de qualité – moutardes, sauces piquantes, sauces barbecue, etc. Voici ce que vous devez avoir en stock :

- **Ketchup** : Pour les hamburgers et dans les sauces barbecue.
- **Mayonnaise** : Parce qu'on ne peut pas toujours la faire soi-même (recette au chapitre 7).
- **Moutarde de Dijon** : Pour faire des sauces de salade et diverses sauces qui agrémentent les viandes froides ou chaudes. Vous pouvez parfumer vos sauces moutarde avec des herbes aromatiques, des épices, du jus ou du zeste d'agrumes, ou bien un peu de miel.

Il est également utile d'avoir les produits suivants à portée de main :

- **Assortiment d'achards** : Les achards, composés de petits légumes, de fruits et de graines aromatiques, peuvent agrémenter les viandes grillées et rôties.
- **Cornichons** : Vous pouvez les trancher et les mettre dans les sandwiches, les pommes de terre, le poulet, les salades d'œufs, les viandes rôties et les pâtés, ou les hacher pour les mélanger aux vinaigrettes ou aux sauces à la crème.
- **Pesto (en conserve ou fait maison et congelé)** : Pour les pâtes, les viandes grillées, le poisson, la volaille ou les légumes.
- **Raifort** : Pour les sandwiches, les sauces de salade, les huîtres et les palourdes crues, et certaines sauces à la crème et à la tomate.
- **Salsa (sauce portoricaine)** : Avec les viandes grillées et le poisson, les omelettes et d'autres plats à base d'œufs, les salades, et les plats mexicains traditionnels.
- **Sauce de soja (foncée et claire, chinoise et japonaise)** : Pour les marinades, les sauces de salade, les stir-fry, les sushis et les sauces. La sauce de soja chinoise est plus forte et plus salée que la variété japonaise. La sauce claire agrémente les crevettes, le poisson et les légumes, comme le stir-fry de pois mangetout ou de brocolis. La sauce foncée, parfumée au caramel, est délicieuse avec les viandes grillées.
- **Tabasco** : Ajoute de la saveur et du piquant aux plats salés. À utiliser dans les omelettes, les marinades, les soupes, les ragoûts et avec les steaks-frites.
- **Tomates séchées dans l'huile d'olive** : Pour rehausser les sauces (des pâtes, notamment), les salades et les vinaigrettes.
- **Sauce Worcestershire** : Pour les steaks, les marinades, les sauces et les Bloody Marys.

Les condiments, comme les achards, les cornichons, la mayonnaise et la moutarde se conservent pendant des mois au réfrigérateur après ouverture. L'huile, le vinaigre et le miel se conservent à température ambiante après ouverture, à l'abri de la chaleur et de la lumière. En cas de doute, reportez-vous aux instructions indiquées sur l'étiquette du produit.

Ingrédients de pâtisserie

Personne n'attend de vous que vous fassiez un gâteau lorsque vous rentrez du travail à 19 h 30, mais il arrive que vous ayez besoin d'un dessert rapide et que vous soyez suffisamment enthousiaste pour le faire vous-même. Si vous avez déjà les ingrédients nécessaires à la maison, cela vous facilitera grandement la tâche. Voici la liste de ce que vous devez toujours avoir en stock :

- **Bicarbonate de soude** : Utilisé comme poudre à lever dans les pâtisseries et les pâtes qui contiennent un ingrédient acide, comme la mélasse, le vinaigre ou le babeurre. Également efficace pour éteindre les flambées de graisse dans le four ou le gril. Vous pouvez aussi en mettre une boîte dans le réfrigérateur pour absorber les odeurs (changez-la tous les 6 mois ou elle dégagera elle aussi des odeurs nauséabondes).
- **Farine (paquet de 2,5 kg)** : Pour les crêpes, les biscuits, les gaufres et toutes sortes de pâtisseries, mais aussi pour fariner les viandes, le poisson et la volaille. Stockez la farine dans une boîte en métal hermétique, où elle se conservera pendant plusieurs mois.
- **Levure** : Poudre à lever utilisée dans certains gâteaux et biscuits pour en alléger la texture et en accroître le volume. Regardez bien la date limite de vente pour vous assurer de la fraîcheur et donc de l'efficacité de la poudre avant de l'acheter. Conservez la levure dans un petit récipient hermétique. Pour savoir si elle est encore efficace, mélangez-en 1 cuillerée à café avec ⅓ tasse d'eau chaude. Si la solution mousse, la levure est encore bonne.
- **Sucre semoule (paquet de 2,5 kg)** : Édulcorant à stocker dans une boîte en fer hermétique.

Les produits suivants vous permettront d'élargir votre horizon :

- **Chocolat** : Tablettes de chocolat amer ou mi-amer, pépites de chocolat, cacao non sucré pour les pâtisseries et sucré pour faire du chocolat chaud (recette de coulis de chocolat au chapitre 7).

  TRUC

  Au-delà de 25°C, le chocolat commence à fondre : le beurre de cacao se désolidarise et s'accumule à la surface. Le chocolat prend alors un aspect blanchâtre mais peut être consommé sans danger. Pour éviter ce phénomène, stockez-le dans un endroit frais et sec (mais pas au réfrigérateur) et enveloppez-le bien.

- **Crème de tartre** : Utilisée pour stabiliser les blancs d'œufs.
- **Extrait de vanille** : Parfume la crème chantilly, les crèmes dessert et les pâtisseries (vous pouvez aussi vous procurer de l'extrait d'orange, de citron et de noix). Les arômes à la vanille ne sont qu'une pâle imitation du véritable extrait de vanille.
- **Gélatine** : La gélatine en poudre nature est utilisée dans certains hors-d'œuvre et dans les mousses.
- **Gousse de vanille** : Pour les crèmes et le sucre vanillé (recette de crème à la vanille au chapitre 7). Pour conserver les gousses de vanille, enveloppez-les dans un film plastique, enfermez-les dans un récipient hermétique, et mettez-les au réfrigérateur. Elles se conserveront pendant environ 6 mois.
- **Maïzena** : Jaune ou blanche, pour les pâtisseries et les ragoûts. À stocker dans une boîte en fer ou dans un sac fermé hermétiquement.
- **Miel** : Pour les glaçages et les sirops. Pour liquéfier du miel cristallisé, mettez le pot dans une casserole d'eau chaude.
- **Sucre glace (1 boîte de 500 g)** : À saupoudrer sur les pâtisseries et les biscuits ou pour faire un glaçage rapide.
- **Sucres roux et brun** : Utilisés pour faire des pâtisseries, des sauces barbecue et des glaçages pour le jambon et le porc. Le sucre brun a une saveur plus intense que le sucre roux. Pour qu'il se conserve bien après ouverture, mettez la boîte dans un sac en plastique fermé hermétiquement. S'il durcit, mettez la moitié d'une pomme dans le sac pendant plusieurs heures ou pendant la nuit puis retirez-la. Il retrouvera ainsi son aspect d'origine.

Produits réfrigérés et congelés

Voici les principaux produits que vous devez stocker au réfrigérateur ou au congélateur :

- **Beurre doux (sans sel)** : Utilisez du beurre doux dans tous vos plats afin de mieux évaluer la quantité de sel. Au réfrigérateur, le beurre se conserve environ 2 à 3 semaines et peut être congelé 8 à 12 mois.
- **Lait** : Dans nos recettes, nous utilisons du lait entier, qui comporte environ 3,5 % de matière grasse. Si vous préférez, utilisez du lait allégé ou écrémé (sans matière grasse), mais sachez que vos plats n'auront pas une consistance aussi crémeuse. Le lait entier se conserve environ 1 semaine après la date limite de vente. Le lait écrémé a une durée de conservation inférieure. Enfin, le lait stérilisé sous vide se conserve pendant plusieurs mois à température ambiante. Une fois ouvert, il doit être réfrigéré comme les autres et consommé rapidement.

- **Œufs** : Ayez toujours des œufs pour les omelettes et les dîners rapides (recettes à base d'œufs au chapitre 8). Stockez-les dans leur carton d'emballage pour éviter qu'ils n'absorbent les odeurs et les saveurs des autres aliments réfrigérés. Les œufs crus se conservent au réfrigérateur pendant au moins 4 semaines à partir de leur date d'emballage.
- **Pâtes** : Stockez plusieurs sortes de pâtes farcies au réfrigérateur pour faire un dîner rapide. Vous pouvez envelopper les pâtes fraîches dans des sacs de congélation et les conserver ainsi pendant 6 à 8 mois. Ne les décongelez pas avant la cuisson. Plongez-les directement dans l'eau bouillante et faites-les cuire *al dente*.

Les produits suivants peuvent aussi vous être utiles :

- **Bagels et autres types de pain** : Pour le petit déjeuner et les sandwiches. Tous les types de pain peuvent être congelés dans des sacs de congélation. Décongelez-les à température ambiante, au four à micro-ondes, ou au four traditionnel à 150°C.
- **Crème épaisse et crème allégée** : Pour faire des sauces rapides pour le poisson, la volaille et les pâtes. Consommez dans la semaine qui suit l'achat ou congelez pour une conservation plus longue. La crème épaisse est l'ingrédient de base de la crème chantilly.
- **Crème aigre** : Vous pouvez utiliser indifféremment de la crème aigre classique (18 % de matière grasse), allégée ou sans matière grasse. Comme pour tous les produits laitiers, achetez la crème dont la date limite de consommation est la plus éloignée dans le temps. La crème aigre se conserve environ 2 semaines.
- **Crème glacée** : Dessert instantané. La glace se conserve jusqu'à 2 mois au congélateur. Après ouverture, elle doit être consommée dans les 2 semaines.
- **Fromage blanc, ricotta et fromage à tartiner** : Pour ajouter aux sauces, faire un casse-croûte, étaler sur du pain ou faire un flan au fromage blanc. Stockez dans l'emballage d'origine ou enveloppez dans du papier d'aluminium et consommez jusqu'à 2 semaines après l'achat.
- **Fromages à pâte dure ou semi-dure** : Mozzarella, parmesan, cheddar et bleu pour les salades, les omelettes, les sauces blanches et les sandwiches. Ces fromages se mangent aussi râpés dans les pâtes ou seuls en fin de repas (pour en savoir plus sur les fromages, reportez-vous à l'encadré : « Fromage : le plus beau visage du lait »).

  Enveloppez tous les fromages dans du papier d'aluminium ou dans un film plastique après ouverture. Retirez la moisissure qui se forme sur les bords des fromages à pâte dure. Selon les variétés, le fromage se conserve au réfrigérateur de plusieurs semaines à plusieurs mois.

N'achetez pas de parmesan râpé. Il perdrait rapidement de sa saveur et absorberait les odeurs des autres aliments réfrigérés. Réfrigérez plutôt un morceau de fromage entier, que vous râperez au fur et à mesure de vos besoins.

- **Pâtes à tarte** : Elles se conservent 6 à 8 mois au congélateur. Il vous suffit de les garnir de fruits frais lorsque vous avez besoin d'un dessert rapidement. Vous pouvez également les utiliser pour faire des quiches (recette de quiche lorraine au chapitre 8).
- **Yaourts nature** : Avec de la moutarde et diverses herbes aromatiques, les yaourts permettent de faire de bonnes sauces allégées. Ils peuvent aussi alléger la pâte à crêpe. Respectez la date limite de consommation indiquée sur l'emballage.

Fromage : le plus beau visage du lait

Le fromage se déguste à la fin du repas, de préférence avec du vin, et peut précéder ou remplacer le dessert. Servez-le avec un bon pain après l'avoir laissé quelques minutes à température ambiante.

Essayer de déterminer quel est le meilleur fromage pour conclure un repas équivaut à se demander quelle est la meilleure voiture pour aller au supermarché – toutes les voitures peuvent remplir cette mission ; seulement, certaines le font avec davantage de style. Faites votre choix en fonction du repas. Par exemple, ne servez pas un fromage fort, comme le bleu, après un plat aux saveurs subtiles, comme des blancs de poulet grillés accompagnés de légumes d'été.

Vous devez aussi choisir le vin avec discernement. Par exemple, le cheddar et le fromage de chèvre se marient bien avec des vins rouges qui ont du corps, comme le Bordeaux, et dont les saveurs ne sont pas masquées par celles du fromage. En revanche, le gouda et le munster requièrent des vins délicats qui respectent l'harmonie des saveurs, comme le Beaujolais ou certains Côtes-du-Rhône. Pour en savoir plus sur les vins, lisez *Le Vin pour les Nuls* de Ed McCarthy et Mary Ewing-Mulligan, Éditions First.

Lorsque vous faites vos achats, n'oubliez pas qu'il y a une grande différence entre un fromage qui a vieilli et un vieux fromage. Les vieux fromages sont secs, décolorés et parfois craquelés. De plus, ils répandent dans votre voiture une odeur de vestiaire ! Un cheddar plus foncé sur le pourtour qu'au milieu est probablement sec. D'une manière générale, examinez les fromages avec beaucoup d'attention. Nous vous recommandons d'aller dans un magasin qui vend une grande quantité de fromages, car le stock est renouvelé rapidement et le choix est plus vaste et de meilleure qualité.

- **Brie** : Ce fromage crémeux a une saveur douce qui se marie bien avec la plupart des vins rouges légers.
- **Camembert** : Fromage crémeux de Normandie, semblable au brie. Lorsqu'il est bien fait, il coule voluptueusement.
- **Cheddar** : Un des fromages les plus populaires du monde, fabriqué partout mais originaire d'Angleterre, d'où proviennent les meilleurs cheddars. Ce fromage à pâte mi-ferme peut être riche, avec un léger goût de noisette, ou très fort.

Fromage : le plus beau visage du lait *(suite)*

- **Fontina** : Fromage italien au lait de vache, à pâte mi-ferme et au goût de noisette, à la fois riche et subtile.
- **Fromage de chèvre** : Ce fromage est doux et légèrement piquant lorsqu'il est jeune et devient dur et friable lorsqu'il vieillit.
- **Gorgonzola** : Originaire de la Lombardie, région d'Italie, ce fromage à pâte persillée est assez fort, mais plus riche et crémeux que le roquefort.
- **Gruyère** : Fromage au léger goût de noisette, traditionnellement utilisé pour la fondue.
- **Mascarpone** : Fromage italien au lait de vache souvent utilisé pour cuisiner mais pouvant également faire office de sauce lorsqu'on y ajoute des herbes aromatiques fraîches. Il fait partie des ingrédients de base du tiramisu traditionnel.
- **Mozzarella** : Fromage connu de tous grâce aux pizzas et aux lasagnes. La mozzarella se mange sur du pain, dans les salades ou accompagnée de rondelles de tomates et de basilic.
- **Romano** : Fromage italien au lait de brebis, moelleux et doux, avec une légère aigreur lorsqu'il est jeune. En vieillissant, il devient piquant et se râpe sur les pâtes.
- **Roquefort** : Fabriqué avec du lait de brebis et vieilli dans les célèbres caves de Roquefort, dans le sud de la France, le roquefort est l'un des fromages à pâte persillée les plus forts. Lorsqu'il est de bonne qualité, il a une texture crémeuse.

Conserver les fruits et les légumes

Vous devez toujours avoir des pommes de terre, des oignons, de l'ail, des carottes, des salades vertes, du persil et quelques autres herbes aromatiques fraîches, comme du basilic et de l'aneth. Stockez également des concombres, des oignons verts, des agrumes, des champignons, des poivrons rouges et verts, et du céleri, que vous consommerez directement ou utiliserez pour parfumer les sauces, les soupes, les salades et les ragoûts. Enfin, achetez régulièrement un assortiment de fruits frais – pommes, oranges, raisin, bananes ou autres de fruits de saison – que vous mangerez en fin de repas, ajouterez à vos céréales ou utiliserez pour faire des coulis.

À RETENIR

Si vous achetez des poires, des pêches et des nectarines qui ne sont pas encore mûres, conservez-les à température ambiante pour qu'elles acquièrent une saveur sucrée en mûrissant. Une fois mûrs, elles peuvent se conserver au réfrigérateur pendant encore plusieurs jours. Les fruits rouges s'abîment rapidement et doivent toujours être réfrigérés. Consommez-les de préférence le jour même de l'achat.

- Les tomates ont davantage de saveur lorsqu'elles sont conservées à température ambiante. Stockez-les dans un endroit frais et sombre ou dans un sac en papier pour qu'elles mûrissent complètement. Ensuite, réfrigérez-les pour qu'elles ne s'abîment pas. Enfin, ramenez-les à température ambiante avant de les consommer (pour en savoir plus sur les tomates, reportez-vous au chapitre 11).
- Les agrumes, comme les citrons, les pamplemousses et les oranges, ne mûrissent plus après la cueillette et se conservent relativement longtemps (jusqu'à 3 semaines, voire plus s'ils sont réfrigérés).
- Les avocats, les papayes, les kiwis et les mangues se conservent à température ambiante jusqu'à maturation complète, puis au réfrigérateur pendant encore quelques jours.
- La plupart des légumes sont relativement périssables et doivent être réfrigérés, à l'exception des oignons, des pommes de terre, de l'ail, des échalotes, qui se conservent à température ambiante pendant plusieurs semaines, voire1 mois. Conservez l'ail et les échalotes dans un petit récipient proche de votre plan de travail. Stockez les oignons et les pommes de terre dans un endroit frais, sec et sombre.

Voici quelques conseils de conservation concernant certains fruits et légumes :

- **Ananas** : Il ne mûrit plus après la cueillette et se consomme de préférence dans les quelques jours qui suivent l'achat. Se conserve à température ambiante, à l'abri de la chaleur et du soleil, ou au réfrigérateur, entier ou découpé.
- **Artichauts et asperges** : Stockez-les au réfrigérateur et consommez-les dans les 2 ou 3 jours qui suivent l'achat.
- **Brocolis et chou-fleur** : Stockez-les au réfrigérateur et consommez-les dans la semaine.
- **Carottes** : Se conservent au réfrigérateur pendant plusieurs semaines.
- **Céleri** : Se conserve 1 à 2 semaines au réfrigérateur.
- **Champignons** : Stockez-les dans un sac en papier au réfrigérateur et consommez-les dans la semaine.
- **Chou** : Se conserve 1 à 2 semaines au réfrigérateur.
- **Collets de betterave, chou vert et chou frisé** : Très périssables. Stockez-les au réfrigérateur et consommez-les dans les 2 jours qui suivent l'achat.
- **Concombres et aubergines** : Se conservent pendant 1 semaine dans le bac à légumes du réfrigérateur.

- **Courgettes et courge jaune** : Conservez-les jusqu'à 1 semaine au réfrigérateur.
- **Épinards** : Épluchez-les, rincez-les et séchez-les soigneusement, puis stockez-les au réfrigérateur pendant 2 à 3 jours maximum.
- **Haricots verts** : Stockez-les au réfrigérateur et consommez-les dans les 3 ou 4 jours qui suivent l'achat.
- **Maïs** : Stockez-le au réfrigérateur et consommez-le le jour même de l'achat. Dès la récolte, les sucs commencent à se transformer en amidon et le maïs est de moins en moins sucré.
- **Poivrons** : Stockez-les au réfrigérateur jusqu'à 2 semaines.
- **Pommes** : Stockez-les au réfrigérateur ou dans un endroit frais et sombre. Elles se conservent pendant plusieurs semaines.
- **Raisin** : Se conserve jusqu'à 1 semaine au réfrigérateur.
- **Salades vertes** : Rincez-les bien, épluchez-les et séchez-les soigneusement avant de les envelopper dans du papier absorbant ou un sac en plastique pour les stocker dans le bac à légumes du réfrigérateur. Se conservent 3 à 4 jours (pour en savoir plus, reportez-vous au chapitre 10).

Acheter et conserver de la viande, de la volaille et du poisson

La viande, la volaille et le poisson sont des denrées extrêmement périssables qui doivent être stockées dans la partie la plus froide du réfrigérateur. Enveloppez-les bien et conservez-les de préférence dans un compartiment séparé pour que leur jus ne goutte par sur les autres aliments.

Regardez attentivement la date limite de consommation (évitez les produits qui remontent à la dernière vidange de votre voiture). Ne décongelez jamais la viande, la volaille ou le poisson à température ambiante, où ils sont exposés aux bactéries. Décongelez-les au réfrigérateur, ce qui prend plus de temps mais comporte beaucoup moins de risques.

Bœuf

La qualité du bœuf dépend de l'âge de l'animal, de la quantité de graisse, de la *marbrure* du morceau (plus la marbrure est importante, plus le morceau est moelleux et tendre), et de la couleur et de la texture de la viande. La viande de *premier choix* est la meilleure et la plus chère. En général, les viandes les plus tendres et les plus savoureuses font partie de cette catégorie, mais la façon dont le bœuf vieillit entre également en ligne de compte. Il y a quelques années, le bœuf vieillissait « sur pied » avant d'être expédié. Aujourd'hui, la viande est d'abord découpée, puis expédiée dans un conditionnement sous vide. Le vieillissement a donc lieu à l'intérieur de l'emballage. Servez-vous de préférence chez le boucher de votre quartier, qui fait encore vieillir le bœuf lui-même. Vous paierez votre viande plus cher, mais vous ne le regretterez pas. La viande vieillie est plus tendre et plus savoureuse.

Les viandes de second choix sont de qualité inférieure et généralement braisées ou cuites à l'étouffée.

Les morceaux les plus tendres du bœuf sont le filet de bœuf, la surlonge, la coquille d'aloyau, le filet mignon et les rôtis, comme la côte, le faux-filet et le filet. Les viandes tendres sont généralement rôties, grillées ou sautées (pour en savoir plus sur ces modes de cuisson secs, reportez-vous aux chapitres 4 et 6).

Les morceaux les moins tendres, plus nerveux et moins gras, sont de préférence braisés ou cuits à l'étouffée (pour en savoir plus sur ces modes de cuisson, reportez-vous au chapitre 5). Les morceaux les plus durs sont la poitrine, le paleron, l'épaule, la croupe et le bas de ronde. La figure 14-1 illustre l'emplacement de chaque morceau.

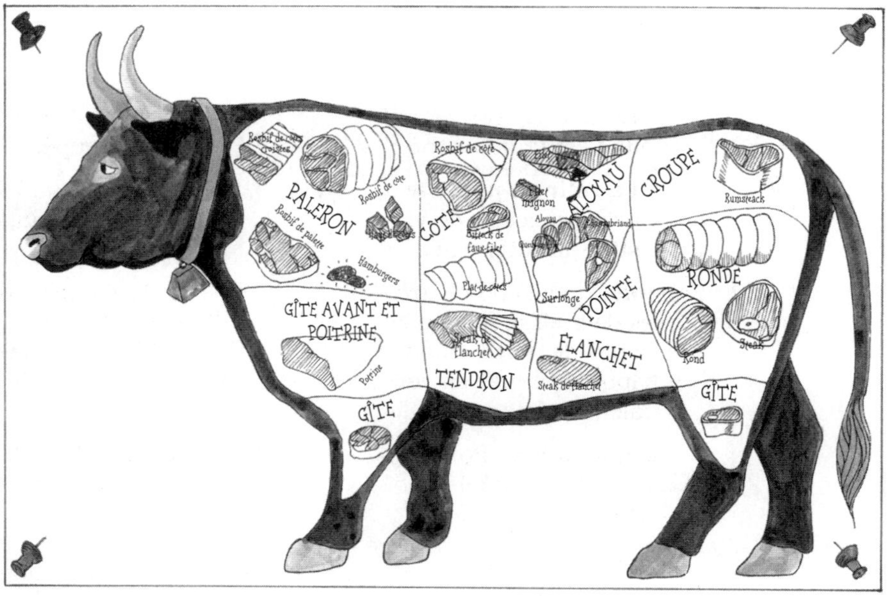

Figure 14-1 : Les morceaux de bœuf proviennent de parties différentes de l'animal.

Une viande de premier choix n'est pas nécessairement de bonne qualité. La viande doit être rouge vif, jamais terne ou grise. Si l'emballage contient beaucoup de jus, elle a peut-être été congelée – ne l'achetez pas. Les morceaux désossés sont légèrement plus chers mais contiennent davantage de parties comestibles. Par conséquent, cela revient approximativement au même.

Stockez la viande dans la partie la plus froide du réfrigérateur. Placez la viande crue loin des autres aliments. Pour la congeler, enveloppez-la dans une feuille de papier d'aluminium ou un film plastique résistant, ou bien mettez-la dans un sac de congélation en faisant sortir le maximum d'air, et étiquetez-la en précisant la date. Vous pouvez congeler la viande hachée 3 mois maximum et les autres morceaux jusqu'à 6 mois. Décongelez toujours la viande au réfrigérateur ou au four à micro-ondes.

Poulet

La tendreté et la saveur de la volaille fraîche varient quelque peu d'un producteur à l'autre. Nous vous recommandons de goûter plusieurs marques et de déterminer celle que vous préférez. La volaille de catégorie A est la plus économique puisqu'il s'agit de celle qui comporte le plus de viande par rapport à l'os. La couleur de la peau n'a rien à voir avec la qualité. Elle peut aller du blanc au jaune, selon le régime alimentaire de l'animal.

Les supermarchés proposent généralement cinq types de poulets :

- **Poulet à griller** : Volatile de 7 à 9 semaines et de 2 à 4 livres. Viande savoureuse à consommer de préférence grillée, frite, sautée ou rôtie. Ce poulet est toujours moins cher entier que prédécoupé.
- **Poulet à rôtir ou poulette** : Volatile de 3 à 7 mois et de 3 à 7 livres. Comporte beaucoup de viande mais reste gras sous la peau, ce qui le prédestine au rôtissage.
- **Chapon** : Jeune coq châtré de 6 à 9 livres, engraissé pour être rôti. Videz l'excès de graisse fondue au fur et à mesure qu'il rôtit, surtout si vous n'avez pas de hotte, sinon votre cuisine ressemblera à la Tour infernale. Le chapon n'est pas en vente dans tous les supermarchés (il faut généralement le commander).
- **Poule à bouillon** : Poule de 3 à 7 livres et d'au moins 1 an. Nécessite une cuisson lente et humide pour être attendrie. Convient pour les soupes et les ragoûts.
- **Poulet de Cornouailles** : Espèce de poulet plus petite, de 1 à 2 livres. Suffisamment savoureux pour être rôti ; comporte beaucoup de viande.

Retirez les abats (le cou, le cœur, le gésier et le foie) de la cavité du volatile et rincez celui-ci sous l'eau froide avant de le faire cuire. Retirez également l'excès de graisse. Après avoir ainsi préparé la volaille, lavez-vous les mains et nettoyez votre planche à découper et votre plan de travail avec de l'eau et du savon pour chasser les bactéries.

Le poulet entier ou prédécoupé doit être consommé dans les 2 jours qui suivent l'achat. Un poulet entier cru peut être enveloppé et congelé jusqu'à 12 mois ; chaque partie peut être congelée séparément jusqu'à 9 mois. Décongelez dans le réfrigérateur, jamais à température ambiante. Posez le poulet encore congelé dans un récipient ou sur une assiette pour que le jus ne goutte pas. Il faut 24 heures pour décongeler un poulet de 4 livres au réfrigérateur et 3 à 6 heures pour chaque partie. Si vous décongelez au four à micro-ondes, mettez celui-ci sur la position décongélation et faites cuire le poulet immédiatement après la décongélation.

Les poulets fermiers vivent-ils en liberté ?

Comparés aux poulets aux hormones, qui vivent enfermés sans jamais voir le soleil, les poulets fermiers avec label vivent dans le confort. Cela dit, ils ne sont pas complètement en liberté. Ces poulets privilégiés ne se promènent pas à leur guise dans la campagne environnante pour picorer quelques trèfles avant de rentrer à la maison. La plupart sont enfermés dans des enclos où ils n'ont que très peu d'espace pour se mouvoir. Mais ils voient le soleil et peuvent au moins faire un peu d'exercice. En général, ils ne comportent aucun produit chimique.

Poisson

Il existe deux grandes catégories de poisson : le poisson maigre et le poisson huileux. Parmi les poissons maigres figurent la sole, le flet, le vivaneau, le cabillaud, le flétan et l'églefin. Les poissons huileux ont une saveur plus intense et une chair généralement plus sombre. Il s'agit notamment du tassergal, du maquereau, du saumon, de l'espadon et du thon. Nous vous recommandons d'acheter les filets de poisson huileux avec la peau. Ainsi, ils ne se désagrègent pas pendant la cuisson. Le poisson maigre, en revanche, s'achète sans la peau.

Voici quelques poissons moins chers que la sole, l'espadon et les espèces de ce genre (demandez toujours à votre poissonnier quel est le poisson le plus frais du jour) :

- **Cabillaud** : Chair ferme, blanche, à la saveur douce. Se consomme grillé, rôti, frit ou braisé.
- **Églefin** : Chair blanche et abondante ; saveur douce. Se consomme frit à la poêle ou braisé.
- **Merlan** : Chair blanche semi-ferme et fine. Subtil et délicieux aussi bien grillé que frit à la poêle.
- **Pagre** : Poisson ferme à chair blanche, peu gras et à la saveur délicate. Se consomme de préférence grillé.
- **Poisson-chat** : Poisson dense, relativement doux. Généralement cuisiné dans une sauce forte ou frit.
- **Tassergal** : Saveur riche, surtout lorsqu'il est frais et pèse moins de 2 livres. À consommer rôti ou grillé.

Lorsque vous achetez un poisson, le paramètre le plus important est la fraîcheur. Apprenez à reconnaître un poisson frais. Les yeux doivent être nets et brillants et non troubles. Les ouïes doivent être rouge foncé et non brunes. Enfin, la peau doit être brillante sans aucun dépôt visqueux. Le poisson devient gluant s'il n'est pas suffisamment entouré de glace.

Comment savoir si un poisson est frais ? Voici la réponse d'Éric Ripert, chef du restaurant Le Bernardin, à New York : « Sentez le poisson. Un poisson frais ne sent précisément pas le poisson. Il peut sentir la mer, mais certainement pas le poisson. En outre, les branchies doivent être très rouges et l'œil vif, non globuleux. »

Si possible, demandez au poissonnier de découper des filets frais dans le poisson entier devant vous. N'achetez des filets prédécoupés que s'ils sont disposés sur un lit de glace et non conditionnés sous un film plastique, qui emprisonne les odeurs nauséabondes et peut contenir des bactéries. Les filets doivent être humides, posés à plat et ne pas se recourber. Le poisson et les fruits mer doivent être consommés le plus tôt possible, idéalement le jour même de l'achat. Le poisson fraîchement pêché et nettoyé peut être congelé 2 à 3 mois s'il est soigneusement enveloppé dans deux couches de papier d'aluminium spécial congélation. Ne recongelez jamais un poisson après l'avoir décongelé.

Les fruits de mer doivent être fermés et ne dégager aucune odeur lorsque vous les achetez. Si une palourde ou une moule ne se ferme pas lorsque vous la tapez contre votre plan de travail, jetez-la. Mangez les palourdes, les huîtres et les moules fraîches le plus tôt possible. Vous pouvez les stocker au réfrigérateur, 24 heures maximum, dans un sac en plastique percé de petits trous pour permettre à l'air de circuler. Quant aux crevettes, achetez-les non décortiquées et mangez-les le jour même de l'achat. Et surtout, ne faites jamais trop cuire les fruits de mer car ils deviendraient caoutchouteux.

Cuisiner dans une cuisine bien garnie

Si votre cuisine est toujours bien garnie – avec juste la quantité de denrées périssables que vous pouvez consommer en une semaine – vous allez pouvoir préparer de bons repas même si vous invitez des amis à la dernière minute. Voici quelques idées de recettes pour commencer :

Soupe à l'oignon

Ustensiles : Couteau de chef, grande casserole ou marmite à fond épais, cuillère en bois, râpe

Temps de préparation : Environ 15 minutes

Temps de cuisson : Environ 1 heure

Quantité : 4 personnes

3 cuillerées à soupe de beurre

3 oignons moyens finement émincés

2 cuillerées à soupe de farine

2 tasses de bouillon de bœuf, de poulet ou de légumes fait maison ou en conserve

2 tasses d'eau

Sel et poivre noir à votre convenance

4 tranches de pain grillé

½ tasse de gruyère ou de parmesan râpé

1. Faites fondre le beurre à feu moyen dans une casserole ou une marmite à fond épais. Ajoutez les oignons et faites-les revenir pendant environ 5 minutes ou jusqu'à ce qu'ils ramollissent, en remuant souvent. Réduisez la chaleur et faites cuire à feu doux 20 à 25 minutes ou jusqu'à ce que les oignons soient bien dorés, en remuant souvent.
2. Saupoudrez les oignons de farine et poursuivez la cuisson pendant environ 2 minutes, en remuant constamment et en raclant le fond de la casserole avec une cuillère en bois.
3. Ajoutez progressivement le bouillon et l'eau. Couvrez la casserole et portez à ébullition à feu vif. Réduisez la chaleur et laissez mijoter à feu doux pendant 30 minutes, en remuant de temps à autre. Salez et poivrez.
4. Versez la soupe à la louche dans une soupière ou répartissez-la dans quatre bols individuels. Faites flotter les tranches de pain grillé à la surface de la soupe chaude et recouvrez le tout de fromage.

Si vous avez suivi nos conseils, vous aurez tous les ingrédients nécessaires pour faire les deux recettes suivantes sans sortir de chez vous.

Spaghetti à la méditerranéenne

Ustensiles : Couteau de chef, grande marmite, grande casserole ou sauteuse, égouttoir

Temps de préparation : Environ 20 minutes

Temps de cuisson : Environ 15 minutes

Quantité : 4 personnes

¼ tasse d'huile d'olive

1 petit oignon émincé

4 filets d'anchois marinés dans l'huile d'olive, égouttés et hachés (facultatif)

3 grosses gousses d'ail hachées

½ tasse de persil haché

840 g de tomates pelées, égouttées et coupées en dés

12 olives noires dénoyautées et coupées en deux

2 cuillerées à soupe de câpres rincées et égouttées

¼ cuillerée à café de poivre de Cayenne (ou à votre convenance)

¼ cuillerée à café de thym lyophilisé

Sel et poivre noir à votre convenance

500 g de spaghetti

1. Faites chauffer l'huile à feu moyen dans une grande casserole ou sauteuse. Ajoutez l'oignon, les anchois (facultatif), l'ail et le poivre de Cayenne. Faites cuire 1 à 2 minutes ou jusqu'à ce que l'ail soit doré, en remuant souvent (attention à ne pas faire brûler l'ail).
2. Ajoutez les tomates, les olives, les câpres et le thym. Remuez bien pour mélanger. Portez à ébullition puis réduisez la chaleur et laissez mijoter, partiellement couvert, pendant environ 5 minutes. Ajoutez le persil, le sel et le poivre, et mettez de côté.
3. Faites bouillir à feu vif environ 5 litres d'eau légèrement salée dans une grande marmite. Ajoutez les spaghetti et faites-les cuire environ 8 minutes ou jusqu'à ce qu'ils soient *al dente*.
4. Juste avant la fin de la cuisson des pâtes, prélevez avec précaution et mettez de côté environ ½ tasse de liquide de cuisson. Égouttez les pâtes et remettez-les dans la marmite. Ajoutez la sauce et remuez bien, en ajoutant un peu de liquide de cuisson pour humidifier le mélange, si nécessaire. Servez immédiatement.

Avec les ingrédients que vous avez sous la main, vous pouvez également confectionner.

Spaghetti au thon

Ustensiles : Grande marmite, râpe, bol, égouttoir

Temps de préparation : Environ 5 minutes

Temps de cuisson : Environ 15 minutes

Quantité : 3 à 4 personnes

240 g de spaghetti
200 g de thon à l'huile d'olive
Sel et poivre noir à votre convenance
2 cuillerées à soupe d'huile d'olive extra-vierge
2 cuillerées à café de beurre
2 cuillerées à soupe de parmesan fraîchement râpé

1. Faites bouillir à feu vif 4 litres d'eau légèrement salée dans une grande marmite. Ajoutez les spaghetti et faites-les cuire en respectant le temps de cuisson indiqué sur le paquet, jusqu'à ce qu'ils soient *al dente*.
2. Pendant ce temps, égouttez le thon. Émiettez-le dans un bol avec une fourchette.
3. Avant d'égoutter les pâtes, prélevez et mettez de côté environ ¼ tasse de liquide de cuisson. Lorsque la cuisson est terminée, égouttez les pâtes et remettez-les dans la marmite.
4. Ajoutez le thon, le parmesan, l'huile d'olive, le beurre et juste ce qu'il faut de liquide de cuisson pour humidifier les pâtes. Remuez bien, assaisonnez à votre convenance et servez immédiatement.

ATTENTION !

Une marmite d'eau bouillante peut représenter un danger dans une cuisine. Utilisez des marmites avec des petites poignées, auxquelles on ne peut pas s'accrocher facilement, et mettez-les à bouillir sur les brûleurs du fond, loin des petites mains curieuses.

Les cuisines cubaine, mexicaine et sud-américaine se composent essentiellement de plats à base de riz très relevés – poulet et riz, et haricots noirs et riz au Brésil ou poisson et riz sur la côte mexicaine. Si vous avez du riz à grains longs (pour en savoir plus sur le riz, reportez-vous au chapitre 3), vous pouvez faire des dizaines de plats pratiques et économiques, comme le suivant.

Haricots rouges et riz

Ustensiles : Couteau de chef, grande sauteuse avec couvercle

Temps de préparation : Environ 20 minutes

Temps de cuisson : Environ 20 minutes

Quantité : 4 personnes

1 cuillerée à soupe d'huile d'olive

4 tranches de bacon grossièrement hachées

1 oignon moyen émincé

2 grosses gousses d'ail épluchées et hachées

1½ tasse de riz blanc

½ cuillerée à café de safran des Indes

2¼ tasses de bouillon de poulet fait maison ou en conserve

2 cuillerées à soupe de persil haché

240 g de tomates pelées, coupées en dés

420 g de haricots rouges égouttés

1 feuille de laurier

2 cuillerées à soupe de xérès sec (facultatif)

½ cuillerée à café de coriandre moulue

Sel et poivre noir à votre convenance

¼ cuillerée à café de poivre de Cayenne (ou à votre convenance)

1. Faites chauffer l'huile à feu moyen dans une sauteuse. Ajoutez le bacon et l'oignon, et faites cuire 2 à 3 minutes, ou jusqu'à ce que le bacon soit croustillant, en remuant souvent. Ajoutez l'ail et faites cuire environ 1 minute en remuant souvent (attention à ne pas le faire brûler).
2. Ajoutez le riz, le safran des Indes et la coriandre. Remuez bien pour que le riz s'imprègne d'huile. Ajoutez les tomates avec leur jus, le bouillon de poulet, les haricots, la feuille de laurier et le poivre de Cayenne. Remuez le tout.
3. Portez à ébullition. Couvrez et faites mijoter à feu doux pendant environ 17 minutes ou jusqu'à ce que la majeure partie du liquide soit absorbée (si vous souhaitez ajouter du xérès, faites-le environ 2 minutes avant que le riz ne soit tendre). Avant de servir, ajustez l'assaisonnement avec du sel et du poivre. Retirez la feuille de laurier et garnissez le tout de persil haché.

Ce plat se marie bien avec les blancs de poulet à l'ail et aux câpres (voir chapitre 7) et les darnes de saumon pochées à la vinaigrette (voir chapitre 3).

Il existe d'autres façons d'accommoder le riz :

- **Le riz pilaf** : Faites fondre du beurre dans une poêle, ajoutez de l'oignon et de l'ail hachés, et faites revenir en remuant. Ajoutez le riz et remuez pour qu'il s'imprègne de beurre. Ajoutez un bouillon, du persil, du thym, du sel, du poivre et une feuille de laurier. Portez à ébullition, couvrez, puis laissez mijoter pendant environ 17 minutes ou jusqu'à ce que le riz soit tendre.

  Note : Pour la plupart des variantes suivantes, la technique est la même. Il vous suffit de modifier l'assaisonnement selon les instructions indiquées.

- **Le riz au safran des Indes** : Mélangez oignon haché, ail émincé, safran des Indes, riz, bouillon de poulet, thym et feuille de laurier.
- **Le riz sucré-salé** : Mélangez oignon haché, ail émincé, raisins secs, riz et bouillon, puis ajoutez des pignes ou des amandes juste avant de servir.
- **Le riz créole** : Faites cuire le riz et mettez-le de côté. Faites fondre du beurre dans une sauteuse. Ajoutez de l'oignon haché et faites-le revenir jusqu'à ce qu'il ramollisse. Ajoutez des tomates en dés, du sel et du poivre, et faites cuire 1 à 2 minutes en remuant. Ajoutez le riz cuit au mélange et terminez avec un peu de basilic frais haché, 1 cuillerée à soupe de jus de citron frais et ½ cuillerée à café de zeste de citron râpé.
- **Le riz au curry** : Faites revenir un oignon haché dans du beurre, dans une sauteuse. Ajoutez le riz, un bouillon de poulet ou de légumes, 2 cuillerées à café de curry (ou à votre convenance), du sel, du poivre et ½ tasse de raisins secs (facultatif). Couvrez et faites cuire jusqu'à ce que le riz soit tendre.

Les pommes de terre font partie des quatre ou cinq légumes que vous devez toujours avoir dans votre cuisine. Le plat suivant, riche et nourrissant, constitue à lui seul tout un repas. Si vous aimez le goût de noisette et la texture fondante de l'ail rôti, rajoutez quelques gousses broyées.

Gratin de pommes de terre

Ustensiles : Couteau de chef, plat allant au four en verre ou en céramique de 2,5 litres, râpe, saladier

Temps de préparation : Environ 20 minutes

Temps de cuisson : Environ 1 heure 15

Quantité : 4 personnes

Beurre pour beurrer le plat

2 grosses gousses d'ail épluchées

1¼ tasse de crème allégée

⅛ cuillerée à café de muscade

Sel et poivre noir à votre convenance

4 pommes de terre Idaho moyennes, environ 1,5 livre

1 tasse de gruyère râpé bien pleine

1. Préchauffez le four à 175°C.
2. Beurrez le fond et les parois du plat en verre ou céramique.
3. Posez une gousse d'ail sur une planche à découper en bois ou une autre surface ferme et broyez-la en l'aplatissant avec le plat d'un couteau de chef. Recommencez avec la seconde gousse.
4. Mélangez les gousses d'ail, la crème, le poivre de Cayenne, la muscade, le sel et le poivre dans un bol. Mettez de côté.
5. Épluchez les pommes de terre et coupez-les en fines tranches de 5 mm d'épaisseur maximum.
6. Disposez la moitié des tranches de pommes de terre au fond du plat en les faisant se chevaucher légèrement. Versez la moitié du mélange à base de crème sur les pommes de terre et ajoutez la moitié du fromage sur le tout. Superposez une autre couche de pommes de terre, de crème et de fromage.
7. Faites cuire au four pendant 1 heure 15 ou jusqu'à ce que les pommes de terre soient tendres et la surface, dorée.

Vous pouvez servir ce gratin de pommes de terre riche et crémeux avec un poulet rôti (voir chapitre 6) et des légumes à la vapeur, comme des brocolis ou des choux de Bruxelles (voir chapitre 3), ou des œufs brouillés (voir chapitre 2).

Parmi les recettes fournies précédemment, voici celles que vous pouvez faire avec ce que vous avez tous les jours dans votre garde-manger :

- Omelette aux herbes, frittata aux poivrons et aux pommes de terre, ou soufflé au gruyère (voir chapitre 8).
- Spaghetti à la sauce tomate – utilisez des tomates en conserve (voir chapitre 11).
- Penne au parmesan et au basilic (voir chapitre 11).
- Macaroni au fromage (voir chapitre 12).
- Strata au fromage et au bacon (voir chapitre 12).

Chapitre 15

Repas de fête avec un petit budget

Dans ce chapitre :

- Dites-leur que c'est un filet mignon : des repas délicieux avec des morceaux de second choix
- Légumes secs, haricots et autres protéines bon marché
- Une cuisine économique et facile

Les recettes de ce chapitre

- Chili con carne
- Poulet à la méditerranéenne
- Couscous à la courge jaune
- Carottes au beurre et au cumin
- Haricots blancs à la tomate et au thym
- Lentilles au vinaigre balsamique
- Chou frisé du terroir

Pour connaître le montant moyen du caddy hebdomadaire, au lieu de lire la couverture des magazines TV à la caisse de votre supermarché, jetez un coup d'œil sur les caddys qui vous entourent. Même si vous ne tenez pas compte des barres de céréales ni des tablettes de chocolat, vous découvrirez que la plupart des caddys sont remplis de plats surgelés très chers (pour ce qu'ils sont), de sauces toute prêtes, de légumes en conserve et de pizzas surgelées.

Il y a quelques années, un journal américain a donné 10 $ à Jacques Pépin, chef renommé et auteur de livres de cuisine, pour qu'il prépare un dîner pour quatre. Non seulement le chef a réussi à remplir sa mission, mais il a servi du bœuf et rendu 35 cents sur les 10 $. Le menu était le suivant : salade, flanchet au vin rouge, chou sauté, purée de pommes de terre et poire pochée avec un coulis d'orange – eh oui, il avait même acheté une bouteille de vin.

Bien sûr, ce repas demande beaucoup de savoir-faire mais, si vous revoyez vos habitudes de consommation et cuisinez avec des morceaux de viande, de volaille et de poisson moins chers – et avec des légumes secs ou des légumes frais de saison – vous pourrez préparer des repas plus économiques et bien meilleurs.

À RETENIR

La frugalité n'exclut pas de l'élégance, comme le montrent les recettes de ce chapitre.

Grands plats à petits prix

Que vous utilisiez des morceaux de bœuf bon marché, des cuisses de poulet quasiment données ou une offre spéciale de votre supermarché, vous pouvez faire un bon repas pour toute la famille si vous prêtez attention aux détails et à la présentation.

Tous les plats de cette section peuvent être resservis le lendemain s'il y a des restes – une aubaine pour les personnes pressées. À ce sujet, le chef Jacques Pépin donne le conseil suivant :

ASTUCE DU CHEF

« Un bon cuisinier ne s'excuse jamais de présenter des restes. L'erreur la plus courante consiste à les servir sous leur forme d'origine. Un poulet rôti n'est bon que lorsqu'il est frais. Réchauffé, il a un goût de reste, avec toutes les connotations péjoratives que ce terme comporte. Mais s'il est resservi dans un hachis, une sauce à la crème ou une salade, il aura le goût qu'il doit avoir : celui d'un plat fraîchement préparé. »

Chili con carne

Le chili con carne n'est sans doute pas très glamour mais il plaît à tout le monde et peut se révéler très festif avec un peu de fantaisie dans la présentation. De plus, il permet de nourrir toute une équipe de football pour une dizaine d'euros !

Le chili con carne serait apparu au Texas, il y a plus de cent ans, à l'époque des cow-boys. À la fois vite préparé, rempli de protéines et bon marché, il convenait bien à ces gaillards, autour de qui le bœuf ne manquait pas ! La quantité d'épices pouvant être absorbée est même devenue l'objet d'une véritable compétition entre les cow-boys.

Dans le Nouveau-Mexique, autre État américain célèbre pour le chili con carne, on utilisait de l'agneau ou du mouton plutôt que du bœuf et on consommait couramment des haricots rouges.

IMPROVISEZ

Le chili con carne comporte de nombreuses variantes. Vous pouvez mélanger du bœuf et du porc, l'un pour la saveur et l'autre pour la texture, comme dans la recette suivante. Si vous le souhaitez, vous pouvez également ajouter de l'agneau. Les végétariens pourront, quant à eux, augmenter les proportions de légumes et supprimer toute la viande.

Pour assaisonner le chili con carne, dosez le piment en poudre et le poivre de Cayenne à votre convenance. Sachez toutefois que la saveur des épices s'intensifie lors de la cuisson.

QUE FAIRE ?

Si le chili con carne devient trop sec lors de la cuisson, rajoutez un peu de bouillon de bœuf ou d'eau, ou même un peu du liquide des haricots rouges en conserve.

Chili con carne

Ustensiles : Couteau de chef, grande cocotte, cuillère en bois

Temps de préparation : Environ 25 minutes

Temps de cuisson : Environ 35 minutes

Quantité : 4 personnes

1 cuillerée à soupe d'huile d'olive	¾ tasse de bouillon de bœuf fait maison ou en conserve
1 gros oignon finement haché	½ tasse de vin rouge ou d'eau
1 petit poivron vert évidé, épépiné et finement haché	¼ cuillerée à café de poivre de Cayenne (ou à votre convenance)
2 grosses gousses d'ail finement hachées	2 cuillerées à café de concentré de tomates
½ livre de bœuf maigre haché	1 cuillerée à café de cumin moulu
½ livre de porc maigre haché	½ cuillerée à café de coriandre moulue
1 cuillerée à soupe de piment en poudre (ou à votre convenance)	2 tasses de tomates mûres coupées en dés ou 435 g de tomates en conserve
Sel et poivre noir à votre convenance	450 g de haricots rouges égouttés
4 tasses de riz à grains longs cuit (facultatif)	Crème aigre et cilantro (ou persil) haché pour la garniture (facultatif)

1. Faites chauffer l'huile dans une grande cocotte. Ajoutez l'oignon, le poivron et l'ail, et faites cuire 2 à 3 minutes à feu moyen, en remuant de temps à autre.
2. Ajoutez la viande hachée et faites cuire encore 3 minutes ou jusqu'à ce qu'elle dore, en remuant pour désagréger les gros morceaux. Ajoutez le piment en poudre, le cumin et la coriandre. Remuez bien.
3. Ajoutez les tomates, le bouillon de bœuf, le vin (ou l'eau), le concentré de tomate, le poivre de Cayenne, le sel et le poivre. Portez le tout à ébullition, puis réduisez la chaleur et faites mijoter 25 à 30 minutes, en remuant souvent. Ajoutez les haricots égouttés et faites cuire 5 à 10 minutes de plus. Si vous le souhaitez, servez sur du riz (voir chapitre 3) et garnissez de crème aigre et de cilantro ou de persil.

Le chili con carne s'accompagne de plats colorés, comme une salade d'avocats et de tomates (voir chapitre 16) ou une salade de cresson, endives et oranges (voir chapitre 10).

IMPROVISEZ

Vous pouvez doubler ou même tripler les proportions de cette recette pour pouvoir servir 8 à 12 personnes.

Poulet

Le plat suivant, à base de poulet et de légumes, est à la fois rapide et bon marché. L'ail, les olives vertes et les tomates lui donnent une saveur méditerranéenne.

Poulet à la méditerranéenne

Ustensiles : Couteau de chef, grande sauteuse, pince

Temps de préparation : Environ 25 minutes

Temps de cuisson : Environ 40 minutes

Quantité : 4 personnes

Poulet de 3,5 à 4 livres dégraissé et découpé en 8 morceaux

Sel et poivre noir à votre convenance

2 cuillerées à soupe d'huile d'olive

1 gros oignon finement haché

2 grosses gousses d'ail finement émincées

1 cuillerée à soupe de farine

1½ tasse de bouillon de poulet fait maison ou en conserve

2 poivrons rouges moyens évidés, épépinés et grossièrement hachés

1½ tasse de tomates mûres grossièrement hachées

1 cuillerée à soupe de concentré de tomates

¼ cuillerée à café de poivre de Cayenne

½ tasse de vin blanc sec ou d'eau

1 feuille de laurier

2 petites courgettes coupées en rondelles (sans les extrémités)

1½ cuillerée à café de feuilles de romarin séchées et bien émincées

16 petites olives vertes dénoyautées (facultatif)

1. Rincez les morceaux de poulet et séchez-les avec du papier absorbant. Salez et poivrez tous les côtés. Faites chauffer l'huile dans une grande sauteuse. Ajoutez les morceaux de poulet, peau au-dessous, et faites-les cuire à feu moyen-vif, environ 7 à 10 minutes ou jusqu'à ce qu'ils soient dorés de tous côtés, en les retournant fréquemment avec une pince.
2. Retirez le poulet de la sauteuse et faites-le égoutter sur du papier absorbant. Videz toute la graisse de la sauteuse, excepté environ 1 cuillerée à soupe. Ajoutez l'oignon et l'ail, et faites-les revenir à feu moyen pendant 2 à 3 minutes en remuant. Ajoutez la farine et faites cuire pendant 1 minute en remuant et en raclant le fond de la sauteuse.

3. Versez progressivement le bouillon de poulet et le vin (ou l'eau). Augmentez la chaleur et faites bouillir en remuant constamment. Ajoutez les poivrons rouges, les tomates, le concentré de tomates, le romarin, le poivre de Cayenne et la feuille de laurier.
4. Remettez les morceaux de poulet dans la sauteuse. Couvrez, réduisez la chaleur et laissez mijoter à feu moyen-doux pendant environ 10 minutes. Ajoutez les courgettes et les olives (facultatif), couvrez et faites cuire pendant environ 5 minutes. Retirez le couvercle et faites cuire 10 minutes de plus ou jusqu'à ce que le poulet soit cuit (le jus doit être transparent et la chair ne doit plus être rose, notamment près des os) et les courgettes tendres. Salez et poivrez à votre convenance. Retirez la feuille de laurier avant de servir.

Ce plat aux saveurs herbacées est excellent avec un couscous à la courge jaune (recette ci-après) ou n'importe quelle sorte de riz (voir chapitre 3).

Des plats d'accompagnement originaux

Les plats d'accompagnement peuvent à eux seuls égayer tout un repas. Voici quelques recettes savoureuses et bon marché :

Couscous

Si vous n'avez jamais fait de couscous, vous allez en découvrir toutes les vertus dès que vous aurez essayé la recette suivante. Voilà qui vous changera du riz et des pâtes.

Plat à base de semoule (grains de blé dur moulus), le couscous est originaire d'Afrique du Nord et se consomme couramment au Maroc, en Algérie et en Tunisie. Il s'agit d'un ragoût (poulet ou agneau, légumes, pois chiches et raisins secs), dans lequel la semoule est cuite à la vapeur au-dessus d'un récipient contenant les autres ingrédients. Ce récipient à deux niveaux est un *couscoussier*.

Vous trouverez du couscous précuit, qui ne requiert aucun équipement particulier, dans tous les supermarchés. Il est vendu en boîte, comme le riz. Non seulement il permet de gagner beaucoup de temps, mais il est relativement bon. Simplement assaisonné avec du beurre, du sel et du poivre, il peut se consommer comme le riz ou les pâtes. Si les experts affirment que même le couscous précuit doit être cuit à la vapeur pour avoir une texture et une saveur optimales, vous pouvez toutefois obtenir d'excellents résultats en le faisant cuire dans un bouillon bien parfumé et en le remuant bien pour que les grains soient légers. Dans la recette suivante, nous avons ajouté des oignons, de l'ail, de la courge jaune et de la coriandre.

Couscous à la courge jaune

Ustensiles : Couteau de chef, casserole moyenne avec couvercle

Temps de préparation : Environ 15 minutes

Temps de cuisson : Environ 10 minutes

Quantité : 4 personnes

1 cuillerée à soupe de beurre

1 cuillerée à soupe d'huile d'olive

1 petit oignon finement haché

Sel et poivre noir à votre convenance

1 grosse gousse d'ail finement hachée

1 tasse de couscous précuit

¼ tasse de cilantro grossièrement haché

1 petite courge jaune coupée en cubes de 5 mm

2 tasses de bouillon de poulet ou de légumes fait maison ou en conserve

1. Faites chauffer le beurre et l'huile à feu moyen dans une casserole moyenne. Ajoutez la courge, l'oignon et l'ail. Faites cuire à feu moyen, en remuant souvent, jusqu'à ce que l'oignon ramollisse, environ 2 à 3 minutes.
2. Ajoutez le bouillon de poulet ou de légumes et faites bouillir le tout. Ajoutez le couscous et mélangez bien. Couvrez hermétiquement, retirez du feu et laissez reposer pendant 5 minutes. Ajoutez le cilantro à la fourchette. Salez et poivrez à votre convenance.

Ce type de couscous s'accompagne généralement de plats comportant beaucoup de jus ou de sauce, comme un poulet à la méditerranéenne (plus haut dans ce chapitre), un osso buco (voir chapitre 16) ou un ragoût de fruits de mer méditerranéens (voir chapitre 5).

IMPROVISEZ

Vous pouvez remplacer la courge jaune par des courgettes et des aubergines.

Carottes parfumées au cumin

Le cumin, épice souvent associée aux cuisines du Moyen-Orient et de l'Inde, se marie bien avec les carottes, comme le montre la recette suivante. Ces carottes au goût exotique s'accompagnent de préférence d'un plat à la saveur douce, comme un poulet rôti (voir chapitre 6) ou des darnes de saumon avec sauce aux poivrons rouges (voir chapitre 4).

Carottes au beurre et au cumin

Ustensiles : Couteau de chef, casserole moyenne

Temps de préparation : Environ 10 minutes

Temps de cuisson : Environ 15 minutes

Quantité : 4 à 6 personnes

1 livre de carottes épluchées et coupées en tronçons de 2 à 3 cm

2 cuillerées à soupe de cilantro ou de persil haché

2 cuillerées à soupe de beurre

¼ cuillerée à café de cumin moulu

Sel à votre convenance

1. Mettez les carottes dans une casserole et recouvrez-les d'eau froide légèrement salée. Portez à ébullition puis laissez mijoter jusqu'à ce que les carottes soient tendres, environ 15 minutes.
2. Égouttez les carottes et remettez-les dans la casserole. Ajoutez le beurre, le cumin et le cilantro (ou le persil), et remuez le tout. Servez immédiatement.

Légumes secs

Il est surprenant que les légumes secs soit si peu consommés alors qu'ils sont à la fois bon marché, sains et délicieux. Vous pouvez les servir en plat d'accompagnement, comme dans la recette suivante, ou les intégrer dans un plat principal. Que vous cuisiniez avec un budget restreint ou non, nous vous invitons à vous familiariser avec l'ensemble des légumes secs, dont chacun a une texture et une saveur particulière. Le tableau 15-1 dresse la liste des principaux types de légumes secs.

À RETENIR

Avant de faire cuire des légumes secs, vous devez les trier et les rincer. Commencez par jeter toux ceux qui sont desséchés. Rincez plusieurs fois les autres dans l'eau froide, jusqu'à ce que celle-ci soit propre, en retirant toutes les substances qui flottent à la surface.

Haricots blancs à la tomate et au thym

Ustensiles : Couteau de chef, grande marmite, grande sauteuse, égouttoir ou passoire

Temps de préparation : Environ 20 minutes (plus le temps de trempage des haricots)

Temps de cuisson : Environ 50 minutes

Quantité : 4 personnes

1 tasse de haricots blancs secs, rincés

2 oignons moyens

2 clous de girofle

1 litre d'eau

3 tranches de bacon

1 grosse carotte épluchée et coupée en deux dans le sens de la longueur

1 feuille de laurier

Sel et poivre noir à votre convenance

2 cuillerées à café de beurre ou d'huile

1 grosse gousse d'ail émincée

2 cuillerées à soupe de persil haché

2 brins de thym frais ou ½ cuillerée à café de thym lyophilisé

435 g de tomates pelées en conserve, égouttées

1 cuillerée à café de thym haché ou ½ cuillerée à café de thym lyophilisé

1. Mettez les haricots dans une grande marmite et recouvrez-les d'eau froide en dépassant leur surface d'environ 2 cm. Laissez-les tremper toute la nuit, ou faites-les bouillir pendant 2 minutes puis laissez-les reposer pendant 1 heure (voir note à la fin de cette recette).
2. Plantez les clous de girofle dans un oignon et hachez l'autre oignon finement.
3. Égouttez les haricots et remettez-les dans la marmite. Ajoutez 1 litre d'eau, l'oignon piqué de clous de girofle, le bacon, la carotte, le thym, la feuille de laurier, le sel et le poivre. Couvrez la marmite et portez à ébullition à feu vif. Réduisez la chaleur et laissez mijoter à feu moyen-doux, partiellement couvert, 45 minutes à 1 heure ou jusqu'à ce que les haricots soient tendres (le temps de cuisson dépend de la variété des haricots).
4. Retirez les tranches de bacon et coupez-les en petits morceaux.
5. Faites chauffer le beurre ou l'huile à feu moyen dans une grande sauteuse et sautez les morceaux de bacon jusqu'à ce qu'ils soient dorés, en remuant. Ajoutez l'oignon haché, l'ail et le thym, et faites cuire 2 à 3 minutes ou jusqu'à ce que l'oignon ramollisse. Ajoutez les tomates et faites cuire 2 à 3 minutes, en remuant fréquemment. Retirez du feu.
6. Retirez et jetez la carotte, l'oignon piqué de clous de girofle et la feuille de laurier de la marmite. Prélevez avec précaution et mettez de côté ½ tasse de liquide de cuisson et égouttez les haricots. Ajoutez les haricots au mélange à base de tomates et remuez doucement. Si le mélange semble sec, ajoutez un peu de liquide de cuisson. Ajustez l'assaisonnement avec du sel et du poivre. Servez les haricots chauds après les avoir garnis de persil haché.

__Note__ : La plupart des légumes secs doivent tremper avant d'être cuits pour réduire le temps de cuisson, ce qui est important si vous les faites cuire avec d'autres ingrédients. Si vous n'avez pas le temps de les faire tremper pendant la nuit, procédez de la manière suivante : mettez les haricots dans une grande marmite couverte contenant une grande quantité d'eau. Portez l'eau à ébullition et faites bouillir les haricots pendant 2 minutes. Retirez la marmite du feu et laissez reposer, couvert, pendant 1 heure.

Servez ces haricots très parfumés avec des darnes d'espadon grillées au citron et au thym (voir chapitre 6).

Tableau 15-1 Légumes secs

Légume	*Description*
Grands haricots blancs	Utilisés dans les ragoûts, on les fait souvent mijoter dans des bouillons parfumés, notamment avec des os de jambon. Saveur neutre.
Haricots Borlotto	Grands haricots mouchetés. Généralement réduits en purée et transformés en sauces crémeuses.
Haricots de Lima	Se consomment en plat d'accompagnement avec des condiments doux. Également délicieux en ragoût, notamment avec du jambon. Saveur sucrée.
Haricots noirs	Souvent utilisés dans les plats sud-américains et antillais, avec du riz et des épices. Saveur douce.
Haricots Pinto	Base de la cuisine mexicaine, les haricots Pinto sont fréquemment utilisés dans des plats très épicés. Saveur douce et terreuse.
Haricots rouges	Haricots traditionnellement utilisés dans le chili con carne et autres ragoûts de ce genre, ainsi que dans les soupes. Élément de base de la cuisine mexicaine. Saveur légèrement sucrée. Ils sont aussi utilisés en sorbet ou dans les pâtisseries au Japon et en Inde.
Lentilles	Légumineuses minuscules. Les lentilles sont bouillies avec des légumes et des condiments pour faire des plats d'accompagnement, des soupes et des ragoûts. Il est inutile de les faire tremper avant de les cuire.
Petits haricots blancs	Ingrédient de base du cassoulet. Saveur neutre. Une variété de haricots blancs, appelés cannellini, est utilisée dans de nombreux plats du nord de l'Italie.
Pois cassés	Généralement utilisés dans les soupes, notamment avec du jambon, mais aussi en purée. Saveur sucrée. Il est inutile de les faire tremper avant de les cuire.

Tableau 15-1 *(suite)*

Légume	*Description*
Pois chiches	Grosses graines semi-fermes, vendues séchées en conserve, utilisées dans les ragoûts et les soupes. Dans la cuisine moyen-orientale, les pois chiches sont réduits en purée et assaisonnés.
Pois yeux noirs	Ingrédient traditionnel dans la cuisine sud-américaine – pois yeux noirs et chou vert, pois yeux noirs au jambon. Saveur terreuse.

La saveur sucrée du vinaigre balsamique se marie à merveille avec le goût de noisette des lentilles. Il est inutile de faire tremper les lentilles, contrairement à la plupart des légumes secs, avant de les cuire. Faites-les simplement bouillir jusqu'à ce qu'elles soient tendres, 20 à 25 minutes.

Lentilles au vinaigre balsamique

Ustensiles : Couteau de chef, grande marmite ou casserole, grande sauteuse

Temps de préparation : Environ 20 minutes

Temps de cuisson : Environ 30 minutes

Quantité : 4 personnes

1½ tasse de lentilles rincées

1 litre d'eau

Sel à votre convenance

2 petits oignons

2 clous de girofle

1 feuille de laurier

2 brins de thym frais ou ½ cuillerée à café de thym lyophilisé

1 cuillerée à soupe de beurre

1 cuillerée à soupe d'huile d'olive

1 grosse carotte épluchée et coupée en dés

1 grosse gousse d'ail finement hachée

1 cuillerée à soupe de vinaigre balsamique (ou de vin rouge)

Poivre noir à votre convenance

1. Mettez les lentilles dans une grande marmite ou casserole. Ajoutez de l'eau et salez à votre convenance. Couvrez et portez à ébullition à feu vif. Plantez les clous de girofle dans un oignon et hachez finement l'autre oignon. Ajoutez l'oignon piqué de clous de girofle aux lentilles, ainsi que la feuille de laurier et le thym. Réduisez la chaleur et laissez mijoter, partiellement couvert, pendant environ 20 minutes ou jusqu'à ce que les lentilles soient tendres.

2. Avant d'égoutter les lentilles, prélevez avec précaution et mettez de côté ½ tasse de liquide de cuisson. Égouttez les lentilles. Retirez et jetez l'oignon piqué de clous de girofle, la feuille de laurier et les brins de thym.
3. Faites chauffer le beurre et l'huile d'olive à feu moyen-vif dans une grande sauteuse. Ajoutez la carotte, l'oignon haché et l'ail. Faites cuire, en remuant souvent, jusqu'à ce que l'oignon ramollisse, environ 3 à 4 minutes (attention à ne pas faire brûler l'ail). Ajoutez le vinaigre et le liquide de cuisson que vous avez mis de côté. Couvrez, réduisez la chaleur, et laissez mijoter environ 5 minutes ou jusqu'à ce que les légumes soient tendres.
4. Ajoutez les lentilles dans le mélange à base de légumes, couvrez et faites cuire à feu moyen 2 minutes de plus pour mélanger les saveurs. Salez, poivrez et servez.

Les lentilles sont délicieuses avec des brochettes de porc grillées au romarin (voir chapitre 6) ou des blancs de poulet à l'ail et aux câpres (voir chapitre 7).

TRUC

Il est difficile d'indiquer avec précision le degré de chaleur nécessaire pour faire cuire un plat. Sur certaines cuisinières, « moyen-doux » peut correspondre à « moyen » sur d'autres. De plus, les récipients de cuisson ne conduisent pas tous la chaleur avec la même efficacité selon le métal dont ils sont composés. Fiez-vous à votre bon sens et adaptez le degré de chaleur si nécessaire.

Légumes de saison

La plupart des légumes de saison sont relativement bon marché (excepté les produits exotiques et importés) et certains sont quasiment donnés. Tout comme les morceaux de viande de la moins bonne qualité, les légumes les plus simples sont excellents s'ils sont bien préparés. Le chou frisé, légume très riche en fer que l'on trouve toute l'année, peut être tout à fait délicieux, comme en témoigne la recette suivante. Parmi les légumes relativement bon marché, vous pouvez également cuisiner le chou vert, la courge, les navets, les rutabagas, le chou et les courgettes (en saison).

Voici une recette de chou frisé, l'un des légumes les plus nourrissants, généralement accompagné de saucisse ou de bacon.

Chou frisé du terroir

Ustensiles : Couteau de chef, sauteuse

Temps de préparation : Environ 15 minutes

Temps de cuisson : Environ 50 minutes

Quantité : 4 personnes

Chou frisé de 1,5 à 2 livres
4 tranches de bacon émincées
1 oignon moyen finement haché
3 grosses gousses d'ail émincées
½ tasse d'eau
1 feuille de laurier
Sel et poivre noir à votre convenance
4 tranches de citron

1. Lavez soigneusement le chou frisé dans un évier rempli d'eau froide ou dans une grande marmite. Ne le séchez pas. Retirez les feuilles du trognon (jetez le trognon) et enlevez toutes les parties abîmées.
2. Faites cuire le bacon à feu moyen dans une sauteuse pendant 4 à 5 minutes. Ajoutez les oignons et poursuivez la cuisson jusqu'à ce que le bacon soit légèrement doré. Ajoutez l'ail, les feuilles de chou frisé, l'eau, la feuille de laurier, le sel et le poivre. Couvrez et faites cuire à la vapeur pendant 15 minutes ou jusqu'à ce que le chou frisé soit tendre, en remuant de temps à autre. Jetez la feuille de laurier et servez avec les tranches de citron.

Cuisiner pour pas cher

Pour faire des économies en cuisine, il est inutile de faire l'impasse sur la qualité – bien au contraire ! Il faut connaître et respecter les aliments pour mieux en bénéficier. Voici quelques conseils :

- **Ne laissez pas les restes fossiliser dans le réfrigérateur**. Utilisez-les le lendemain dans une omelette (voir chapitre 8), un chili con carne, une soupe (voir chapitre 9), un stir-fry, un plat unique (voir chapitre 12) ou une salade (voir chapitre 10).
- **Apprenez à vous servir d'un couteau**. Vous pouvez faire beaucoup d'économies en découpant et en désossant vous-même la viande. De plus, vous aurez des os pour faire des bouillons. Les légumes entiers sont également moins chers que les légumes prédécoupés.
- **Élaborez des recettes délicieuses à base de légumes secs, riches en protéines, et de légumes bon marché, comme la courge, le chou frisé, le chou vert et les pommes de terre**.
- **Utilisez votre congélateur intelligemment**. Profitez des offres spéciales des supermarchés. Achetez la viande hachée, les blancs de poulet et autres morceaux de volaille, les steaks, et les côtelettes en gros. Enveloppez et conservez les restes de lasagnes (voir chapitre 11), de gigot d'agneau ou de jambon rôti (voir chapitre 6). Datez tous les aliments que vous mettez au congélateur. Pour savoir comment faire de délicieux repas à partir de simples restes, reportez-vous au chapitre 17.
- **Si possible, cultivez vos propres herbes aromatiques, éventuellement dans une jardinière**. Une grande partie des herbes aromatiques fraîches que l'on achète passe à la poubelle parce qu'on n'en utilise pas assez souvent. De plus, le conditionnement coûte cher.
- **Préparez vous-même les aliments que vous avez l'habitude d'acheter au supermarché**. Vous ferez des économies et obtiendrez un résultat de meilleure qualité. Pensez notamment à faire vous-même les croûtons (voir chapitre 9), la sauce de salade (voir chapitre 10) et le bouillon de poulet.
- **Achetez des morceaux de viande moins chers et apprenez à les attendrir et les braisant ou en les faisant cuire à l'étouffée** (voir chapitre 5).
- **Découragez les enfants d'amener des amis à la maison pour dîner. Et rendez visite à des amis ou à des parents à l'heure des repas et dites-leur à quel point cela sent bon dans leur cuisine !**

Chapitre 16

L'heure tourne… et les invités sont en route !

Dans ce chapitre :

- Préparer un menu quand vous avez toute la journée devant vous
- Quand vos invités arrivent dans une heure
- Quand vos invités arrivent dans une demi-heure

Les recettes de ce chapitre

- Marinade de saumon au gingembre et au cilantro
- Soupe de légumes printanière
- Osso buco
- Filet de porc braisé au lait et aux oignons
- Chou braisé à la pomme et au carvi
- Pâte à tarte
- Tourte aux pommes
- Salade d'été mixte au vinaigre balsamique
- Salade d'avocats et de tomates
- Filets de vivaneau aux tomates et au fenouil
- Flanchet grillé cajun
- Courgettes et tomates rôties aux herbes d'été
- Riz au gingembre et au cilantro
- Coulis de myrtilles chaud
- Tartines de fromage de chèvre aillées
- Hummus (tartines de pois chiches)
- Brochettes de poulet à la moutarde douce
- Guacamole
- Toasts à la tomate séchée
- Poulet fumé émincé à la coriandre

Imaginez-vous dans la situation suivante : lors d'un pot organisé dans votre service, vous invitez par bravade deux couples à dîner, le vendredi de la même semaine, à 19 h 30. Lorsque le jour tant redouté arrive, vous quittez le bureau comme une flèche à 17 h 45 sans avoir la moindre idée de ce que vous allez préparer pour le dîner. Après avoir grillé plusieurs feux rouges sur le chemin de l'épicerie – tout en vous disant : « L'inspiration viendra lorsque je serai devant les rayons » – vous arrivez enfin pour constater que la laitue semble avoir fait office de ballon de foot et que les seuls morceaux de viande qui restent dans le rayon frais dévalisé sont de la langue de bœuf et des tripes.

Vous vous ruez donc sans hésiter sur les pâtes, le concentré de tomates, les poivrons, l'ail, les brocolis, les poireaux, les navets, la laitue en sachet, la glace à la vanille et vous achetez même un peu de langue de bœuf – au cas où.

À en juger par la circulation, vous vous dites que la coupe du monde de football doit se jouer dans un stade de votre quartier. Vous allumez la radio et tombez sur un talk-show intitulé : « L'été : saison de la détente. » Après une éternité, vous arrivez enfin chez vous et découvrez une étrange voiture garée dans votre allée. Encore plus inquiétant, de mystérieuses personnes regardent à l'intérieur de votre maison par les fenêtres. « Que faites-vous ici ? », criez-vous aux présumés cambrioleurs en réalisant au milieu de votre phrase qu'il s'agit en réalité de vos invités. Comme l'illustre ce scénario catastrophe, la cuisine ne se fait pas toujours dans des conditions idéales. Votre machine à laver peut fuir au milieu d'une recette d'oie farcie – vous n'y pouvez rien.

La cuisine contre la montre

Lorsque vous planifiez vos vacances, quel est le premier paramètre que vous prenez en considération ? Le coût ? La distance ? Le dépaysement ? Pas du tout. Il s'agit invariablement du temps. Si vous n'avez qu'une semaine, vous ne choisirez sans doute pas de partir à la découverte de la flore australienne. Vous passeriez toutes vos vacances dans l'avion – ou presque.

La même logique s'applique en cuisine. Évaluez de façon réaliste le temps que vous avez devant vous. Si vous avez la chance d'avoir toute la journée du samedi pour préparer un dîner, profitez-en. Vous trouverez ci-après quelques bonnes idées pour mettre ce luxe à profit.

Si vous n'avez qu'une heure devant vous – ou moins – vous allez devoir préparer un repas complètement différent, ce qui ne veut pas dire qu'il sera moins bon. Par exemple, au lieu de faire une épaule de porc braisée, qui met 3 heures à cuire, vous servirez plutôt des brochettes de porc grillées au romarin (recette au chapitre 6), qui cuisent en 15 minutes.

Vous devez savoir optimiser votre temps. Si vous vous organisez bien, vous pouvez préparer un dîner tout en vous montrant disponible lorsque vos invités arrivent. Il suffit d'un peu de pratique et de bon sens.

Si vous avez toute la journée

Si vous avez toute la journée, détendez-vous. Faites-vous plaisir. Vous pouvez même essayer quelque chose de nouveau mais ne perdez pas la notion du temps. Lorsqu'on a beaucoup de temps, on a tendance a oublier qu'on a tout de même un délai (les invités vont finir par arriver à un moment ou à un autre). Mettez votre plat principal au four et allez faire des courses pendant qu'il rôtit, mais n'oubliez pas de rentrer à temps pour ajuster la température du four ou remuer le plat d'accompagnement. Faites une liste avant de commencer afin de ne pas découvrir à la fin de la journée que vous avez oublié un élément crucial de votre menu. Si vous vous organisez correctement, vous passerez du bon temps dans votre cuisine et tout sera prêt à l'heure du dîner.

Si vous avez du temps devant vous, vous pouvez choisir une entrée que l'on fait mariner, comme le superbe saumon au gingembre et au cilantro que nous vous proposons ci-après.

ATTENTION !

Il n'est pas toujours facile de faire mariner un poisson. Les éléments acides de la marinade, qui proviennent du citron vert et du vinaigre, « cuisent » le poisson. Par conséquent, veillez à ne pas laisser celui-ci trop longtemps dans la marinade (cet effet est insignifiant sur les gros morceaux de viande ou de volaille). Dans le plat suivant, le saumon doit mariner 4 à 5 heures. Commencez en début d'après-midi pour que tout soit prêt à l'heure du dîner.

Marinade de saumon au gingembre et au cilantro

Ustensiles : Couteau de chef, râpe, grand saladier non réactif (en verre, en plastique ou en céramique mais pas en métal)

Temps de préparation : Environ 25 minutes

Temps de cuisson : 4 à 5 heures

Quantité : 6 à 8 personnes

2 livres de filets de saumon sans peau
(demandez à votre poissonnier de retirer la peau et les arêtes)

½ tasse de jus de citron vert frais

1 gros oignon finement tranché

3 cuillerées à soupe de vinaigre de vin blanc

3 cuillerées à soupe d'huile d'olive

2 cuillerées à soupe de cilantro haché

1 cuillerée à soupe de gingembre frais râpé

¼ cuillerée à café de poivre de Cayenne

Sel et poivre noir à votre convenance

Laitue pour la garniture

1. Avec les doigts ou une pince à épiler, retirez toutes les petites arêtes des filets de saumon.
2. Coupez finement le saumon en tranches de 5 mm maximum dans le sens de la largeur pour obtenir des bandelettes d'environ 5 cm de long. Mettez le saumon dans un grand saladier.
3. Ajoutez l'oignon, le jus de citron vert, le vinaigre, l'huile, le cilantro, le gingembre, le poivre de Cayenne, le sel et le poivre. Remuez doucement et recouvrez d'un film plastique. Réfrigérez 4 à 5 heures. Goûtez et ajustez éventuellement l'assaisonnement (si vous ajoutez du sel, mélangez-le bien).
4. Disposez une feuille de laitue dans chaque assiette et déposez-y une portion de saumon.

À RETENIR

Généralement, vous pouvez remplacer les herbes fraîches par des herbes lyophilisées. Toutefois, ce n'est pas possible avec certains ingrédients, comme le cilantro ou le gingembre, pour la bonne raison qu'ils n'ont pas du tout le même goût frais que lyophilisés. Le persil lyophilisé a également ses limites. Utilisez toujours du persil frais haché comme garniture.

Autres entrées

Si vous avez le loisir de prendre votre temps, vous pouvez aussi commencer votre repas par une soupe de légumes légère. Ce type de soupe, dont vous pouvez varier les ingrédients, est le prélude parfait d'un plat de résistance copieux, comme l'osso buco que nous vous proposons à la suite. Ne servez pas une soupe trop riche, comme une soupe aux haricots noirs ou une soupe à l'oignon, avant un plat de résistance nourrissant (à moins que vous ne cuisiniez pour une équipe de bûcherons !).

Dans la recette suivante, les tomates hachées, le basilic, l'ail et l'huile d'olive marinent un peu avant d'être ajoutés à la soupe frémissante. Vous pouvez servir ce plat avec du pain chaud et croustillant.

Soupe de légumes printanière

Ustensiles : Marmite ou casserole moyenne, couteau de chef, couteau à éplucher, épluche-légumes, bol

Temps de préparation : Environ 45 minutes

Temps de cuisson : Environ 35 minutes

Quantité : 6 à 8 personnes

1 cuillerée à soupe d'huile végétale

2 grosses tomates mûres, pelées, épépinées et hachées

1 gros oignon coupé en dés

2 cuillerées à soupe de basilic finement haché

2 grosses gousses d'ail émincées

1 grosse carotte épluchée et coupée en dés

4 tasses d'eau

1 cuillerée à soupe d'huile d'olive

2 tasses de bouillon de poulet ou de légumes

2 pommes de terre Idaho moyennes, épluchées et coupées en dés

1 gros poireau (parties blanche et vert pâle uniquement) lavé et coupé en dés (instructions illustrées au chapitre 9)

1 petite courgette rincée et coupée en dés (sans les extrémités)

1 tasse de haricots verts équeutés et coupés en morceaux de 1 cm

1. Faites chauffer l'huile végétale à feu moyen dans une marmite ou une casserole moyenne. Ajoutez l'oignon et faites-le revenir pendant 3 minutes, en remuant de temps à autre.
2. Ajoutez la carotte et faites cuire pendant 1 minute. Ajoutez l'eau et le bouillon de poulet ou de légumes. Portez à ébullition à feu vif, puis réduisez la chaleur pour faire mijoter à feu doux pendant 10 minutes, sans couvrir.
3. Épluchez les pommes de terre et coupez-les en dés. Ajoutez-les à la marmite avec le poireau, la courgette et les haricots verts. Couvrez et portez à ébullition à feu vif. Ensuite, retirez le couvercle et laissez mijoter à feu doux pendant 25 minutes, en écumant régulièrement la surface.
4. Pendant que la soupe mijote, mettez les tomates hachées dans un bol. Ajoutez le basilic, l'ail et l'huile d'olive. Mettez de côté.
5. Juste avant de servir, ajoutez le mélange à base de tomates à la soupe, puis salez et poivrez. Servez chaud ou à température ambiante.

IMPROVISEZ

Remplacez les pommes de terre par ½ tasse de pâtes de petite taille. Ajoutez celles-ci 6 à 7 minutes avant la fin de la cuisson de la soupe. Vous pouvez aussi remplacer les haricots verts par 1½ tasse de chou grossièrement haché.

Dans l'éventualité où vous avez du temps devant vous, vous pouvez également essayer l'une des entrées suivantes :

- Gazpacho de tomates fraîches (voir chapitre 9).
- Soupe aux haricots noirs (voir chapitre 9).
- Velouté de poireaux (voir chapitre 9).
- Salade de crevettes aux épinards (voir chapitre 10).
- Salade de pâtes papillon aux moules (voir chapitre 10).

Plats de résistance

Parmi les plats de résistance qui cuisent longtemps, nous vous recommandons l'osso buco, plat à base de jarret de veau braisé avec, entre autres ingrédients, des tomates et de l'ail. La viande du jarret est absolument succulente et la sauce qui mijote dans le jus de viande a une saveur à la fois herbacée et citronnée.

De nombreux gastronomes ignorent que l'anchois est l'un des ingrédients traditionnels de l'osso buco. Son goût salé intense ajoute une saveur particulière lorsqu'on l'utilise avec modération. Si vous faites partie de ces personnes qui retirent les anchois de leur pizza, omettez cet ingrédient dans la recette suivante.

ASTUCE DU CHEF

Anchois

Sur l'échelle des préférences culinaires, les anchois se trouvent généralement tout en bas, quelque part entre les choux de Bruxelles et les tripes. Ils constituent pourtant l'un des ingrédients de base de la cuisine méditerranéenne et les cuisiniers professionnels les utilisent fréquemment.

Les anchois frais, délicieux lorsqu'ils sont grillés au charbon de bois, sont rarement en vente en l'état. Ils se vendent essentiellement salés, en bocaux ou en boîtes de conserve, et n'ont plus grande chose à voir avec le produit frais, bien que vous puissiez les utiliser de nombreuses façons.

Todd English, chef et propriétaire du restaurant Olives, aux États-Unis, nous confie le secret suivant : « Il existe des moyens très intéressants d'assaisonner un plat. J'utilise beaucoup les anchois… Je sais que de nombreuses personnes n'aiment pas cet ingrédient, mais celui-ci ajoute une saveur intense qui n'a pas du tout le goût de l'anchois. Parfois, on ne se rend même pas compte qu'il y en a dans un plat. »

Idéalement, l'osso buco doit être préparé 1 ou 2 jours à l'avance, réfrigéré, puis réchauffé – ainsi, les saveurs se mélangent et s'intensifient. Si vous avez la journée pour faire ce plat, vous pouvez le préparer à midi, le faire refroidir et le réchauffer juste avant le dîner.

Osso buco

Ustensiles : Couteau de chef, râpe, cocotte (en fonte, de préférence)

Temps de préparation : Environ 40 minutes

Temps de cuisson : 1 heure 30

Quantité : 4 personnes

4 tranches de jarret de veau coupées perpendiculairement à l'os, d'environ 5 cm d'épaisseur chacune et de 3,5 livres au total

Sel et poivre noir à votre convenance

½ tasse de farine

2 cuillerées à soupe d'huile d'olive

1 gros oignon finement haché

2 à 3 carottes épluchées et hachées

1 branche de céleri hachée

3 grosses gousses d'ail finement hachées

4 filets d'anchois en conserve, égouttés et écrasés à la fourchette (facultatif)

½ cuillerée à café de marjolaine lyophilisée

2 brins de thym frais ou 1 cuillerée à café de thym lyophilisé

1½ tasse de purée de tomate en conserve

1 tasse de vin blanc sec

1 feuille de laurier

1 cuillerée à café de zeste de citron finement râpé

1 cuillerée à café de zeste d'orange finement râpé

¼ tasse de persil finement haché

1. Salez et poivrez les jarrets de veau puis roulez-les dans la farine pour les enrober légèrement et secouez-les pour faire tomber l'excès de farine.
2. Faites chauffer l'huile à feu moyen-vif dans une cocotte en métal épais suffisamment grande pour contenir les jarrets de veau en une seule couche, les os au-dessus. Faites dorer les jarrets de tous côtés, en les retournant souvent, environ 10 minutes. Retirez-les de la cocotte et mettez-les de côté sur une assiette.
3. Réduisez la chaleur et ajoutez l'oignon, les carottes et le céleri. Faites cuire à feu moyen, en remuant souvent, jusqu'à ce que les oignons ramollissent, environ 2 ou 3 minutes. Ajoutez l'ail, la purée d'anchois (facultatif), la marjolaine et le thym. Remuez et ajoutez les tomates, le vin, la feuille de laurier, et salez et poivrez à votre convenance. Remettez les jarrets de veau dans la cocotte avec le jus qui s'est accumulé dans l'assiette. Couvrez, réduisez la chaleur et laissez mijoter à feu doux pendant environ 1 heure ou jusqu'à ce que la viande soit tendre (la viande doit se détacher facilement de l'os).
4. Ajoutez les zestes de citron et d'orange et remuez pour mélanger. Couvrez et faites cuire 15 minutes de plus. Retirez la feuille de laurier, déposez une portion de légumes sur chaque assiette et disposez un jarret de veau par-dessus ; garnissez le tout de persil haché.

Vous pouvez servir ce plat avec une purée de pommes de terre à l'ail, du riz au beurre (voir chapitre 3) ou un couscous (voir chapitre 15).

Voici un autre plat qui tient bien au corps et convient parfaitement pour un repas de fête. Dans cette recette traditionnelle française (également présente dans le répertoire culinaire espagnol), il faut d'abord faire dorer le filet de porc à la poêle pour le saisir, puis le braiser lentement dans du lait, avec des oignons, pendant 3 heures. Le lait donne au porc une texture riche et veloutée hors du commun. Le jus de cuisson est prélevé pour faire une sauce, tandis que la cuisson de la viande se termine au four.

Filet de porc braisé au lait et aux oignons

Ustensiles : Couteau de chef, cocotte, plat à rôtir, passoire, petite casserole

Temps de préparation : Environ 20 minutes

Temps de cuisson : Environ 2 heures 50

Quantité : 6 personnes

Filet de porc désossé de 3 livres

Sel et poivre noir à votre convenance

1 cuillerée à soupe d'huile d'olive

1 litre de lait

¼ tasse de crème épaisse (facultatif)

12 petits oignons blancs perlés, épluchés (environ 1 livre)

1. Salez et poivrez le porc.
2. Faites chauffer l'huile à feu moyen dans une cocotte, environ 1 minute. Faites dorer le porc dans l'huile, de tous côtés, pendant environ 10 minutes. Retirez-le et déposez-le sur une assiette. Ajoutez les oignons à la cocotte. Faites-les dorer en remuant pendant environ 5 minutes.
3. Videz la graisse avec précaution. Remettez le porc dans la cocotte, après avoir poussé les oignons sur les côtés. Ajoutez le lait et couvrez. Portez à ébullition à feu vif. Réduisez la chaleur et faites mijoter à feu doux pendant 1 heure, en retournant le rôti au bout de 30 minutes.
4. Retirez le couvercle et faites mijoter à feu moyen-doux pendant encore 1 heure 30 (en retournant le rôti toutes les 30 minutes) ou jusqu'à ce qu'il ne reste plus qu'environ ½ litre de liquide de cuisson dans la cocotte.
5. Préchauffez le four à 220°C.
6. Mettez le rôti sur un plat à rôtir légèrement huilé et faites-le cuire environ 10 minutes jusqu'à ce qu'il soit doré.
7. Pendant ce temps, passez la sauce au-dessus d'une casserole (jetez les éléments solides retenus par la passoire). Ajoutez la crème (facultatif) à la sauce et faites frémir celle-ci pour qu'elle soit bien chaude.
8. Découpez le porc et servez, en versant 2 à 3 cuillerées à soupe de sauce sur chaque tranche.

Les rôtis sont entourés de ficelle pour qu'ils conservent leur forme d'origine pendant la cuisson. Retirez cette ficelle avec un couteau tranchant ou des ciseaux juste avant de découper le rôti.

Si vous avez du temps devant vous, vous pouvez également essayer l'un des plats de résistance suivants :

- Darnes de saumon pochées à la vinaigrette (voir chapitre 3).
- Pot-au-feu (voir chapitre 5).
- Agneau braisé aux haricots blancs (voir chapitre 5).
- Rôti braisé et ses légumes (voir chapitre 5).
- Ragoût de fruits de mer méditerranéens (voir chapitre 5).
- Tous les rôtis du chapitre 6.
- Fettucine aux crevettes et au gingembre (voir chapitre 11).
- Lasagnes familiales (voir chapitre 11).
- Tourte au poulet à base de biscuit (voir chapitre 12).
- Hachis Parmentier (voir chapitre 12).

Plats d'accompagnement

La purée de pommes de terre est sans doute le plat d'accompagnement le plus approprié pour les rôtis. Mais vous pouvez améliorer cette purée de base pour la rendre encore plus délicieuse. Servez-la, par exemple, avec de l'ail rôti, comme nous vous le suggérons au chapitre 3. Vous pouvez aussi y ajouter de la purée de panais, de carottes ou de navets ; des oignons verts hachés, des oignons jaunes émincés ; ou des herbes aromatiques.

La texture craquante du chou se marie également bien avec le rôti de porc. Vous pouvez préparer le chou à l'avance et le réchauffer juste avant de servir. La recette suivante rend hommage à ce légume modeste en lui transmettant la saveur sucrée de la pomme et le goût épicé du carvi.

Chou braisé à la pomme et au carvi

Ustensiles : Couteau de chef, couteau à éplucher, grande sauteuse avec couvercle, cuillère en bois

Temps de préparation : Environ 25 minutes

Temps de cuisson : Environ 25 minutes

Quantité : 4 personnes

3 cuillerées à soupe d'huile végétale

1 oignon moyen grossièrement haché

1 grosse gousse d'ail émincée

1 pomme moyenne

1 petite tête de chou d'environ 1,5 livre, coupée en deux puis en lanières (sans le cœur)

½ tasse de bouillon de poulet ou de légumes fait maison ou en conserve

1 cuillerée à soupe de vinaigre blanc

1 cuillerée à café de graines de carvi

Sel et poivre noir à votre convenance

1. Faites chauffer l'huile à feu moyen dans une grande sauteuse. Ajoutez l'oignon et l'ail, et faites cuire, en remuant souvent, jusqu'à ce que l'oignon ramollisse, environ 2 à 3 minutes ; retirez du feu (attention à ne pas faire brûler l'ail).
2. Pelez la pomme, évidez-la et coupez-la en tranches fines. Ajoutez la pomme, le chou, le bouillon de poulet ou de légumes, le vinaigre, les graines de carvi, le sel et le poivre à la sauteuse.
3. Portez à ébullition à feu vif. Couvrez et laissez mijoter à feu doux pendant 15 à 20 minutes ou jusqu'à ce que le chou soit tendre mais encore craquant, en remuant de temps à autre. Retirez le couvercle. S'il reste beaucoup de liquide, poursuivez la cuisson à feu vif, en remuant, pendant 1 à 2 minutes ou jusqu'à ce que le liquide se soit presque entièrement évaporé.

Les plats d'accompagnement suivants se marient également bien avec les plats de résistance de ce chapitre.

- Riz sauvage classique (voir chapitre 3).
- Riz brun assaisonné (voir chapitre 3).
- Risotto (voir chapitre 3).
- Légumes d'hiver rôtis (voir chapitre 6).
- Pommes de terre sautées en cubes (voir chapitre 4).

- Épinards à la béchamel (voir chapitre 7).
- Purée de pommes de terre et de brocolis (voir chapitre 3).
- Purée de pommes de terre et de rutabagas (voir chapitre 3).

Desserts

Sans vous lancer dans une pièce montée, vous pouvez faire de nombreux desserts faciles mais tout à fait présentables à un repas de fête. Par exemple, il est toujours utile de savoir faire une pâte à tarte. Avec le temps, vous serez capable de la faire les yeux fermés. Ainsi, vous n'aurez qu'à vous consacrer à la garniture, qu'il s'agisse de fruits de saison ou d'une mousse au chocolat ou au citron. Bref, c'est du tout cuit !

Pour faire une pâte à tarte, vous pouvez utiliser du beurre ou de la margarine. La margarine lui donne une texture plus feuilletée. Aussi, de nombreuses personnes mélangent les deux dans des proportions égales.

« Pour faire une pâte à tarte, on coupe le beurre et la margarine dans la farine avec un coupe-pâte jusqu'à ce que le mélange ressemble à de la chapelure. Mais au Campanile, affirme Nancy Silverton, chef et propriétaire de ce restaurant-pâtisserie célèbre aux États-Unis, nous faisons tout le contraire. Nous avons découvert que la texture de la pâte est bien plus légère et feuilletée lorsque le beurre et la margarine sont d'abord travaillés ensemble. Ensuite seulement, nous ajoutons les ingrédients secs au mélange. »

« Nous faisons également cuire nos tartes dans un four très chaud, préchauffé à 230°C, pendant environ 15 minutes. Ensuite, nous poursuivons la cuisson à 175°C. Le four chaud saisit la pâte et lui donne une belle couleur dorée. »

« Utilisez toujours de l'eau très froide, refroidie avec des glaçons, pour que la pâte soit homogène », conseille-t-elle.

Voici la recette de base de la pâte à tarte. Si vous souhaitez la modifier, inspirez-vous des suggestions qui sont faites à la suite.

Pâte à tarte

Ustensiles : Robot ou batteur électrique, coupe-pâte métallique (si vous travaillez à la main), rouleau à pâtisserie, moule à tarte de 22,5 cm

Temps de préparation : Environ 1 heure 30 (temps de réfrigération compris)

Quantité : 4 personnes

⅓ tasse plus 1 cuillerée à soupe de margarine

2 tasses de farine

⅓ tasse plus 1 cuillerée à soupe de beurre froid, coupé en petits morceaux

¾ cuillerée à café de sel

4 à 5 cuillerées à soupe d'eau glacée

1. Travaillez le beurre et la margarine en crème dans un robot (si nécessaire, arrêtez le moteur pour pousser le mélange vers la lame avec une spatule en plastique). Ajoutez la farine et le sel. Faites tourner la lame quelques secondes, jusqu'à ce que la pâte ressemble à de la chapelure. Sans éteindre le moteur, ajoutez l'eau froide petit à petit, juste assez pour que la pâte soit homogène (la quantité exacte d'eau à ajouter dépend de l'humidité ambiante). Ne mélangez pas trop, sinon la pâte durcira. Faites une boule de pâte.

   Pour faire la pâte sans robot, comme illustré à la figure 16-1, travaillez le beurre et la margarine en crème dans un grand récipient avec un batteur électrique. Ajoutez la farine et le sel. Avec les doigts ou un coupe-pâte, mélangez les ingrédients secs au beurre et à la margarine jusqu'à ce que vous obteniez une pâte semblable à de la chapelure. Ajoutez suffisamment d'eau glacée pour que la pâte soit molle mais pas collante. Faites une boule de pâte.
2. Divisez la pâte en deux parties égales, enveloppez les deux moitiés dans un film plastique et réfrigérez-les pendant au moins 1 heure (pendant que la pâte refroidit, préparez la garniture – voir recette suivante).
3. Préchauffez le four à 230°C.
4. Farinez légèrement une grande planche à découper ou votre plan de travail et étalez une boule de pâte pour obtenir un disque de diamètre légèrement supérieur à celui du moule à tarte – soit environ 27,5 cm (instructions illustrées à la figure 16-2).
5. Enroulez la pâte autour du rouleau à pâtisserie sans la serrer et déroulez-la dans le moule en appuyant doucement contre les parois et le rebord du moule. Coupez l'excédent de pâte avec un couteau et ajoutez-le à la seconde boule (ajoutez la garniture ou, si la recette le requiert, faites cuire la pâte au préalable).
6. Étalez la seconde boule de pâte de la même façon et déposez-la sur la garniture (la pâte doit dépasser le moule d'environ 1 cm). Passez la bande de pâte qui dépasse sous la pâte du fond pour former un rebord bien net. Avec une fourchette, pincez le pourtour de la tarte et piquez la surface plusieurs fois avant de mettre au four.

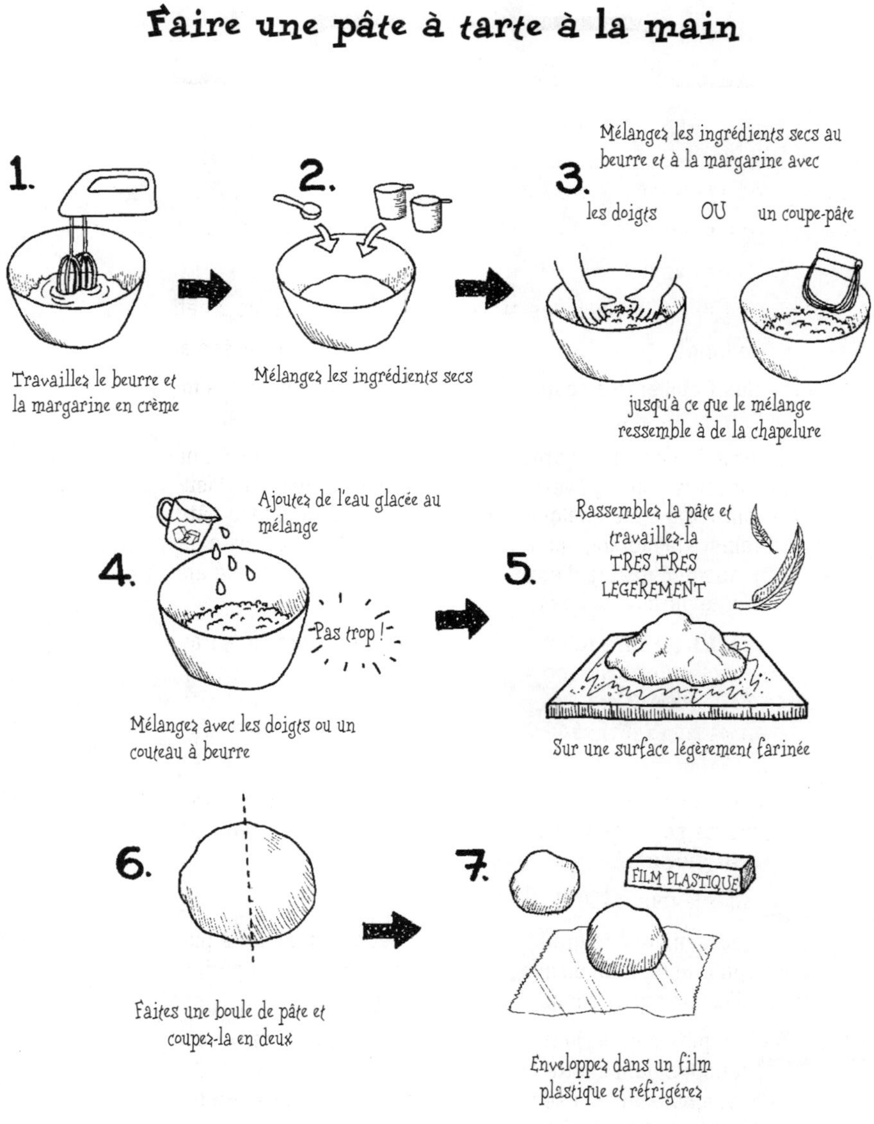

Figure 16-1 : Comment faire une pâte à tarte à la main.

Figure 16-2 : Comment étendre une pâte à tarte.

Voici quelques variantes de cette pâte à tarte :

- **Noix** : Ajoutez ½ tasse de noix de pécan, de noisettes, d'amandes ou de noix au mélange à base de farine avant de travailler la pâte à la main ou à l'aide d'un robot.
- **Épices** : Ajoutez un peu de cannelle, de quatre-épices ou de gingembre moulu à la farine.

- **Agrumes** : Ajoutez 2 cuillerées à café de zeste de citron ou d'orange finement râpé à la farine.
- **Sucre** : Ajoutez 1 cuillerée à soupe de sucre au mélange à base de farine.
- **Pâte cuite** : Si vous faites une tarte dont la pâte doit être cuite avant l'ajout de la garniture (crème pâtissière ou autre garniture molle), recouvrez la pâte d'une feuille de papier d'aluminium et versez des haricots secs ou autres aliments lourds par-dessus, comme illustré à la figure 16-3. Faites cuire la pâte au four à 200°C pendant 15 minutes, puis à 175°C pendant 10 minutes. Attention à ce qu'elle ne brunisse pas.

Pour étendre une pâte à tarte, souvenez-vous des recommandations suivantes :

- Farinez légèrement votre plan de travail, le rouleau à pâtisserie et la pâte. Ne rajoutez de farine que si la pâte colle au plan de travail ou au rouleau.
- Étalez la pâte du milieu vers l'extérieur et tournez-la fréquemment, d'environ un quart de tour, pour l'empêcher de coller au plan de travail.
- Essayez de faire vite de sorte que la pâte reste froide. Une pâte à température ambiante est plus difficile à étaler. C'est pourquoi il est important de mettre la boule de pâte au réfrigérateur.
- Si la pâte colle au plan de travail, décollez-la avec une longue spatule en métal.
- N'étendez pas davantage la pâte en la faisant passer du plan de travail au moule à tarte.

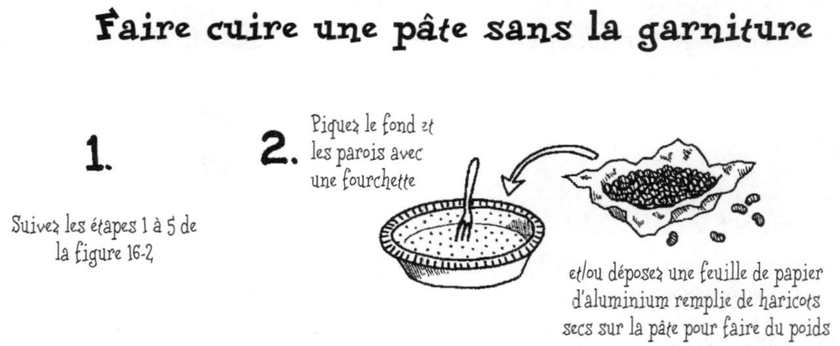

Figure 16-3 : Préparer une pâte destinée à cuire sans la garniture.

Étendre une pâte demande un peu de pratique. Ne vous découragez pas si, après votre premier essai, votre pâte à tarte ressemble à une carte en relief de l'Antarctique.

TRUC

Si quelques morceaux de pâte se détachent pendant que vous étalez celle-ci, posez-les sur le reste, mouillez-les avec un peu d'eau et repassez le rouleau jusqu'à ce que l'ensemble de la pâte soit lisse. Si cette technique ne fonctionne pas, refaites une boule et recommencez depuis le début. Sachez toutefois que plus vous travaillez la pâte, plus elle durcit.

La saveur et la texture d'une pâte à tarte faite maison sont supérieures à celles des pâtes que l'on trouve dans le commerce. Cela dit, lorsque vous n'avez pas le temps de faire une pâte vous-même, mieux vaut en acheter une au supermarché que de ne pas faire de tarte du tout.

Tourte aux pommes

Ustensiles : Couteau à éplucher, saladier, moule à tarte de 22,5 cm

Temps de préparation : Environ 30 minutes (plus le temps de préparation de la pâte)

Temps de cuisson : Environ 1 heure

Quantité : 6 à 8 personnes

6 pommes moyennes (pour savoir quelles pommes choisir pour une cuisson au four, reportez-vous à l'encadré ci-après) pelées, évidées et coupées en tranches d'environ 1 cm d'épaisseur (voir figure 16-4)

¾ tasse de sucre

2 cuillerées à soupe de farine

1 cuillerée à soupe de jus de citron frais

¾ cuillerée à café de cannelle

½ cuillerée à café de zeste de citron râpé

1 pincée de muscade

Moule à tarte de 22,5 cm recouvert d'une pâte à tarte, plus une deuxième pâte à tarte de 27,5 cm de diamètre (voir recette précédente)

1 cuillerée à soupe de beurre

Environ 1 cuillerée à café de sucre (facultatif)

Environ 2 cuillerées à soupe de lait ou d'eau (facultatif)

1. Préchauffez le four à 230°C.
2. Mélangez les pommes, le sucre, la farine, le jus de citron, la cannelle, le zeste de citron et la muscade dans un saladier. Remuez doucement pour bien enrober les pommes.
3. Garnissez la pâte à tarte de mélange à base de pommes. Répartissez le beurre à la surface. Placez la deuxième pâte à tarte par-dessus les pommes, faites-la passer sous la première et pincez les bords avec une fourchette, comme illustré à la figure 16-2.
4. Piquez la pâte supérieure plusieurs fois avec une fourchette pour permettre à la vapeur de s'échapper (pour faire dorer la pâte, enduisez-la de lait ou d'eau avec un pinceau à pâtisserie puis saupoudrez-la de sucre).
5. Faites cuire au four à 230°C pendant 15 minutes, puis à 175°C pendant encore 45 minutes ou jusqu'à ce que la tourte soit dorée. Laissez refroidir pendant au moins 20 minutes avant de servir.

TRUC

Quelles pommes choisir pour une cuisson au four ?

Les pommes croquantes qui conservent leur forme pendant la cuisson sont les plus appropriées. L'automne et le début de l'hiver sont les saisons idéales pour faire une tourte aux pommes, car la récolte des pommes est toute fraîche. À l'exception des Granny Smith (pommes vertes acides que l'on trouve toute l'année), les pommes en vente sur les marchés au printemps et en été sont stockées depuis l'automne et n'ont pas la même saveur ni la même texture que les pommes fraîches.

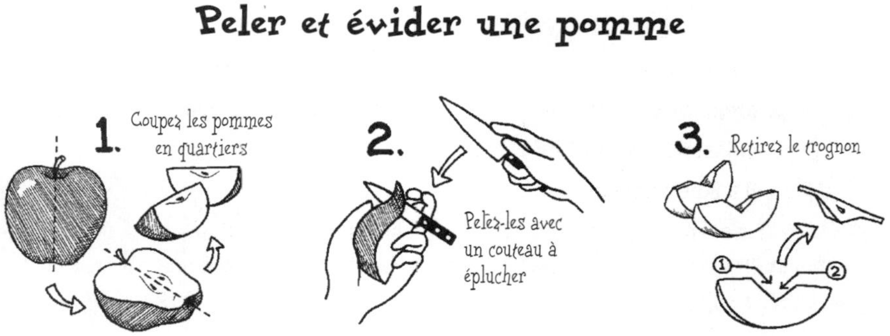

Figure 16-4 : Les pommes doivent être pelées et évidées avant d'être coupées en tranches et disposées sur une tarte.

IMPROVISEZ

Remplacez les pommes par des pêches, des fraises, des abricots ou des fruits rouges. Enrobez les fruits d'ingrédients qui se marient bien avec leur saveur. Par exemple, mélangez les pêches avec du sucre, de l'extrait de vanille et peut-être une larme de rhum. Agrémentez les poires de sucre, de cannelle, éventuellement de clous de girofle, et, si vous le souhaitez, d'extrait de vanille. Une larme de rhum ou de cognac ne fait pas de mal non plus. Si vous ajoutez ¼ tasse de sucre brun, la garniture aura une saveur légèrement caramélisée.

Vous pouvez également faire des tartelettes en répartissant la pâte et la garniture dans des petits moules individuels. Le temps de cuisson est évidemment inférieur – environ la moitié de celui d'une tarte de 22,5 cm.

Si vous avez 1 heure

En 1 heure, vous avez largement le temps de préparer un bon repas – du moins, si vous faites preuve d'organisation, disposez de tous les ingrédients nécessaires et pouvez vous concentrer sans subir d'interruptions. Un seul coup de fil et c'est la course contre la montre.

Ne songez même pas à aller relever votre courrier. Demandez-vous combien de temps il vous faut pour préparer chaque plat afin qu'il n'y en ait pas un de brûlé alors qu'un autre est encore froid, et tout se passera bien.

Entrées

Vous pouvez éviter de faire cuire deux plats à la fois en commençant votre repas par une salade. Pour que celle-ci sorte de l'ordinaire, agrémentez-la d'une vinaigrette bien équilibrée, comme dans la recette suivante.

Le mélange légèrement acide d'endives et de radicchio constitue une entrée rafraîchissante. Vous pouvez l'agrémenter de feuilles de laitue ou de poivrons rôtis.

Salade d'été mixte au vinaigre balsamique

Ustensiles : Couteau de chef, bol

Temps de préparation : Environ 25 minutes (laissez reposer la vinaigrette environ 1 heure)

Quantité : 4 personnes

½ tasse d'huile d'olive

½ tasse d'échalotes finement hachées

3 cuillerées à soupe de vinaigre balsamique

1 gousse d'ail épluchée et coupée en deux dans le sens de la largeur

20 feuilles d'endives (environ 2 grosses têtes) rincées et séchées

4 tasses de feuilles d'aragula rincées et séchées (pas trop tassées)

Sel et poivre noir à votre convenance

4 feuilles de radicchio rincées et séchées

Vinaigrette

Mélangez l'huile, les échalotes, le vinaigre, les morceaux d'ail, le sel et le poivre dans un bol. Avant de servir, jetez les morceaux d'ail et remuez vigoureusement la vinaigrette avec une fourchette.

Salade

1. Disposez 5 feuilles d'endive en soleil sur chaque assiette. Posez 1 feuille de radicchio au milieu de chaque assiette.
2. Ajoutez une portion de feuilles d'aragula au milieu de la feuille de radicchio. Versez la vinaigrette à la cuillère sur chaque salade mixte et servez.

Hachez grossièrement 1 grosse tomate mûre et répartissez les morceaux sur les assiettes ou ajoutez 4 à 5 crevettes cuites par personne.

Voici une autre salade, simple et colorée, que vous pouvez servir si vous n'avez qu'1 heure pour préparer un repas.

Salade d'avocats et de tomates

Ustensiles : Couteau de chef, couteau à éplucher, saladier

Temps de préparation : Environ 25 minutes

Temps de cuisson : Environ 15 minutes

Quantité : 4 personnes

2 avocats mûrs

1 citron

4 tomates mûres

1 petit oignon rouge finement émincé

¼ tasse de cilantro grossièrement haché

2 grosses gousses d'ail finement hachées

6 cuillerées à soupe d'huile d'olive

2 cuillerées à soupe de vinaigre de vin rouge

½ cuillerée à café de cumin moulu

Sel et poivre noir à votre convenance

2 œufs durs écalés et coupés en quartiers (facultatif)

1. Coupez les avocats en deux et dénoyautez-les. Épluchez-les et coupez chaque moitié en 4 tranches, dans le sens de la longueur, puis en gros cubes. Citronnez-les pour éviter qu'ils noircissent.
2. Évidez les tomates et coupez-les en cubes de 2 cm.
3. Mélangez les cubes d'avocats et de tomates avec tous les autres ingrédients dans un saladier et servez.

Si vous n'avez pas plus d'1 heure, vous pouvez également choisir l'une des entrées suivantes :

- Champignons portobello grillés à l'ail (voir chapitre 6).
- Salade de légumes à la mozzarella (voir chapitre 10).
- Velouté de carottes à l'aneth (voir chapitre 9).
- Crevettes au four à l'oignon vert et à la chapelure (voir chapitre 12).
- Salade de cresson, endives et oranges (voir chapitre 10).

TRUC

Faire de la vinaigrette à l'avance

Pour gagner du temps, au lieu de faire une vinaigrette à chaque fois que vous en avez besoin, faites-en une grande quantité et stockez-la dans une bouteille de vin. Mélangez dans un grand bol 1 cuillerée à soupe de moutarde de Dijon, ou plus, avec une grande quantité de sel et de poivre noir fraîchement moulu. Ajoutez progressivement ½ tasse d'huile d'olive tout en remuant. Enfin, ajoutez progressivement le vinaigre (comptez 5 mesures d'huile pour 2 mesures de vinaigre). Goûtez constamment. Quand le résultat est à votre goût, versez la vinaigrette dans une bouteille avec un entonnoir. Si vous le souhaitez, ajoutez des herbes aromatiques fraîches et de l'ail émincé dans la bouteille. Secouez le tout, fermez avec un bouchon en liège, et réfrigérez.

Plats de résistance

Les plats suivants sont agrémentés de Ricard ou de Pernod, apéritifs au goût anisé.

Filets de vivaneau aux tomates et au fenouil

Ustensiles : Couteau de chef, couteau à éplucher, casserole moyenne, sauteuse avec couvercle

Temps de préparation : Environ 30 minutes

Temps de cuisson : Environ 15 minutes

Quantité : 4 personnes

2 cuillerées à soupe d'huile d'olive

5 tomates pelées, épépinées et hachées

1 gros poireau (parties blanche et vert pâle uniquement) finement haché

½ tasse de bulbe de fenouil haché

2 grosses gousses d'ail finement hachées

1 cuillerée à café de safran des Indes

½ tasse de bouillon de poisson

1 feuille de laurier

4 brins de thym frais ou 1 cuillerée à café de thym lyophilisé

1 larme de Tabasco

Sel et poivre noir à votre convenance

½ tasse de vin blanc sec

4 filets de vivaneau avec la peau (ou autre poisson à chair blanche) d'environ 180 g chacun

2 cuillerées à soupe de Ricard, Pernod ou autre liqueur au goût anisé

2 cuillerées à soupe de basilic ou de persil haché

1. Mélangez 1 cuillerée à soupe d'huile d'olive, les tomates, le poireau, le fenouil, l'ail et le safran des Indes dans une casserole moyenne. Salez et poivrez. Faites cuire à feu moyen, en remuant souvent, environ 3 minutes. Ajoutez le vin, le bouillon, la feuille de laurier, le thym et le Tabasco. Portez à ébullition, réduisez la chaleur et laissez mijoter pendant 5 minutes.
2. Versez la dernière cuillerée d'huile d'olive dans une grande sauteuse et disposez les filets de poisson en une seule couche, la peau au-dessous. Salez et poivrez. Versez le mélange à base de tomates de façon homogène sur les filets de poisson. Ajoutez le Ricard ou le Pernod, couvrez et faites cuire à feu moyen pendant environ 5 minutes, jusqu'à ce que le poisson soit opaque au milieu (le temps de cuisson dépend de l'épaisseur des filets). Jetez la feuille de laurier et garnissez le tout de basilic ou de persil avant de servir.

Le flanchet est également facile à préparer en 1 heure. Ajustez l'assaisonnement à votre goût.

Flanchet grillé cajun

Ustensiles : Couteau de chef, bol, gril

Temps de préparation : Environ 35 minutes (temps de macération compris)

Temps de cuisson : Environ 10 minutes (temps de repos compris)

Quantité : 4 personnes

4 flanchets de ½ livre chacun

Sel à votre convenance

2 cuillerées à soupe d'huile d'olive

1 cuillerée à café de piment en poudre

½ cuillerée à café de cumin moulu

½ cuillerée à café de thym lyophilisé

¼ cuillerée à café de poivre de Cayenne

¼ cuillerée à café de poivre noir

2 cuillerées à soupe de beurre

2 cuillerées à soupe de persil frais finement haché

1. Une demi-heure avant de les griller, salez les steaks. Mélangez l'huile, le piment en poudre, le cumin, le thym, le poivre de Cayenne et le poivre noir dans un bol et remuez bien pour mélanger. Enduisez les steaks de ce mélange et couvrez-les d'un film plastique mais ne les mettez pas au réfrigérateur.
2. Préchauffez le gril de votre four ou préparez un feu moyen-vif dans un gril à charbon de bois à ou à gaz.

3. Si vous utilisez le gril du four, disposez les steaks sur une grille et mettez-les à environ 15 cm de la source de chaleur. Faites-les cuire pendant 3 minutes en laissant la porte du four partiellement ouverte. Retournez les steaks et poursuivez la cuisson, toujours porte ouverte, pendant encore 3 minutes pour une cuisson saignante ou jusqu'au degré de cuisson souhaité. Pour évaluer la cuisson, faites une petite incision avec un couteau tranchant dans la partie la plus épaisse de chaque steak. Une viande saignante doit être rouge vif et juteuse ; une viande à point est rose pâle au milieu, légèrement brune sur le pourtour et moins juteuse.

   Si vous grillez les steaks sur un gril à charbon de bois ou à gaz, posez-les sur une grille huilée, au-dessus d'un feu moyen, et couvrez. Faites-les cuire pendant 3 minutes. Retournez-les, couvrez, et faites-les cuire encore 3 minutes pour une cuisson saignante ou jusqu'au degré de cuisson souhaité.
4. Transférez les steaks sur une assiette chaude et faites fondre une noix de beurre sur chacun. Laissez-les reposer dans un endroit chaud pendant 5 minutes pour que le jus interne se répartisse harmonieusement dans la viande.
5. Garnissez les steaks de persil et servez-les dans le jus et le beurre fondu.

Lorsque vous n'avez qu'1 heure pour préparer un repas, vous pouvez choisir un plat dont la cuisson se termine au four pour pouvoir vous occuper du reste ou céder en toute liberté à la panique !

Voici quelques suggestions parmi les recettes des chapitres précédents :

- Brochettes de porc grillées au romarin (voir chapitre 6).
- Frittata aux poivrons et aux pommes de terre (voir chapitre 8).
- Rigatoni à l'aubergine et aux courgettes (voir chapitre 11).
- Blancs de poulet sautés aux tomates et au thym (voir chapitre 4).
- Steaks sautés au poivre (voir chapitre 4).

TRUC

Flanchet

Le flanchet, jusqu'alors peu cuisiné, est un morceau de bœuf désormais présent sur la carte de nombreux restaurants. Les bouchers avaient l'habitude de garder ce morceau exceptionnellement juteux et savoureux pour eux-mêmes.

Un flanchet bien cuisiné est à la fois délicieux et beaucoup moins cher (et moins gras) qu'une surlonge ou un filet. Ce morceau est issu du muscle situé entre la cage thoracique et l'aloyau (voir schéma de bœuf au chapitre 14). Il est généralement vendu en sections d'environ 360 g chacune et comporte une fine membrane argentée que le boucher doit retirer.

Le flanchet contient beaucoup de jus et doit être cuit très rapidement à feu vif pour être saisi. Par conséquent, vous devez le laisser quelques minutes à température ambiante avant de le griller ou de le faire cuire au gril. Après la cuisson, laissez-le reposer un instant avant de le découper afin que le jus se répartisse harmonieusement. Coupez le steak en biais, en travers des fibres, sur une planche à découper avec un rebord pouvant récupérer le jus qui s'écoule (découpez en biais, c'est-à-dire selon un angle d'environ 45° par rapport à la planche à découper et non perpendiculairement à celle-ci, pour obtenir une tranche à la fois plus grande et plus fine) Versez le jus sur le steak avant de servir ou utilisez-le pour faire une sauce.

Plats d'accompagnement

Le plat suivant, très coloré, se marie à la perfection avec un steak. Facile à préparer et appétissant, il pourrait donner envie à n'importe quel gastronome de devenir végétarien. Vous pouvez remplacer les courgettes par de la courge ou même de fines tranches d'aubergine.

Courgettes et tomates rôties aux herbes d'été

Ustensiles : Couteau de chef, casserole ou sauteuse moyenne, plat à gratin peu profond

Temps de préparation : Environ 25 minutes

Temps de cuisson : Environ 40 minutes

Quantité : 4 personnes

3 cuillerées à soupe d'huile d'olive

1 gros oignon finement tranché

Sel et poivre noir à votre convenance

⅓ tasse de parmesan fraîchement râpé

3 grosses gousses d'ail émincées

1 cuillerée à soupe de sauge hachée ou 1 cuillerée à café de sauge lyophilisée

1 cuillerée à soupe de romarin haché ou 1 cuillerée à café de romarin lyophilisé

2 cuillerées à café de basilic haché ou 1 cuillerée à café de basilic lyophilisé

1,5 livre de courgettes coupées en rondelles de 5 mm (sans les extrémités)

3 grosses tomates mûres, coupées en rondelles de 5 mm

1. Préchauffez le four à 190°C.
2. Faites chauffer 2 cuillerées à soupe d'huile d'olive à feu moyen dans une casserole ou une sauteuse moyenne. Ajoutez l'oignon, l'ail et la moitié des herbes aromatiques. Faites cuire, en remuant souvent, pendant environ 3 minutes (attention à ne pas faire brûler l'ail). Transférez le mélange dans un plat à gratin.
3. Versez la dernière cuillerée à soupe d'huile d'olive dans la même sauteuse et ajoutez les courgettes, le reste d'herbes aromatiques, le sel et le poivre. Faites cuire, en remuant de temps à autre, pendant environ 5 minutes.
4. Mettez les courgettes dans le plat à gratin et mélangez-les bien aux morceaux d'oignon. Disposez les rondelles de tomates sur les courgettes et terminez avec une couche de parmesan.
5. Couvrez avec une feuille de papier d'aluminium et faites cuire au four pendant environ 20 minutes. Retirez le papier d'aluminium et poursuivez la cuisson pendant 10 minutes de plus.

Le plat suivant, à la saveur exotique, accompagne aussi bien un steak qu'une volaille, à condition que l'assaisonnement soit différent de celui du plat de résistance.

Riz au gingembre et au cilantro

Ustensiles : Couteau de chef, casserole ou sauteuse moyenne, râpe

Temps de préparation : Environ 15 minutes

Temps de cuisson : Environ 20 minutes

Quantité : 4 personnes

2 cuillerées à soupe de beurre

¼ tasse d'oignon finement haché

1 cuillerée à café de gingembre frais râpé

1 tasse de riz étuvé

Sel à votre convenance

¼ cuillerée à café de poivre de Cayenne (ou à votre convenance)

1¾ tasse de bouillon de poulet ou de légumes fait maison ou en conserve, chauffé à la limite de l'ébullition

3 cuillerées à soupe de cilantro ou de persil finement haché

1. Faites chauffer le beurre à feu moyen dans une casserole. Ajoutez l'oignon et faites-le revenir, en remuant souvent, jusqu'à ce qu'il ramollisse, environ 2 à 3 minutes. Ajoutez le gingembre et le poivre de Cayenne. Faites cuire, en remuant constamment, pendant environ 30 secondes. Ajoutez le riz et remuez pour l'enrober de beurre fondu. Ajoutez avec précaution le bouillon de poulet chaud. Salez, si vous le souhaitez.
2. Couvrez et laissez mijoter à feu doux pendant 20 minutes ou jusqu'à ce que le riz soit tendre. Ajoutez le cilantro ou le persil et goûtez pour ajuster l'assaisonnement avant de servir.

Desserts

Le coulis suivant agrémente à merveille la glace, les pâtisseries et même un simple quatre-quarts. Cette recette s'applique à tous les fruits rouges frais.

Coulis de myrtilles chaud

Ustensiles : Couteau à éplucher, casserole, fouet

Temps de préparation : Environ 10 minutes

Temps de cuisson : Environ 7 minutes

Quantité : 4 personnes

⅓ tasse de sucre semoule

1 cuillerée à soupe de maïzena

1 pincée de sel

¾ tasse d'eau

2 cuillerées à café de jus de citron frais

1 tasse de myrtilles mûres, rincées et équeutées

2 cuillerées à soupe de beurre ramolli

¼ cuillerée à café de cannelle moulue (ou à votre convenance)

1. Mélangez le sucre, la maïzena et le sel dans une casserole. Ajoutez l'eau et le jus de citron, et faites cuire à feu moyen-vif, en remuant fréquemment, jusqu'à ce que le mélange épaississe, environ 3 à 5 minutes.
2. Ajoutez les myrtilles et faites chauffer à feu moyen, en remuant fréquemment, pendant 1 minute. Retirez la casserole du feu et ajoutez le beurre et la cannelle. Remuez bien. Gardez au chaud dans une casserole à double fond jusqu'au moment de servir. Remuez bien avant de servir.

Si vous avez 30 minutes

Que peut-on faire en 30 minutes ? Suivre la moitié d'un cours d'aérobic ? Laver sa voiture ? Pas grand-chose… Et pourtant, si vous suivez nos conseils, vous pouvez préparer un bon repas.

L'avantage, lorsqu'on n'a pas beaucoup de temps, c'est qu'il est inutile de le planifier. D'un autre côté, cela signifie qu'on doit tout faire en même temps. Avant de vous lancer, demandez-vous ce que vous pouvez faire pour gagner du temps. Hacher tous les légumes à la fois, par exemple. Si l'entrée et le plat de résistance que vous avez choisis comportent tous les deux du céleri, hachez suffisamment de céleri pour les deux plats. Pensez également à sortir tous les ustensiles et les ingrédients dont vous aurez besoin avant de commencer afin de ne pas avoir à vous interrompre pour essayer de trouver cette satanée marjolaine.

Pour préparer un repas en 30 minutes, vous devrez parfois avoir recours à des produits de supermarché et utiliser certains gadgets qui font gagner du temps. Mais, au bout du compte, vous aurez un vrai repas.

Les recettes suivantes ont pour but de vous orienter vers un certain état esprit lorsque l'heure tourne et que les invités sont sur le point d'arriver.

Entrées

Les amuse-gueules suivants sont on ne peut plus faciles à préparer. Ces tartines de fromage de chèvre à l'huile d'olive sont excellentes avec du vin rouge (pour bien choisir votre vin, lisez *Le Vin pour les Nuls* de Ed McCarthy et Mary Ewing-Mulligan, Éditions First).

Tartines de fromage de chèvre aillées

Ustensiles : Four-grilloir (facultatif), couteau à pain

Temps de préparation : Environ 10 minutes

Temps de cuisson : Moins de 1 minute

Quantité : 6 à 8 personnes

½ baguette coupée en tranches de 5 mm à 1 cm d'épaisseur

3 gousses d'ail épluchées et coupées en deux

Environ ¼ tasse d'huile d'olive

Sel et poivre noir à votre convenance

240 g de fromage de chèvre frais

1 à 2 cuillerées à soupe de ciboulette (ou thym ou basilic) finement hachée (ou un mélange des trois)

1. Dans un four-grilloir ou un four préchauffé à 200°C, faites griller les tranches de pain jusqu'à ce qu'elles commencent seulement à dorer, pas plus. Laissez-les refroidir.
2. Frottez les deux faces des tranches de pain avec la partie coupée de chaque moitié d'ail. Versez environ ½ cuillerée à café d'huile d'olive sur l'une des faces de chaque tranche. Salez et poivrez légèrement la même face.
3. Étalez du fromage de chèvre sur les faces assaisonnées et garnissez d'herbes aromatiques hachées.

Avec un peu de pratique, vous pourrez également préparer les hors-d'œuvre suivants en quelques minutes.

- **Hummus (tartines de pois chiches)** : Mixez 480 g de pois chiches, 1 gousse d'ail, ¼ tasse de graines de sésame, le jus et le zeste râpé de 1 citron, ½ tasse d'eau, du sel et du poivre noir jusqu'à ce que le mélange soit homogène. Servez sur des triangles de pain pita grillé ou avec un assortiment de légumes crus.
- **Brochettes de poulet à la moutarde douce** : Enfilez quelques petits morceaux de poulet désossé sur des brochettes en métal, de préférence, en intercalant des tomates cerises (les brochettes en métal permettent une cuisson plus rapide et ne requièrent pas de trempage, contrairement aux brochettes en bois). Grillez environ 2 minutes par côté en enduisant de moutarde douce au dernier moment. Servez chaud.
- **Guacamole** : Écrasez 2 avocats bien mûrs dans un bol. Ajoutez 1 petit oignon finement haché, 1 tomate mûre finement hachée, 2 cuillerées à soupe de cilantro haché, la moitié d'un piment Jalapeño épépiné et émincé, et le jus et le zeste râpé de la moitié d'un citron. Salez, poivrez et servez avec des tortillas chips (chips soufflées de maïs).
- **Toasts à la tomate séchée** : Mixez quelques tomates séchées, de l'ail et des oignons avec suffisamment d'huile pour obtenir une pâte facile à tartiner. Assaisonnez avec du poivre blanc. Servez sur des toasts melba ronds.

- **Poulet fumé émincé à la coriandre** : Achetez du poulet fumé et émincez-le en petites bandes d'une bouchée. Posez ces bandelettes sur une fine tranche de pain. Arrosez le tout d'une vinaigrette classique agrémentée de cilantro haché et éventuellement d'une larme de Tabasco.

Plats de résistance

Si vous n'avez que 30 minutes devant vous, vous pouvez préparer l'un des plats de résistance suivants :

- Darnes de saumon avec sauce aux poivrons rouges (voir chapitre 4).
- Homards vapeur à l'orange et au citron (voir chapitre 3).
- Blancs de poulet sautés aux tomates et au thym (voir chapitre 4).
- Blancs de poulet à l'ail et aux câpres (voir chapitre 7).
- Omelettes ou frittatas (voir chapitre 8).
- Spaghettis à la sauce tomate (voir chapitre 11).
- Steaks sautés au poivre (voir chapitre 4).

Desserts

En dessert, vous pouvez servir des fruits frais et de la glace. Si vous en avez le temps, préparez un coulis de fraises, avec des fraises fraîches ou congelées, selon la saison (recette au chapitre 7). La crème au caramel et le nappage au caramel du chapitre 7 sont également excellents sur une crème glacée.

Vous pouvez aussi agrémenter les fruits frais et la glace d'une simple crème chantilly (voir chapitre 7).

TRUC

La cuisine sur un plateau : l'art de l'antipasto

Si vous n'avez pas beaucoup de temps pour faire les courses, et encore moins pour préparer un repas complet, il vous sera utile de savoir comment assembler divers aliments de façon attrayante. Inspirez-vous de l'approche italienne, qui consiste à servir tout un éventail de fromages, de viandes, de pains, d'olives et de légumes sur un grand plateau.

L'*antipasto* est affaire de présentation avant tout. Réfléchissez aux saveurs et aux couleurs qui vont ensemble. L'antipasto est traditionnellement servi en hors-d'œuvre mais vous pouvez tout à fait le prolonger en un véritable repas. Voici une liste d'aliments que vous pouvez acheter une demi-heure avant l'arrivée de vos invités – si vous ne rencontrez aucun feu rouge sur la route…

- Mozzarella, provolone, fontina, parmesan ou fromage de chèvre (en tranches fines ou en cubes)
- Fines tranches de jambon, de prosciutto et de salami de Gênes
- Rondelles de pepperoni ou de salami sopressata
- Fines tranches de mortadelle ou de capicola (porc salé)
- Crevettes cuites (assaisonnées avec une vinaigrette, de préférence)
- Anchois, sardines ou thon à l'huile d'olive (en conserve)
- Pois chiches en conserve assaisonnés avec une vinaigrette
- Tomates séchées à l'huile
- Cœurs d'artichauts marinés, poivrons rouges rôtis et câpres
- Assortiment d'olives noires et vertes
- Assortiment de légumes frais : radis avec leurs fanes ; bâtonnets de carotte, de céleri, de concombre et de poivron ; morceaux de fenouil ; oignons verts ; et tomates cerises entières, rouges ou jaunes
- Aragula, feuilles de basilic et radicchio pour la garniture
- Tranches de poires, de melon, de figues, ou petites grappes de raisin
- Pains parfumés, gressins, pains azymes et Boboli chaud (marque de pain azyme qui ressemble à une croûte de pizza épaisse).

Chapitre 17

Faire d'une pierre trois coups

Dans ce chapitre :

- Exploiter une recette sur plusieurs jours
- Maîtriser la technique du stir-fry

Les recettes de ce chapitre

- Porc fumé aux légumes d'hiver
- Hachis de porc fumé
- Soupe aux pâtes et aux haricots
- Curry d'agneau
- Sauce à la mangue et à l'oignon rouge
- Salade de poulet, avocat et oignon rouge
- Tortilla au poulet et aux légumes grillés
- Stir-fry de porc aux nouilles

Même si ce livre provoque chez vous un véritable engouement pour la cuisine, vous n'aurez pas le temps de cuisiner tous les jours. Les longues journées de travail, les matches de foot des enfants, les obligations sociales, les pannes d'essence en rentrant à la maison font parfois de votre vie une joyeuse pagaille. Ce chapitre a pour but de vous tirer d'affaire face à cette fatalité. Vous pouvez gagner du temps en préparant un repas deux fois plus copieux que d'habitude. Ainsi, les jours suivants, vous pourrez vous concocter de petits plats rapides en utilisant les restes. Vous pouvez même congeler les restes jusqu'à ce que vous en ayez besoin.

Voici quelques suggestions de menu qui vous permettront de nourrir votre famille pendant deux ou trois jours.

Triade de porc

Le premier groupe de repas que nous vous proposons commence par une excellente recette de porc :

- Repas 1 : Porc fumé aux légumes d'hiver.
- Repas 2 : Hachis de porc fumé.
- Repas 3 : Soupe aux pâtes et aux haricots.

Le porc, viande maigre (grâce aux techniques d'élevage actuelles), facile à accommoder et délicieuse, se prête bien à la cuisine multiple.

L'épaule de porc, ferme, rosée et bien marbrée, est souvent utilisée pour faire des pâtés et des saucisses. Elle se vend généralement dégraissée et ficelée afin qu'elle conserve sa forme d'origine pendant la cuisson.

Vous pouvez faire la recette suivante pour 8 personnes, sans restes, ou pour 4 personnes, ce qui vous laissera suffisamment de restes pour faire les deux autres plats que nous vous suggérons : un hachis et une soupe.

Porc fumé aux légumes d'hiver

Ustensiles : Couteau de chef, épluche-légumes, grande marmite, écumoire

Temps de préparation : 10 minutes (plus 5 minutes de trempage)

Temps de cuisson : 1 heure 30

Quantité : 8 personnes (ou 4 personnes et suffisamment de restes pour les recettes suivantes)

Épaule de porc fumée et désossée de 3 livres

1 gros oignon épluché et coupé en deux

2 feuilles de laurier

10 grains de poivre noir

6 carottes épluchées et coupées en quatre dans le sens de la largeur

6 pommes de terre Idaho moyennes, épluchées et coupées en quartiers

3 gros panais épluchés et coupés en quatre dans le sens de la largeur

Moutarde de Dijon à votre convenance (pour la viande)

¼ tasse de persil haché (pour la garniture)

Sel et poivre noir à votre convenance

¼ tasse de beurre ramolli (pour les légumes)

½ tête de chou vert coupée en 3 ou 4 morceaux

1. Faites tremper l'épaule de porc dans l'eau chaude pendant environ 5 minutes pour retirer l'excédent de sel.
2. Mettez le porc, l'oignon, les feuilles de laurier et les grains de poivre dans une grande marmite ; recouvrez le tout avec de l'eau froide. Couvrez la marmite et portez l'eau à ébullition. Réduisez la chaleur et laissez mijoter pendant 1 heure 10, en rajoutant de l'eau si nécessaire pour que le porc reste immergé dans le liquide.
3. Retirez l'oignon et les feuilles de laurier avec une écumoire et jetez-les. Ajoutez les carottes, les pommes de terre et les panais, et portez le liquide à ébullition. Réduisez la chaleur et laissez mijoter pendant 10 minutes. Ajoutez le chou et portez à ébullition. Réduisez la chaleur et laissez mijoter encore 10 à 15 minutes ou jusqu'à ce que le porc et les légumes soient tendres.
4. Retirez la viande du liquide frémissant et découpez-la en plusieurs portions. Déposez les morceaux sur un plat. Retirez les légumes de la marmite avec une écumoire et disposez-les autour de la viande (gardez le liquide de cuisson pour faire la soupe aux pâtes et aux haricots dont la recette est fournie plus loin dans cette section). Garnissez la viande et les légumes de persil haché. Assaisonnez les légumes avec du sel et du poivre. Servez avec de petites portions de beurre à mélanger aux légumes et avec de la moutarde pour le porc.

Cette recette est conçue de telle sorte que le porc et les légumes puissent cuire en même temps. Cela dit, si les pommes de terre commencent à se désagréger dans le bouillon, retirez-les avec une écumoire et déposez-les dans un plat allant au four beurré. Couvrez le plat avec une feuille de papier d'aluminium et mettez-le dans un four à 95°C jusqu'à ce que la cuisson des autres ingrédients soit terminée.

Si vous ne trouvez pas d'épaule de porc dans votre supermarché, vous pouvez faire cette recette avec du jambon fumé désossé.

Après avoir servir le porc fumé aux légumes d'hiver, utilisez les restes pour faire le plat suivant. Avec une salade verte et du pain, le hachis de porc fumé est idéal pour un souper léger.

Hachis de porc fumé

Ustensiles : Couteau de chef, grande sauteuse (en fonte, de préférence), spatule en métal

Temps de préparation : Environ 10 minutes

Temps de cuisson : Environ 15 minutes

Quantité : 4 personnes

3 cuillerées à soupe d'huile végétale

1 tasse d'oignon haché

2 tasses d'épaule de porc fumée, cuite et dégraissée

2 à 3 tasses de restes de légumes, égouttés et coupés en cubes, à l'exception du chou, utilisés dans la recette de porc fumé aux légumes d'hiver

Sel et poivre noir à votre convenance

3 cuillerées à soupe de persil haché pour la garniture

1. Faites chauffer l'huile à feu moyen dans une grande sauteuse. Ajoutez l'oignon et faites-le revenir, en remuant souvent, jusqu'à ce qu'il soit translucide, environ 2 à 3 minutes.
2. Ajoutez le porc et les légumes cuits, et remuez doucement pour mélanger. Salez et poivrez à votre convenance. Avec une spatule en métal, écrasez les légumes contre le fond de la sauteuse. Faites cuire, sans remuer, jusqu'à ce que le fond soit bien doré, environ 10 à 15 minutes (si vous le souhaitez, placez la sauteuse sous le gril du four, à environ 15 cm de la source de chaleur, pendant 3 à 4 minutes, pour faire dorer la surface). Avec la spatule en métal, soulevez et retournez le hachis sur les assiettes. Garnissez de persil haché.

Servez ce hachis avec des œufs brouillés (voir chapitre 2) ou une salade d'été mixte au vinaigre balsamique (voir chapitre 16).

TRUC

Une sauteuse en fonte bien huilée favorise la formation d'une croûte dorée. Vous pouvez utiliser une sauteuse antiadhésive et ne verser que 2 cuillerées à soupe d'huile au lieu de 3. Le revêtement empêchera la croûte de brûler mais celle-ci sera moins dorée.

IMPROVISEZ

Débridez votre créativité culinaire et faites ce hachis avec d'autres ingrédients et assaisonnements. Voici quelques idées :

- Ajoutez 1 à 2 piments (Jalapeño ou autres) épépinés et hachés aux oignons.
- Ajoutez 1 gros poivron rouge ou vert, épépiné et haché, aux oignons.
- Ajoutez 1 tasse de maïs, cuit et congelé ou en conserve, aux légumes.
- Ajoutez 1 cuillerée à soupe d'herbes aromatiques fraîches hachées (romarin, thym ou marjolaine) aux légumes cuits.
- Versez un peu de sauce piquante, comme du Tabasco, sur les légumes pendant la cuisson.

Il n'y a rien de plus agréable que de préparer une bonne soupe à partir d'un bouillon fait maison, issu d'un autre plat. Le bouillon de l'épaule de porc fumé ajoute juste ce qu'il faut de sel et un goût de viande délicieux à la soupe aux pâtes et aux haricots. Cette soupe fait partie des plats qui sont encore meilleurs le lendemain.

Soupe aux pâtes et aux haricots

Ustensiles : Couteau de chef, épluche-légumes, râpe, grande marmite, louche

Temps de préparation : 10 minutes

Temps de cuisson : 25 minutes

Quantité : 8 personnes

¼ tasse d'huile d'olive

1 oignon moyen épluché et haché

2 carottes épluchées et coupées en dés

1 branche de céleri coupée en dés

1 grosse gousse d'ail épluchée et hachée

435 g de purée de tomate

7 à 8 tasses de bouillon issu de la recette de porc fumé aux légumes d'hiver

1 cuillerée à soupe de basilic frais haché ou 1 cuillerée à café de basilic lyophilisé

1 cuillerée à café de thym frais haché ou ½ cuillerée à café de thym lyophilisé

450 g de cannellini ou de haricots rouges rincés et égouttés

1 feuille de laurier

1 tasse de petites pâtes, comme des macaronis coudés

Sel et poivre noir à votre convenance

Parmesan râpé pour la garniture

1. Faites chauffer l'huile à feu moyen dans une grande marmite ou casserole à fond épais. Ajoutez l'oignon et faites-le revenir, en remuant de temps à autre, jusqu'à ce qu'il ramollisse, environ 5 minutes. Ajoutez les carottes, le céleri et l'ail, et faites cuire à feu moyen-vif 5 minutes de plus ou jusqu'à ce que les légumes soient tendres, en remuant souvent.
2. Ajoutez la purée de tomates, 7 tasses de bouillon, le basilic et le thym. Couvrez, portez à ébullition, puis réduisez la chaleur et faites mijoter pendant 20 minutes.
3. Prélevez 1½ à 2 tasses de soupe à la louche et versez-les dans un mixeur. Mixez pendant quelques secondes. Remettez le mélange mixé dans la soupe.
4. Ajoutez les cannellini ou les haricots rouges et la feuille de laurier. Couvrez et faites mijoter pendant 5 minutes.
5. Ajoutez les macaronis et faites cuire, partiellement couvert, jusqu'à ce qu'ils soient *al dente*, en remuant de temps à autre. Si, après avoir fait cuire les pâtes, la soupe vous semble trop épaisse, ajoutez suffisamment de bouillon pour l'éclaircir à votre convenance.
6. Retirez la feuille de laurier. Salez et poivrez à votre convenance. Versez la soupe à la louche dans des bols individuels et ajoutez à ceux-ci un peu de parmesan râpé.

Une salade accompagne toujours bien une soupe nourrissante. Essayez la salade verte mixte à l'oignon rouge (voir chapitre 10).

Vous pouvez ajouter à cette soupe 1 tasse de chou cuit, haché ; 1 tasse de pommes de terre cuites, coupées en dés ; ou ½ à 1 tasse de porc cuit coupé en morceaux (tous ces ingrédients font partie de la recette de porc fumé aux légumes d'hiver donnée précédemment).

Voici d'autres idées pour utiliser les restes d'épaule de porc cuite :

- Avec les morceaux de porc froids, faites des sandwiches relevés avec de la moutarde ou des achards.
- Pour un brunch, faites cuire les tranches de porc dans une petite sauteuse beurrée et servez-les avec des œufs.
- Faites une salade copieuse en ajoutant du porc cuit haché à un mélange de salades vertes, ainsi que du gruyère et des œufs durs. Agrémentez le tout d'une vinaigrette à la moutarde.

Agneau

Voici trois plats pouvant être préparés à partir d'un gigot d'agneau :

- Repas 1 : Gigot d'agneau rôti (recette au chapitre 6).
- Repas 2 : Curry d'agneau.
- Repas 3 : Sandwiches à l'agneau avec une sauce à la mangue et à l'oignon rouge.

Dans un grand gigot d'agneau rôti, il reste souvent beaucoup de viande autour de l'os. Le curry est un plat idéal pour utiliser ces restes. Sachez que les saveurs s'intensifient lorsque le curry passe une nuit au réfrigérateur.

Curry d'agneau

Ustensiles : Couteau de chef, râpe, grande casserole

Temps de préparation : Environ 15 minutes

Temps de cuisson : Environ 45 minutes

Quantité : 3 à 4 personnes

1 cuillerée à soupe d'huile d'olive

½ cuillerée à soupe de beurre

1 gros oignon haché

1 poivron rouge moyen, évidé, épépiné et coupé en carrés

2 cuillerées à café de piment Jalapeño (ou autre) épépiné et émincé (facultatif)

1 cuillerée à soupe de poudre de curry

Set et poivre noir à votre convenance

½ cuillerée à café de cumin moulu

1 cuillerée à soupe de concentré de tomates

1 gousse d'ail émincée

1½ tasse de bouillon de bœuf fait maison ou en conserve

¼ tasse plus 2 cuillerées à soupe de lait de coco en conserve

⅓ tasse de raisins secs

4 tasses de riz à grains longs cuit

1 cuillerée à soupe de gingembre frais épluché et râpé

2½ à 3 tasses d'agneau cuit, dégraissé et coupé en cubes de 2 cm

Accompagnements facultatifs : sauce à la mangue, cacahuètes grillées à sec hachées, persil ou cilantro haché

1. Faites chauffer l'huile et le beurre à feu moyen-vif dans une grande casserole profonde. Ajoutez l'oignon, le poivron rouge, le piment Jalapeño (facultatif) et l'ail, et faites cuire environ 4 à 5 minutes, en remuant souvent, jusqu'à ce que les légumes commencent à s'attendrir. Ajoutez le gingembre, la poudre de curry et le cumin ; faites cuire environ 1 minute en remuant.

2. Ajoutez le bouillon de bœuf, le lait de coco et le concentré de tomates. Portez à ébullition. Ajoutez l'agneau. Réduisez la chaleur, couvrez et laissez mijoter pendant 20 minutes. Ajoutez les raisins secs et faites mijoter 20 minutes de plus. Salez et poivrez à votre convenance. Servez sur du riz avec les accompagnements suggérés.

Le curry d'agneau est un plat nourrissant, rempli de saveurs, que vous devez accompagner d'un mets discret, comme une salade de concombre à l'aneth (voir chapitre 10) ou du riz étuvé (voir chapitre 3).

Pour utiliser les restes d'agneau, vous pouvez également faire des sandwiches. Nous vous suggérons d'agrémenter ces sandwiches d'une sauce à la mangue et à l'oignon rouge.

La sauce à la mangue et à l'oignon rouge se marie bien avec les viandes fortes, comme l'agneau ou bien le filet de porc ou de bœuf. Pour qu'elle soit réussie, les saveurs salées et sucrées doivent être équilibrées à la perfection. Vous pouvez remplacer les mangues par des pêches ou ajouter des raisins secs ou du poivron vert haché.

Sauce à la mangue et à l'oignon rouge

Ustensiles : Casserole moyenne, cuillère en bois, couteau de chef

Temps de préparation : Environ 20 minutes

Temps de cuisson : Environ 25 à 30 minutes

Quantité : Environ 2 tasses

2 cuillerées à soupe d'huile végétale

1 tasse d'oignon rouge haché

1 à 2 piments Jalapeño (ou autres) épépinés et émincés (ou à votre convenance)

1 gousse d'ail émincée

2 cuillerées à café de gingembre frais épluché et émincé

2 grosses mangues mûres, pelées et coupées en cubes de 5 mm (instructions illustrées à la figure 17-1)

½ tasse plus 2 cuillerées à soupe de sucre brun

½ tasse de vinaigre de cidre

Sel et poivre noir à votre convenance (facultatif)

1. Faites chauffer l'huile à feu moyen dans une casserole moyenne. Ajoutez l'oignon et faites-le revenir pendant 4 à 5 minutes ou jusqu'à ce qu'il soit légèrement doré, en remuant souvent. Ajoutez le piment Jalapeño, le gingembre et l'ail, et faites cuire pendant 1 minute en remuant (attention à ne pas faire brûler l'ail).
2. Retirez la casserole du feu. Ajoutez le sucre brun et le vinaigre. Remettez la casserole sur le feu et portez le mélange à ébullition. Réduisez la chaleur et laissez frémir 3 à 4 minutes. Ajoutez les mangues.
3. Portez le mélange à ébullition. Réduisez la chaleur et laissez frémir, partiellement couvert, pendant 15 à 20 minutes ou jusqu'à ce que les mangues soient tendres (le temps de cuisson dépend de la maturité des mangues). Goûtez et ajustez l'assaisonnement, si vous le souhaitez, avec du sel et du poivre. Réfrigérez et servez comme condiment avec les sandwiches à l'agneau. Cette sauce est également délicieuse avec le poulet ou le bœuf grillé.

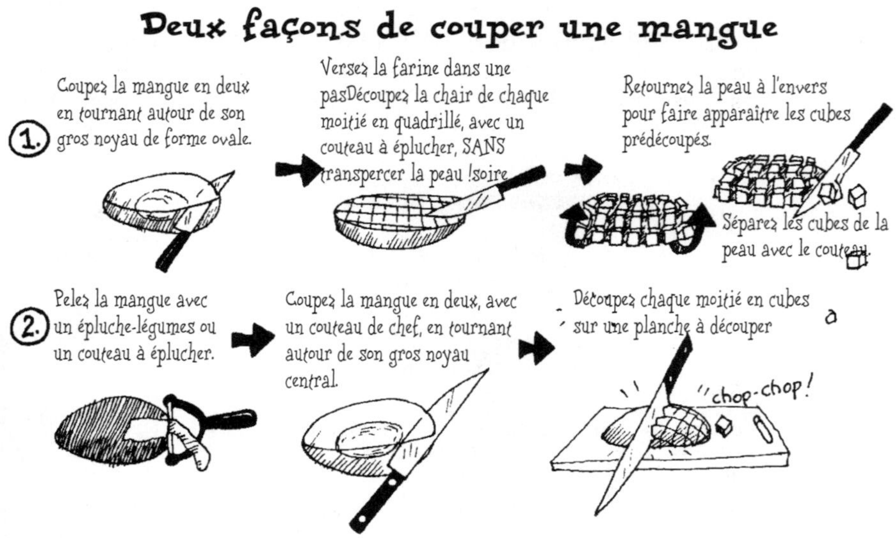

Figure 17-1 : Peler une mangue et la couper en cubes.

TRUC

Une mangue mûre est légèrement molle au toucher. La moitié de sa peau verte est teintée d'orange, de jaune ou de rouge.

Poulet

Si vous faites un gros poulet rôti (de 4 ou 5 livres, par exemple), vous aurez largement de quoi faire les trois recettes suivantes. Pendant que vous y êtes, vous pouvez même rôtir deux poulets !

- Repas 1 : Poulet rôti (voir chapitre 6).
- Repas 2 : Salade de poulet, avocat et oignon rouge.
- Repas 3 : Tortilla au poulet et aux légumes grillés.

Pour faire la salade, utilisez les restes de poulet rôti issus de la recette du chapitre 6. S'il ne vous reste pas 3 tasses de poulet, faites mijoter un blanc de poulet entier dans un bouillon de poulet (ou dans de l'eau assaisonnée avec du sel, du poivre et un jus de citron) pendant 10 minutes ou jusqu'à ce que le poulet soit bien cuit (celui-ci ne doit plus être rose en son milieu).

La sauce de cette salade colorée est d'abord utilisée comme marinade pour le poulet cuit et coupé en morceaux. Salez et poivrez généreusement la sauce et les ingrédients de la salade pour faire ressortir les saveurs des légumes frais.

Salade de poulet, avocat et oignon rouge

Ustensiles : Couteau de chef, saladier

Temps de préparation : 20 à 25 minutes

Temps de cuisson : Aucun (30 minutes de réfrigération)

Quantité : 4 personnes

2 cuillerées à soupe de vinaigre de cidre

2 cuillerées à soupe de jus de citron frais

1 cuillerée à café de moutarde de Dijon

½ tasse d'huile d'olive

2 gousses d'ail émincées

Sel et poivre noir à votre convenance

3 tasses de poulet cuit en morceaux

6 tasses d'épinards rincés et déchirés en morceaux

2 tasses de laitue rincée et déchirée en morceaux

½ tasse de bleu effrité (ou autre fromage)

8 tranches de bacon cuit et coupé en morceaux

16 tomates cerises équeutées et coupées en deux

1 petit oignon rouge haché

2 avocats mûrs, épluchés, dénoyautés et coupés en cubes de 1 cm

2 cuillerées à soupe d'herbes aromatiques fraîches, hachées, comme du basilic, de l'estragon et/ou de la marjolaine, ou 2 cuillerées à café d'herbes aromatiques lyophilisées (ou à votre convenance)

1. Mélangez le vinaigre, le jus de citron et la moutarde dans un saladier. Ajoutez lentement l'huile d'olive, en remuant constamment, pour l'incorporer. Ajoutez les herbes aromatiques, l'ail, le sel et le poivre. Ajoutez le poulet et remuez le tout. Réfrigérez pendant au moins 30 minutes.
2. Répartissez les épinards et la laitue sur quatre assiettes individuelles. Répartissez ensuite le poulet en le déposant sur les légumes verts. Mettez de côté ce qui reste de vinaigrette au fond du saladier.
3. Disposez l'avocat, le bleu, le bacon, les tomates cerises et l'oignon rouge autour du poulet. Versez le reste de vinaigrette sur le tout. Ajustez éventuellement l'assaisonnement avec du sel et du poivre. Servez immédiatement.

Vous pouvez servir cette salade seule, avec du pain, ou bien accompagnée de champignons portobello grillés à l'ail (voir chapitre 6).

Le poulet rôti peut être servi avec une salade, des légumes grillés ou rôtis, ou des pommes de terre. Nous vous recommandons la purée de pommes de terre (voir chapitre 3), les courgettes et tomates rôties aux herbes d'été (voir chapitre 16) et le chou frisé du terroir (voir chapitre 15).

Vous pouvez remplacer les tomates cerises par 16 à 20 olives noires, ajouter 4 œufs durs hachés aux légumes verts ou bien mélanger d'autres légumes verts.

Lorsque vous achetez un avocat, palpez-le. Il doit être mou mais pas blet. Si vous voulez le faire mûrir rapidement chez vous, mettez-le dans un sac en papier avec une orange. Fermez le sac et laissez-le mûrir toute la nuit. Les oranges émettent un gaz, l'éthylène, qui accélère le processus de maturation des autres fruits et légumes (pommes, melons, bananes, tomates). En général, les avocats, les bananes et les tomates sont cueillis encore fermes et mûrissent dans une serre comportant de l'éthylène.

La *tortilla de blé*, d'origine mexicaine, peut être garnie de légumes, de volaille, de viande ou de poisson. Contrairement à celle d'un sandwich, la garniture d'une tortilla est généralement coupée en dés ou en lanières ou bien finement émincée. Dans la recette suivante, la tortilla est garnie de restes de poulet cuit, de légumes grillés et d'une sauce au yaourt et à la crème aigre.

Tortilla au poulet et aux légumes grillés

Ustensiles : Couteau de chef, gril à charbon de bois ou à gaz, pinceau pour huiler la grille du gril, plaque de four, saladier, mixeur, petite cruche

Temps de préparation : Environ 15 minutes

Temps de cuisson : 10 à 15 minutes

Quantité : 4 à 5 personnes

½ petite aubergine (environ ½ livre) coupée dans le sens de la longueur en tranches de 1 cm d'épaisseur

1 poivron rouge ou jaune évidé, épépiné et coupé en quartiers

1 poivron vert évidé, épépiné et coupé en quartiers

1 oignon moyen, rouge ou jaune, coupé en tranches de 1 cm

1 courgette moyenne coupée dans le sens de la longueur en tranches de 1 cm d'épaisseur

¾ tasse de crème aigre

Huile pour les légumes et pour la grille

¼ tasse de basilic ou de persil haché

Sel et poivre noir à votre convenance

2 tasses de poulet cuit, coupé en cubes de 1 cm

¼ tasse de yaourt allégé

5 tortillas de blé de 20 à 22,5 cm

1. Préparez un feu moyen-vif dans un gril à charbon de bois ou à gaz.
2. Enduisez les légumes d'huile, de tous côtés, ainsi que la grille du gril. Disposez l'aubergine, les poivrons, l'oignon et la courgette sur la grille et faites-les cuire, en les retournant souvent, jusqu'à ce qu'ils soient légèrement dorés des deux côtés, environ 10 à 15 minutes. Retirez les légumes, disposez-les sur une plaque de four et laissez-les refroidir suffisamment pour que vous puissiez les manipuler.
3. Hachez tous les légumes en morceaux de 1 cm d'épaisseur et mettez-les dans un saladier. Ajoutez le poulet et 2 cuillerées à soupe de basilic ou de persil haché, et remuez le tout. Salez et poivrez à votre convenance.
4. Mélangez la crème aigre, le yaourt et le reste de basilic ou de persil dans un mixeur. Mixez pendant quelques secondes ou jusqu'à ce que la sauce soit homogène. Salez et poivrez à votre convenance.
5. Étalez le mélange à base de poulet et de légumes sur les tortillas en laissant une bordure de 3 à 5 cm. Ajoutez 1 à 2 cuillerées à soupe de sauce sur la garniture. Mettez le reste de sauce dans une petite cruche.
6. Repliez la tortilla sur la garniture et servez avec le reste de sauce au yaourt et à la crème aigre.

Vous pouvez servir cette tortilla au poulet avec une soupe, notamment un gazpacho de tomates fraîches (voir chapitre 9), une soupe de légumes printanière (voir chapitre 16) ou une soupe aux haricots noirs (voir chapitre 9).

Pour ramollir les tortillas et les enrouler plus facilement, faites-les chauffer environ 30 secondes au four à micro-ondes juste avant de les garnir.

Vous pouvez créer toutes sortes de garnitures en fonction de ce que vous avez au réfrigérateur. Par exemple, utilisez des champignons (voir recette de champignons portobello grillés à l'ail au chapitre 6), des tomates, des feuilles de radicchio, des pointes d'asperges ou du fenouil.

Avant de griller les oignons, coupez-les en tranches épaisses de 1 à 2 cm pour éviter qu'ils se désagrègent et tombent de la grille. Huilez la grille et retournez les tranches avec une spatule en métal, une seule fois, mais attendez qu'elles aient bien durci d'un côté. Comptez environ 4 minutes de cuisson par côté.

Si vous n'avez pas de gril d'extérieur ou si le temps ne vous permet pas de l'utiliser, vous pouvez griller vos légumes dans une poêle à griller, récipient de cuisson qui ressemble à une poêle à frire mais comporte des stries qui donnent aux aliments une saveur fumée et les mêmes marques qu'une grille. Ce type de poêle existe en plusieurs formes, avec une surface antiadhésive ou en fonte.

Encore du porc

- Repas 1 : Filet mignon de porc aux pommes de terre et aux pommes ou filet de porc rôti (voir chapitre 6).
- Repas 2 : Stir-fry de porc aux nouilles.
- Repas 3 : Sandwiches au porc avec sauce, beurre ou condiments.

Après avoir fait le filet mignon de porc aux pommes de terre et aux pommes ou le filet de porc rôti du chapitre 6, vous pouvez utiliser les restes pour faire un excellent stir-fry. La technique du stir-fry, facile à maîtriser, est idéale pour terminer les restes de viande, de volaille ou de légumes. Veillez toujours à ce que l'huile du wok ou de la sauteuse soit très chaude (mais pas fumante) avant d'ajouter les ingrédients. Il n'est pas indispensable d'avoir un wok pour faire un stir-fry ; une grande sauteuse fait également l'affaire.

Avant de commencer un stir-fry, vous devez avoir tous les ingrédients à portée de main, nettoyés et hachés. La mise en place, avant la cuisson, est une étape très importante. Mesurez les ingrédients et disposez-les juste à côté de la cuisinière avant de faire chauffer l'huile, comme illustré à la figure 17-2. Ainsi, chacun d'eux pourra entrer en scène au bon moment.

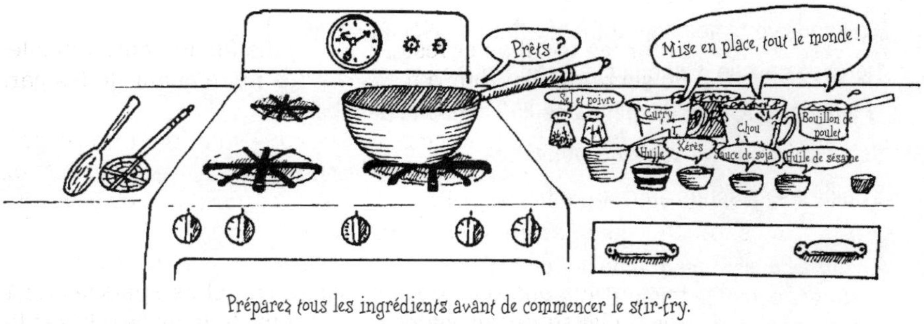

Figure 17-2 : Préparez tous les ingrédients avant de commencer le stir-fry.

Pour faire le plat suivant, vous pouvez utiliser les restes de filet mignon de porc aux pommes de terre et aux pommes ou de filet de porc rôti (voir chapitre 6), ou bien acheter du porc cru et faire frire celui-ci séparément avant d'ajouter les légumes à la sauteuse.

Stir-fry de porc aux nouilles

Ustensiles : Couteau de chef, râpe, épluche-légumes, grande marmite, égouttoir, saladiers, wok ou grande sauteuse

Temps de préparation : Environ 15 minutes

Temps de cuisson : Environ 15 minutes

Quantité : 4 personnes

250 g de nouilles chinoises (en vente dans les épiceries asiatiques) ou de spaghettis ou linguines (cassés en deux)

2 cuillerées à café d'huile de sésame

3 cuillerées à soupe de sauce de soja claire

1 cuillerée à soupe de xérès sec ou demi-sec

2 cuillerées à café de maïzena

1 cuillerée à café de sucre brun

2 tasses de porc cuit finement tranché

2 cuillerées à soupe d'huile végétale

1 cuillerée à soupe de gingembre épluché et râpé

3 tasses de chou napa, de bok choy ou de chou vert finement tranché

1 tasse de carottes finement tranchées

½ tasse de bouillon de poulet fait maison ou en conserve

3 oignons verts finement tranchés (parties blanche et verte)

1 grosse gousse d'ail épluchée et émincée

½ piment rouge ou Jalapeño épépiné et haché (facultatif)

Sel et poivre noir à votre convenance

3 cuillerées à soupe de cilantro haché

1. Faites bouillir une grande marmite d'eau légèrement salée. Ajoutez les nouilles et faites-les cuire en respectant le temps de cuisson indiqué sur le paquet (ne les faites pas trop cuire, sinon elles seront spongieuses). Égouttez-les, rincez-les sous l'eau froide et égouttez-les à nouveau. Transférez-les dans un saladier et arrosez-les d'huile de sésame pour les empêcher de coller les unes aux autres. Mettez de côté.
2. Mélangez 2 cuillerées à soupe de sauce de soja, le xérès, la maïzena et le sucre brun dans un autre saladier. Ajoutez le porc et remuez bien pour mélanger. Mettez de côté.
3. Faites chauffer un wok ou une grande sauteuse à feu vif. Ajoutez l'huile végétale et faites-la chauffer jusqu'à ce qu'elle soit très chaude mais pas fumante. Ajoutez le gingembre et remuez juste quelques secondes ou jusqu'à ce qu'il dore légèrement. Ajoutez le chou, les carottes, le bouillon de poulet, les oignons verts, l'ail, le piment (facultatif), et le porc et sa marinade. Faites cuire le tout, en remuant souvent, pendant 3 à 5 minutes ou jusqu'à ce que les légumes soient tendres mais encore croquants.
4. Retirez le wok du feu. Ajoutez les nouilles et remuez-les bien. Ajoutez la dernière cuillerée à soupe de sauce de soja. Salez et poivrez à votre convenance. Garnissez de cilantro avant de servir.

Ce plat asiatique est traditionnellement précédé d'une soupe. Nous vous recommandons un velouté de carottes à l'aneth (voir chapitre 9), une soupe de légumes printanière (voir chapitre 16) ou une soupe d'épinards (voir chapitre 9).

IMPROVISEZ

Si vous n'êtes que deux, réduisez les proportions de cette recette de moitié. Vous pouvez aussi remplacer certains ingrédients par d'autres. Par exemple, utilisez des poivrons rouges finement tranchés à la place des carottes. Si vous avez des restes de poulet, ils feront l'affaire tout aussi bien que le porc. Vous pouvez également remplacer celui-ci par 2 à 3 tasses de crevettes crues non décortiquées. La sauce de soja claire, recommandée dans la recette, donne au plat un goût légèrement salé. Pour une saveur plus intense, choisissez la sauce de soja foncée. Enfin, vous pouvez remplacer les nouilles par 3 à 4 tasses de riz cuit, mais ne mélangez pas celui-ci au stir-fry ; mettez-le directement dans les assiettes et déposez le porc et les légumes par-dessus.

Utilisez deux fourchettes ou deux grandes cuillères en bois pour remuer les ingrédients dans l'huile chaude. Il est inutile de remuer constamment, mais plus vous remuez, plus les ingrédients sont exposés à l'huile chaude et plus la cuisson est rapide.

Pour accélérer la cuisson, vous pouvez couvrir le wok ou la sauteuse immédiatement après avoir ajouté les légumes et le porc à l'huile. Toutefois, vous devez retirer le couvercle au bout de 45 secondes environ, afin de veiller à ce que le mélange n'attache pas.

Si le mélange est trop sec, rajoutez du bouillon de poulet et remuez bien. Gardez toujours un œil sur le wok pour vous assurer qu'il y a un peu de liquide dans le fond.

Le *bok choy*, avec sa longue tige blanche et ses feuilles à nervures foncées, a une forme semblable à la laitue romaine. Il s'agit d'un ingrédient de base dans la cuisine chinoise. Il a une saveur très douce et se décline en différentes tailles. Le petit bok choy est idéal pour le stir-fry, tandis que les variétés les plus grosses s'utilisent de préférence dans les soupes. Le bok choy est en vente toute l'année dans les épiceries asiatiques.

Le *chou napa* est le chou chinois commun. Il en existe deux variétés. L'une est robuste, avec un cœur épais et des feuilles larges ; l'autre est plus longue et plus étroite, avec de grandes feuilles. Elles ont toutes deux une saveur plus subtile que le chou rond, ce qui les rend tout à fait adaptées au stir-fry. Le chou napa est en vente dans tous les supermarchés.

Cinquième partie

Repas de fête

« Je prépare un repas d'anniversaire pour un spécialiste de la vie marine préhistorique. Donnez-moi le plus vieux poisson que vous ayez. »

Dans cette partie…

Les chapitres de cette partie sont particulièrement utiles lorsqu'une foule d'invités est sur le point d'arriver chez vous alors que vous n'avez encore aucune idée de ce que vous allez faire à manger. Que vous souhaitiez préparer un buffet pour des amis qui viennent voir un match de foot ou que vous organisiez un repas familial traditionnel, vous trouverez les recettes qu'il vous faut. Nous vous aiderons en outre à vous organiser et à cuisiner à l'avance afin que vous puissiez vous détendre et profiter pleinement de la fête le jour venu.

Chapitre 18

Soirées d'été

Dans ce chapitre :

- Prévoir un menu pour une petite fête en été
- Réussir le poulet frit
- Servir des plats d'accompagnement estivaux
- Préparer un bon dessert
- Faire une citronnade maison

Les recettes de ce chapitre

- Poulet frit pour dix
- Salade de macaronis au jambon sauce moutarde
- Sablés aux fraises et aux myrtilles
- Citronnade à la fraise
- Citronnade à la pastèque

L'été est la saison idéale pour faire des repas à l'extérieur. Que vous fêtiez un événement particulier ou que vous ayez simplement réuni votre famille et vos amis, vous trouverez dans ce chapitre un menu parfait pour une soirée d'été réussie. Vous découvrirez également ce que vous pouvez faire à l'avance et ce que vous devrez faire le jour de la fête. Alors détendez-vous avec un grand verre de citronnade (si vous n'en avez pas, vous en trouverez deux recettes originales à la fin de ce chapitre) et laissez-nous faire.

Planifier vos tâches

Lorsqu'on organise une fête, on se sent parfois débordé, même si on en a l'habitude. Si vous planifiez vos tâches à l'avance, tout le reste se mettra en place facilement. En général, le menu donne le ton de la fête. Celui que nous vous suggérons est tout à fait approprié pour une soirée d'été.

- Poulet frit pour dix.
- Salade de macaronis au jambon sauce moutarde.
- Sablés aux fraises et aux myrtilles.
- Citronnade à la fraise.
- Citronnade à la pastèque.

Lorsque vous cuisinez pour un grand nombre d'invités, faites toujours à l'avance les plats qui se conservent bien.

Dans le menu que nous vous proposons, voici ce que vous pouvez faire dès la veille :

- Faites la salade de macaronis au jambon sauce moutarde.
- Faites la citronnade à la fraise et/ou la citronnade à la pastèque.
- Faites mariner les morceaux de poulet (voir la recette « Poulet frit pour dix », ci-après).

Le matin même, démarrez du bon pied en commençant à préparer les sablés aux fraises et aux myrtilles.

- Préparez et faites cuire les sablés.
- Équeutez les fraises et coupez-les en tranches ; rincez, triez et égouttez les myrtilles.

Terminez dans la journée par les tâches suivantes :

- Faites la crème chantilly pour les sablés aux fraises et aux myrtilles.
- Faites cuire le poulet frit juste avant de servir.
- Terminez les sablés aux fraises et aux myrtilles.

Il ne vous reste plus qu'à faire la fête ! Vous trouverez toutes les recettes de ce menu dans les sections suivantes.

Faire une recette qui plaît à tout le monde : le poulet frit

Pour frire, il faut généralement plonger les aliments dans au moins 5 cm de matière grasse chaude. Or, dans la recette suivante, nous avons réduit la dose de matière grasse à environ 1 cm. Grâce à notre méthode, le poulet absorbe moins de graisse, il y a moins d'éclaboussures et, surtout, la peau du poulet est tout de même croustillante et délicieuse.

Voici quelques conseils à suivre avant de faire frire un poulet :

- **Veillez à ce que l'huile soit suffisamment chaude (entre 175°C et 185°C) afin que la peau du poulet ne graisse pas.** Pour évaluer la température, utilisez un thermomètre à friture, qui se fixe sur la paroi du récipient de cuisson. Si vous n'en avez pas, plongez une petite quantité de pâte à frire dans l'huile chaude. Si elle grésille immédiatement, l'huile à atteint 185°C. Si elle brûle en 5 secondes, l'huile est trop chaude. Augmentez ou réduisez la chaleur pour obtenir la température souhaitée.
- **Utilisez une matière grasse végétale solide, comme de la margarine.** La margarine a toutes les caractéristiques nécessaires pour rendre la peau croustillante et la viande tendre. À défaut, vous pouvez aussi utiliser de l'huile végétale.
- **Veillez à ce que la chaleur soit constante pendant toute la cuisson.** Lorsque le poulet entre en contact avec l'huile, il fait baisser la température. Vous devez donc augmenter la chaleur pour compenser cet effet. Surveillez la température attentivement ; une chaleur extrême peut carboniser la peau du poulet.
- **Utilisez une poêle à frire à bord haut.** Les poêles à frire en fonte sont les plus adaptées car, une fois qu'elles sont chaudes, elles le restent, même si vous les retirez du feu.
- **Si vous en avez le temps, mettez les morceaux de poulet dans la pâte à frire et laissez-les reposer toute la nuit dans le réfrigérateur.** Cette technique favorise l'adhérence de la pâte à frire au poulet pendant la cuisson.
- **Vous pouvez assaisonner la pâte à frire avec du paprika, du poivre de Cayenne, de la muscade, de la cannelle, du sel d'ail, de la poudre d'ail ou autres épices.** Faites des essais et voyez ce qui vous plaît le plus.

Le poulet frit étant honteusement riche, un morceau par personne devrait suffire – surtout si vous avez prévu des entrées. Pour 4 à 5 personnes, réduisez les proportions de la recette suivante de moitié.

Poulet frit pour dix

Ustensiles : 2 grandes sauteuses profondes (en fonte, de préférence), pince, couteau de chef, saladier

Temps de préparation : Environ 15 minutes

Temps de cuisson : Environ 20 minutes

Quantité : 8 à 10 personnes

7 à 8 livres de poulet
(pilons, ailes, cuisses et blancs)

3 cuillerées à café de sel
(ou à votre convenance)

3½ tasses de babeurre

1 cuillerée à soupe de Tabasco (ou à votre convenance)

Sel et poivre noir à votre convenance

3 tasses de farine

Brins de persil pour la garniture (facultatif)

Poivre noir à votre convenance

4 à 5 tasses de matière grasse végétale solide (margarine, par exemple)

2 cuillerées à café de poudre d'ail

1 cuillerée à café de paprika

1. Coupez chaque blanc en deux en glissant la lame d'un couteau le long du bréchet. Dégraissez le cas échéant. Rincez les morceaux de poulet et séchez-les avec du papier absorbant.
2. Versez le babeurre dans un saladier. Ajoutez le Tabasco, puis salez et poivrez. Ajoutez les morceaux de poulet et retournez-les dans la pâte à frire pour bien les enrober. Si vous en avez le temps, couvrez-les et réfrigérez-les 2 à 12 heures, en les retournant de temps à autre.
3. Mélangez la farine, le sel, le poivre, la poudre d'ail et le paprika dans un saladier. Sortez les morceaux de poulet de la pâte à frire et retournez-les les uns après les autres dans la farine assaisonnée, jusqu'à ce qu'ils soient bien enrobés (ou bien mettez la farine assaisonnée dans un sac en plastique refermable, ajoutez un morceau de poulet et secouez le sac jusqu'à ce que le poulet soit enduit de farine. Recommencez avec les autres morceaux).
4. Posez les morceaux de poulet sur un plat et laissez-les reposer 15 minutes pour que la farine sèche et adhère à la viande.
5. Faites chauffer deux grandes sauteuses profondes, en métal épais, à feu moyen-vif. Ajoutez suffisamment de margarine pour que chaque sauteuse contienne une couche d'environ 1 cm de matière grasse. Faites chauffer jusqu'à ce que la margarine atteigne une température de 175°C. Si vous n'avez pas de thermomètre à friture, mettez une petite quantité de pâte à frire dans une des sauteuses. Si elle grésille, la margarine est assez chaude.
6. Ajoutez les morceaux de poulet avec précaution, la peau au-dessous, en une seule couche. Ils ne doivent pas être trop serrés les uns contre les autres. Couvrez-les et faites-les cuire à feu moyen pendant 10 minutes, en vérifiant au bout de 5 minutes qu'ils dorent de façon homogène. Déplacez-les, si nécessaire, et réduisez la chaleur s'ils dorent trop vite.
7. Retournez les morceaux de poulet avec précaution et faites-les cuire, sans couvercle, 10 à 12 minutes de plus (retirez les ailes au bout de 7 minutes). Pour évaluer la cuisson, retirez une cuisse ou un pilon et faites une petite incision au milieu. Le jus doit être transparent et la viande, blanche sans aucune trace de rose.
8. Égouttez le poulet cuit sur une grille posée sur du papier absorbant ou sur une plaque du four. Si vous ne le servez pas immédiatement, gardez-le au chaud en mettant la grille sur une plaque, dans un four à 95°C. Si vous avez l'intention de le servir une demi-heure à une heure plus tard, vous pouvez le laisser à température ambiante, le recouvrir de papier sulfurisé, et le réchauffer dans un four à 175°C (ou le manger froid).
9. Présentez les morceaux de poulet sur un grand plat ou dans un panier tapissé de serviettes en papier colorées. Garnissez de brins de persil (facultatif).

Lorsque vous faites frire du poulet, faites attention à ce que tous vos ustensiles soient parfaitement secs. L'eau et l'huile ne font pas bon ménage. L'huile chaude gicle et peut provoquer de graves brûlures. Utilisez une longue pince pour retourner les morceaux de poulet lors de la cuisson.

Si vous aimez les saveurs épicées, mettez davantage de Tabasco dans la pâte à frire. Nous sommes allés jusqu'à ¼ tasse sans regrets. Avec du Tabasco, vous pouvez également faire une sauce poivrée et aillée qui relève divinement le poulet.

Servir plusieurs plats d'accompagnement

Les plats d'accompagnement sont tout aussi importants que le plat principal.

Si vous aimez faire des salades de pommes de terre, de carottes, de betteraves ou autres aliments de ce genre, il peut vous être utile d'investir dans une mandoline. Cet ustensile disgracieux en acier inoxydable comporte plusieurs types de lames qui permettent de couper les légumes de différentes façons. Vous pouvez acheter une mandoline classique en acier inoxydable ou opter pour un modèle en plastique, beaucoup moins cher. Ces deux modèles sont en vente dans toutes les bonnes quincailleries.

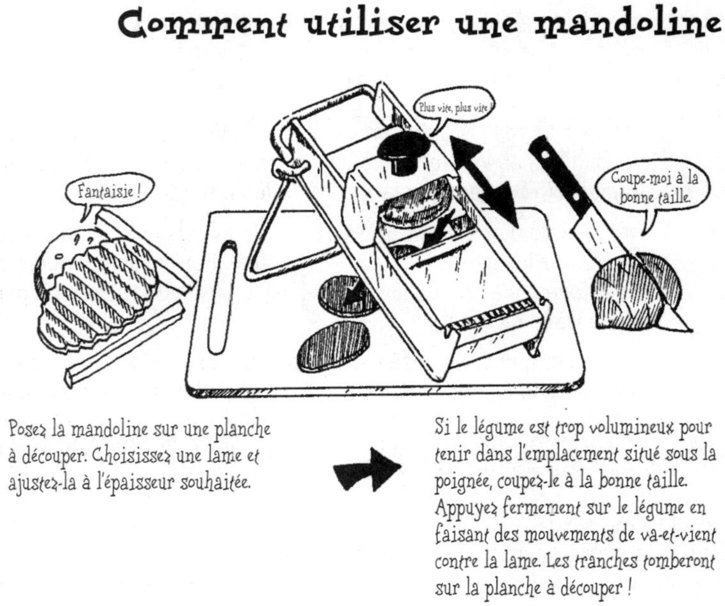

Figure 18-1 : Comment utiliser une mandoline.

Dans la salade suivante, le jambon ajoute une saveur salée qui équilibre à merveille celle des macaronis froids.

Salade de macaronis au jambon sauce moutarde

Ustensiles : Couteau de chef, presse-agrumes, grande marmite, saladier

Temps de préparation : 15 à 20 minutes

Temps de cuisson : Aucun (2 heures de réfrigération)

Quantité : 6 à 8 personnes

250 g de macaronis coudés

1 tasse de mayonnaise

1 tasse de jambon cuit fumé, coupé en cubes d'environ 5 mm

Jus de 1 citron

2 cuillerées à soupe de moutarde de Dijon

⅓ tasse de feuilles de basilic fraîches, hachées

1 grosse gousse d'ail émincée

⅔ tasse de poivron rouge ou vert coupé en carrés

⅔ tasse de bulbe de fenouil ou de céleri coupé en dés

¼ tasse d'oignon rouge émincé

Sel et poivre noir à votre convenance

1. Remplissez une grande marmite d'eau légèrement salée. Portez à ébullition. Ajoutez les macaronis et faites-les cuire jusqu'à ce qu'ils soient tendres, environ 6 à 8 minutes. Égouttez, rincez sous l'eau froide, égouttez à nouveau et mettez dans un saladier.
2. Ajoutez les autres ingrédients et remuez bien pour mélanger. Couvrez et réfrigérez pendant au moins 2 heures avant de servir.

Cette salade peut également accompagner des brochettes de porc grillées au romarin (voir chapitre 6).

Pour une version végétarienne de cette salade de macaronis, remplacez le jambon par 2 œufs durs hachés.

Les sablés aux fraises et aux myrtilles sont très pratiques, car le mélange de fruits, la crème chantilly et même les sablés peuvent être préparés quelques heures avant le dîner. Ainsi, il ne vous restera qu'à assembler le tout lorsque le moment du dessert approchera.

Sablés aux fraises et aux myrtilles

Ustensiles : Couteau à éplucher, saladiers (moyen et grand), batteur électrique, spatule, plaque de four, couteau à dents de scie

Temps de préparation : 40 minutes

Temps de cuisson : Environ 15 minutes

Quantité : 8 personnes

1 kg de fraises rincées et équeutées

2 tasses de myrtilles rincées et égouttées

⅓ tasse (ou plus) et 3½ cuillerées à soupe de sucre

1 cuillerée à soupe de Cointreau (facultatif)

1¼ de crème épaisse

2 cuillerées à soupe de sucre glace (ou plus)

½ cuillerée à café d'extrait de vanille

2⅔ tasses de farine à gâteau (levure incorporée)

10 cuillerées à soupe de beurre froid, coupé en petits morceaux

¼ cuillerée à café de sel

1 tasse plus 1 à 2 cuillerées à soupe de lait

1. Préchauffez le four à 200°C.
2. Mettez les 8 plus belles fraises de côté pour la garniture. Écrasez la moitié du reste de fraises avec une fourchette ou le dos d'une cuillère ; coupez les autres fraises en deux.
3. Mélangez les fraises écrasées et tranchées, les myrtilles, ⅓ tasse de sucre et le Cointreau (facultatif) dans un saladier moyen. Goûtez le mélange et rajoutez du sucre si nécessaire. Réfrigérez jusqu'à ce que vous fassiez les sablés.
4. Battez la crème, le sucre glace et l'extrait de vanille avec un batteur électrique jusqu'à ce que le mélange soit ferme. Couvrez et réfrigérez jusqu'à ce que vous fassiez les sablés.
5. Mélangez la farine, 3½ cuillerées à soupe de sucre et le sel dans un grand saladier. Coupez le beurre froid dans les ingrédients secs avec les doigts, deux couteaux ou un coupe-pâte, jusqu'à ce que le mélange ressemble à de la chapelure. Travaillez rapidement pour éviter que le beurre fonde ou forme une pâte.
6. Faites un puits au milieu du mélange et ajoutez 1 tasse de lait. Mélangez doucement avec une fourchette, une spatule en plastique ou une cuillère en bois, jusqu'à ce que les ingrédients secs absorbent le lait pour former une pâte très molle. Ne mélangez pas trop.
7. Divisez la pâte en huit portions égales et posez celles-ci sur une plaque non graissée du four, à environ 5 cm d'intervalle. Enduisez la surface des ronds de pâte de 1 à 2 cuillerées à soupe de lait avec un pinceau.
8. Faites cuire les sablés sur la grille du milieu de votre four, pendant 15 à 17 minutes ou jusqu'à ce qu'ils dorent (ne les faites pas cuire trop longtemps, sinon le fond noircira ou brûlera). Transférez-les sur une grille métallique pour qu'ils refroidissent. Une fois terminés, les sablés peuvent être servis tièdes ou froids.

9. Avec un couteau à dents de scie, coupez les sablés en deux pour les fourrer. Posez chaque fond sur une assiette à dessert. Étalez une bonne cuillerée de crème chantilly sur chaque moitié de sablé ; ajoutez environ ⅓ tasse de mélange à base de fruits. Recouvrez le tout avec la deuxième moitié de sablé. Ajoutez encore un peu de crème chantilly et de mélange au sommet, en versant le jus de fruit qui s'est accumulé dans le saladier. Garnissez chaque sablé d'une fraise entière. Ne désespérez pas si quelques fruits tombent autour des sablés ; cela fait partie du charme de ces pâtisseries. Servez immédiatement.

IMPROVISEZ

Vous pouvez faire cette recette uniquement avec des fraises ou remplacer les myrtilles par 250 g de framboises ou de mûres.

Faire des citronnades parfumées

La citronnade est encore meilleure lorsqu'elle est parfumée avec un autre fruit, comme la fraise ou la pastèque.

Citronnade à la fraise

Ustensiles : Passoire, mixeur ou robot, couteau à éplucher, grande cruche

Temps de préparation : 10 à 15 minutes

Temps de cuisson : Aucun (2 heures de réfrigération)

Quantité : 6 à 8 personnes

1½ tasse de jus de citron frais, passé pour retirer les pépins (9 à 10 gros citrons)

1½ tasse de sucre

6 tasses d'eau

500 g de fraises rincées et équeutées

Tranches de citron pour la garniture (facultatif)

Brins de menthe pour la garniture (facultatif)

1. Mélangez le jus de citron, le sucre et l'eau dans une grande cruche. Remuez bien.
2. Mettez les fraises équeutées dans un mixeur ou un robot. Ajoutez un peu de citronnade et mixez jusqu'à ce que vous obteniez un mélange homogène.
3. Versez le mélange dans la citronnade, remuez, et réfrigérez pendant 2 heures. Remuez bien avant de servir. Versez dans des verres remplis de glace, garnis d'une tranche de citron ou d'un brin de menthe fraîche (facultatif).

IMPROVISEZ

Pour faire une citronnade classique, supprimez simplement les fraises.

La saveur sucrée de la pastèque permet de réduire la quantité de sucre généralement requise pour cette boisson.

Citronnade à la pastèque

Ustensiles : Passoire, mixeur ou robot, couteau à éplucher, grande cruche

Temps de préparation : Environ 15 minutes

Temps de cuisson : Aucun (2 heures de réfrigération)

Quantité : 6 à 8 personnes

1½ tasse de jus de citron frais, passé pour retirer les pépins (9 à 10 gros citrons)

1 tasse plus 2 cuillerées à soupe de sucre

6 tasses d'eau

3 tasses de pastèque épépinée et coupée en morceaux

Brins de menthe pour la garniture (facultatif)

1. Mélangez le jus de citron, le sucre et l'eau dans une grande cruche. Remuez bien.
2. Mettez les morceaux de pastèque dans un mixeur ou un robot. Ajoutez un peu de citronnade et mixez jusqu'à ce que vous obteniez un mélange homogène.
3. Versez le mélange dans la citronnade, remuez, et réfrigérez pendant 2 heures. Remuez bien avant de servir. Versez dans des verres remplis de glace, garnis d'un brin de menthe fraîche (facultatif).

TRUC

Pour savoir si une pastèque est mûre, regardez la base. Celle-ci doit être jaune pâle. Une pastèque entièrement verte, sans aucune trace de jaune pâle, n'est probablement pas assez mûre pour être consommée.

Pour couper en deux une pastèque, prenez le couteau le plus long que vous ayez, enfoncez-le au sommet, faites-le tour de la pastèque en promenant la lame d'un côté, puis remontez de l'autre côté en vous assurant de trancher le cœur. (Illustration à la figure 18-2).

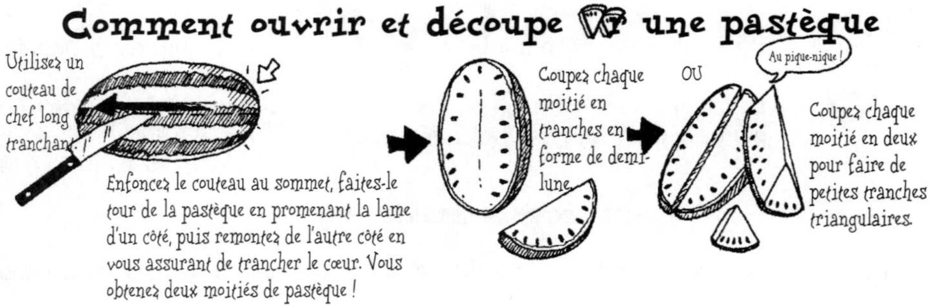

Figure 18-2 : Couper une pastèque.

Chapitre 19

Buffet pour les soirées foot

Dans ce chapitre :

- Coup d'envoi avec des entrées variées
- Plats chauds de la mi-temps
- Dessert pour les prolongations

Les recettes de ce chapitre

- En-cas croustillants
- Ailes de poulet épicées
- Sauce au bleu
- Cassoulet
- Salade verte mixte à l'avocat et à la poire
- Vinaigrette à l'oignon rouge
- Tarte à l'ananas express

Il a été prouvé scientifiquement qu'être assis dans une chaise longue avec un verre de bière ou de vin tout en regardant le foot ouvre autant l'appétit que si l'on était sur le terrain. Dans ce chapitre, vous trouverez tout ce dont vous avez besoin pour encourager votre équipe du coup d'envoi à la dernière seconde du match.

Planifier vos tâches pour votre soirée foot

Si vous décidez de réunir vos amis à la maison pour la finale de la coupe du Monde de foot, voici ce que vous pouvez leur servir :

- En-cas croustillants.
- Ailes de poulet épicées à la sauce au bleu.
- Cassoulet.
- Salade verte mixte à l'avocat et à la poire (vinaigrette à l'oignon rouge).

Dès la veille de votre soirée, vous pouvez commencer à préparer quelques plats.

- Faites les en-cas.
- Préparez le cassoulet.
- Faites la sauce au bleu.
- Rincez et séchez les salades vertes.

Quelques heures avant le début du match, vous allez pouvoir rayer de votre liste les tâches suivantes :

- Coupez les extrémités des ailes de poulet et assaisonnez celles-ci. Réfrigérez environ 2 heures avant de rôtir.
- Faites la vinaigrette à l'oignon rouge.
- Grillez les noix pour la salade.
- Mettez le cassoulet au four.
- Faites la tarte à l'ananas.

Juste avant le début du match, mettez la dernière main à votre menu.

- Préparez la salade verte mixte à l'avocat et à la poire et servez-la avec la vinaigrette à l'oignon rouge.
- Faites rôtir les ailes de poulet épicées.

Préparer le repas – des hors-d'œuvre au dessert

Les en-cas suivants sont délicieux avec quelques bières et présentent deux avantages : premièrement, ils sont meilleurs que ceux que vous pouvez acheter au supermarché et, deuxièmement, vous pouvez les préparer à l'avance.

En-cas croustillants

Ustensiles : Grand plat à rôtir, grande cuillère ou spatule en plastique

Temps de préparation : Environ 20 minutes

Temps de cuisson : 35 à 40 minutes

Quantité : Environ 5 tasses

2 cuillerées à soupe de beurre

1½ cuillerée à café d'huile végétale

1 cuillerée à soupe de sauce Worcestershire

½ cuillerée à café de cumin moulu

¼ cuillerée à café de Tabasco

¼ cuillerée à café de paprika

¼ cuillerée à café de sel d'ail

¼ cuillerée à café de poudre d'ail

¼ cuillerée à café de sel (ou à votre convenance)

4 tasses de céréales entières (assortiment de plusieurs variétés)

1 tasse de noix en tous genres (moitiés de noix de pécan, amandes entières, cacahuètes non salées, etc.)

1 tasse de bretzels non salés

1. Préchauffez le four à 150°C.
2. Faites chauffer le beurre et l'huile au four, dans un grand plat à rôtir, juste le temps de faire fondre le beurre. Retirez le plat du four et ajoutez la sauce Worcestershire, le cumin, le Tabasco, le paprika, le sel d'ail, la poudre d'ail et le sel. Remuez bien pour mélanger. Ajoutez les céréales, les noix et les bretzels et enrobez-les entièrement.
3. Remettez le plat au four et faites cuire 30 à 35 minutes ou jusqu'à ce que le mélange soit légèrement grillé, en remuant toutes les 10 à 15 minutes. Laissez refroidir à température ambiante. Stockez dans un récipient hermétique.

Les ailes de poulet sont à la fois faciles à faire et bon marché, ce qui n'est pas négligeable lorsque l'on reçoit une foule de fans de foot affamés. Servez-les en toute simplicité, avec une sauce au bleu et éventuellement du Tabasco. Entourez-les d'un assortiment de légumes crus colorés (bâtonnets de carottes, poivrons, céleri, brocolis, etc.).

Ailes de poulet épicées

Ustensiles : Couteau de chef, presse-agrumes, râpe, grand sac en plastique ou saladier, grand plat à rôtir

Temps de préparation : 20 minutes (plus 2 heures de réfrigération avant la cuisson)

Temps de cuisson : Environ 45 minutes

Quantité : 8 personnes

3 livres d'ailes de poulet

3 cuillerées à soupe d'huile d'olive

3 cuillerées à soupe de jus de citron ou de citron vert frais

4 grosses gousses d'ail émincées

2 cuillerées à café de cumin moulu

1 cuillerée à café d'origan lyophilisé

2 cuillerées à café de gingembre épluché et râpé

2 cuillerées à café de paprika

Poivre noir à votre convenance

1½ cuillerée à café de sel (ou à votre convenance)

1 cuillerée à café de poudre de piment fort

½ cuillerée à café de poivre de Cayenne

Tabasco (facultatif)

1. Préchauffez le four à 200°C.
2. Retirez les extrémités des ailes de poulet. Posez chaque aile sur une planche à découper. Avec un couteau, essayez de localiser l'articulation située entre la pointe osseuse et la partie principale de l'aile. Coupez juste en cet endroit. Jetez les pointes ou congelez-les pour les utiliser ultérieurement dans un bouillon de poulet. Rincez les ailes sous l'eau froide et séchez-les avec du papier absorbant.
3. Mélangez les autres ingrédients (excepté le Tabasco) dans un grand sac en plastique refermable (ou un saladier), secouez (ou remuez) énergiquement pour mélanger. Ajoutez les ailes de poulet et enrobez-les entièrement. Fermez le sac (ou couvrez le saladier) et réfrigérez pendant environ 2 heures.
4. Disposez les ailes de poulet en une seule couche sur une grille, au-dessus d'un grand plat à rôtir. Faites-les cuire au four pendant 40 à 45 minutes ou jusqu'à ce qu'elles soient crépitantes, croustillantes et bien dorées. Retournez-les une fois au bout de 20 à 25 minutes. Pour une saveur encore plus épicée, servez-les avec du Tabasco.

La poudre de piment fort est à la poudre de piment classique ce que le lance-flammes est au briquet. Utilisez-la avec modération. Nous vous recommandons de l'ajouter progressivement, par petites doses, et de goûter à chaque fois.

Les ailes de poulet se marient particulièrement bien avec la sauce au bleu.

Sauce au bleu

Ustensiles : Couteau de chef, robot ou mixeur

Temps de préparation : 5 à 10 minutes

Temps de cuisson : Aucun (2 heures de réfrigération avant de servir)

Quantité : Environ 1½ tasse

⅔ tasse de mayonnaise

⅔ tasse de crème aigre

2 cuillerées à soupe d'oignon haché

2 cuillerées à café de vinaigre de vin rouge

1 gousse d'ail émincée

120 g de bleu effrité

Mélangez la mayonnaise, la crème aigre, l'oignon, le vinaigre de vin rouge et l'ail dans un robot ou un mixeur. Réduisez le tout en purée jusqu'à ce que vous obteniez un mélange homogène. Transférez dans un grand bol. Ajoutez le bleu effrité et écrasez-le dans le mélange avec une fourchette, en désagrégeant les gros grumeaux. Réfrigérez au moins 2 heures avant de servir.

Le cassoulet est un plat nourrissant qui convient aussi bien pour une fête décontractée que pour un repas plus élégant. Vous pouvez le préparer la veille, le réfrigérer, puis le mettre au four environ 1 heure 20 avant de servir.

Un ragoût préparé la veille et réfrigéré doit cuire plus longtemps ou être ramené à température ambiante avant la cuisson.

Cassoulet

Ustensiles : Couteau de chef, épluche-légumes, grande cocotte allant au feu (avec couvercle)

Temps de préparation : 15 à 20 minutes

Temps de cuisson : Environ 1 heure 20

Quantité : 8 personnes

2 cuillerées à soupe d'huile d'olive

1 livre de saucisse de porc forte, coupée en morceaux de 3 à 5 cm

1 livre de saucisse de porc douce ou parfumée à l'ail, coupée en morceaux de 3 à 5 cm

½ livre de lard coupé en tranches épaisses, puis en morceaux de 2 cm

2 gros oignons hachés

900 g de haricots blancs égouttés

780 g de purée de tomate

¼ tasse de concentré de tomate

½ tasse de vin blanc sec

1 grosse pomme de terre Idaho épluchée et coupée en cubes de 1 cm

1¼ tasse de bouillon de poulet fait maison ou en conserve

1 cuillerée à soupe de romarin frais émincé ou 1½ cuillerée à café de romarin lyophilisé

2 grosses gousses d'ail hachées

Sel et poivre noir à votre convenance

2½ à 3 tasses de chapelure

1. Préchauffez le four à 175°C.
2. Faites chauffer l'huile à feu moyen-vif dans une grande cocotte de 3 litres allant au feu. Faites cuire les morceaux de saucisse en plusieurs fois, en les retournant, pendant environ 5 minutes ou jusqu'à ce qu'ils soient dorés de tous côtés. Transférez-les sur une grande assiette recouverte de papier absorbant. Laissez-les égoutter.
3. Après avoir fait cuire tous les morceaux de saucisse, videz et jetez la graisse accumulée au fond de la cocotte. Ajoutez le lard et faites-le cuire environ 2 minutes ou jusqu'à ce qu'il dore, en remuant souvent. Retirez-le et déposez-le sur la même assiette que les morceaux de saucisse. Videz presque toute la graisse ; laissez-en environ 1 cuillerée à soupe au fond de la cocotte. Ajoutez les oignons et faites-les cuire environ 3 minutes, jusqu'à ce qu'ils soient mous mais pas encore dorés, en remuant et en raclant le fond de la cocotte de temps à autre pour détacher les petits morceaux qui commencent à dorer.
4. Remettez la saucisse et le lard dans la cocotte. Ajoutez les haricots, la purée de tomate, la pomme de terre, le bouillon de poulet, le vin, le concentré de tomate, l'ail, le romarin, le sel et le poivre. Portez à ébullition, sans couvrir, puis retirez du feu et couvrez (le cassoulet peut être préparé à l'avance jusqu'à ce stade, réfrigéré, puis cuit au four le lendemain suivant les instructions de l'étape 5).
5. Faites cuire le cassoulet au four pendant 50 minutes. Retirez du four et recouvrez de chapelure (pour une couche épaisse, comptez 3 tasses pleines). Remettez le cassoulet au four et faites cuire, sans couvercle, pendant 20 minutes ou jusqu'à ce que la surface soit bien dorée.

La salade suivante, idéale en hiver, associe les différentes textures et saveurs de la laitue rouge, de la laitue iceberg et du radicchio. N'hésitez pas à créer vous-même une salade verte mixte à partir de vos variétés préférées.

Salade verte mixte à l'avocat et à la poire

Ustensiles : Couteau de chef ou couteau à éplucher, essoreuse à salade (facultatif), cuillères en bois, grand saladier

Temps de préparation : Environ 20 minutes

Temps de cuisson : Environ 2 à 3 minutes

Quantité : 10 personnes

12 à 14 tasses de salade verte mixte (laitue rouge ou verte, laitue icerberg, radicchio, aragula, laitue Boston, laitue Bibb, laitue romaine, etc.) rincée et séchée

2 avocats mûrs, épluchés, dénoyautés et coupés en morceaux

2 poires Bosc (ou autre variété) évidées et coupées en morceaux de 1 cm

⅔ tasse de noix écalées, hachées et grillées

Sel et poivre noir à votre convenance

Mélangez les salades vertes dans un grand saladier. Ajoutez les avocats, les poires et les noix. Remuez le tout et ajoutez une sauce de salade (vous trouverez une recette de vinaigrette ci-après). Faites attention à ne pas trop assaisonner la salade.

À RETENIR

Rincez et séchez toujours les salades vertes. Veillez également à ne pas les inonder de sauce. Une salade doit contenir juste assez de sauce pour que les feuilles en soient imprégnées une fois qu'elle a été tournée.

TRUC

Vous pouvez rincer et sécher les salades vertes à l'avance et les réfrigérer. Les poires et les avocats, en revanche, doivent être coupés en morceaux et ajoutés aux salades vertes au dernier moment afin qu'ils ne décolorent pas.

SAVOIR-FAIRE

Inutile d'essayer de faire griller les noix dans un grille-pain – elles grilleraient bien, mais il vous serait impossible de les récupérer. Il vous suffit de faire chauffer une poêle à feu moyen-vif (la fonte convient très bien dans ce cas précis) et d'y ajouter les noix. Grillez celles-ci en secouant la poêle pendant 2 à 3 minutes pour les faire dorer légèrement.

Vinaigrette à l'oignon rouge

Ustensiles : Couteau de chef, fouet, bol

Temps de préparation : 5 minutes

Temps de cuisson : Aucun

Quantité : Environ ¾ tasse

6 cuillerées à soupe d'huile d'olive extra-vierge

2½ cuillerées à soupe de vinaigre balsamique

¼ tasse d'oignon rouge finement haché

1 grosse gousse d'ail broyée

Sel et poivre noir à votre convenance

Mélangez l'huile et le vinaigre avec un fouet dans un bol. Ajoutez l'oignon rouge, l'ail broyé, le sel et le poivre. Remuez bien pour mélanger et laissez reposer pendant 30 minutes pour que les saveurs se révèlent. Retirez l'ail broyé. Goûtez la vinaigrette pour évaluer l'assaisonnement avant de l'ajouter à la salade. Le vinaigre doit lui donner une petite touche légèrement piquante.

Tarte à l'ananas express

Ustensiles : Plat à tarte, mixeur

Temps de préparation : 10 minutes

Temps de cuisson : 40 minutes

Quantité : 6 personnes

1 rouleau de pâte brisée

3 œufs

600 g d'ananas égoutté

8 cuillerées à café de sucre en poudre

1 zeste de citron

Allumez le four à 230°C. Étalez la pâte en couche fine. Garnissez le moule et faites précuire la pâte au four environ 10 minutes. Pendant ce temps, mixez l'ananas jusqu'à la consistance d'une crème. Ajoutez les œufs battus, le sucre et le zeste de citron. Étalez sur la pâte et remettez au four pour 30 minutes.

Chapitre 20

Repas de Noël

Dans ce chapitre :

- Prévoir à l'avance
- La dinde de Noël
- Oui, mais juste un petit morceau : la bûche pralinée

Les recettes de ce chapitre

- Dinde rôtie
- Sauce madère
- Haricots verts aux échalotes
- Purée de patates douces
- Patates douces au rhum
- Bûche pralinée

Inutile de vous creuser la tête : ce chapitre vous propose tout un menu pour le réveillon de Noël. Vous trouverez également dans ces pages quelques conseils pour gagner du temps. Tout se passera donc pour le mieux.

Planifier vos tâches

Voici un menu parfait pour le réveillon de Noël :

- Dinderôtie.
- Sauce madère.
- Haricots verts aux échalotes.
- Purée de patates douces.
- Patates douces au rhum.
- Bûche pralinée.

Préparer tout un repas de réveillon peut sembler impressionnant, mais vous y parviendrez en toute sérénité si vous commencez à cuisiner à l'avance. La veille du réveillon, préparez le plat suivant :

- Patates douces au rhum.

La veille du réveillon, consacrez-vous aux tâches suivantes :

- Équeutez les haricots verts et faites le beurre à l'échalote.
- Faites la purée de patates douces.

Le matin du réveillon, poursuivez ainsi :

- Préparez la bûche pralinée.

L'après-midi, terminez par les tâches suivantes :

- Faites rôtir la dinde farcie.
- Faites la sauce madère.
- Faites cuire les haricots verts dans le beurre à l'échalote.
- Réchauffez les patates douces.

Hors-d'œuvre

Servir des hors-d'œuvre nourrissants, comme des feuilletés à la viande ou au fromage, n'est pas une bonne idée. Le fromage, notamment, coupe l'appétit rapidement. Nous vous recommandons plutôt des hors-d'œuvre légers.

Plat de résistance : la dinde de Noël

La dinde rôtie est tout à fait appropriée lorsque vous recevez un grand nombre d'invités. Facile à cuisiner, ce plat copieux présente bien à table. Au supermarché, vous ne trouverez essentiellement que des dindes congelées. Nous vous encourageons à utiliser une dinde fraîche.

Lorsqu'une dinde est congelée, son jus se transforme en cristaux de glace. Lors de la décongélation, ces cristaux rompent les membranes cellulaires de la chair et une partie du jus s'écoule – il s'agit du liquide rouge que vous voyez dans le paquet lorsque vous l'ouvrez. Par conséquent, une dinde congelée n'est jamais aussi juteuse qu'une dinde fraîche.

Si vous décidez d'acheter une dinde congelée, faites-la décongeler au réfrigérateur (comptez environ 2 heures par livre).

Lorsque vous arrosez la dinde, la peau devient dorée et croustillante. Cela dit, le jus ne pénètre pas la peau. Par conséquent, cette technique ne rend pas la viande plus juteuse.

Si la dinde dore trop rapidement en cours de cuisson, recouvrez-la d'une feuille de papier d'aluminium.

Le tableau 20-1 indique le temps de cuisson de la dinde (fraîche ou décongelée) à 160°C, selon son poids. Ces chiffres sont approximatifs et ne sont fournis qu'à titre indicatif. Plusieurs paramètres peuvent influencer le temps de cuisson, notamment la fiabilité du thermostat de votre four, la température interne du volatile au moment où vous le mettez au four et le nombre de fois où vous ouvrez la porte du four au cours de la cuisson. Utilisez toujours un thermomètre à viande pour évaluer la température avec exactitude.

Tableau 20-1 Dinde rôtie

Poids	*Temps de cuisson (sans farce)*	*Temps de cuisson (avec farce)*
8 à 12 livres	2 heures 45 à 3 heures	3 heures à 3 heures 30
12 à 14 livres	3 heures à 3 heures 45	3 heures 15 à 4 heures
14 à 18 livres	3 heures 45 à 4 heures 15	4 heures à 4 heures 30
20 à 24 livres	4 heures 30 à 5 heures	4 heures 45 à 5 heures 15

Si vous vous demandez combien doit peser votre dinde, sachez qu'une dinde de 18 à 20 livres peut nourrir au moins 14 personnes. Si vous êtes 20 ou plus, optez pour une dinde de 25 livres (comptez environ 1 livre par personne). Prévoyez également que la dinde puisse tenir à l'intérieur de votre four !

Si vous souhaitez farcir la dinde (voir page 409), tenez compte des recommandations suivantes :

- Conservez la dinde au frais avant de la faire cuire. La volaille est particulièrement exposée à la salmonelle, en particulier à basse température.
- Juste avant de faire cuire la dinde (et non des heures à l'avance), farcissez-la avec modération. Ainsi, la farce cuira plus rapidement que si vous en mettez le plus possible en serrant au maximum.

- À l'aide d'un thermomètre à lecture instantanée, vérifiez la cuisson de la farce. Celle-ci doit atteindre une température de 71°C. Si la dinde est cuite, mais pas la farce, retirez la dinde du four, extrayez la farce à la cuillère et mettez-la dans une cocotte beurrée pour en poursuivre la cuisson pendant que la dinde repose.

Dans la recette suivante, la dinde n'est pas farcie. La farce est cuite séparément. Par conséquent, la dinde cuit plus rapidement et de façon plus homogène. De plus, le risque de salmonellose est beaucoup moins important.

Dinde rôtie

Ustensiles : Couteau de chef, épluche-légumes, grand plat à rôtir, grille, thermomètre à viande

Temps de préparation : 15 minutes

Temps de cuisson : 3 heures à 3 heures 30 (pour une dinde de 10 à 12 livres)

Quantité : 10 à 12 personnes

1 dinde fraîche ou décongelée de 10 à 12 livres

1 oignon coupé en quartiers

2 carottes épluchées et coupées en quatre

Sauce madère (voir recette, plus loin dans cette section)

2 cuillerées à soupe d'huile végétale

Sel et poivre noir à votre convenance

2 grosses gousses d'ail broyées

1. Préchauffez le four à 160°C et placez la grille en position basse.
2. Posez une grille à rôtir métallique sur un grand plat à rôtir. Retirez les abats de la cavité de la dinde, ainsi que le cou, et mettez-les de côté pour le bouillon, sauf le foie (pendant la cuisson de la dinde, vous pouvez préparer un bouillon, que vous utiliserez pour faire la sauce madère). Retirez l'excédent de graisse. Rincez la dinde à l'intérieur comme à l'extérieur sous l'eau froide et séchez-la.
3. Mettez l'oignon, les carottes et l'ail dans la cavité de la dinde. Attachez les cuisses de la dinde ensemble avec un morceau de ficelle de cuisine. Si vous le souhaitez, repliez les ailes vers l'arrière et faites-les passer sous la dinde.
4. Posez la dinde, blanc au-dessus, sur la grille à rôtir. Enduisez-la de 2 cuillerées à soupe d'huile et assaisonnez-la généreusement avec du sel et du poivre. Versez 1 tasse d'eau dans le plat à rôtir. Si vous utilisez un thermomètre à viande, insérez-le dans la partie la plus épaisse de la cuisse, près du corps, sans toucher l'os.
5. Faites rôtir environ 3 heures à 3 heures 15 ou jusqu'à ce que la température de la cuisse atteigne 82°C. Ajoutez encore ½ tasse d'eau dans le plat à rôtir, si nécessaire. Pour faire dorer la dinde uniformément, retournez le plat à mi-cuisson. Si elle commence à dorer avant que la cuisson ne soit terminée, recouvrez-la d'une feuille de papier d'aluminium pour protéger la peau. Commencez à évaluer la cuisson au cours des 30 dernières minutes et arrosez de jus de viande 2 à 3 fois au cours de la dernière heure.

6. Retirez la dinde du four, déposez-la sur une planche à découper et recouvrez-la d'une feuille de papier d'aluminium. Laissez-la reposer pendant que vous faites la sauce madère. Retirez les légumes de la cavité et jetez-les. Découpez la dinde (voir figure 20-1). Servez avec la sauce madère (voir recette, plus loin dans cette section).

IMPROVISEZ

La dinde peut être assaisonnée avec toutes sortes d'ingrédients, qui donnent davantage de saveur et de couleur à la peau. Par exemple, mélangez 2 cuillerées à soupe de mélasse ou de sirop d'érable avec 2 cuillerées à soupe de sauce de soja à faible teneur en sodium. Arrosez la dinde de ce mélange, ainsi que de jus de viande, au cours de la dernière heure de cuisson.

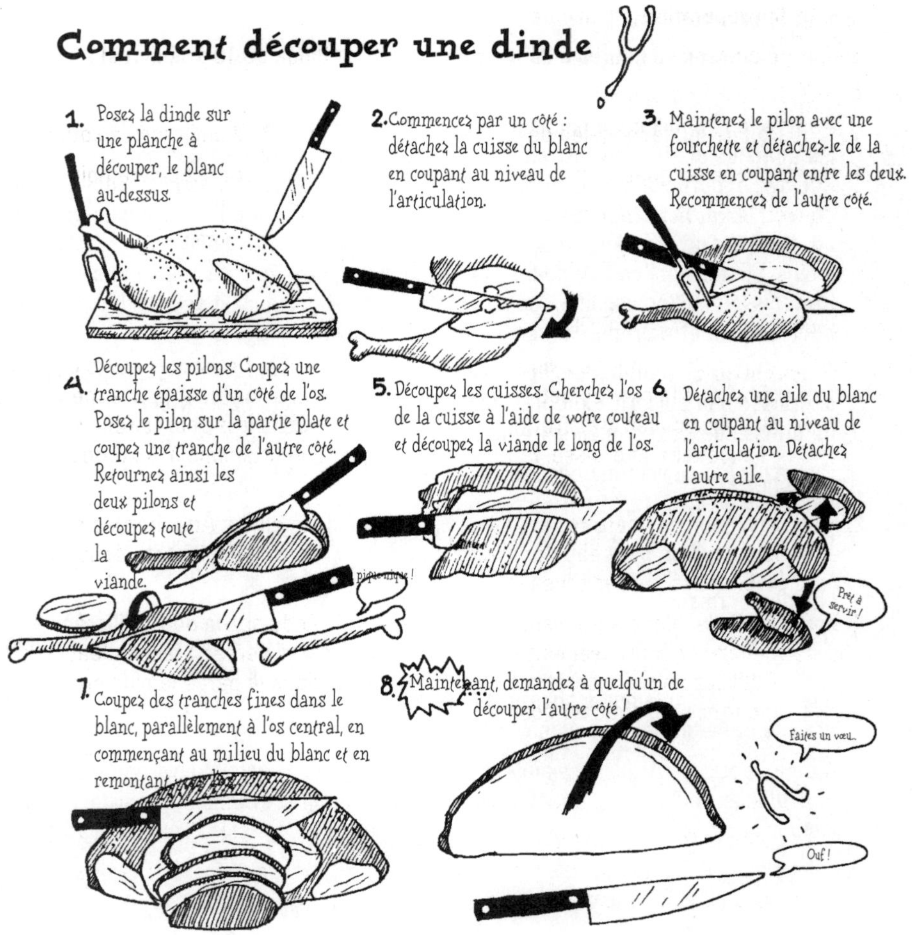

Figure 20-1 : Comment découper une dinde.

Sauce madère

Ustensiles : Couteau de chef, épluche-légumes, dégraisseur (facultatif), casserole moyenne, plat à rôtir (de la dinde)

Temps de préparation : 10 à 15 minutes

Temps de cuisson : Environ 30 minutes

Quantité : Environ 2 tasses

4 tasses de bouillon de poulet fait maison ou en conserve (à faible teneur en sodium)

Abats de dinde (sauf le foie) et cou

1 oignon épluché et coupé en quartiers

2 carottes coupées en quatre

2 branches de céleri coupées en quatre

Sel et poivre noir à votre convenance (facultatif)

1 feuille de laurier

½ tasse de madère

Jus de viande de la dinde

3 cuillerées à soupe de farine

1. Pour faire le bouillon de dinde, mélangez dans une casserole moyenne le bouillon de poulet, les abats de dinde et le cou, l'oignon, les carottes, les branches de céleri et la feuille de laurier. Couvrez et portez à ébullition. Réduisez la chaleur et laissez mijoter à feu doux, partiellement couvert, environ 30 minutes. Passez le bouillon à l'étamine ou à l'aide d'une passoire fine au-dessus d'un grand verre doseur (vous devez obtenir 375 à 500 ml de bouillon. Si vous en avez moins, ajoutez de l'eau ou du bouillon de poulet). Réfrigérez jusqu'au moment de faire la sauce. Une fois le bouillon solidifié, retirez et jetez la graisse qui s'est accumulée à la surface (ce bouillon peut être préparé plusieurs jours à l'avance).
2. Versez le jus de viande du plat à rôtir dans un verre doseur ou dans un dégraisseur. Retirez toute la graisse à la cuillère, excepté 3 cuillerées à soupe, et jetez-la. Mettez les 3 cuillerées à soupe de graisse de côté dans une petite tasse.
3. Passez le jus de viande dégraissé au-dessus d'un grand bol à l'aide d'une passoire fine et mettez-le de côté.
4. Versez le madère dans le plat à rôtir et faites-le chauffer à feu moyen-vif, en remuant et en raclant le fond du plat, pendant environ 1 minute. Passez-le au-dessus du bol contenant le jus de viande dégraissé.
5. Versez les 3 cuillerées à soupe de graisse que vous avez mises de côté dans le plat à rôtir. Posez le plat sur deux brûleurs et faites chauffer à feu moyen. Ajoutez la farine et remuez constamment avec un fouet métallique, environ 1 à 2 minutes, pour bien mélanger. Le roux (mélange épais de graisse et de farine) va devenir brun.
6. Ajoutez lentement le jus de viande et le madère. Remuez pendant environ 1 minute en raclant le fond du plat. Tout en continuant à remuer, ajoutez progressivement le bouillon de dinde. Utilisez-en juste assez pour obtenir la texture onctueuse d'une sauce. Salez et poivrez à votre convenance.

Quelques conseils concernant la farce

TRUC

La dinde rôtie est traditionnellement farcie. Voici quelques recommandations à ce sujet pour éviter les mauvaises surprises :

- **En règle générale, comptez environ 1/2 à 1 tasse de farce par livre de dinde.** Si vous avez des restes, vous vous régalerez.
- **Ne farcissez pas trop la dinde, sinon la farce cuira plus lentement et s'effritera lorsque vous servirez la dinde.** Si vous ne faites pas cuire la farce à l'intérieur de la dinde, mettez-la au four pendant 45 minutes, dans un plat beurré et couvert. Planifiez la cuisson de sorte que vous puissiez sortir la farce du four au moment où vous découpez la dinde.
- **Ajoutez un peu de bouillon de poulet, de vin blanc ou de jus de viande à la farce pour l'humidifier et la rendre plus savoureuse.**

Légumes d'accompagnement

La recette suivante est à la fois simple et élégante. Elle donne aussi une belle couleur verte à notre menu, qui se décline essentiellement dans les tons orange. Si les autres plats d'accompagnement sont relativement sucrés, celui-ci est salé. Vous pouvez le faire à la dernière minute, mais vous gagnerez du temps en équeutant les haricots verts et en émincant les échalotes à l'avance.

Haricots verts aux échalotes

Ustensiles : Couteau de chef, grande marmite, grande sauteuse

Temps de préparation : 15 minutes

Temps de cuisson : Environ 20 minutes

Quantité : 10 personnes

3 livres de haricots verts frais, rincés et équeutés

6 cuillerées à soupe de beurre

1 tasse d'échalotes coupées en rondelles dans le sens de la largeur

2 cuillerées à café de jus de citron frais (facultatif)

Sel et poivre noir à votre convenance

1. Mettez les haricots verts dans une grande marmite et recouvrez-les d'eau froide salée. Couvrez la marmite et portez à ébullition à feu moyen-vif. Faites cuire jusqu'à ce que les haricots verts soient tendres mais encore fermes, environ 4 à 6 minutes (le temps de cuisson dépend de la tendreté et de la taille des haricots verts). Évaluez la cuisson au bout de 3 minutes.
2. Pendant que les haricots verts cuisent, faites fondre le beurre dans une grande sauteuse. Ajoutez les échalotes et faites-les revenir à feu moyen pendant 3 à 4 minutes, en remuant souvent, jusqu'à ce qu'elles dorent.
3. Égouttez les haricots verts et mettez-les dans la sauteuse avec les échalotes. Remuez pour mélanger et faites chauffer brièvement juste avant de servir. Ajoutez le jus de citron (facultatif). Salez et poivrez à votre convenance.

Voici deux recettes à base de patates douces. Vous pouvez faire l'une ou l'autre, ou bien les deux.

Purée de patates douces

Ustensiles : Grande marmite, presse-purée ou batteur électrique à main

Temps de préparation : Environ 15 minutes

Temps de cuisson : 20 minutes

Quantité : 10 personnes

5 livres de patates douces épluchées et coupées en gros morceaux

⅔ tasse de sucre roux

½ tasse de crème allégée ou de lait

6 cuillerées à soupe de beurre ramolli

¾ cuillerée à café de cannelle moulue

2 cuillerées à café d'extrait de vanille ou de sirop d'érable (facultatif)

½ cuillerée à café de quatre-épices moulu

½ cuillerée à café de muscade moulue

Sel à votre convenance

1. Mettez les patates douces dans une marmite et recouvrez-les d'eau froide légèrement salée. Couvrez la marmite et portez à ébullition. Réduisez la chaleur et laissez mijoter environ 20 minutes ou jusqu'à ce que les patates douces soient très tendres. Égouttez-les bien les patates douces et remettez-les dans la marmite.
2. Ajoutez le sucre roux, la crème, le beurre, les épices et le sel. Faites chauffer à feu doux tout en écrasant les patates douces avec un presse-purée ou un batteur à main, à vitesse moyenne, jusqu'à ce que vous obteniez une purée onctueuse. Retirez le mélange du feu. Ajoutez l'extrait de vanille ou le sirop d'érable (facultatif). Juste avant de servir, réchauffez à feu doux, en remuant souvent.

Vous vous souvenez de cette bouteille de rhum ambré que vous avez achetée de façon impulsive au magasin hors taxe de l'aéroport la dernière fois que vous avez pris l'avion ? Vous n'avez probablement jamais ouvert cette bouteille, qui est toujours dans un coin de votre cuisine. Eh bien, voici une excellente occasion de l'utiliser.

Les patates douces rôtissent très rapidement – vous pouvez les mettre au four lorsque vous retirez la dinde pour la laisser reposer. Commencez par les faire bouillir (pour les ramollir et réduire le temps de cuisson au four) pendant environ 15 minutes, puis mettez-les au four pendant environ 20 minutes.

Patates douces au rhum

Ustensiles : Couteau de chef, grande marmite, grande sauteuse, plat allant au four

Temps de préparation : 5 à 10 minutes

Temps de cuisson : Environ 45 minutes

Quantité : 8 personnes

4 patates douces moyennes, épluchées (environ 3,5 livres)

¼ tasse de beurre

1 tasse de sucre brun

⅓ tasse de rhum ambré

½ cuillerée à café de quatre-épices moulu

Sel et poivre noir à votre convenance

¼ tasse de jus d'orange frais

1. Préchauffez le four à 175°C.
2. Coupez les patates douces en deux dans le sens de la longueur et mettez-les dans une grande marmite d'eau bouillante légèrement salée. Couvrez et faites bouillir pendant 15 à 20 minutes ou jusqu'à ce que les patates douces soient légèrement fermes lorsque vous les percez avec une fourchette (ne les faites pas trop cuire, sinon elles se désagrégeront. Il ne faut pas qu'elles soient complètement cuites. Évaluez la cuisson au bout de 10 minutes). Égouttez les patates douces et coupez-les en quartiers. Disposez-les en une seule couche dans un plat allant au four (ou dans un plat en céramique que vous pouvez présenter à table). Mettez de côté.
3. Faites fondre le beurre à feu moyen dans une grande sauteuse. Ajoutez le sucre brun, le rhum et le jus d'orange. Portez à ébullition, en remuant de temps à autre pour désagréger les grumeaux formés par le sucre. Réduisez la chaleur et laissez mijoter 7 à 8 minutes, en remuant de temps à autre, jusqu'à ce que la sauce épaississe et caramélise légèrement. Ajoutez le quatre-épices.
4. Versez le mélange à base de rhum sur les patates douces. Retournez délicatement les patates douces dans le glaçage pour les enduire de tous côtés. Salez et poivrez. Faites cuire au four 20 à 25 minutes ou jusqu'à ce que la sauce bouillonne et que les patates douces soient tendres.

Bûche pralinée

Ustensiles : 2 casseroles, 2 saladiers, rouleau à pâtisserie, batteur électrique à main, papier d'aluminium, mixeur

Temps de préparation : 1 heure

Quantité : 8 personnes

Crème pâtissière :

½ litre de lait, 2 jaunes d'œufs

15 g de fécule

15 g de farine

50 g de sucre

Sirop :

10 cl d'eau

50 g de sucre

Crème fouettée :

Crème liquide

Biscuit :

6 œufs

150 g de sucre

75 g de farine

Pralin :

100 g de sucre

100 g d'amandes concassées

1. Préparez le sirop en faisant bouillir 50 g de sucre dans 10 cl d'eau.
2. Pour le pralin, huilez deux feuilles de papier d'aluminium. Faites un caramel avec 100 g de sucre et ajoutez 100 g d'amandes que vous aurez écrasées grossièrement. Faites couler le tout sur une des deux feuilles de papier d'aluminium et recouvrez à l'aide de l'autre feuille. Aplanissez à l'aide d'un rouleau à pâtisserie. Une fois refroidi, découpez le pralin en gros morceaux à l'aide d'un grand couteau. Passez rapidement au mixeur.
3. Pour le biscuit, battez dans un saladier 3 œufs entiers avec 3 jaunes jusqu'à l'obtention d'un mélange mousseux. Dans un autre saladier, montez 3 blancs d'œufs en neige avec 50 g sucre. Mélangez les deux masses et rajouter 75 g de farine tamisée. Versez le mélange obtenu sur une plaque beurrée et cuire au four, thermostat 6, pendant environ 10 mn. Déposez le biscuit une fois cuit sur du papier film. Imbiber le biscuit de sirop. Roulez immédiatement le biscuit à l'aide du papier film. Déroulez le biscuit une fois refroidi.
4. Préparez la crème patissière. Faites bouillir le lait et blanchir 2 jaunes d'œufs avec 50 g de sucre. Incorporez 15 g de farine, 15 g de maïzena et le lait chaud. Faites cuire le tout à feu moyen. Ajoutez une cuillérée à soupe de rhum.
5. Incorporez la crème fouettée à la crème pâtissière. Déposez sur le biscuit la moitié de la crème pâtissière et la moitié du pralin. Roulez la préparation en vous aidant du papier film. Décorez avec le reste de la crème et le reste du pralin. Gardez au frais.

Sixième partie

La Partie des Dix

Dans cette partie...

Considérez cette partie comme une sorte de pense-bête auquel vous pouvez vous reporter en cas de besoin. Consultez-la pour y retrouver des informations clés ou simplement pour vous amuser (nous, en tout cas, avons pris beaucoup de plaisir à l'écrire).

Vous y découvrirez également des conseils pour penser comme un chef.

Chapitre 21

Dix façons de penser comme un chef

Dans ce chapitre :

- Apprenez à utiliser les épices
- Ne jetez pas les os de poulet !
- Créez des plats vous-même

Après avoir observé et interrogé de nombreux chefs, nous avons découvert qu'ils sont tous d'accord sur la meilleure façon de faire des progrès en cuisine. Les dix points de ce chapitre résument leur pensée.

Apprenez à maîtriser les techniques de base

La cuisine est beaucoup plus amusante – et bien meilleure – lorsqu'on l'aborde avec confiance. Tous les chefs affirment que la confiance s'acquiert lorsque l'on connaît les techniques à tel point qu'elles deviennent une seconde nature.

Utilisez les ingrédients les plus frais

Utilisez les ingrédients les plus frais et achetez des fruits et des légumes de saison. Les produits de saison sont de meilleure qualité et moins chers que les autres. Pourquoi faire une tarte aux pommes en été avec des pommes farineuses qui sont restées toute l'année dans des entrepôts, alors que vous pouvez en faire une avec des pêches ou des prunes fraîches et juteuses ? Élaborez vos repas en fonction des produits frais que vous trouvez au marché.

Préparez les ingrédients à l'avance

Une grande partie de la cuisine consiste à préparer les ingrédients – trancher, peler, couper en dés, etc.

On appelle cette préparation la *mise en place*. Hachez, émincez, désossez et lavez à l'avance afin que vous puissiez franchir toutes les étapes de la cuisson de façon régulière, sans vous interrompre.

Ainsi, lorsque le beurre est chaud et grésille dans la sauteuse, vous n'avez pas à vous arrêter subitement pour éplucher et émincer les oignons et l'ail que vous devez faire revenir dans la matière grasse.

Sachez marier les herbes aromatiques

Apprenez à utiliser les herbes aromatiques, fraîches ou lyophilisées, afin de pouvoir assaisonner vos plats sans avoir à consulter un livre de recettes. Les meilleures cuisines du monde sont basées sur l'association de simples herbes aromatiques et épices.

Par exemple, la cuisine italienne repose essentiellement sur les saveurs de l'ail, de l'huile d'olive, des tomates, du parmesan et du basilic. En France, on utilise le *mirepoix*, mélange sauté d'oignons, de carottes et de céleri hachés. De nombreux chefs commencent leurs soupes, ragoûts, farces et sauces avec ces ingrédients. En Louisiane, ce mélange est augmenté de poivron haché et d'ail. Vous pouvez créer de nombreuses variantes en ajoutant du bacon, du jambon, des herbes aromatiques fraîches ou même du curry. Pour faire le *mirepoix* à la perfection, faites cuire les légumes lentement pendant longtemps pour qu'ils caramélisent légèrement et acquièrent une saveur sucrée.

Ne négligez pas la présentation

Nous mangeons d'abord avec les yeux. Les aliments doivent être colorés, disposés de façon attrayante et garnis d'herbes aromatiques fraîches.

« Essayez d'avoir en moyenne quatre composants dans chaque plat », conseille Frank Brigtsen. D'après Brigtsen, quatre composants distincts donnent juste ce qu'il faut de complexité à un plat sans que celui-ci paraisse surchargé. Par exemple, dans son restaurant, le chef sert un thon grillé au charbon de bois avec une sauce fumée au maïs, une salade de haricots rouges et une crème aigre à l'avocat, plat où sont effectivement représentées quatre couleurs. « Assaisonnez l'élément principal du plat, qu'il s'agisse d'un poisson, d'une viande ou d'une volaille, avec une sauce, des condiments et une garniture qui équilibrent les saveurs et attirent l'œil », recommande-t-il.

Prévoyez vos menus à l'avance

Avant de commencer à cuisiner, réfléchissez au contraste des saveurs, des textures et des couleurs. Si vous commencez votre repas par une salade de champignons portobello grillés, ne mettez pas de champignons dans le plat suivant. Faites en sorte d'équilibrer les plats sans vous surcharger. Si vous optez pour un hors-d'œuvre complexe, long à préparer, faites-le suivre d'un plat que vous n'aurez qu'à réchauffer, comme un ragoût. Enfin, si l'entrée est froide, choisissez un plat de résistance chaud.

Calculez bien le temps qu'il vous faut pour préparer et faire cuire chaque plat. Vos invités ne doivent pas attendre trop longtemps entre les plats ni les engouffrer les uns à la suite des autres.

Soyez économe

Ne jetez rien (sauf, bien sûr, ce qui est abîmé). Chaque parcelle de nourriture peut être utilisée dans les soupes, les bouillons, les salades, etc. Vous pouvez faire d'excellents repas avec de simples restes (pour savoir comment utiliser les restes, reportez-vous au chapitre 17).

Apprenez à connaître les différents morceaux de viande et à les cuisiner afin de ne pas acheter uniquement les morceaux les plus chers. Prenez l'habitude de découper vous-même la viande pour faire des économies en achetant de la volaille et du poisson entiers.

Ne soyez pas esclave des recettes

Utilisez une bonne recette de base comme point de départ, mais dites-vous qu'elle n'est pas gravée dans le marbre. Imaginons que vous ayez une recette de ragoût. Vous pouvez la suivre à la lettre la première fois et décider ensuite de mettre davantage d'ail. De même, rien ne vous empêche de remplacer les navets par des carottes. Avec l'expérience et une bonne technique, lorsque vous saurez marier les ingrédients harmonieusement, vous pourrez vous inspirer d'une recette et l'adapter en fonction de vos goûts.

Simplifiez

« Ce qui compte, ce n'est pas ce que vous choisissez de mettre dans un plat, mais ce que vous décidez de ne pas mettre », affirme Jan Birnbaum, chef et propriétaire de The Catahoula Restaurant and Saloon, en Californie. Commencez par un produit frais et savoureux, et ajoutez juste ce qu'il faut d'assaisonnement pour le mettre en valeur.

Et surtout, prenez du plaisir

Prenez des cours de cuisine, achetez-vous un livre de cuisine ou faites un nouveau plat que vous avez toujours eu envie d'essayer. La cuisine, comme le golf, doit être un plaisir – quelque chose que vous attendez avec impatience. Qu'est-ce que cela peut faire s'il vous arrive de ne pas atteindre votre objectif ? Cela fait partie du jeu.

Une erreur n'est jamais une cause perdue – c'est une expérience d'apprentissage. Alors, n'ayez pas peur de cuisiner. La cuisine consiste à prendre des décisions, qui ne doivent pas être hésitantes mais déterminantes. Demandez-vous quel résultat vous souhaitez obtenir, réfléchissez aux moyens dont vous disposez et lancez-vous !

Voici le genre d'expérience culinaire que vous pouvez faire : faites cuire des spaghettis, égouttez-les et remuez-les dans un peu d'huile d'olive que vous avez utilisée pour faire revenir de l'ail (laissez l'ail dans l'huile). Goûtez. Gravissez l'échelle des saveurs en faisant cuire à nouveau quelques pâtes. Cette fois, faites revenir des oignons dans l'huile d'olive avec l'ail. Vous obtenez une saveur plus sucrée. Maintenant, recommencez en ajoutant de l'origan lyophilisé aux autres ingrédients. L'origan apporte une dimension nouvelle. Enfin, ajoutez de la purée de tomates. Cette fois, votre plat est complètement différent.

Ce petit exercice, outre qu'il vous laisse beaucoup de restes de spaghettis, est excellent pour former le goût. Vous pouvez le faire avec d'autres sauces, des mousses, des soupes et bien d'autres plats encore. Mieux vous connaîtrez la saveur des différentes herbes aromatiques et épices, mieux vous cuisinerez.

Septième partie

Annexes

« Vous aimez l'aragula ? – J'adore l'aragula ! On y *trouve* les plus belles plages du monde. »

Dans cette partie...

En lisant ce livre, vous aurez peut-être besoin de vous reporter aux annexes pour obtenir quelques informations complémentaires. Si vous n'êtes pas sûr(e) de la signification d'un terme culinaire, consultez le glossaire (Annexe A). S'il vous manque un ingrédient, regardez si vous pouvez le remplacer par un autre (Annexe B). Définitions, produits de substitution, équivalences et abréviations sont à portée de main dans cette partie.

Annexe A

Glossaire des termes culinaires courants

La cuisine a son propre langage. Avant de faire rôtir un poulet, par exemple, vous devez savoir ce que signifie *trousser*. Pour faire gonfler un soufflé, vous devez connaître l'expression *battre les blancs en neige*. Cette annexe propose une liste des termes courants, dont la plupart sont également définis et illustrés (tout au long de ce livre).

À la diable : Assaisonné avec des ingrédients forts et épicés, comme le Tabasco, la moutarde forte et le piment rouge.

Ajuster : Goûter le plat avant de le servir et en rectifier l'assaisonnement (en ajoutant du sel ou du poivre, par exemple) si nécessaire.

Al dente : Expression italienne décrivant la texture tendre mais encore ferme des pâtes cuites à la perfection (recettes à base de pâtes au chapitre 11).

Arroser : Répandre le jus de cuisson ou un liquide assaisonné sur le plat pendant qu'il cuit pour lui donner davantage de saveur et éviter qu'il ne se dessèche.

Assaisonner : Parfumer avec des herbes aromatiques, des épices, du sel, du poivre, etc.

Attendrir : Aplatir une viande, notamment les blancs de poulet, avec un attendrisseur ou le plat d'un grand couteau (comme un couperet) pour lui donner une épaisseur uniforme et la rendre plus tendre.

Barbecue : Mode de cuisson qui consiste à griller des aliments sur un gril à charbon de bois ou à gaz.

Battre : Mélanger les ingrédients d'un geste circulaire vif afin qu'ils deviennent onctueux et crémeux. En une minute, le batteur électrique donne un résultat équivalant à cent coups de fouet (pour savoir comment battre les blancs en neige, reportez-vous au chapitre 8).

Beurre manié : Pâte à base de beurre et de farine utilisée pour épaissir les soupes et les ragoûts (pour apprendre à faire cette pâte, reportez-vous au chapitre 9).

Blanchir : Plonger des légumes ou des fruits dans de l'eau bouillante pendant quelques minutes pour en assouplir la peau ou en conserver la couleur (voir chapitre 3).

Bouillon : Liquide passé, issu de la cuisson d'une viande, d'un poisson, d'une volaille, de légumes, de condiments et autres ingrédients dans de l'eau (voir chapitre 3).

Bouquet garni : Mélange d'herbes (parfois attaché dans une étamine) utilisé pour assaisonner les bouillons, les soupes et les ragoûts. Il s'agit généralement de thym, de persil et de laurier.

Braiser : Faire dorer une viande (ou des légumes) dans de la matière grasse puis la faire cuire longuement à feu doux, en couvrant, dans une petite quantité de liquide. La cuisson lente permet d'attendrir et de parfumer la viande, notamment les morceaux de la moins bonne qualité. Le braisage s'effectue sur la cuisinière ou au four (recettes de plats braisés et cuits à l'étouffée au chapitre 5).

Caraméliser : Faire chauffer du sucre jusqu'à ce qu'il se transforme en un liquide sirupeux dont la couleur peut aller du doré au brun foncé. L'oignon, entre autres légumes, devient lui aussi brun et sucré lorsque les sucs qu'il contient se caramélisent (recette de nappage au caramel au chapitre 7).

Clarifier : Rendre un liquide trouble plus clair en retirant les impuretés. Par exemple, vous pouvez clarifier un bouillon en le faisant mijoter pendant 10 à 15 minutes avec des blancs d'œufs crus ou des coquilles d'œufs, qui attirent les impuretés. Ensuite, il vous suffit de le passer à l'étamine.

Couper en dés : Couper en petits cubes d'environ 5 mm.

Couper en lanières : Réduire les feuilles de salade ou de chou en fines bandelettes.

Cuire à l'étouffée : Faire mijoter les aliments longuement dans un récipient fermé hermétiquement, avec juste assez de liquide pour les recouvrir (voir chapitre 5.)

Cuire à la vapeur : Faire cuire au-dessus d'une petite quantité d'eau frémissante ou bouillante dans un récipient couvert afin que la vapeur ne puisse pas s'échapper.

Décortiquer : Dépouiller les crustacés, comme les crevettes, les écrevisses, les langoustes, les crabes et les homards, de leur carapace.

Découper en filets : Retirer la chair des os d'une viande ou des arêtes d'un poisson.

Déglacer : Verser un liquide, généralement du vin ou un bouillon, dans une poêle ou un plat à rôtir chaud et gratter les morceaux de viande, de volaille ou de poisson qui ont attaché au fond. Faire réduire et assaisonner la sauce ainsi obtenue (recettes basées sur cette technique au chapitre 7).

Dégraisser : Retirer la graisse de la surface d'une soupe ou d'une sauce à l'aide d'une cuillère. Le dégraissage peut également s'effectuer en réfrigérant le mélange pour que la graisse liquide se solidifie et soit ainsi plus facile à extraire.

Demi-glace : Sauce riche et brune obtenue en faisant réduire un bouillon de viande jusqu'à ce qu'il devienne suffisamment gélatineux pour accrocher à la cuillère (voir chapitre 7).

Désosser : Ôter les os d'une viande ou d'une volaille ou bien les arêtes d'un poisson.

Déveiner : Retirer la veine des crevettes ou autres crustacés (pour apprendre à décortiquer les crevettes, reportez-vous aux instructions illustrées du chapitre 12).

Diluer : Allonger un mélange en ajoutant de l'eau ou un autre liquide.

Écumer : Extraire l'écume et les impuretés qui flottent à la surface d'une soupe ou d'un bouillon avec une cuillère fendue ou une écumoire.

Effriter : Désagréger ou écraser entre vos doigts les aliments friables, comme les herbes aromatiques sèches ou les biscuits, pour les réduire en miettes.

Égoutter : Retirer le liquide, généralement à l'aide d'un égouttoir.

Embrocher : Enfiler de petits morceaux de viande, de poisson ou de légumes sur une longue tige de bambou ou de métal pour les griller ou les rôtir.

Émincer : Couper en tranches fines.

Éplucher : Retirer la peau des fruits et des légumes.

Équeuter : Arracher la queue d'un fruit.

Étuver : Cuire partiellement des aliments, comme du riz ou des légumes denses tels que les carottes et les pommes de terre, dans un récipient fermé pour retenir la vapeur (voir chapitre 3).

Évider : Retirer le trognon d'un fruit ou d'un légume, comme une pomme ou un poivron.

Faire cuire au gril : Faire cuire sous le gril d'un four (source de chaleur au-dessus), contrairement à griller, qui consiste à faire cuire sur un gril (source de chaleur au-dessous).

Faire dorer : Faire cuire les aliments à la poêle dans de la matière grasse, brièvement et à feu vif, pour donner à la surface ou à la peau une couleur dorée. Les aliments peuvent aussi être dorés dans un four très chaud ou au gril.

Farcir : Remplir la cavité d'un aliment, comme un poulet, une dinde ou une tomate, de plusieurs types d'ingrédients.

Fariner : Rouler un aliment dans la farine jusqu'à ce qu'il en soit enduit.

Filet double : Deux filets d'un même poisson encore attachés par le dos, disposés de part et d'autre de l'axe central à l'image d'un papillon.

Flamber : Arroser d'alcool que l'on enflamme juste avant de servir (recette de steak au poivre sauté et flambé au chapitre 4).

Fondre : Faire cuire une viande à feu doux afin d'en extraire le gras.

Fouet : Ustensile mécanique ou électrique servant à battre des ingrédients, comme des œufs, de la crème ou une sauce.

Fouetter : Battre un ingrédient, comme des œufs ou de la crème, avec un fouet pour le rendre léger et mousseux.

Frémir : Chauffer juste au-dessous de la température d'ébullition (à environ 85°C), stade auquel de minuscules bulles se forment à la surface (voir chapitre 3).

Fricassée : Ragoût dans lequel la viande blanche ou la volaille n'est pas dorée avant d'être cuite (voir chapitre 5).

Frire : Faire cuire à la poêle à feu vif dans de la matière grasse. Ce terme désigne également la cuisson en friteuse. Dans ce cas, l'aliment est entièrement immergé dans la matière grasse jusqu'à ce qu'il devienne croustillant.

Frotter : Enduire la surface d'un aliment d'huile, de graisse ou d'ail, par exemple, par frottement.

Fumet : Bouillon de poisson concentré, utilisé comme base pour certaines sauces.

Garniture : Ornement comestible. Il peut s'agir d'une simple rondelle de citron comme d'une feuille de chocolat fantaisie (garnitures de soupes au chapitre 9).

Glacer : Enduire la surface de sirop, de gelée fondue, de jaune d'œuf ou autre liquide fluide pour lui donner un aspect luisant.

Graisser : Étaler une fine couche de matière grasse, généralement du beurre, à l'intérieur d'une poêle pour empêcher les aliments d'attacher pendant la cuisson.

Gratin : Plat surmonté de fromage râpé et éventuellement de chapelure, doré au four ou au gril.

Griller : Faire cuire sur un gril à charbon de bois ou à gaz ou bien dans une poêle à griller (voir chapitre 6). Une forte chaleur est recommandée pour saisir l'aliment et lui conserver toute sa saveur.

Hacher : Couper les aliments en petits morceaux à l'aide d'un couteau ou d'un robot.

Incorporer : Introduire des ingrédients légers, comme des blancs d'œufs battus en neige ou de la crème fouettée, dans un mélange compact à base de jaunes d'œufs ou de chocolat fondu, d'un geste lent et mesuré (instructions illustrées au chapitre 8).

Julienne : Plat de légumes coupés en filaments de 3 mm maximum.

Lier : Rendre homogène un mélange liquide, comme une sauce, en l'épaississant avec de la crème ou du beurre, par exemple.

Mariner : Faire tremper ou macérer une viande, un poisson ou un légume dans un mélange liquide éventuellement assaisonné avec des épices et des herbes aromatiques pour le parfumer avant la cuisson (voir chapitre 6). On appelle le liquide de macération la marinade.

Mélanger : Confondre plusieurs ingrédients en un avec une cuillère, un fouet, une spatule ou un batteur électrique.

Mirepoix : Mélange de légumes sautés finement hachés, généralement des carottes, des oignons et du céleri, utilisé comme base pour les soupes, les ragoûts et la farce (voir chapitre 22).

Paner : Enrober de panure pour rendre moelleux à l'intérieur et croustillant à l'extérieur. Généralement, le poisson, la viande, la volaille ou le légume est trempé dans un liquide, comme un œuf battu ou du lait, pour que la panure adhère.

Parsemer : Répartir des ingrédients à la surface d'un aliment.

Passer : Séparer le liquide du solide en versant le mélange dans une passoire.

Pâte : Mélange semi-liquide non cuit contenant généralement des œufs battus, de la farine, du lait et un ingrédient de levage, comme du bicarbonate de soude ou de la levure, destiné à faire lever la pâte pendant la cuisson.

Pétrir : Presser, plier et appuyer sur la pâte à pain pour lui donner une texture homogène et élastique. Vous pouvez pétrir à la main, avec un batteur électrique ou dans un pétrin.

Pincée : Petite quantité pouvant être saisie entre le pouce et l'index.

Pincer : Appuyer sur le pourtour d'une tourte avec une fourchette pour obtenir une double épaisseur de pâte, à laquelle vous pouvez donner une forme décorative.

Pocher : Faire cuire dans un liquide frémissant (voir chapitre 3).

Porter à ébullition : Faire monter la température d'un liquide à 100°C, c'est-à-dire jusqu'à l'apparition de bulles à la surface (voir chapitre 3).

Préchauffer : Allumer le four ou le gril avant la cuisson pour faire monter la température au degré requis.

Presser : Extraire le jus d'un fruit, notamment des agrumes.

Râper : Frotter (un morceau de fromage, par exemple) contre les aspérités d'une râpe.

Reconstituer : Rendre à un ingrédient déshydraté, comme du lait en poudre, son état liquide d'origine en y ajoutant de l'eau.

Réduire : Faire bouillir rapidement un liquide, comme du vin, un bouillon ou une sauce, pour diminuer son volume d'origine, le faire épaissir et ainsi rehausser sa saveur.

Réduire en purée : Écraser des légumes cuits à l'aide d'un presse-purée, d'un robot ou d'un mixeur.

Rôtir : Faire cuire au four ; mode de cuisson sec (Voir chapitre 6).

Roux : Préparation à base de farine et de matière grasse, comme de l'huile ou du beurre, utilisée pour épaissir les soupes et les ragoûts (voir chapitre 7).

Saisir : Faire dorer rapidement à la poêle, sous le gril ou à four très chaud (voir chapitre 4).

Saumure : Liquide à base de sel ou de vinaigre dans lequel on plonge les aliments pour les conserver.

Saupoudrer : Couvrir la surface d'une fine couche d'un ingrédient à l'état de poudre, comme du sucre ou de la farine.

Sauter : Faire cuire rapidement dans une petite quantité de matière grasse, généralement du beurre ou de l'huile, à feu très vif (voir chapitre 4).

Stir-Fry : Technique de cuisson asiatique qui consiste à frire rapidement, à feu très vif, de petits morceaux de viande, de poisson ou de légumes dans un wok, avec une petite quantité de matière grasse, en les retournant et en les remuant constamment. On appelle aussi *stir-fry* le plat cuisiné selon cette technique.

Strier : Faire de petites entailles en biais à la surface d'une viande, d'un poisson ou d'un pain pour que la cuisson soit plus homogène.

Tamiser : Passer des ingrédients pulvérulents, comme de la farine ou du sucre glace, au travers d'un tamis pour y incorporer de l'air et les rendre plus légers.

Tourner : Remuer plusieurs fois pour bien mélanger. Par exemple, tourner une salade verte après assaisonnement.

Travailler en crème : Mélanger un ingrédient avec un autre (travailler le beurre en crème avec le sucre, par exemple) jusqu'à l'obtention d'une pâte molle et homogène.

Trousser : Ficeler un gibier ou une volaille pour maintenir ses membres pendant le rôtissage (instructions illustrées pour le troussage d'un poulet au chapitre 6).

Zeste : Partie externe et colorée de l'écorce des agrumes, utilisée pour parfumer les sauces, les ragoûts, les desserts, etc.

Annexe B

Produits de substitution, abréviations et équivalences

Imaginez que vous soyez en train de faire une vinaigrette pour une salade et que vous vous rendiez subitement compte que vous n'avez plus de vinaigre. Vous vous dites que vous pouvez remplacer celui-ci par un jus de citron. Mais en quelle quantité ? Imaginez encore que vous n'ayez pas de lait entier pour votre gratin. Pouvez-vous le remplacer par du lait écrémé ? Cette annexe répond à ces questions, et bien d'autres encore.

Certains ingrédients sont presque toujours interchangeables. Par exemple, vous pouvez remplacer le beurre par de l'huile végétale ou de l'huile d'olive lorsque vous faites frire ou rissoler des aliments, le vinaigre par un jus de citron dans les sauces de salade et les marinades, les noix par des amandes dans les pâtisseries, et un bouillon de bœuf ou de poulet par un bouillon de légumes dans les soupes, les ragoûts ou les sauces.

Il arrive qu'aucun ingrédient ne puisse en remplacer un autre mais, dans la plupart des cas, il existe un produit de substitution. Cela dit, celui-ci doit être utilisé dans des proportions très précises, notamment en pâtisserie. Faites preuve de rigueur si vous voulez que vos gâteaux ou vos soufflés aient, en plus d'une exquise saveur, une hauteur, une densité et une texture parfaites.

La plupart des produits de substitution proposés ci-après ne doivent être utilisés qu'en cas d'urgence – lorsqu'il vous manque un ingrédient indispensable que vous devez absolument remplacer.

Pour épaissir les soupes, les ragoûts et les sauces :

- 1 cuillerée à soupe de maïzena ou de fécule = 2 cuillerées à soupe de farine.
- 1 cuillerée à soupe d'arrow-root = 2½ cuillerées à soupe de farine.

Pour la farine :

- 1 tasse moins 2 cuillerées à soupe de farine ordinaire tamisée = 1 tasse de farine à gâteaux tamisée.
- 1 tasse plus 2 cuillerées à soupe de farine à gâteaux tamisée = 1 tasse de farine ordinaire tamisée.
- 1 tasse de farine levante tamisée = 1 tasse de farine ordinaire tamisée plus 1¼ cuillerée à café de levure et une pincée de sel.

Pour les agents levants des pâtisseries :

- ¼ cuillerée à café de bicarbonate de soude plus ½ cuillerée à café de crème de tartre = 1 cuillerée à café de levure double fermentation.
- ¼ cuillerée à café de bicarbonate de soude plus ½ tasse de babeurre ou de yaourt = 1 cuillerée à café de levure double fermentation dans les mélanges liquides uniquement ; retirer ½ tasse de liquide.

Pour les produits laitiers :

- 1 tasse de lait entier = ½ tasse de lait condensé non sucré plus ½ tasse d'eau.
- ou 1 tasse de lait écrémé plus 2 cuillerées à café de beurre fondu.
- ou 1 tasse d'eau plus ⅓ tasse de lait en poudre.
- ou 1 tasse de lait de soja.
- ou 1 tasse de babeurre plus ½ cuillerée à café de bicarbonate de soude.
- ¾ tasse de lait entier plus ⅓ tasse de beurre fondu = 1 tasse de crème épaisse (sauf pour faire de la crème chantilly).
- 1 tasse de lait écrémé = 1 tasse d'eau plus ¼ tasse de lait dégraissé en poudre, ou ½ tasse de lait écrémé condensé plus ½ tasse d'eau.
- 1 tasse de lait aigre = 1 tasse de babeurre ou de yaourt nature ou 1 tasse moins 1 cuillerée à soupe de lait plus 1 cuillerée à soupe de jus de citron ou de vinaigre blanc après avoir laissé reposer 5 à 10 minutes.
- 1 tasse de crème aigre = 1 tasse de yaourt nature.

Pour les œufs :

- 2 jaunes d'œufs = 1 œuf pour épaissir les sauces et les crèmes anglaises.
- 4 œufs extra-gros = 5 gros œufs ou 6 œufs moyens.

Pour le sucre :

- 1 tasse de sucre = 1 tasse de mélasse ou de miel plus ½ cuillerée à café de bicarbonate de soude.
- 1 tasse de sucre roux = 1 tasse de sucre plus 1½ cuillerée à soupe de mélasse.

Divers :

- 1 tasse de bouillon = 1 bouillon cube dissout dans 1 tasse d'eau bouillante.
- 1 carré (30 g) de chocolat amer = 3 cuillerées à soupe de cacao plus 1 cuillerée à soupe de beurre, de margarine ou de matière grasse végétale.
- 1 carré (30 g) de chocolat mi-amer = 3 cuillerées à soupe de cacao plus 1 cuillerée à soupe de beurre, de margarine ou de matière grasse végétale plus 2 cuillerées à soupe de sucre.
- 1 gousse de vanille de 5 à 8 cm = 1 cuillerée à café d'extrait de vanille pur.

La plupart des livres de cuisine utilisent des abréviations. Le tableau B-1 dresse la liste des plus courantes.

Tableau B-1 Abréviations courantes

Abréviation	*Signification*
g	gramme
kg	kilogramme
l	litre
ml	millilitre
cc	cuillerée à café
cs	cuillerée à soupe

TRUC

Les auteurs de livres de cuisine peuvent indiquer les mesures en tasses et en cuillerées ou bien en grammes et en litres. Les tableaux B-2 et B-3 dressent la liste des équivalences entre les différents types de mesures. Note : Certaines mesures métriques sont approximatives.

Tableau B-2 Conversion

Mesure	*Équivalence*	*Équivalence métrique*
Pincée	moins de ⅛ cuillerée à café	0,5 ml
3 cuillerées à café	1 cuillerée à soupe	15 ml
4 cuillerées à soupe	¼ tasse	50 ml
5 cuillerées à soupe	⅓ tasse	75 ml
plus 1 cuillerée à café		
12 cuillerées à soupe	¾ tasse	175 ml
16 cuillerées à soupe	1 tasse	250 ml

Tableau B-3 Équivalences ingrédients

Mesure	*Équivaut à*
3 pommes ou bananes moyennes	Environ une livre
30 g de chocolat à cuire	1 carré
2 tranches de pain	Environ 2 tasses de panure
500 g de sucre brun	2¼ tasses
500 g de sucre glace	4½ tasses de sucre glace tamisé
500 g de sucre semoule	2 tasses
250 g de gruyère	Environ 2 tasses de gruyère râpé
1 tasse de crème épaisse	2 tasses de crème fouettée
1 citron moyen	3 cuillerées à soupe de jus ; 2 à 3 cuillerées à café de zeste râpé
500 g de macaronis	4 tasses crus, 8 tasses cuits
120 g de noix	Environ ⅔ tasse de noix hachées
1 gros oignon	Environ 1 tasse d'oignon haché

Mesure	*Équivaut à*
1 tasse de riz cru	4 tasses cuit
500 g de fraises	Environ 2 tasses de fraises tranchées
1 grosse tomate	Environ ¾ tasse de tomate hachée
3 à 4 tomates	Environ 1 livre
500 g de farine	Environ 4 tasses de farine tamisée

Index Cuisine

Soupes et bouillons

Viandes

Poissons et crustacés

Plats d'accompagnement

Pâtes

Salades

Sauces

Desserts

- Risotto p54
- Pocher du poisson p72
- Salade de crevettes chaudes aux épinards p225
- gazpacho p211
- steakes (boeuf) au poivre p89

Achevé d'imprimer
en janvier 2006
par Legoprint S.p.A.
Lavis, Italie